张在军 —— 著

流动的大学

华北联大 1939—1948

中国出版集团　现代出版社

图书在版编目（CIP）数据

流动的大学：华北联大 1939-1948 / 张在军著 .
北京：现代出版社, 2024.8. -- ISBN 978-7-5231
-0762-1
Ⅰ. G649.29
中国国家版本馆 CIP 数据核字第 2024SY4482 号

流动的大学：华北联大1939—1948

著　　者	张在军

出 版 人	乔先彪
责任编辑	谢　惠
责任印制	贾子珍
出版发行	现代出版社
地　　址	北京市安定门外安华里504号
邮政编码	100011
电　　话	（010）64267325
传　　真	（010）64245264
网　　址	www.1980xd.com
印　　刷	北京新华印刷有限公司
开　　本	710mm×1000mm　1/16
印　　张	27
字　　数	384千
版　　次	2024年8月第1版　　2024年8月第1次印刷
书　　号	ISBN 978-7-5231-0762-1
定　　价	78.00元

版权所有，翻印必究；未经许可，不得转载

序　神游华北联大

徐光耀[*]

殷杰先生给我送来一部书稿，说我一定会有兴趣看的。

我一看书名《流动的大学：华北联大1939—1948》，这"华北联大"几个字确实让我兴奋不已。七十六年前，我曾在华北联大上学，那时我才二十多岁，那段经历让人难忘。

抗战胜利后，我一直住在辛集（那时叫束鹿）。冀中十一分区的司政两部，就驻扎在胡合营的道北大院里。那时，我们正忙于反内战的文艺宣传活动。

一天，分区大院忽地喜气洋洋，操场上在搭戏台了。我们前线剧社从不敢在分区大院逞威风，"什么人敢来这里演戏呢？"于是，很快传来消息：要来的是联大文工团。他们刚从张家口撤来，为保密起见，联大不叫"联大"，对外叫作"平原宣教团"。

这不啻在院里放了一颗炸弹。联大文工团，在我们小小剧社的眼里，就是一座辉煌的艺术宫殿啊！

演出进行了两个晚上。第一晚净是歌舞小戏，《夫妻识字》《小姑贤》便在此时相识。记得突出的观感有两点：一是台上的人年纪都挺大，女同志穿一身毛蓝布棉袄裤，棉布帽子掩着两只耳朵，捂得一张脸只剩碗口大，留着

---

[*] 徐光耀，1925年生于河北保定市雄县（今雄安），作家、编剧，华北联大毕业生。河北省文联原党组书记、主席，中国作协第三、第四届理事，全国文联第五届委员等，创作有小说《平原烈火》《小兵张嘎》《望日莲》等，以及回忆录《昨夜西风凋碧树》并获得第二届"鲁迅文学奖"。

鼻子、眼睛、嘴巴勉强能活动就算了。二是他们的歌声整齐洪亮，仿佛人人都有一副好嗓子，指挥的手势一点，声音"呼嗵"一下就像从炮筒子里打出来似的，然而听起来却又土又愣，怪味十足。后来，人们就把这股怪味叫作"山杠子味儿"。然而，说来也怪，第二日白天，整个分区大院便到处充满了这种"山杠子味儿"的歌声，年轻的、年老的，男的、女的，一张嘴就是"手榴弹呀么吼——嗨"或者"山药蛋呀么哪呀哈……"专意模仿那土愣腔调，一时竟成了时髦……

第二晚演的是全本《白毛女》。这一晚的《白毛女》确实把人"镇"了。歌唱家孟于扮演"喜儿"，她的唱腔优美高昂，激情迸发，一句"我不死，我要活！——"真如长虹喷空，全场震悚，至今还觉荡气回肠。饰"杨白劳"的是牧虹，这角色大约一开始就归他演，全是驾轻就熟，尤其是喝了卤水以后的大段"舞蹈"，把悲痛凄绝的情感发挥到了极致。陈强演的"黄世仁"不必说了，他把两个冷眼珠子一拧，立刻使你脊梁沟子发凉，如果不在最后"枪毙"他，人们怎能饶得过呢？饰"穆仁智"的那位，我把他名字忘记了，真可惜。他在《小姑贤》中也演了个角色，秧歌扭得极有风致。此人演戏讲究含蓄，动作表情幅度不大，却把"穆仁智"的奸险卑劣尽含在轻言巧笑之中，韵味深沉耐久。最风光的成功要属演"王大婶"的邸力（人都叫她阿邸），她出场一笑，便赢来满堂热烈的掌声。不知什么缘故，这一次，郭兰英和王昆都没有亮相。

但是，我们小小的前线剧社还是疯魔了。此后十多天，分区政治部做出决定：把剧社全体拉到联大去，去受几个月训，以便在素质上有个显著提高。这个决定立即受到普遍一致的欢迎，同时也在很大程度上改变了我的命运。

前线剧社拉进了联大文艺学院，与文工团驻一个村，就由他们具体辅导我们。每日一早，便有陈强、桑夫、吴坚几个人，带我们扭陕北秧歌。他们从察北来，早晨习惯穿厚棉袄、皮背心，两三圈扭过，就不免口喷白雾、汗流浃背了，于是就扒掉棉袄背心，顶着一头汗在排头位置上更扭个生龙活虎。他们被傅作义穷追千八百里，现在喘息甫定，居然还有这么大精气神儿，我们都觉得奇怪。

我在剧社创作组任副组长,其实是瞎混,除了能写两刷子,戏、音、美等一概不行。在人手不够的时候,我虽也跑跑"龙套",但兴趣未曾在舞台上。有一天闲遛,我碰到了文学系的学员——活跃人物陈淼。我问他,文学系是学什么的?他十分夸耀地把情况一介绍,立即就把我"抓住了"。

那时,我已有本自己作品的剪贴簿——贴着我发表在各小报上的战斗通讯、故事轶闻之类,篇幅多在三四千字之间。我就是凭着这本簿子,通过文学系主任陈企霞的"考试",做了文学系的插班生。

1947年2月的某一天,我背着小背包,穿着剧社发的带马裤插兜的军装,惴惴地走进了一家农户的大门——到文学系第一学习小组报到。雅静大方的老大姐组长周延接待了我,小组成员还有白石、黄山、叶星、肖雷等人。那时候,我已享受营级干部待遇,却兴致勃勃地跑到这儿当起"兵"来了。

在联大,印象最深刻的仿佛并非读书上课,而是课外活动,是校园(如果存在校园的话)内外的大天地。我进文学系刚及一个月,便赶上全系分散,深入生活:大部分学员到各村采风去了,另有十多人因石家庄的国民党军不断向我区骚扰,藁城、正定、获鹿一带战斗频繁,便由教员蔡其矫(诗人)带领深入西部前线,分在各部队采访、体验、学习、锻炼。因我来自部队,理所当然地分在了这个组。

半月过去,学员们都尝了尝战争的滋味,有参与支援前线的,有和民兵一起埋地雷、割电线的,有访问战斗英雄的,也有直接参加战斗的。大家重聚在一起的时候,个个激情满怀,兴奋异常。蔡其矫那时也是个青年,听了各路人马的汇报,不禁眉飞色舞,激发了诗人气质,大放豪言说:"好!我们回去把事迹集中起来,写它一部《新水浒》吧。"可是,写《新水浒》,谈何容易啊!

下部队参战的事,以后还有多次,值得捎带一提的是贺敬之,他此后不久即参加了青沧战役,并与突击部队一起登上了城头。作战部队觉得,一位写过《白毛女》的作家,能与战士一起冒死爬城,精神可嘉,便写信来校替他请功。年底，全校搞"立功"运动总结，他果然因此立了一功。我那年曾发表短篇小说《周玉章》，因编辑萧殷加按语表扬了几句，也立了一功。但我这一功若与贺敬之的火线登城相比，实在是太便宜了。

至于下乡、劳动、土改、搞群众工作都是日常功课，联系群众的观念是极其明确的。平时与房东、与民众的交往，不只为搞好关系，也与业务血肉相连，向群众学民歌，录曲谱，听故事，收集语汇、剪纸、绣花样子……不论文、美、戏、音，各系皆成风气。文学系的墙报《文学新兵》（创刊时名《草叶》，第五期时更名）上发了李兴华的短篇《红线缘》，从形式、语言到内容都是地道民间风味，立即受到文学系师生的交口称赞。我曾把一段民间故事《县官和他的仆人们》拿到文学系的晚会上去说，不料大受欢迎，又被推荐到文艺学院晚会上去讲。当我再次讲完时，掌声还在其次，诗人艾青（文艺学院副院长）特别找到我说："听了你的故事很感动，能不能把稿子抄给我一份？"可见，当时对民间艺术的追求，从上到下，充满了何等热情，绝不像而今的某些人一提民族的、民间的，则是嘴角一撇——满脸不屑的样子。

我做了八个月插班生，便在文学系毕业了。论起收获来，也许正是这些耳濡目染的方方面面，给了我更为深刻的熏陶和影响。当然，课堂上（其实是农民的院子里）的教育，也是绝不能轻视的。战争年代，根据地环境，虽然限制了联大的设备条件和教学手段，但也正由于此更显示了学校教学水平和作风的非同凡响。

陈企霞是文学系主任，他相貌瘦削，为人严肃，平时很难接近。可是，我日后的命运，有很长一段时间与他"纠缠"在一起，"大倒其霉"。在当时，文学系学员却是普遍尊敬并喜欢他的。他虽则严肃板正，却学识渊博，性情耿直，具有诗人气质：爱红脸，爱发脾气，也爱开怀大笑，在我们前线剧社演《抓俘虏》那个晚会上坐在前排，笑声冒得最高最响的就是他。他的课是"作品分析"，往往先选出一篇小说，油印后发下来，大家阅过后便在小组里展开讨论，然后课代表把情况向他汇报，他再在课堂上作结论性分析讲解。这么做的好处是：很实际，针对性强，教员与学员间可以短距离"交锋"，解决问题直接、便当；而他的结论，常是服人而精当的。有一次，他发下一篇孔厥的《苦人儿》，小说用第一人称叙述一个女人的经历，结构顺畅而自然。可有位学员在讨论时说："这算什么小说？一个人的诉苦记录罢了。"陈企霞在课堂上先把小说的长处和特点分析了，然后面孔板得铁冷地质问那位学员，弄得那位学员很不好意思。

就我个人来说，最觉得益的算来是萧殷的"创作方法论"。我是插班生，许多课都赶在"半截腰"上，听得没头没脑。何洛的"文学概论"、欧阳凡海的"现代文学史"、诗人严辰（厂民）的"民间文学"，都是这样的。我文化基础差，读书也少，常常半天半天地坐着发蒙。萧殷不同，他比我来联大还要晚一点，是从《冀中导报》副刊岗位上调来文学系的。此人性情温和慈爱，天生一副奖掖后进的心肠，他生前的几部著作及主要功业都突出地表现着他对初学写作者的尽心培育和热情辅导。我从头听了他的"创作方法论"，后来还做了他的课代表，每堂课下来我都赶忙收集学员的各种反映，然后连同自己的笔记一同拿给他看。他总是专注地听意见，记下要点，再仔细改正我记录上的舛误。实在地说，我对文学创作能有个基本的概括的理解，确是从他开始的。日后，他主编《文艺报》的时候，任广东作协副主席的时候，这份奖掖后进的热衷是一直保持始终的。我奉他为文学园地上的"杰出园丁"，当不是过誉之词吧。

那时，我们也隔三差五地听听大课。所谓"大课"，就是全院各系学员聚在一块儿听。这类课，规格总是高些，通常以政治课或文化课居多，如张如心的"毛泽东思想"、俞林的"中国革命史"、于力（董鲁安）的"修辞学"，等等。俞林是河间人，本来是位作家，写过很著名的中篇《老赵下乡》。他还有很不错的外语修养，在专与国民党谈判的军事调处执行部（我方）工作过。可是，他讲起革命史来，也非常绮丽多彩。每当听他讲课，我都不期而然地有八个字升上脑际来形容他——"口若悬河，滔滔不绝"，一连四个小时，你是绝不会走神儿或打盹儿的……

最后，感谢《流动的大学：华北联大1939—1948》的作者张在军先生，以翔实的史料、朴素的文字和真挚的情感，再现了华北联大九年的办学历程，也再次引发了我对华北联大的美好回忆。张先生书稿中的好多史料是我所不知道的，作为一个"联大人"尚且如此，可见这些年来人们对华北联大的研究是不够的。

历史是不能忘却的。华北联大在党的关怀下诞生，在抗日烽火中发展壮大，具有光荣的革命传统和鲜明的红色基因。同时，讲好党办大学的故事，可以激励后辈继承优良传统，赓续红色血脉。张在军先生与华北联大本无瓜葛，完全靠个人的自发行为进行研究写作，收集资料，辨析疑难，花费很大气力和时光，终于完成了这一艰巨工程，令人感佩。三十年前，我与朋友一同去辛集访旧，写过一篇《神游故校》。这次，我便把它略加删改，权充"序言"了。

遥想当年的华北联大生活，真有物换星移之感！今年我已经九十八岁了，最难忘的还是在华北联大的美好时光。现在想起来，我还是想把那段生活再重新过上一遍呢。

2023 年 11 月 8 日

目　　录

序　神游华北联大（徐光耀）/ 001

序章　两面受敌，何去何从？
华北！华北！ / 001
旬邑县的枪声 / 005

第一章　跨过祖国的万水千山（1939.6—1939.9）
第一节　华北联大的诞生 / 013
延安集结 / 013
四部：统一领导，各自独立 / 022
7月7日，一个神圣的日子 / 041
第二节　三千里长征 / 048
告别延安 / 048
东渡黄河 / 055
翻越云中山 / 060
突破同蒲线 / 066
进入游击区 / 072

第二章　在敌后方开展国防教育（1939.10—1940.9）
第一节　建校城南庄 / 081
巧遇陈庄大捷 / 081

"插在敌人心脏上的一把剑" / 087
开学典礼上，传来隐隐炮声 / 096
第二节　复课元坊村 / 102
边区的最高学府 / 102
昔日闺秀变英雄 / 111
一簇小红花——儿童剧团 / 117

第三章　联大与根据地同发展（1940.10—1942.10）
第一节　迁址李家沟 / 125
滹沱河畔的书声 / 125
根据地扩大，联大也扩展 / 133
两周年，为七月节添彩 / 141
在大山沟里突围 / 147
第二节　移师唐河边 / 155
春天，边区来了几个外国人 / 155
整顿三风 / 162
五一"扫荡"和秋冬"扫荡" / 169
平原文工队 / 174

第四章　留下"一粒种子"（1942.11—1945.8）
第一节　神仙山下 / 183
非常时期的教育学院 / 183
从高中班到中学部 / 190
上午学习，下午生产 / 196
政治班：为城工部培养干部 / 202
第二节　抗战胜利了 / 210
反敌"毁灭性'扫荡'" / 210

为有牺牲多壮志 / 216

最后的决战 / 222

彻夜狂欢 / 229

第五章　进城（1945.9—1946.8）

第一节　全面复校 / 239

进军张家口 / 239

迈向正规化与现代化 / 245

文艺学院与文艺演出 / 255

第二节　新天地，新气象 / 265

圆了大学梦 / 265

学生会与学生自治 / 274

深入生活的第一课 / 282

第六章　重回农村（1946.9—1948.1）

第一节　驻足广灵 / 291

撤离张家口 / 291

行军途中 / 297

"喜儿"郭兰英 / 304

第二节　平原宣教团 / 311

南下冀中，束鹿复课 / 311

乡艺活动与文艺晚会 / 322

《联大生活》与《文学新兵》/ 330

第三节　大课堂 / 340

实习：到战场上去 / 340

大生产运动 / 349

解放区的新工作 / 356

流动的大学：华北联大 1939—1948

尾声　新生（1948.2—1948.8）
解放石家庄 / 363
迁往正定县城 / 371
迎接北方大学 / 380

附录　华北大学（1948—1949）
南下邢台 / 391
北上进京 / 400

主要参考文献 / 411

后记 / 417

序章　两面受敌，何去何从？

华北！华北！

厚实的古城墙，未能阻挡侵略者的炮火。准备了三个月的粮草弹药，仅仅坚守了七天。

1937年11月8日晚九时，随着日军从城东北角突破口越进越多，太原城防总司令傅作义见局势已无法挽回，乃下令撤退，各部纷纷从大南门、新南门撤出城外。

太原，这座华北重镇遂告陷落。历时一个多月的中日太原会战，宣告结束。

之后，华北形势发生了巨大变化。国民党军在五个月内相继失掉了察哈尔、绥远、河北三省全部以及山西大部、山东、河南的黄河以北的广大地区，华北基本沦入日军之手。此时，日军在华北的总兵力为七个师团，十四万人左右，分别驻守在北宁、平绥、北同蒲、正太、平汉及津浦铁路沿线。

11月12日，毛泽东在延安掷地有声地宣布："在华北，以国民党为主体的正规战争已经结束，以共产党为主体的游击战争进入主要地位。"[①]11月16日，周恩来在《目前抗战危机与坚持华北抗战的任务》一文中，分析了抗战以来的战局，指出"坚持抗战必须以坚持华北战争为中心"，因为在华北发展游击战争有许多有利条件，如地形、气候、民众基础等，而八路军[②]留在华北

[①] 毛泽东：《上海太原失陷以后抗日战争的形势和任务》，载《毛泽东选集》第2卷，人民出版社，1991年，第388页。

[②] 八路军（全称国民革命军第八路军），1937年9月改称国民革命军第十八集团军，但是在当时及以后直到现在，人们习惯用八路军的提法。因此，本书叙述时除引文原文件中保留第十八集团军的说法外，一律沿用八路军的提法。

作战则是"推动和领导华北持久抗战的重要因素"。[1]

持久抗战的长期性和残酷性决定了开展游击战争，必须建立牢固的抗日根据地。那么，游击战争的根据地是什么呢？毛泽东认为，"它是游击战争赖以执行自己的战略任务，达到保存和发展自己、消灭和驱逐敌人之目的的战略基地"[2]，只有"建立起很多的根据地，我们才能担负起独立坚持华北抗战的重大任务"。这是八路军在华北赖以存在和发展的基本条件，也是坚持华北抗战的前提。

晋察冀边区[3]地处恒山、五台山和燕山山脉的连接地带，控制着日军入侵关内的咽喉要道，直接牵制着敌占之平绥、同蒲、正太、平汉、津浦等交通大动脉和北平、天津等大城市。这里地形复杂，便于开展游击战争，是八路军坚持华北抗战的战略支点。到1938年初，晋察冀抗日根据地已经拥有冀西、晋东北、晋中、察南、平西的广大地区，共四十三县，人口一千二百余万，中心区域的五台、阜平等十余县完全连成一片。

所以，日军声称"五台山地带，为共产军在山西蠢动之策源地"[4]，并且叫嚣"南取广州，北围五台，中攻武汉"，决定分兵进剿。

武汉是平汉、粤汉铁路的交会点。1937年11月，国民政府部分机构由宁（南京）迁汉（武汉）后，该地实际成为中国军事、政治、经济的中心。日军大本营陆军部在占领南京后，就开始研究攻占汉口的作战，但由于各方面条件的限制，暂时搁置。1938年5月底，陆军部决定了在当年秋季进行汉口作战。6月15日，日本御前会议正式决定，实施攻占武汉的作战。

---

[1] 周恩来：《周恩来选集》上卷，人民出版社，1980年，第85页。

[2] 毛泽东：《抗日游击战争的战略问题》，载《毛泽东选集》第2卷，人民出版社，1991年，第418页。

[3] 晋察冀边区，即晋（山西）察（察哈尔）冀（河北）抗日根据地，最初指同蒲路以东，平汉路以西，平绥路以南，正太路以北的察南、晋东北和晋西地区；后来将晋中、平西、平北也划归晋察冀根据地范围之内；到最后又包括了辽宁省和热河省的一部分。

[4] 转引自谢忠厚、肖银成主编《晋察冀抗日根据地史》，改革出版社，1992年，第118页。原载《正报》1938年10月5日。

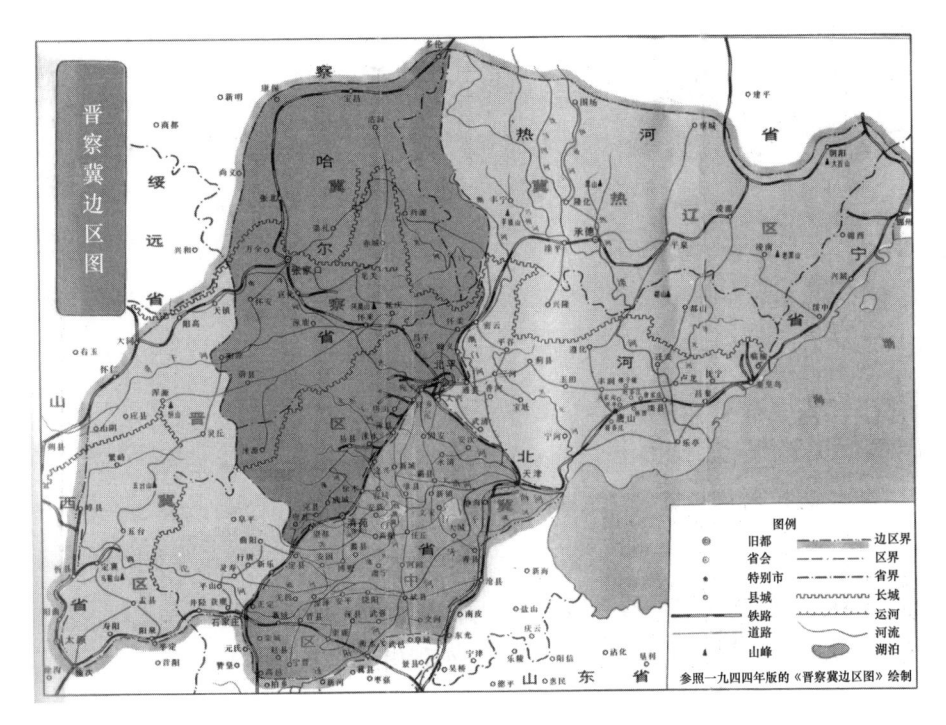

▲晋察冀边区图

10月25日，华中重镇武汉沦陷。消息传到日本国内，大和民族狂喜不已，东京到处都是欢呼的声音，他们相信打败中国只需要很短的时间了。然而，日军在战略上错误地低估了中国政府与民众抵抗的决心，虽然他们部分实现了侵略计划，却陷入了战争持久化的泥潭，处于骑虎难下、欲罢不能的窘境，其"速战速决"战略方针已经彻底破产。由此，中国抗战进入战略相持阶段。

占领武汉之后，日军被迫在正面战场上停止了全局性的战略进攻，转而致力于以保守和巩固已占领区域为主。是年秋，其大本营"决定了华北作战指导基本原则，命令华北方面军确保所占领地区的安定"[1]，并从年底开始以

---

[1] 日本防卫厅战史室编《华北治安战》（上），天津市政协编译组译，天津人民出版社，1982年，第107页。

主力回师华北，相继从华中、华南正面战场及国内抽调部队加强华北方面军。至 1939 年 4 月，华北日军总兵力达到十五个师团、九个旅团，占其侵华总兵力三十个师团（不含关东军）的一半以上。[①]

在战争形势发生重大变化之际，中共中央于 1938 年 9 月 29 日至 11 月 6 日，在延安桥儿沟召开了六届六中全会。毛泽东代表中共中央政治局作政治报告，题目是《抗日民族战争与抗日民族统一战线发展的新阶段》。报告分析了今后抗战的发展趋势，规定了中国共产党在抗战新阶段的战略任务。六中全会科学地预见在即将到来的新阶段中，日本侵略军将集中主力保守占领区，向抗日根据地发动残酷的进攻，因此要求全党继续把工作重点放在敌后和战区，并把巩固和发展敌后游击战争的问题作为党的军事战略的首要问题。根据敌后游击战争发展情况和经验，会议确定了"巩固华北，发展华中"的方针。为了贯彻"巩固华北"的方针，党中央、中央军委决定，八路军以三个师的主力分别进入冀中、冀南、冀鲁豫和山东地区，执行巩固抗日根据地，帮助当地抗日武装提高战斗力、壮大自己的战略任务。

1938 年 11 月下旬，国民政府军事委员会在湖南南岳召开军事会议。会议在蒋介石主持下着重从军事角度检讨了过去抗战的得失，判断了当时战争的形势，确定了以后"二期抗战"的军事战略方针，并据此调整了部署。蒋介石表示中国已到了转守为攻的时期，军事委员会也判断日军对华战争已是进退维谷，"似在长江珠江两岸均改取守势，抽调兵力，注重华北方面，实行所谓'扫荡'我游击队之计划，妄图巩固占领区域，造成华北军事根据地"[②]。

继南岳军事会议之后，1939 年 1 月 21 日至 30 日，国民党在重庆召开了五届五中全会。会议主要研究了"二期抗战"的军事、政治、经济、外交、党务等问题；同时，"如何与共产党作积极之斗争"也是会议的重要内容之一，

[①] 李茂盛、杨建中：《华北抗战史》（上），山西人民出版社，2013 年，第 395 页。
[②] 秦孝仪主编《中华民国重要史料初编——对日抗战时期·作战经过（一）》，1981 年，第 183 页。

实际确立了"溶共、防共、限共、反共"的基本方针。随后，国民党中央执行委员会秘密颁布的《防制异党活动办法》指出："共产党在本党权力所及之区犹能猖獗活动，长足发展，考其原因虽非一端，而本党组织工作不健全而予人以可乘之机实为主要因素。目前共产党控制下之陕北，彼能无论男女老幼悉纳于各种组织之中，而由该党分子予以切实之领导与控制，遂造成今日形同铁桶之陕北特区，不但外人不易轻入，即入内亦难立足，更无论有所活动。本党目前防止异党活动之方，亦惟（唯）有采取此种坚强组织之办法方能奏效，盖即所谓以组织对付组织之意义。"①

为了实施"军事限共"，国民党当局于1939年初设立冀察和鲁苏两个战区，逐步向华北和华中敌后增派兵力。这一部署虽然也有"积极展开广大之游击战"②的一面，但其主要目的则是"加强本党在华北之武力，以限制共党之发展"③。

旬邑县的枪声

陕甘宁边区的东面是黄河天堑，边区河防线蜿蜒一千余公里，是陕甘宁边区的重要屏障。从1938年2月起，日军不断向边区河防发动进攻，企图强渡黄河，突破西北重要门户，切断陕甘宁边区与各抗日根据地的联系，威胁中共中央、中央军委指挥中枢的安全。同年4月，中央军委决定陕甘宁边区保安司令部及所辖地方部队统归号称"红色御林军"的八路军留守兵团指挥。武汉沦陷之后，日军调整政策重点进攻八路军、新四军及敌后抗日根据地，

---

① 重庆文史资料委员会、中共重庆市委党校等编《抗战时期国共合作纪实》上卷，重庆出版社，1992年，第644—645页。
②《国军第二期作战指导方案》(1939年1月7日)，载中国第二历史档案馆编《抗日战争正面战场》上册，江苏古籍出版社，1987年，第33页。
③《共党问题处置方法》(1939年6月)，载中共中央党校中共党史教研室编《中国国民党史文献选编（1894—1949年）》，北京，1985年，第294页。

加大炮击黄河西岸河防阵地力度。陕甘宁边区以东黄河防线吃紧，中共中央决定驻国民党统治区泾阳县云阳镇的八路军荣誉军人教导院（原八路军第五残废医院）①撤入关中分区。12月15日，教导院一千七百余名伤残学员，在院长王群带领下进入国民党统治区旬邑县②土桥地区，遭到旬邑县保安团包围后忍辱驻于城外。旬邑县县长张中堂甚至下令，不准向教导院人员销售粮食、蔬菜。

1939年1月12日，八路军荣誉军人教导院在粮草断绝后，奉命开向土桥再遭旬邑县保安团包围，谈判代表被扣留。翌日，国民党陕西省第七行政区调集各县保安队及壮丁队八百余人集结土桥。就在这时，国民党五届五中全会确立"抗日和反共"为中心议题，国民政府开始走"消极抗日、积极反共"的政治路线。22日，国民党保安队伍二千余众包围驻井坳村八路军荣誉军人教导院，殴打侮辱伤病员，鸣枪威胁并迫令教导院退出土桥。为避免冲突升级造成人员伤亡，教导院转移到湫坡头镇坪坊村，并改为八路军荣誉军人学校（简称"荣校"）。

2月，蒋介石调胡宗南部及地方武装三十万人，从南、西、北三面包围陕甘宁边区，制造武装摩擦。据旬邑地方党史资料记载，国民党顽固派军事政治手腕并用，加紧反共分裂活动的准备：一面增兵增防强化封锁陕甘宁边区南线驻军力量，一面在与关中分区接壤的淳化、旬邑、宁县、正宁县各市镇大肆构筑工事、修补城垛、督领保甲训练壮丁，还增设广布特务机关并加强特务攻势。关中分区外沿驻军，在淳化驻军、旬邑县城驻军、职田驻军、马栏驻军之外，新增陕西省第七行政督察区保安队所改编第四保安支队一千余人及驻耀县一个保安旅一千五百余人，增驻张洪一个中队、小坵一个连一百一十人。关中分区外沿国民党政府军队、特务机关与特务人数激增，陕

---

① 八路军第五残废医院，指中共中央卫生部创建的红军荣誉军人残废医院之一的优抚医院。为尊重伤员人格，先后改名荣誉军人教导院、荣誉军人学校。

② 旬邑县，原名栒邑县，1964年改名。位于陕西西部，抗战初期属陕西省第七行政督察区，今属咸阳市辖。为行文统一规范，本书一律写作旬邑县。

▲陕北公学女子队在旬邑县看花宫

西省保安第九团建起特务机构，旬邑县政府一个科增为四个科，国民党旬邑县武装力量时为一个常备中队、三个保安分队和陕西省保安第六团一个大队。①

春节期间，国民党军开始袭击旬邑县职田镇陕甘宁边区留守部队，八路军被迫还击。附近的陕北公学（简称"陕公"）做了随时参战的准备，白天坚持学习，夜晚武装巡逻。当年的陕北公学第三队学员金岚说："看花宫以南二里多就是国民党军盘踞的职田镇，他们经常进行挑衅，制造摩擦。我们学校只有一个排的校卫兵，另外还有几十支步枪，为了保卫安全学习，我们晚间要轮流拿着步枪放哨。"② 毕业留校的胡华回忆："1939年春夏之交……看花宫离职田镇不过数里之遥，枪声隐约可闻。在那段时间内，陕公全校动员起来，

---

① 中共旬邑县委党史研究室编《中国共产党旬邑历史》，陕西人民出版社，2013年，第199页。

② 金岚：《追忆杨展同志》，载刘葆观主编《血与火的洗礼——从陕北公学到华北大学回忆录（1937—1949）》（上卷），中国人民大学出版社，2007年，第345页。

流动的大学：华北联大 1939—1948

▲看花宫陕北公学校部旧址

作好戒备。我们每晚上都派出游动哨，彻夜巡逻。每当轮到我荷枪巡逻时，望着繁星满天的夜空，想起这时在祖国广大的抗日战场上有多少人像我一样在黑夜中放哨。我，一个十八九岁的青年战士，为能参加保卫神圣的陕甘宁边区的自由土地而感到自豪。"①

  4月，八路军荣誉军人学校迁驻旬邑县看花宫。下旬，荣校采购员陈应通，从云阳后勤部采购物资返回，途经旬邑县甘峪坡时，被国民党县保安队枪杀身亡。接着，保安队又向驻旬邑的八路军独立第一营进攻。荣校政治部主任陈振亚得知敌情后，架着双拐（因左腿带伤）来到前沿阵地协助指挥，将敌军击退。事后，荣校校务处派人向国民党旬邑县县长张中堂提出抗议，要求

---

  ① 胡华：《陕北公学校风回忆》，载刘葆观主编《血与火的洗礼——从陕北公学到华北大学回忆录（1937—1949）》（上卷），中国人民大学出版社，2007年，第77页。

惩办凶手、赔偿损失、公开认错，并为陈应通召开追悼会，保证不再发生类似事件，但张中堂不同意。5月25日下午，三十余名荣校代表赴国民党旬邑县政府请愿要求惩办凶手，但张中堂仍拒不答应，并令驻旬陕西省保安第六团向请愿代表开枪，当场打死荣校代表九名。事件发生后，国民党又调集保安队第六团、第九团兵力千余人，包围驻旬邑的八路军独立一营，冲突进一步扩大。为了顾全抗战大局，八路军驻军和荣校撤离县城，退至店头等地。至此，旬邑县城被国民党顽固派袭占。这一事件，史称"旬邑事件"。

5月以后，国民党对延安实行封锁的同时，也加剧了对泾阳县安吴堡战时青年训练班（简称"青训班"）的封锁。"通往安吴堡的各个要道——咸阳大桥、泾阳城及泾渭河畔各渡口点，到处都设立了卡子和驻上军队及稽查人员，完全断绝了安吴青训班与延安的通道。国民党特务采取欺骗手段，向不明真相的学生散发他们的所谓招生简章说他们也在太原、咸阳、西安都办有青训班，实际是集中营。有一些学生因此上当受骗，陷入虎穴；一些来安吴青训班的学生在途中被绑架，送进青年劳动营。"① 这样一来，青训班的学员来源大大减少，周围形势日趋紧张起来。同时，青训班"要经常轮流站岗放哨，进行紧急集合和夜间演习，以预防顽固派的突然袭击"②。

6月4日，日军万余人进占柳林军渡，在黄河东岸构筑工事，并以炮火轰击河西宋家川、枣林坪一线河防阵地；6日，日军又以一万五千余人进占孟门、碛口，以飞机向河西河防阵地及陕甘宁边区内城市进行猛烈轰炸。面对日军重兵压境，陕甘宁边区军民全力支援河防部队，黄河以东八路军则破袭日军交通线，致使日军腹背受敌，被迫全线撤退。

6月10日，蒋介石又密令朱绍良、胡宗南、马鸿逵、马步芳等部，对陕

---

① 朱致平：《战斗在前沿阵地》，载纪希晨主编《战火青春》，中国青年出版社，1997年，第60页。
② 江平：《安吴堡的怀念》，载纪希晨主编《战火青春》，中国青年出版社，1997年，第156页。

甘宁边区实施"监围","严防'奸伪'向西南流窜"[①]。

日军在逼近,国民党军在封锁,陕甘宁边区遭遇到缺衣少粮的多重物资困难。当时,陕甘宁边区已有陕北公学、安吴堡青年训练班、马克思列宁学院、鲁迅艺术学院等十多所由中共中央直接领导的干部学校,在校师生逾万人,他们该何去何从呢?

[①]《蒋介石密令封锁陕甘宁边区的电文》(1939年6月10日),载彭明主编《中国现代史资料选辑》第五册下,中国人民大学出版社,1989年,第342页。

第一章　跨过祖国的万水千山

（1939.6—1939.9）

第一节　华北联大的诞生

延 安 集 结

1939年6月10日，延安。

毛泽东在党的高级干部会议上做了反对投降问题的报告，指出"两年来，在中央直接领导下建立了抗大[①]、陕北公学、党校、马列学院、鲁艺、青训班、女大、工人学校、卫生学校、通讯学校、组织部训练班、行政人员训练班、边区党校、鲁迅师范、边区中学、鲁迅小学、儿童保育院等十七所学校。学生多的万余人，少的几百人、几十人。有几千干部从事教育工作，教育出来及尚未教育出来的学生在三万人以上。这是一个很大的成绩。今后，由于物质和敌情的原因，分别在边区和华北两处办学。去华北的学校指挥管理仍属中央，委托北方局监督"[②]。

十天之后，中共中央政治局做出《关于抗大、陕公等学校迁移晋东南的决定》，指出"开办学校吸收大批青年到共产党及八路军方面来，是党最大的成绩，以后还应继续这项工作。最近敌人企图进攻边区，加之地区贫寒、粮食困难等，因此中央政治局决定将抗大本校、陕公本校等移驻晋东南，由中共中央北方局及前总负责监督与领导，但学校之方针及组织改变仍由中央决定"[③]。

[①] 抗大，全称中国人民抗日军事政治大学，其前身是抗日红军大学。
[②] 姚宏杰、宋荐戈主编《中国革命根据地教育史事日志》，山东教育出版社，2020年，第271页。
[③] 中国人民解放军国防大学：《中国人民抗日军事政治大学史》，国防大学出版社，2000年，第539—540页。

流动的大学：华北联大 1939—1948

6月21日，抗日军政大学罗瑞卿副校长在党的活动分子大会上传达了中央政治局这一决定，并详细阐明了这一决定的伟大意义。抗日军政大学根据党中央的决定，立即进行挺进敌后的准备工作。与此同时，陕北公学接到党中央的指示，师生到延安集结，准备和陕甘宁边区其他兄弟院校成立华北联合大学，一同开赴敌人后方解放区根据地，为坚持华北抗战去开展国防教育。同往集结的还有泾阳县的安吴堡战时青年训练班，他们单独取道而去，暂且不表。

消息传开，散布在看花宫周围各个村庄的陕公学员们，听说要开赴敌后根据地去，欢呼雀跃，摩拳擦掌。"到敌人后方去……"的歌声，更是响彻大地，数日不绝。

张时杰本来从陕北公学毕业后分配在荣校政治处任教育股股长，听说陕北公学要去华北敌后方，便央求组织将其调回母校工作：

▲延安宝塔山远眺

到敌后的事情决定以后，陕北公学分校的学生曾多次演习夜行军。一天上午，我们荣军学校干部在一个树林里开会，张然和同志离开学生队伍，到我们会场上来了，在我们中间玩了一会儿，偷偷地告诉我，陕北公学分校要搬到华北敌后去了。我告诉他，我也想到前方去，是否可以把我调回去，他说可以考虑。这样，学校就把我和廖盖隆同志都调回去了。我被分配在校长秘书室工作。①

那种如火如荼的形势，四五十年后已年届八旬的李介夫②回忆起来，还每每激动得不能自己。当时，全校动员大会后发生了这么一件事：有一位学员有一口旧皮箱，他舍不得扔掉，但又没办法带走。于是，他便从箱子上割了一块下来，放进背包里。别人问这是为什么，他深情地说："这箱子是我来延安时未婚妻送的，她再三叮嘱我毕业后回去结婚。但我不能为了爱情离开革命，我要在爱情的鼓舞下去战斗，就是牺牲了也值得！"③

陕公师生开始了紧张的准备，如配发部分武器弹药，编定序列，确定行军路线。当这些工作都安排好以后，成仿吾校长带着警卫员先出发到延安去了。④大约一周之后，6月下旬，校部直属队和全校学员就陆续向延安进发。

这天早晨，灿烂的阳光照耀着生活和学习过的窑洞、操场，照耀着通往

---

① 张时杰：《关于陕北公学和华北联大一些历史情况的回忆》，载刘葆观主编《血与火的洗礼——从陕北公学到华北大学回忆录（1937—1949）》（上卷），中国人民大学出版社，2007年，第50—51页。

② 李介夫（1908—1998），马来西亚归国华侨。1937年卢沟桥事变后回国，投身于抗日战争。1938年到延安入陕北公学学习，毕业后留校担任李维汉校长办公室主任秘书。1940年，延安华侨救国联合会（后易名为中国延安华侨联合会）成立后被选举为执委和主任，积极开展抗日救亡活动和华侨统战工作。

③ 李介夫：《陕北公学生活漫忆》，载全国政协文史委华侨组编《峥嵘岁月——华侨青年回国参加抗战》，中国文史出版社，1988年，第92页。

④ 张时杰：《关于陕北公学和华北联大一些历史情况的回忆》，载刘葆观主编《血与火的洗礼——从陕北公学到华北大学回忆录（1937—1949）》（上卷），中国人民大学出版社，2007年，第51页。

前方的大道，一千多人的队伍从看花宫出发了。附近的老乡听说陕公师生要上前线，扶老携幼赶来送行。关中分区党政军领导同志，也恋恋不舍地同大家握别。

为了神圣的民族解放事业，陕北公学师生又一次踏上新的长征，学员们的心情是兴奋的、豪迈的，同时也深感职责之重大和光荣。不过，陕北公学师生要离开党中央的直接领导而远征，又都有着无限依恋、惜别的心情。

火力班背着枪支雄赳赳地走在最前头，鲜艳的红旗迎风招展。学员们背着书包、棉被与干粮袋，一个个昂首挺胸，一面迈步行进，一面不住地回首向老乡和因病弱留下的同学挥手告别。忽然，队伍中唱起嘹亮的乐曲："这是时候了同学们，该我们走上前线。我们没有什么挂牵，纵或有点点留恋。……别了，别了，同学们，我们再见在前线！"（《毕业上前线》）接着，队伍又响起雄壮的歌声，此起彼伏："到敌人后方去，把鬼子赶出境。……今天攻下来一个村，明天夺回来一座城……"（《到敌人后方去》）

学员们慷慨激昂的革命豪情，以天下为己任、把民族命运担在双肩的革命抱负，深深地激动着教员们的心：伟大的共产主义理想，革命乐观主义的情操，给人以无穷无尽的力量；这是一支革命的队伍，一支充满青春活力和战斗豪情的队伍。

张西帆时任陕公军事科长兼教员，他和警卫连长王云一同到看花宫西南接近国民党统治区的边沿，撤出隐蔽在麦田里的最后一个岗哨。"哨长王举先，带轻机枪一挺，其时正是麦子扬花吐穗的时节。别了，清香的麦田！胜利的喜悦催促着我们几人，赶上最后一个梯队，离开看花宫，步上了征程。"[①]

翻过几座断裂的黄土高原，队伍在边区的南大门、旬邑东北部的马栏镇休整了一天。镇边有一条清澈的河流，大家去河里纵情畅游、洗涤尘埃。此地，

[①] 张西帆：《到敌人后方去》，载刘葆观主编《血与火的洗礼——从陕北公学到华北大学回忆录（1937—1949）》（上卷），中国人民大学出版社，2007年，第188页。

离延安还有三百公里路呢。

在茫茫的高原上，队伍蜿蜒地行进着。那时，大家赤脚穿着用草绳或旧布绳编织的鞋，脚底板都磨出了厚厚的茧子，但没有一个人叫苦。队伍依然士气高昂，一路行军一路歌。歌声此起彼伏，常常在山谷里回荡。沿途学校政治部门组织了鼓动站，打着竹板、敲着脸盆，或唱着歌儿、喊着口号，激励大家奋勇前进。夜行军时，大家就互相传着"胜利就在前面""曙光即将到来"等口号。

行军路上处处是课堂。除了纪念党的生日、随机军事演习等多种形式教育，行军途中休息时讲课，启程后边走边讨论，时时不忘学习。

7月1日那天，教务长江隆基带领的部分师生宿营黄陵。这是轩辕黄帝的陵墓，四周苍松翠柏，古木参天，就像点缀在黄土高原上的一块绿宝石，令人心旷神怡。晚上，师生们在空旷处点起了篝火，举行庆祝中国共产党诞生

▲陕北黄土高原

十八周年晚会。江隆基讲了话，他向大家讲述了自己参加共产党的经历以后，又阐述当前日益严峻的国内外形势，并亲切勉励大家要有长期抗战、艰苦抗战的思想准备。他强调，今天在中华民族祖先的陵墓前纪念党的生日更有双重意义，我们既不能辜负祖先的遗愿，也不能辜负党的期望，中华民族的优秀儿女一定要把日本侵略者赶出中国去。他的讲话亲切朴实，几十年后还深深地印在大家的脑海里。[①]

这一天，军事教员张西帆想测试学员们遇到突发情况时应变能力如何，也好掌握点军事知识要领和采取必要的预防措施。他向校领导报告了计划，得到允许后叫上王举先等人带上轻机枪提前出发。当时，有几个女学员看见了却没在意，本来武装连队也常是先遣或后卫。当队伍行至一道川地，一旁山上突然枪声连作。张西帆在一处隐蔽观望，只见歌声骤停，战斗分队展开队形向着枪响处包抄过去，非战斗队伍则迅速转移隐蔽，秩序井然有序，看起来还很不错。因此，张西帆发出信号，宣告演习结束。回到大队，遇见出发时见过的那几个女学员，她们七嘴八舌地说："我们早估计到又可能是教员给我们出的点子。这次我们不怕，不像在看花宫那次，拂晓突然一个紧急集合，背着背包，不准弄火，不准讲话，不准咳嗽，带着我们，轻手轻脚，一会儿西，一会儿南，七转八转，把我转个糊涂，天亮时，原来没离开元坊（村名，在看花宫西五里）。"[②]一阵哈哈大笑，这番乐哟！

随着校部行动的有四个女生队，每队中各有一位男同志，直接指挥她们的是区队长赵志萱。女生队学员既活泼又严肃，坦率真诚，自尊心强。一次，过一条小河，河上有一行踏脚石，还有一座小板桥。指挥员说："男同志跳石头，女同志走桥。"本来这样安排既快又稳妥，没想到惹出个"抗议"。"为什么

[①] 苗高生：《华北联合大学漫忆——兼怀江隆基同志》，载刘葆观主编《血与火的洗礼——从陕北公学到华北大学回忆录（1937—1949）》（上卷），中国人民大学出版社，2007年，第156—157页。

[②] 张西帆：《到敌人后方去》，载刘葆观主编《血与火的洗礼——从陕北公学到华北大学回忆录（1937—1949）》（上卷），中国人民大学出版社，2007年，第189页。

女同志就不能跳石头？"指挥员连忙说："好，好，女同志自愿跳的也可以跳。"第一个，第二个，第三个，得！女生队长倪淑英一只脚掉进河水里，大家又一阵笑。她本来很精明能干，但眼睛近视三百度，一下没看准，落了水。①

类似这样的行军花絮很多。大家一方面向往着敌后生活，另一方面留恋着母校及当地那些老大爷、老大娘的温暖亲切，说道起来没完没了。一路上，如果不是十分疲劳，总是说笑不停。即便疲劳了，他们也有办法解乏：或猜谜，或"行令"——"鼻子、耳朵、嘴巴……"，前令一出，后一人须立即指出相应的位置，错了就罚唱歌，或讲故事。女学员杨展就常被罚，她憨厚质朴，大家喜欢她，故意为难她，她越着急就越容易指错。也有的人被罚讲故事。故事惹得大家哄然大笑，疲劳也消除了。就这样行军，精力旺盛。一程又一程，一梯队接一梯队，游山逛景般的，经宜君、黄陵、洛川、甘泉四县便是延安。

7月初，队伍越近延安，脚步也越轻快。到达古城，正是"夕阳辉耀着山头塔影"的时候。陕北公学高五队学员何少梅回忆："当我们这支文化大军路过延安城时，敌机不时进行轰炸，城内外静悄悄的，路上行人稀少。但人们却在清凉山两旁的窑洞里紧张而有秩序地工作着。我们队伍宿营在延安城外。"②

指定的宿营点（集结地）是桥儿沟，原为天主教堂旧址，有不少房子。师生们要蹚过南门边的延河，再沿着清凉山东行二十五里，然后才能到达桥儿沟。最后一个梯队到达时，已是深夜。也许大家有些疲劳，队伍刚刚沉寂一时，可是一进营地大门，女学员杨滨抬头看见门楼上的十字架，叫道："啊，圣玛丽亚……"一句诙谐的话，队伍立马又活跃起来。

再说位于泾阳县安吴堡的战时青年训练班。

---

① 张西帆：《到敌人后方去》，载刘葆观主编《血与火的洗礼——从陕北公学到华北大学回忆录（1937—1949）》（上卷），中国人民大学出版社，2007年，第189页。

② 何少梅：《华北联大妇女同志战斗生活片断》，载刘葆观主编《血与火的洗礼——从陕北公学到华北大学回忆录（1937—1949）》（上卷），中国人民大学出版社，2007年，第305页。

流动的大学：华北联大 1939—1948

▲延安桥儿沟天主教堂

6月底的一天，学校突然召开全体学员的动员大会，号召"到华北去！到敌后去！"，每个人都可以报名。作报告的是训练班副主任刘瑞龙，他的讲话鼓动性很大，使整个安吴堡沸腾起来。学员们纷纷写申请书贴在墙上，要求参加这一次"到华北去！到敌后去！"的进军。从安吴堡到延安，要求每个人轻装，只许带少量行李，而这对于学员陈希来说真是一件大好事。陈希趁着别人精简行李的时候，向人家要来了一条狗皮褥子和一件棉绒上衣，加上自己带来的一点单衣，勉强凑成一个背包背在背上。谁知陕北的黄土高原，白天是炎热的夏天，晚上却寒冷如冬。一条狗皮褥子盖在身上，上面暖和了，下面却是冰冷的黄土地；铺在下面，上面空着，半夜醒过来，仍然冻得发抖。其实，何止是睡不暖，也吃不饱呢。陈希说："最令人懊悔的是买了一个小茶缸，开饭的时候，就成了大问题，装一缸青菜和小米的混合饭，尽管我狼吞虎咽地赶快把它吃完，再一次跑到锅台旁边，锅里常常是空空如也。看着那些拿着大茶缸的同志,在那里细嚼慢咽吃得真香的样子,真是羡慕极了。吃不饱是件伤脑筋的事情。在出发的时候,组织上决定让我担任一个排的政治干事。我的主要任务是在行军中起模范作用,向同志们做宣传鼓动工作,特别是在爬山的时候要喊口号,并且大声叫喊:'同志们!加油!'吃不饱还要担任政治干事,就特别费力气。"[1]但是,革命的意志和热情始终占主导地位。

7月初,组织上决定青训班本科一队全体学员及预科部分学员,由田夫、杨诚带领奔赴延安。当年的青训班学员于今说:"我和干部一连二队的同学,在田夫带领下开始了从安吴堡向延安的八百里行军。每人都背着简单的行李,绕道陇东,日夜兼程前进,每日行军六十里。有一天,我们为了安全通过国民党区急行军爬山一百二十里,有的同学脚上打起了血泡,到了宿营地,学生会就烧水烫脚,挑泡。我在这次行军中,自愿担任学生会的生活委员,带了几个同学为大家打前站,每到一地就烧水、做饭、号房子,使同学们及时得到休息。"[2]这帮男女青年一路上晓行夜宿,欢歌笑语。当远远地看到延安宝塔山的时候,大家都欢呼雀跃起来,终于到达了向往已久的目的地。原野上,红色的荞麦花正盛开,像欢迎的笑脸一样。

青训班的宿营地也是在桥儿沟的教堂里。他们和陕公学员一起在这儿休整,主要是进行思想准备,同时学习游击战争。

中共中央领导人张闻天、陈云、李富春亲切地接见了陕公校长成仿吾、教务长江隆基,还有其他院校的几个负责人,进一步传达中央成立华北联合大学(简称"华北联大")的有关决定,并对他们讲明战略意图、职责任务以及注意事项。党中央任命陕北公学原校长成仿吾为华北联大校长兼党团(党组)

---

[1] 陈希:《投向母亲的怀抱》,载纪希晨主编《战火青春》,中国青年出版社,1997年,第131—132页。

[2] 于今:《红色的纽带——对安吴堡学生会的回忆》,载纪希晨主编《战火青春》,中国青年出版社,1997年,第277页。

书记，江隆基为教务长，还要求他们要在半个月内尽快起程，目的地是晋东南的抗日根据地。

四部：统一领导，各自独立

华北联合大学下设四个部：社会科学部、文艺部、工人部、青年部。陕北公学改编为社会科学部，鲁迅艺术学院（简称"鲁艺"）改编为文艺部，延安工人学校改编为工人部，安吴堡战时青年训练班改编为青年部，陕公流动剧团和鲁艺的部分人员组成文工团。陕公、鲁艺、工人学校留下少数人在延安继续办学，多数参加华北联大去前方。冯文彬、胡乔木主办的战时青训班，因校址安吴堡在国民党辖区的泾阳县，常受顽固派骚扰，除少部分同志随冯、胡二人留在延安中央青委工作，一部分学员毕业分配外，其余半数以上的人参加华北联大青年部，该校即停办。延安中国女子大学原拟也参加华北联大去前方，后来考虑到女同志太多，通过敌人封锁线有困难而作罢。

华北联大实际上是四所院校在中国共产党的统一领导下的联合办学，而各部的教学功能保持独立的格局。为了完整地讲述其历史，我们不妨对这四所院校的身世作一回顾。

一、陕北公学

"中国不会亡，因为有陕公！""陕北公学是属于中华民族的，因为他为着抗日救亡而设，因为他收纳了全国乃至海外华侨的优秀儿子。"

毛泽东送给陕公学员的这两句话，非常鼓舞人心、激动人心，也是党中央对陕北公学教育工作者极大的信任与期望。陕北公学是中国共产党中央直接领导创办的第一所革命的大学，是在民族危机日益严重的形势下，为满足全面的全民族抗日战争的需要，坚持国防教育方针，培养为谋求民族解放干部而创办的大学。

第一章　跨过祖国的万水千山

1937年"七七"事变爆发后，由于实现了第二次国共合作，到延安来求学的知识青年日益增多，仅靠一个抗日军政大学办培训大队，已经不能适应抗战形势发展的需要了。党要向全国发展，八路军要迅速壮大，以实现全面的全民族抗战，就必须培养大批抗战干部。于是，这年的7月底，党中央决定成立陕北公学。在平津地区、东南沿海等地学校纷纷内迁流亡的时候，中共却在延安迎着敌人的飞机轰炸创建陕北公学。陕北公学的成立，是抗战的教育，也是教育上的抗战。

党中央决定调中央党校教务主任成仿吾担任陕北公学的校长，成仿吾认为这个工作很重要，是关系到抗战的胜利和中国革命未来的工作，于是很高兴地承担了这个任务。学校取什么名称呢？开始时，决定叫陕北大学，这是由于经费问题需要向国民政府报告并申请批准。当时，国共合作，陕甘宁根据地是国民政府所属的一个特区政府，重大问题要向他们报告。谁知蒋介石不同意，他认为陕北一块小地方，已经批准成立了一所抗日军政大学，不能再成立什么大学。于是便改了个名称，仿照过去上海中国公学的办法，改为陕北公学。这样，蒋介石就没有理由反对了。这个校名反映了中共独立自主地发展抗战教育的决心。

校名确定后，一边立即招生，一边紧张筹备。为了广泛地招收知识青年到延安来学习，陕北公学和抗日军政大学联合招生，通过各地党组织和八路军办事处（简称"八办"）在全国许多报纸、杂志上公开发布招生启事，并在三原、西安、延安三地设立报名处。有许多学员是由武汉、长沙、桂林等地"八办"介绍来的，这些学员大多是先到西安，由西安"八办"负责组织起来，一批一批地介绍到延安来。当时，陕北公学的方针是"来者不拒"，尽量接收从国统区来的青年。

自1937年8月开始接收学员，到11月1日正式开学，不到两个月时间，陕北公学共有新学员五六百人。编为五个队，第五队是女生队。这期学员大部分是十五岁至二十五岁的大中学生。据统计，他们来自全国二十五个省（包括台湾青年一人）和平、津、京、沪四市，最多的是来自陕西、河南、河北和东北的青年，甚至还有南洋、越南、朝鲜等地的归国华侨。

当时，陕北公学的组织机构很精简，学校的最高领导是党组，直属党中央宣传部和组织部领导。成仿吾任党组书记兼校长，并设教务处、总务处和生活指导委员会（后来改叫政治部），那时是党组领导下的校长负责制，党总支在党组领导下专管党务工作。邵式平任教务长，主管教学工作，也兼教员。周纯全是生活指导委员会主任，主管政治工作。袁福清是总务处长，鲍建章是总务处副处长，主管后勤工作。季凯是第一任总支书记，张瑞华负责组织工作。

1937年11月1日，陕北公学在延安正式举行开学典礼。校长成仿吾主持仪式并致开幕词，报告了陕北公学筹备经过等事宜。接着，毛泽东作重要报告，从国内抗战形势讲到陕北公学的任务和培养目标，他说："我们要造就大批的民族干部，他们是有革命理论的，他们是富于牺牲精神的，他们是革命的先锋队。只有靠成千成万这样的好干部，有上述革命的方针和办法，才能执行全面的全民族的革命战争，最后战胜日本帝国主义。"[1]毛泽东的报告，给陕北公学指明了办学方向和培养干部的目标。

根据党中央提出的抗日救国十大纲领中规定的教育政策——"改变教育的旧制度、旧课程，实行以抗日救国为目标的新制度、新课程"，陕北公学的任务是培养抗日救国的革命干部，但与抗日军政大学有所区别，有所分工。抗日军政大学主要培训军事干部，教学计划的安排原则是七分军事、三分政治；陕北公学主要培训政治干部，教学计划的安排原则是七分政治、三分军事。因此，陕北公学是以革命的政治教育为主。

为了适应抗日战争和中国革命发展的需要，陕北公学的教育计划是要在短短三四个月内把青年培养成为有一定政治觉悟和初步军事知识，有独立进行群众工作、政治工作能力的抗战建国干部。教育内容主要有以下四个方面：一是抗战的基本理论；二是抗战的政策和方法；三是指挥民众进行武装斗争的基本知识；四是对目前时局的认识等。

---

[1] 成仿吾：《战火中的大学》，人民教育出版社，1982年，第25页。

从 1937 年 8 月至 1938 年 5 月，陕北公学在延安办了二十七个队，每个队百余人，为敌后战场输送了三千多名干部。进入 1938 年，国民党顽固派开始闹反共摩擦，阻拦革命青年到延安来学习。同时，青年大批进入延安，延安人口剧增，粮食供应紧张。怎么办？中央毅然决定要进一步大发展，陕北

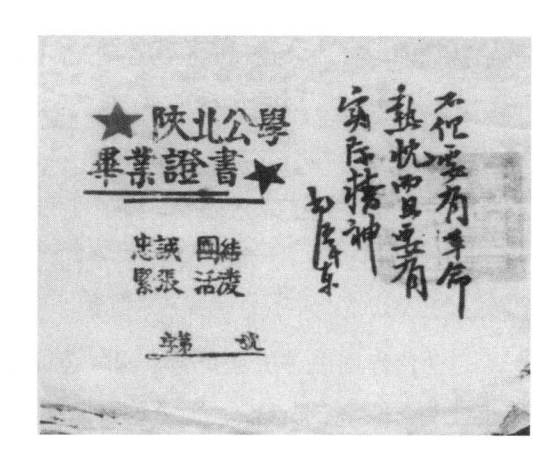

▲陕北公学毕业证

公学到五百里外的关中分区去办分校，那里接近陇海铁路和西安，青年学生进入边区比较方便；同时，关中是个粮仓，可以解决粮食问题。

于是，陕北公学立刻执行中央的决定。陕北公学党组研究后作了分工，成仿吾留在延安主持总校工作，主要办好高级研究班，为发展抗战教育事业培养师资；副校长罗迈（李维汉）兼分校校长，邵式平、周纯全也调到分校任职。此外，新毕业的学员也分一些到分校去工作。从此，陕北公学的主力转移到分校。

1938 年 5 月 30 日，李维汉率领分校工作人员出发。欢送群众高呼着"开拓国防教育的新园地！""扩大陕北公学！"等口号，高唱着陕北公学校歌，送他们踏上了新的征途：

"这儿是我们祖先发祥之地，今天我们又在这儿团聚，民族的命运全担在我们双肩。抗日救亡要我们加倍努力，忠诚，团结，紧张，活泼，战斗地学习！努力，努力，争取国防教育的模范，努力，努力，锻炼成抗战的骨干……"[①]

陕北公学分校校部设在旬邑县看花宫，这里有许多名胜古迹，传说是杨

---

① 此歌名《陕北公学校歌》，成仿吾作词，吕骥作曲。歌词中的"忠诚，团结，紧张，活泼"是毛泽东为陕北公学制定的校风。

贵妃看花的地方。分校以看花宫为中心，各区队分驻在附近平坊、门家、赵庄等好几个大村庄。在1938年7月7日抗战一周年纪念日，陕北公学分校正式开学。

这时，由于分校靠近西安，交通便捷，学员来得更多了。很快，建立起四个区队（相当营），每个区队下设四五个学员队（相当连），每个学员队一百多人。从第二十八队开始，办到第五十四队，共有三千多人。1938年7月，三十岁的南洋归国华侨李介夫来到陕公分校，被编入三十五队。因该队都是年纪较大的青年，被人们戏称"老气横秋"队。据李介夫回忆：

> 西安八路军办事处同志的热情接待，给我们留下很深的印象。他们详细介绍了延安抗大、陕北公学、鲁艺等学校的情况，并安排我们去陕公学习。当他们知道我们是从海外归来的华侨青年时，更是多方给予照顾。第二天清早，便让我们乘汽车从西安出发。一路上，我们还不断看有许多青年步行去陕公。下午三点多，汽车停在一个村子前。司机告诉我们，这就是陕北公学。放眼望去，却只见到几间旧平房，而且据说还是区队部。这与我们想象中的陕北公学相差甚远。不过，共产党这种因陋就简、艰苦奋斗的办学作风，却给我们每一个青年留下了很深的印象。……
>
> 在人们意识中，学校所应该有的教室、桌子、凳子、教具等，这里全都没有。唯一有的是几本教材。上课怎么办？一个老百姓的打谷场成了我们的"露天教室"。没有凳子，大家席地而坐；没有桌子，两个膝盖代替。夏天上课，炎炎烈日无遮拦地晒到我们身上，一个个都是汗流浃背的；冬天下雪，扫过之后仍坐下来上课。冰天雪地里，手脚常常冻麻木了。有个女同志很会想办法，给我们缝了个布垫子，里面塞上其他东西，这就好坐多了。陕北雨水不多，但一下雨，我们就只得停课。学员们住的是旧窑洞，里面仅一个炕和一个窗子，空气不对流。我们七人一组，住一个窑洞睡一个炕，密密地一个挨着一个，活像罐头里的沙丁鱼。谁翻一次身，其余几个就都得跟着起"连锁反应"。晚上，则一个组共一

盏小油灯，或自习，或开会讨论。

陕公的生活、学习条件这么艰苦，对于我们这些从海外回来的青年来说，困难就显得更大了。拿吃的来说，当地吃的是小米，馒头，过去我们吃惯了大米饭，就很不习惯。肉和鱼难以见到，连小菜有时也得用野菜代替。拿气候来说，我们从小生长在南方，出国谋生时又生活在南洋，那里地处赤道线，"长年都是夏，一雨便成秋"，气候终年暖和。而陕北地处亚寒带，冬天又长又冷。隆冬时节，到处白雪皑皑，严寒刺骨，我们很难适应。学校给每人发了一套棉衣，北方同志穿上它就觉得暖和了，我们却不够，常常被冻得发抖。……

我们这批从海外回来的青年，有的过去生活在有万贯家财的家庭中，过着舒适安逸的生活，但是，在陕公学习，我们能够和国内的青年一道，住窑洞、吃小米，过着艰苦的生活，坚持学习下来，并逐步成为坚强的抗日战士。这是为什么呢？我想：高昂的爱国热情固然是一种动力，但最主要的恐怕还是在学校受到了党的教育，学员们逐渐树立了一个为民族解放，为共产主义事业献身的思想。[①]

为了节约人力物力和方便集中领导，中共中央决定，延安陕北公学总校于1939年1月迁到旬邑看花宫，与分校合并。合并后的陕北公学，校长成仿吾，教务长江隆基，政治部主任张然和，校务部部长柴树藩，党委书记申力生。陕北公学合并后主要办大学部（高级队），培养行政、民众运动及文化工作的较高级干部，学习期限一年。

抗战形势发展太快了。1939年7月，党中央决定陕北公学和延安鲁迅艺术学院、安吴堡战时青训班、延安工人学校四校联合，在延安成立华北联合大学。

1939年11月，中央决定在延安恢复陕北公学。1941年8月底，中央又将

[①] 李介夫：《陕北公学生活漫忆》，载文思编《回国抗战 奔赴延安》，中国文史出版社，2005年，第90—93页。

延安陕北公学与中国女子大学、泽东青年干部学校合并，成立延安大学。至此，陕北公学胜利地完成了它光荣的历史任务。

二、鲁迅艺术学院

鲁迅艺术学院的成立，成为中国共产党支持创办正规艺术教育的起点。

1938年初，为纪念"一·二八"淞沪抗战六周年，抗日军政大学、陕北公学和八路军西北战地服务团的数十位文艺工作者组成临时班子，公演了沙可夫、朱光、左明集体讨论，沙可夫执笔创作的四幕话剧《血祭上海》。这次演出持续了十多天，获得延安各界观众的好评，中央领导人也十分满意。不久，中宣部举办招待会慰劳参演人员，同时举行座谈会。在座谈会上，有人提议："这伙人集中起来很不容易，别散了，要接着排演新戏。"还有人说："应该以这些人为基础，办一个学校，培养艺术人才。"这个建议博得与会人士的掌声，也得到了出席座谈会的毛泽东等中共中央领导人的赞成。于是，鲁迅艺术学院筹备委员会就在这次座谈会上宣告成立了。可见，鲁迅艺术学院的诞生有点偶然性。

2月，毛泽东和周恩来领衔，林伯渠、徐特立、成仿吾、艾思奇、周扬等人联名发出《鲁迅艺术学院创立缘起》（简称《创立缘起》）。《创立缘起》指出："在这抗战时期中，我们不仅要为了抗日动员与利用一切现有的力量，并且应该去寻求和准备新的力量，这也就是说：我们应注意抗战急需的干部培养问题。艺术——戏剧、音乐、美术、文学是宣传、鼓动与组织群众最有力的武器。艺术工作者——这是对于目前抗战不可缺少的力量。因此，培养抗战的艺术工作干部，在目前也是不容稍缓的工作。我们边区对于抗战教育的实施积极进行，已建立了许多培养适合于抗战需要的一般政治军事干部的学校（如中国抗日军政大学、陕北公学等），而专门关于艺术方面的学校尚付阙如。因此，我们决定创立这所艺术学院，并且以已故的中国最伟大的文豪鲁迅先生为名，这不仅是为了纪念我们这位伟大的导师，并且表示我们要向着他所开辟的道路大踏步前进。"

第一章　跨过祖国的万水千山

▲ 1938年4月鲁艺成立之初全体师生合影

《鲁迅艺术学院创立宣言》极其精要。它说:"我们宣告艺术学院的成立。……是为了服务于抗战,服务于这艰苦的长期的民族解放战争","就是要培养抗战艺术干部,提高抗战艺术的水平,加强这方面的工作,使得艺术这武器在抗战中发挥它最大的效能"。特别值得一提的是,它还申明:要把为目前抗战工作与为将来的新中国工作统一起来;把为抗战和为创造新艺术统一起来;把握创造新艺术与继承中外文艺遗产的辩证关系。

不久,《鲁迅艺术学院院歌》谱成,由沙可夫作词、吕骥作曲。它唱道:"我们是艺术工作者,我们是抗日的战士,用艺术做我们的武器,为打倒日本帝国主义,为争取中国解放独立奋斗到底","踏着鲁迅开辟的道路,为建立新的抗战艺术,为继承他的革命传统,努力学习,理论与实践密切联系;一切服从神圣的抗战,把握着艺术的武器;这就是我们的歌声,唱吧,唱吧,高声唱吧!"

4月10日，鲁迅艺术学院在延安中央大礼堂举行成立典礼，副院长（院长暂缺）沙可夫向大会报告学校创建的经过，多位中央领导出席典礼并讲话。毛泽东讲话时说："在十年内战时期，革命的文艺可以分为'亭子间'和'山上'两种方式。亭子间的人弄出来的东西有时不大好吃，山顶上的人弄出来的东西有时不大好看。既然是艺术，就要又好看又好吃，不切实、不好吃是不好的，这不是功利主义而是现实主义。抗日战争使这两部分人汇合了，彼此都应当去掉自大主义。要在民族解放的大时代去发展广大的艺术运动，在抗日民族统一战线方针指导下，实现文学艺术在今天中国的使命和作用。"[1]

建院初期，鲁迅艺术学院设戏剧系（主任张庚）、音乐系（主任吕骥）、美术系（主任沃渣），当年7月招收第二期学员时增设文学系（主任由周扬兼任，不久由沙汀代理）。学院还聘请一些老革命家和社会科学家兼任政治理论和文艺理论课程的教员，其中李富春讲"党的建设"、杨松讲"列宁主义"、艾思奇讲"辩证唯物主义和历史唯物主义"、李卓然讲"中国革命问题"、周扬讲"艺术论"，等等。鲁艺开设的课程分为必修课、专修课和选修课三种。学员学习分三个阶段进行：先在校学习三个月，然后到根据地或前方部队实习三个月，回校再学习三个月后毕业。

1939年2月，鲁迅艺术学院成立普通部、专修部和研究部。普通部（部长由张庚兼任）的任务是在较短时间内，培养切合前线和敌后需要的、一专多能的文艺宣传通才。专修部（部长由沙可夫兼任）包括原有的戏剧、音乐、美术、文学四系，任务是培养这几方面的专门人才。研究部（部长由赵毅敏兼任）的任务是开展专题研究、收集有关资料，下设研究室和艺术指导科，研究员大部分是各系的教员，艺术指导科的任务是指导各地剧团的工作。

同年4月，在鲁迅艺术学院建校一周年之际，随着办学的深入，针对人员构成及其思想的多元等因素，鲁艺制定了新的教育方针。新的教育方针是

---

[1] 中共中央文献研究室编《毛泽东年谱1893—1949》（中卷），中央文献出版社，2013年，第69—70页。

在《创立缘起》所定方针的基础上，经中宣部讨论拟定、中央书记处通过的，即"以马列主义的理论与立场，在中国新文艺运动的历史基础上，建设中华民族新时代的文艺理论与实际，训练适合于今天抗战需要的大批艺术干部，团结与培养新时代的艺术人才，使鲁艺成为实现中共文艺政策的堡垒与核心"。这一方针给鲁迅艺术学院提出了三项任务：一是培养大批适合于抗战需要的艺术干部；二是团结与培养新时代的文艺人才，整理中国艺术遗产，建设中华民族新时代的文艺理论与实际，从而开展新时代的文艺运动；三是鲁迅艺术学院应该成为实现党的文艺政策的堡垒与核心。

鲁迅艺术学院第一期学员共六十六人，绝大多数是从抗日军政大学和陕北公学等学校招考进来的，于1938年3月14日开始上课，当年11月毕业。第二期学员共一百五十九人，都是从各地来延安的知识青年，于1938年8月开学，1939年4月毕业。1939年2月，第三期学员入学，此时鲁艺将学制改为一年，这期学员约四百人。陕北公学分校毕业后进入鲁艺第三期美术系的学员秦兆阳回忆说："鲁迅艺术学院那时在延安北门外，一片平缓的坡地上有几间宽大的土坯房屋，是校办公室、伙房和美术系的教室。后面依据山形挖成的几座窑洞，是学生和教员的宿舍，宿舍前的空地是文学、戏剧、音乐三个系的教室。夜里各个窑洞小油灯的灯光晃在窗户上，从山下看去竟像一幢大洋楼。""生活则比陕公分校更艰苦，一天三顿没有菜的小米稀饭，只在春节初一那天稀饭里才有些细小的肉块。稀饭装在一个大木桶里，桶里有个大铁勺子，大约一百几十人，各人用铁勺把粥捞到洗脸、吃饭、喝水的三用搪瓷盅子里"，"奇怪的是，所有的女同学都被这只有咸味的小米粥养得脸颊绯红，眼睛很亮。而且男女同学都很愉快。山上山下，窑洞内外，歌声不断"。[①]

1939年6月初，随着"敌人西犯，河防骤急"，鲁迅艺术学院为适应战时需要，全体人员编为一个纵队，成立纵队司令部，下辖三个连。"每天早上四

[①] 秦兆阳：《回首当年》，《新文学史料》1989年第3期。

流动的大学：华北联大 1939—1948

▲ 1939年5月冼星海指挥排练《黄河大合唱》

点四十分到五点半上早操，教授军事知识，并时常于深夜演习紧急集合及夜行军，教职学员全体参加。""学生之学习，并不因敌人之进攻而有所松懈，相反的，更形紧张了。现有的一些课程仍照常进行，所不同者，只多加了一门军事课。"①

6月24日，鲁迅艺术学院全院召开动员大会，宣布抽调部分师生与工作人员，由沙可夫率领，与抗日军政大学、陕北公学、安吴堡青训班、延安工人学校等组成"第五纵队"去晋察冀边区创办华北联大文艺部。当时，抽调的教员有吕骥、沃渣、崔嵬、丁里、康濯、辛莽、钟惦棐、秦兆阳、王莘、牧虹、卢肃等。6月28日，鲁艺举行欢送大会。②

---

① 《适应战时需要，加紧军事训练》，《新中华报》1939年6月27日第3版。
② 高维进整理《延安鲁艺 1938—1945年简要纪事》，《新文化史料》1988年第2期，第53页。

至于留守延安的研究部和专修部师生，则于同年 11 月重建鲁迅艺术学院，院长吴玉章，副院长周扬。从此以后，鲁迅艺术学院的日常工作由周扬负责主持。1940 年 4 月，鲁迅艺术学院改称鲁迅艺术文学院，仍然简称"鲁艺"。1943 年 4 月，鲁迅艺术文学院并入延安大学，为该校所属的一个院（下设戏剧音乐系、美术系、文学系），更名为鲁迅文艺学院。

三、安吴堡战时青年训练班

这是中共中央为抗战需要而筹建的，旨在培养青年干部、发展抗日力量的训练班。

"七七"事变之后，蒋介石迫于内外压力，于 1937 年 9 月 23 日发表了承认中国共产党合法地位和国共合作的谈话。不久，国民政府又接受共产党提出的一些条件，释放了一批所谓"政治犯"。同时，由于大片国土沦丧，广大中国青年失学、失业、无家可归者甚众。他们心怀报国之志，迫切要求接受抗战教育。时任中共中央青年部部长、西北青年救国联合会（简称"西救会"）主任的冯文彬受中共中央派遣，前往八路军一一五师留守处和中共陕西省委驻地泾阳县云阳镇，参加接收安置从监狱释放出来的人士。这项工作结束时，中共陕西省委负责人贾拓夫向冯文彬提出，陕西有西安事变后的青年运动骨干，需要对他们进行抗战军事知识和马列基础知识的训练，请中央青年工作委员会（简称"中央青委"）帮助。冯文彬与当时的西救会宣传部部长胡乔木商议后，认为创办一个短期青年学校很有必要，因此决定在云阳镇斗口于村创办中国第一所小规模的战时青年短期训练班。这是由中国共产党领导的、以西救会的名义在国民党统治区办的抗战训练班，其办学宗旨、教育方针和办学形式都带有统一战线的性质。

10 月 11 日，青训班第一期在云阳镇斗口于村于右任先生的农场举办，当时称为战时青年短期训练班（以后又相继改称战时青年训练班、中国青年干部训练班），班主任由冯文彬担任，乐少华任大队长。第一期培训十五天后结业，各方反映良好，因此中共陕西省委又提出举办第二期训练班。此时，包括沦陷区在内的全国大批青年学生纷纷奔向延安，这给西安"八办"增添了工作压力。因此，西安"八办"也希望有一个训练班接收这些要去延安的青年学生，以适当分流人数。在这种情况下，11月第二期开学，校址就从斗口于村迁到了城隍庙。因学员人数增加，学习期限也延长至三周。12月，毛泽东得知青训班取得的成绩后，即指示中央有关方面在干部力量和经济方面给予支持。从第三期起，中央组织部从抗日军政大学、中央党校等地方抽调了一批骨干力量，如黄春霆、李东潮、刘瑞龙等前往青训班任教，大大增强了青训班的教学力量。胡乔木、刘瑞龙先后担任青训班副主任。

1938年初，因青训班学员人数增长过快，云阳镇无法容纳，校址便迁往五里外的安吴堡。从第四期开始，青训班进入大规模发展阶段，学员突破一千人。安吴堡战时青年训练班由此成名，史称"安吴青训班"或"西北青年训练班"。4月，为加强对青年运动的领导，中共中央决定成立中央青年工作委员会，陈云任主任，冯文彬为副主任。

1939年春，胡乔木填词、冼星海谱曲创作了安吴青训班班歌：

> 烈火的冤仇积在我们胸口，同胞们的血泪在交流，
> 英雄的儿女在怒吼。兄弟们（有），姐妹们（有），你听见没有。
> 敌人迫害你，群众期待你，祖国号召你，战争需要你。
> 你醒，你起，拿起你的武器，学习工作，工作学习，一切为胜利。
> 今天我们在青年的故乡，明天我们在解放战争的战场。
> 你看！我们的旗帜迎风扬。你看！我们的前途万里长，万里长。

安吴青训班共招收了十四期学员，学员按期分编为不同的大队，大队下分编为连，共组建了一百二十七个连队。连是军事生活、日常生活的单位，设连长、指导员和协理员。连长执行教育计划，指导、组织、督促、检查学员的学习；指导员和协理员在政治上保证教育计划的完成。连下面分成排、班。

随着学员人数的增加，青训班还专门成立了女生连、农民连和职工大队。学员来自方方面面，青训班初创时期入学的多是杨虎城家乡三原蒲城一带的学生，以后的学员则来自全国各地，有青年学生、教师、职员、产业工人、农民、店主、小贩、旧军队的军官士兵、还俗的和尚居士，也有回、苗、蒙古等少数民族。《新中华报》记者曾经采访冯文彬，问："外间传说，青训班拒绝国民党党员入学受训，是否事实？"冯文彬回答说："这绝对不合事实。一般来受训学生，从未因党派关系之不同而有以歧视。受训青年（中），中国国民党（党）员每期在三十名左右……盖青训班为'西北青救'所主办，一贯坚持抗日民族统一战线方针，不仅不拒绝各党各派青年同志加入，而且欢迎各党（各）派青年同志加入。"[1] 此外，青训班还有非常多的从南亚、东南亚归国的华侨。王唯真（新华社国际部原副主任）在1939年夏天从菲律宾回国到西安后，由"八办"安排到青训班学习。据王唯真回忆说：

> 青训班对来自海外的华侨青年和港澳青年表示特别热烈的欢迎，当我们到达的时候，在这个慈禧太后曾经住过的古堡里，为我们举行了盛大的欢迎会。据了解，青训班每期华侨学员至少有三四人，124期（按，数据有误）学员中，华侨估计不下四百人。我们这批来得最多，班领导把我们编入一二三队，专门成立"华侨排"，排长是泰国归侨罗道让同志，我被任命为排政治干事。一二三队队长是"一二·九"运动老将王元方同志，队指导员是曾经在东北抗日联军战斗过，后在苏联东方大学工作过的杨金涛同志。
>
> 来到当时延安的窗口安吴堡，我们仿佛进入了一个全新的社会，一个新的世界。这里的政治空气异常清新，抗战气息非常浓厚，墙壁上写满了抗战标语，画了不少抗战壁画。一清早，军号声、操练声和抗战歌声响成一片，令人精神振奋。这里没有悲观失望，有的是抗战必胜的信

---

[1] 《西北青救会负责人冯文彬先生关于陕西省党部明令解散"西北青救"事件谈话》，《新中华报》1938年6月15日第4版。

念；这里没有官气，有的是干群平等上下一心的关系；这里没有尔虞我诈，有的是团结友爱；这里反对口是心非，强调言行一致……这里的人们来自五湖四海，有参加过长征的红军干部，他们给我们讲述了爬雪山过草地的亲身经历；有从前线回来的干部，向我们讲述了日本兵的"武士道"精神，说：日本兵的"武士道"精神，确实凶狠、顽强，但敌不过八路军的革命英雄主义，一听到"八路"，都特别害怕。听他们的讲述，我们特别高兴。还有一些蹲过国民党监狱的同志，讲述国民党特务的阴险毒辣，对革命青年的百般摧残，以及烈士们视死如归的气概。在安吴堡学习的四个月中，我接受了革命的洗礼：初步学习了革命战争的理论、政策和战略策略，从书本知识和活教材中吸取了丰富的营养，提高了自己的精神境界，为以后的征程打下了思想基础。①

安吴青训班在创办之初就公布了其目的，"在最短期间授予青年各种最低限度的战时军事政治知识，使能在中央政府领导之下，依据革命的三民主义与抗日民族统一战线之精神，开展抗敌救亡工作"。其教育方针是：第一，努力阐扬革命的三民主义及抗日民族统一战线的政策，巩固全民族大团结，坚定抗战必胜、建国必成的信心，发扬艰苦奋斗的精神。第二，以抗战的军事、政治知识武装青年头脑，增加青年为国家、民族服务的技能，培养大批青年干部以适应目前抗战之需要，使他们在民族战争里发挥巨大的作用。

1939年6月，毛泽东在《反对投降提纲》中高度评价安吴青训班等校取得的重大成绩；为粉碎国民党对陕甘宁边区的进攻和封锁，加强战区工作，召开"动员大批学生和工作人员上前线"，但"学校名义必须保存"。② 党中央

---

① 王唯真：《归国奔延安》，载文思编《回国抗战 奔赴延安》，中国文史出版社，2005年，第52—53页。
② 共青团陕西省委青运史研究室《安吴青训班大事记》，载纪希晨主编《战火青春》，中国青年出版社，1997年，第96页。

决定，抗日军政大学、陕北公学、安吴青训班等校主力迁往华北敌后，创办华北联合大学。安吴青训班贯彻《反对投降提纲》精神和党中央指示，为培养青年工作负责干部，抽调本科一队学员和部分工作人员撤回延安，编入中央党校继续学习，组织三百五十人编为第五纵队第三梯队（华北联大）的一个独立营（下设三个连）。石青山任营长，张立之任教导员，李文舫、李力、李奇、金才为营部工作人员。

1940年1月，中央组织部部长陈云提议在延安开办青年干部学校，将中央党校青年班和安吴堡青年训练班的学员转来学习。经过一个月的筹备，中共中央决定将这所学校定名为"泽东青年干部学校"。4月初，中共中央青委派陈宇到青训班安排撤退事宜。4月13日，中央书记处正式发出撤退电报。4月24日，安吴青训班全部撤到延安，在泽东青年干部学校继续学习。1941年9月，泽东青年干部学校和中国女子大学、陕北公学合并成立延安大学。

四、延安工人学校

延安工人学校是抗战时期中国共产党培养工人骨干的学校。关于其创办缘起，最早与陕北公学有点儿关联。陕北公学创办之后，本着"来者不拒"的方针招生，于是"有少数青年工人不顾一切地跑到延安来要求入陕北公学学习"。据成仿吾回忆说：

> ……例如杨长春同志，现在是中央党校一部主任，1937年冬他到陕公来学习，还经过一番周折呢！他原是南京一个兵工厂的工人，有爱国热情，要求参加抗日工作，苦于无门。一天，他在《生活》周刊上看到陕北公学的招生广告，兴奋极了，他说自己正是"有志参加抗战"的青年，就毅然悄悄地离开工厂，冒险到延安来。他先到武汉，由武汉八路军办事处介绍到西安八路军办事处，我们陕北公学在西安负责招生的同志对他说：陕公招学生，不知能不能收工人。就请示西安八路军办事处主任林伯渠

同志，林老说："工人很好嘛！我们负责介绍。"第二天就送杨长春同志到延安来。到陕北公学后，有的工作人员也因他的文化水平问题，考虑是否接收。后来我知道了，就找杨长春同志谈话，我对他说："兵工厂的工人，我们特别需要，为什么不收呢！"这样，就决定接收了，编入七队学习。又如章萍同志是从唐山来的开滦煤矿工人，他编在三队学习。后来，我们又办了延安工人学校，专门招收工人，妥善地解决了这个问题。①

1937年冬，中央原拟在三原县办一个工人学校，但考虑离西安太近，目标过大，办事不便，于是决定在安吴堡青训班增设一个职工大队。②据当时职工大队的中队负责人苏华回忆：

> 1938年2月，同蒲铁路职工刘注义等十二人，经西安"八办"介绍，第一批到达青训班。由陈宇接见谈话，了解了西安同蒲铁路职工的情况。接着，党中央派中央职工运动委员会副书记张浩（林育英），带领杨树生、贾永福、杨鼎臣等人3月到达西安，和当时在西安的山西省委特派员车任吾、同蒲铁路党工委成员李维民所领导的原同蒲路的一部分党员一起，组织领导工人开展了要求同蒲铁路局发给遣散费和为同蒲铁路铁工自卫队募捐等经济政治斗争，成立了同蒲、正太两个铁路职工抗敌后援会，并动员工人到我党领导的安吴青训班去学习。经过积极紧张的工作，动员到青训班和延安去的职工前后有八九百人。③

为了培训这批工人，中央决定专门成立一个职工大队，附设在青训班内，由

---

① 成仿吾：《战火中的大学》，人民教育出版社，1982年，第19—20页。
② 丁金鹏、王初等：《回忆延安工人学校》，《中国劳动关系学院学报》1994年第5期。
③ 苏华：《安吴青训班职工大队简况》，载共青团中央青运史研究室等编《安吴古堡的钟声》，中共党史资料出版社，1986年，第195—196页。

张浩任大队长兼政委,董昕任副大队长,石磊任教务主任。职工大队的党组织设分总支,先后有三任书记,分别是罗义、王世先、张午,干事有曲日新、刘涌。各中队有专做党的工作的协理员(党内任支部书记),主要工作是发展新党员。

至当年8月,职工大队共办了两期。第一期有学员四百五十多人,下设四个中队,董昕、陈希文、贾永福等担任各中队的中队长和指导员。第二期学员将近六百人(其中女工十余人),下设五个中队。还有一个女工连,连长吴朝香,指导员吴忠连。①

职工大队学员主要是同蒲、正太、平汉铁路的工人,还有西安、武汉、郑州、天津、上海等地其他行业的工人。对他们主要进行三方面的教育:一是马列主义基本知识、革命人生观的教育;二是党的知识教育;三是军事知识教育。上大课的主要有胡乔木、冯文彬,张浩讲职工运动课,刘瑞龙讲农民运动课,曹瑛讲列宁的《帝国主义论》,张志贞讲军事课,还有抗日形势、统一战线等课程。职工大队过的是军事生活,虽然条件艰苦,但学员们个个都以饱满的热情、积极的态度投入紧张的学习、训练。学习时间每期不超过两个月,但每个人都受到了一次革命的熏陶和洗礼,学到了红军的"三大纪律八项注意"等光荣传统,学到了抗战救国的理论知识和军事知识,奠定了革命人生观的基础。经过短期培训后,学员们一部分到大后方工作,一部分到前方带兵打仗,大部分到延安抗大和中央党校学习后,再奔赴各个抗日战场。②

同年8月,职工大队迁到延安,并入抗日军政大学,为二大队(又称职工大队)。学员扩大到一千三百多人,分编六个区队。大队长卢华生,政治部主任李志民。

1939年3月,抗日军政大学二大队改名为延安工人学校。5月15日下午,

---

① 相关数据,参见陕西省地方志编纂委员会编《陕西省志工会志》(第62卷),陕西人民出版社,2003年,第84页。

② 苏华:《安吴青训班职工大队简况》,载共青团中央青运史研究室等编《安吴古堡的钟声》,中共党史资料出版社,1986年,第196—197页。

学校举行开学典礼。主持人开始报告了开会的目的以后，继由校长张浩报告职工学校筹备的经过、教学的宗旨及对学员的希望等。王明讲话，说"工人学校的开学，是中共工运史上的一件大事"，并希望培养三种工人干部：党的工人骨干、工运干部、军队政府工作内工人干部。接着，洛甫讲话，主要内容是："我们都负担着极伟大的历史使命，为完成这一使命，必须学习工人阶级自己的理论——马列主义；工人文化水平虽低，但他却是比较更容易接受马列主义。要打破'工人不懂理论'的错误观念；应下最大决心，耐心地来学习它。"罗瑞卿简短明了地说他代表抗大欢迎工校开学，并希望工校与抗大亲密联系。最后由学员代表致辞毕后散会。[①]

延安工人学校的本期学员来自全国二十多个省市的工人和部分华侨工人，共七百多人。张浩任校长，宋侃夫任政治部主任，校址在延安桥儿沟。

工人学校的教育方针是：以马列主义理论与实践，把学员的思想提高到真正无产阶级觉悟水平；加强抗日民族统一战线的教育，使之认识目前运动的规律；加强中国共产党的建设，革命职工运动与农民同盟军必要性的教育，以便掌握实际活动方针、方法；真正无产阶级的创造性、组织性的养成，艰苦奋斗作风的锻炼，正确的民主习惯的培养。

工人学校课程设置有：基本政治常识（包括马克思主义关于阶级、国家、政党、社会主义、帝国主义、三民主义等）、抗日民族统一战线（包括统一战线理论与实践、中国革命问题、民运工作等）、抗日军事问题（包括战时军事基本知识、军事训练、游击战、军队政治工作等）、工运理论（包括中共工人运动和国外职工运动现状等），对文盲、半文盲学员以文化课为主。为促进学习，还增设有学习方法、集体生活、工作方法、阶级团结、时事以及抗战建国纲领和中国党派问题等课程。

在教学中，工人学校重视马列主义理论与中国革命的具体实践相结合，与抗日战争形势、任务相结合，与抗日民族统一战线中工人运动的路线、政

---

① 雷迅：《工运干部的锻冶场工人学校开学》，《新中华报》1939年5月30日第3版。

策相结合，与学员的思想实际相结合。学校把"工人阶级不是金字招牌，而是实际行动的模范"作为校训，提出"工人阶级在政治上向上看齐，在生活上向下看齐"的行动口号，培养学员艰苦奋斗、自力更生的精神，教育学员自觉从严，政治上努力进取，生活上力求简朴，为群众做模范。同时，学校发动学员自己动手，各展所长，依靠自己的力量，解决经济困难。在学校的统一领导下，学员开荒种地，生产粮食；组织有专门技术的学员办起铁、木、化工、缝纫、豆腐等小工厂，既解决了自身的生产、生活必需，又培养了学员的艰苦创业精神。[1]

延安工人学校成立后还没有来得及正式建设，就于1939年7月按照中共中央的决定与陕北公学、鲁迅艺术学院、安吴青训班合组华北联合大学，五百多名工人学员开赴华北敌后抗日前线继续学习。延安工人学校就此结束，改建为华北联大工人部。

7月7日，一个神圣的日子

在开赴华北敌后抗日前线前，成仿吾校长与中共中央干部教育部长李维汉商议，请毛泽东和中央书记处几位负责人来给即将上前线的联大师生作报告。经联系，毛泽东、周恩来、博古（秦邦宪）和王明四人决定来给大家作报告。

7月4日左右，博古最先来作报告，讲"中国抗战的国际形势"，地点在桥儿沟天主堂西侧的场院里。作报告时，博古不断地猛吸着香烟，边想边讲，有条不紊，还列举了中日国力消长的许多数字来论证抗战必胜。第二个来的是王明，讲"统一战线"问题，手里拿了本红皮的俄文《联共党史简明教程》，翻开来用中文口述引证了几段，有点故作高深的意味。

---

[1] 陕西省地方志编纂委员会编《陕西省志工会志》（第62卷），陕西人民出版社，2003年，第85页。

流动的大学：华北联大 1939—1948

  7月7日，正是全面抗战两周年纪念的日子，毛泽东来给大家作报告了。[①] 当天，毛泽东乘坐一辆华侨捐献的救护汽车，到了桥儿沟天主堂西侧广场前面。成仿吾到车门前迎接，引毛泽东穿过广场上密密层层席地而坐的人群。毛泽东"虽然穿的一套灰色衣服已经破旧，但却十分干净整洁，就连裤子膝盖上那个补丁，也四四方方甚为对称"[②]，他神采奕奕地走到队伍中间，向大家频频招手致意。有的同学认得是毛泽东同志，大声呼喊："啊！是毛主席！毛主席！是毛主席给我们作报告！我们太幸福了！"一时间欢呼声、鼓掌声响彻会场上空，经久不息。

  进到场院东首中间的讲演桌边，毛泽东面向西边人群坐下。成仿吾知道毛泽东讲演时喜欢走动和做手势，于是请坐在桌子后面地上的学员们再退后一点，留出一米多的一小块空地。直到大家都安静下来后，成仿吾才正式宣布开会，说："同学们！今天是1939年7月7日，我们请毛泽东同志给大家作一个重要的报告。在他作报告之前，我先宣布一个中央最近才作的十分重要的决定：陕北公学、鲁迅艺术学院、工人学校和青年训练班合并为华北联合大学，今天正式成立了！我们要挺进敌人后方，到晋东南去，同根据地的军民一起进行抗战建国的伟大斗争。毛泽东同志给我们讲的，就是这个方面的问题。"[③]

  在一片热烈的掌声中，毛泽东开始讲话了。那时没有扩音器，大家都屏声息气地听讲。张时杰回忆："毛主席是站着讲的，烟一根接着一根的（地）抽，全场都静寂无声，他讲话声音不大，讲得也很慢，大家听得很清楚。成校长

  [①] 根据成仿吾《战火中的大学》、何洛《华北联大文学系的由来与概况》、田零《华北敌后斗争生活漫忆》等回忆资料，毛泽东给华北联大师生作报告时间是7月7日；而《中国人民大学大事记》《中国人民大学纪事》等则称报告时间是7月9日，待考。
  [②] 莫川：《珍贵的赠言》，《人民日报》1990年6月7日。
  [③] 参见成仿吾：《战火中的大学》，人民教育出版社，1982年，第75页；莫川：《珍贵的赠言》，《人民日报》1990年6月7日。

在毛主席的左后边，也是站着听的。"①毛泽东湖南口音很重，一开始讲话，就用他那特有的幽默引起了大家的兴趣。他说："同学们！我不是来给大家作报告，而是代表党中央来给大家送行的，是来欢送大家到前方去的。既然是欢送，免不了得讲几句话，就叫作临别赠言吧！你们看好不好？"学员们不约而同地叫喊："好！"鼓掌声、欢呼声又一次震动了会场。

毛泽东引用古典小说《封神演义》里一个故事做比喻说："当年姜子牙下昆仑山，元始天尊赠了他杏黄旗、四不像、打神鞭等三样法宝。现在你们出发上前线，我也赠你们三样法宝。"②接着，他说："第一个法宝是统一战线。现在时局的特点是妥协投降分子要闹分裂，我们就以抗战的进步、全国的团结、坚持统一战线来对付。一定要坚持抗日民族统一战线，坚持国共长期合作，凡是可以多留一天的，我们就留他一天，能够争取他半天一夜都是好的，甚至留他吃了早饭再去也是好的。抗日民族统一战线是战略的，又是策略的。从规定革命力量的相当布置计划，决定无产阶级的主要打击方向这一点来说，抗日民族统一战线是战略的，它规定战略任务，调动同盟军。第二个法宝是游击战争。你们不要轻看这'游击战争'四个字，这是我们十八年艰苦奋斗中得来的法宝。斯大林说，武装的革命反对武装的反革命，这是中国革命的特点之一，也是中国革命的优点之一。中国现在的革命，要把日本打出去，没有武装斗争，其他就没有办法。第三个法宝是革命中心的团结。这是指共产党要与共产党的同情者好好地团结起来。没有革命中心的团结，别的法宝就不能使用。"③

看到学员们都是青年人，毛泽东专门讲了青年人的可贵的品质和弱点，他说："青年人喜爱学习，容易接受新鲜事物，政治敏锐，富于创造精神，对

---

① 张时杰：《关于陕北公学和华北联大一些历史情况的回忆》，载刘葆观主编《血与火的洗礼——从陕北公学到华北大学回忆录（1937—1949）》（上卷），中国人民大学出版社，2007年，第51页。
② 成仿吾：《战火中的大学》，人民教育出版社，1982年，第76页。
③ 中共中央文献研究室编《毛泽东年谱1893—1949》（中卷），中央文献出版社，2013年，第146—147页。

国家民族的兴衰有强烈的责任感,因此,中国多次的革命运动,大多是青年人带头发起的。但是青年人也有弱点,不够冷静,容易骄傲,好高骛远,不切实际,主观性片面性都比较大。"针对青年人的弱点,他语重心长地告诫大家:"一不要做吊死鬼,二不要做冒失鬼。吊死鬼都是自寻短见丧生的,所以看问题要看得长远一些,不要有一得之见,就自以为是,听不得别人的意见。冒失鬼则是遇事急躁,不能深思熟虑,往往因小失大,给革命事业造成损害,所以我们要革命就得不骄不躁,凡事三思而后行。"①

在讲到参加根据地的抗战建国斗争时,毛泽东要大家向青松和杨柳学习,学习青松的原则性,也学习杨柳的灵活性。他风趣地说:"青松是天不怕,地不怕的,它生就一副傲骨,挺立在冰天雪地之中,越是严寒越显出它的巍(峨)然不动的本色。杨柳则随风飘荡,非常灵活,它植根于大地,插到哪里,就在哪里生根发芽。古往今来,不知有多少名人学士吟诗作画,歌颂青松和杨柳的性格,可见青松和杨柳是很得人们喜爱的。"②他要求大家同敌人斗争时,既要有原则性,也要有灵活性。他知道学员们将要去晋察冀根据地,说:"上一回是鲁智深大闹五台山,这一回是聂荣臻大闹五台山……你们也去跟着闹五台山吧!……"③讲得大家哄堂大笑,感受到了他的温暖亲切、毫不拘束,心情激荡。

毛泽东讲完话后,由华北联大女学员邓寿雨代表学校向党中央和毛主席宣读奔赴前线的决心书。读毕,毛泽东接过了决心书。这时,学员们振臂高呼口号:"到敌人后方去!""打倒日本帝国主义!""中国共产党万岁!"许多学员涌过来,"敬个礼掏出日记本,请他题字,他就伸出大手,作(做)个'拿笔来'的姿式,那人就赶紧拿出钢笔递给他,他一挥笔写上'打日本救中国'

---

① 莫川:《珍贵的赠言》,《人民日报》1990年6月7日。
② 同上。
③ 苗高生:《华北联合大学漫忆——兼怀江隆基同志》,载刘葆观主编《血与火的洗礼——从陕北公学到华北大学回忆录(1937—1949)》(上卷),中国人民大学出版社,2007年,第157页。

六个字"。①他一连写了几本,学员们越来越多,后来的人只好在笔记本上只签一个姓名。校领导担心主席太累,劝说师生们散开,然后护送他上了车。

7月10日上午,抗日军政大学总校师生率先开赴华北。下午,周恩来到桥儿沟给华北联大师生作报告。天气很热,学校就请周恩来在天主教堂的礼拜堂里讲,礼拜堂里面和外面广场上都挤满了人。

报告的主题是"中国抗战形势",历时四小时,阐明了党中央抗战两周年宣言中提出的方针:"坚持抗战,反对投降;坚持团结,反对分裂;坚持进步,反对倒退。"讲到统一战线工作,周恩来说,"我们上层讲,你们到了基层也要讲……,团结一切可以团结的力量,共同抗日,共同进步"。他还指着坐在讲演桌旁的成仿吾校长向大家说:"同志们出发到前方去,在文学家成仿吾同志带领下,你们不但要打日本,还要创造新社会,开展根据地的文化、教育、文学、艺术活动,你们要成为最活跃的革命力量!"②

周恩来的讲话,一句是一句,斩钉截铁,循循善诱,谆谆教诲,说服力很强。报告结束,全场一片掌声,并喊道:"欢迎周恩来唱歌。"周恩来张开双手大笑说:"你们也太残忍了吧!我讲了四个小时,你们还要我唱歌。好吧,我当指挥,大家一起唱,好不好?"大家齐声说:"好!"于是,周恩来就先振臂指挥大家唱了黄自的《热血滔滔》歌,又指挥大家唱了《到敌人后方去》。铿锵有力的歌声,激发了大家火一样的热情。然后,在全场热烈的鼓掌声和欢笑声中,周恩来上马扬鞭而去。

7月11日下午,新四军二支队司令员张鼎丞在天主教堂附近的一个大山沟里,给大家讲开展敌后游击战争的问题,主要是讲新四军的创立和发展。

这天晚上,党中央在为华北联大师生开赴华北敌后举办欢送晚会,可容八百人的陕北公学礼堂,人们挤坐得满满的。在延安的中央政治局委员差不

---

① 张西帆:《到敌人后方去》,载刘葆观主编《血与火的洗礼——从陕北公学到华北大学回忆录(1937—1949)》(上卷),中国人民大学出版社,2007年,第190页。
② 成仿吾:《战火中的大学》,人民教育出版社,1982年,第77页。

多都来了，还来了中央各部门的许多负责同志。当毛泽东等人到达时，全场都爆发了热烈的鼓掌。毛泽东坐下后，问成仿吾道："杨展来了没有？"杨展是杨开慧的哥哥杨开智的女儿，年方十九岁，原是陕北公学的学生，现在华北联大政治部工作。杨展幼年时同毛泽东一起生活过。1930 年杨开慧在长沙被杀害后，年仅十岁的杨展表态要去背霞姑（杨开慧乳名霞）的遗体。1937 年底加入中国共产党，不久任长沙市北区中学党支部书记。翌年暑假，杨展响应党的号召奔赴延安。后经党组织批准，杨展到看花宫陕北公学分校学习，她要求自己很严格，各方面表现都很自觉。杨展曾在假期回长沙调查农民思想情况，宣传抗日救亡的道理，并写信向毛泽东汇报。毛泽东在《论持久战》中提到"有个学生从湖南写信来"，这个学生就是杨展。[①] 这次，杨展到延安才得以有机会同毛泽东见面。当听到招呼找杨展，华北联大社会科学部副部长何干之很快地把她引到了毛泽东身边。毛泽东握着杨展的手，详细地询问了她现在的家庭情况，以及她祖母的健康情况。

晚会开始，中央组织部副部长李富春代表党中央致欢送词，成仿吾代表上前线的师生致答词。会上，成仿吾请毛泽东主席讲话，他说要讲的话都已经讲过了。然后，陕北公学剧团演出一些精彩的小剧目。陕公剧团有不少来自上海、北平、天津的文艺人才，有国内第一流的艺术水平。但是，节目开始时，周恩来副主席还没有到。

这时，忽然有一个警卫员匆匆忙忙地跑进会场来，向毛泽东报告说："糟糕！周副主席的马滑下沟里，周副主席摔伤了右臂，正在包扎中。"大家都很震惊，晚会只草草演了两个小节目就结束。然后，毛泽东和中央的同志们看望周恩来副主席去了。原来，周恩来从杨家岭骑马出发，到陕北公学礼堂来参加送别晚会，过延河时马儿突然受惊跳了起来，一不留神摔了下去。周

[①] 参见杨开智：《回忆我的女儿杨展烈士》，载刘葆观主编《血与火的洗礼——从陕北公学到华北大学回忆录（1937—1949）》（上卷），中国人民大学出版社，2007 年，第 341 页。

恩来的右臂摔撞在一块尖锐的岩石上，当时折断，流了很多血，骨头都露了出来，经印度援华医疗队的柯棣华大夫临时包扎，上了夹板。当时，延安的医疗条件很差，不能接骨，周恩来后来飞到莫斯科去治疗，虽然接上了骨头，但已伤了筋。从此，周恩来的这只右臂就不能伸直了。在周恩来的后半辈子，他就以这只伤残的右臂，做着极其繁重的工作，撰写文章，批改文件；然而，这又有多少人知道，他是为送别华北联大师生而受伤的呢？[1]

出发之前，李维汉还给华北联大学员讲了团结问题，讲到到达晋察冀解放区后，"你们看看那里非常高明（原话），……要和那里的领导、干部、抗日民主人士、人民群众都要团结，……尊重人家，千万不要以为我们来自延安就瞧不起人家……"[2]

王若飞夫妇还邀请何干之到家中做客话别，对他说了一句意味深长的话，令他一直铭记在心："敌后所见闻所体验的，才是最切实的学问，你们研究的人，首先应当重视这些活的东西、活的知识的源泉。"[3] 此外，刘少奇请成仿吾和何干之等人吃饭饯行。成仿吾回忆说："少奇同志买了点酒和肉，何干之同志是广东人，会做叉烧肉，干之同志自告奋勇，卷袖下厨房，洗手作羹汤，当了炊事员。我们宾主畅饮尽欢而散。当年生活艰苦，饭菜虽简，但革命的友谊，比古人燕市击筑而歌，易水寒风送别，还要深厚多少倍！"[4]

---

[1] 参见成仿吾：《战火中的大学》，人民教育出版社，1982年，第78—79页。又，中共中央文献研究室编《周恩来年谱1898—1949》（修订本）称，周恩来是日"骑马到中共中央党校作报告，途中，因马惊坠地受伤，右臂骨折"（中央文献出版社，2020年，第444页）。

[2] 张西帆：《到敌人后方去》，载刘葆观主编《血与火的洗礼——从陕北公学到华北大学回忆录（1937—1949）》（上卷），中国人民大学出版社，2007年，第190—191页。

[3] 何干之：《死者永远活在我们的心里》，《晋察冀日报》1946年4月21日第6版。

[4] 成仿吾：《战火中的大学》，人民教育出版社，1982年，第77页。

第二节　三千里长征

告 别 延 安

延安，一个多么令人向往的地方哟！在"全国人心向延安"的时期，那里会集了来自全国各地的大量青年男女。

说起来也蛮有意思，这些青年人究竟是为了什么？他们千里迢迢，不畏艰难险阻，到延安投身革命，是什么力量支持着他们走革命路？是他们的政治觉悟看到了旧中国的黑暗和根据地的光明；是他们抗日救亡的革命抱负和伟大的共产主义理想；是他们正确的世界观、人生观驱使着他们。

当看花宫陕北公学学员队伍、当安吴堡青训班学员队伍，以及无以计数的"朝圣"青年，远远地看到延安宝塔山的时候，他们无不欢呼雀跃。有个从江苏来到延安的青年触景生情，写下了一首诗《我登上了革命的大船》：

> 远远看见红霞中的塔影，
> 好像海洋里出现桅杆，
> 啊，这就是延安，
> 我登上了革命的大船。
>
> 脱掉身上褪色的长衫，
> 草鞋军装我很爱穿，
> 从此是大船上一个水手，

经过风浪将变得更加勇敢。①

华北联大学员林山用他细腻的笔触描绘延安：

> 早晨，温柔的阳光射在城东的古塔上，于是大地又显出了它的生命力，潺潺细语着的延水缓缓地流过城北，向远远的地方永无休止地流去。勤于劳动的农民正扛着锄头，走向田野。清脆的铜号声，唤醒了酣睡着的人们。广场、田野、汽车道上传过来响亮而有节奏的跑步声、口令声。山上、河边、古城墙上洋溢着悦耳的抗战歌声。
>
> 傍晚，金黄色的失去威力的阳光射向古塔。饱经风霜、终日忙碌的老人们，由四边山上赶着蠕蠕移动的羊群走向河槽。当清辉的月亮从东边的山头升起时，萤火虫已在河水上时明时灭悠悠地飞舞着。人们紧张地忙于自己的工作或学习，山坡上窑洞里射出无数暗红色的灯光，远远望去，就像黑夜海洋里停泊着的一艘庞大的战舰，或是一座雄伟的堡垒。
>
> 这儿有富于强烈斗争精神的人民，曾经手执红缨枪同反动派搏战十年，捍卫家乡田园，鲜血浸透着黄土地。也就是在这样一个古老、质朴但又是无限优美、充满生气的地方，住着中国人民伟大的革命领袖和他的亲密战友。它像冬天的太阳，像黑夜中的灯塔，用温暖和光明照射了东方，东方不少国家的革命领袖来到这里吸取革命的经验。②

千千万万热血青年，从全国各地投奔到延安的怀抱，接受它的洗礼、熏陶，

---

① 徐明：《我登上了革命的大船》，载魏巍编《晋察冀诗抄》，中国青年出版社，1984年，第151页。

② 林山：《毕业上前线》，载刘葆观主编《血与火的洗礼——从陕北公学到华北大学回忆录（1937—1949）》（上卷），中国人民大学出版社，2007年，第198页。

然后走向祖国四面八方去坚持抗战。

1939年7月12日,华北联大出发东进的日子。

不等天亮,大家就已起床忙碌了,有的无声无息地收拾东西,也有的赶紧找朋友话别,还有的在最后欣赏着延安充满生气的早晨。

留恋不是脆弱,愉悦而又沉重。大家被复杂的心情袭扰着,脸上显出了异乎寻常的、庄严肃穆的表情。

军号声响了,队伍迅速到广场上集合,人们赶来欢送,中央一些领导同志也来了。欢送与被欢送人的手紧紧地握着,似乎都有很多的话要说,真挚、热诚的嘱咐说也说不完。

行军号吹响了,队伍就要出发。大家慷慨激昂地唱起《毕业上前线》:

"这是时候了同学们,该我们走上前线!我们没有什么挂牵,纵或有点儿留恋……我们的血沸腾了,不除日寇不回来相见……"

欢送的人群里响起雷鸣般的掌声,接着是雄壮的口号声:

"欢送联大到敌后去开展国防教育!"

"坚持华北的抗战,打到鸭绿江边!"

"祝同志们胜利到达目的地!"

成仿吾校长骑着白马走在队列前面,这时也是壮怀激烈、思绪万千。"自从1936年双十二西安事变后,党中央和毛主席在12月下旬就进驻延安,我那时在定边县城担任中央党校教务主任。当我接到通知由定边动身,走了几天,到达延安那天正好是1937年的元旦。在延安这个充满了欢乐和战斗气息的革命首府,我整整住了两年。1939年1月,带陕北公学总校干部到旬邑看花宫,住了半年。在这两年半中,千千万万的革命青年从祖国各地投奔延安这革命的怀抱,经过革命熔炉的锻炼,又奔赴烽火连天的战场和祖国的四方!这次重返延安,同中央的同志们重逢欢晤,仅及半月,匆匆地又踏上征途,'乍相逢,又别离'。啊,别了,延安!回首宝塔、延安城、延河水、清凉山,胸臆填满了无限的依恋之情!但是,奉中央之命,到敌后战场去办大学,这是历史上从来没有过的英雄事业,是崭新的创造!想到这里,又信心百倍地挥鞭前进。"①

队伍走得很远了,但欢送的人群仍未散去,无数的手和帽子还在空中挥动着。特别是鲁艺的音乐老师庄嘉文,他沿着延河水边和鲁艺去前方的师生们唱着《下绛州》等民歌,走了很远才转回去。②联大队伍中不时地有人回过头去,向着古老的延安城作最后的一瞥,也不知是谁在低声地唱着《延安颂》:

> 夕阳辉耀着山头的塔影,
> 月色映照着河边的流萤,
> 春风吹遍了坦平的原野,
> 群山结成了坚固的围屏。
> 啊!延安!
> 你这庄严雄伟的古城,
> 到处传遍了抗战的歌声,
> 啊!延安!
> ....

行军队伍渐行渐远,浩浩荡荡,蜿蜒几里长。

中央军委事先将华北联大和抗日军政大学两校合编为一个纵队,番号为"第五纵队",由罗瑞卿任司令员兼政委,成仿吾任副司令员。华北联大编为纵队下的一个独立旅,由成仿吾任旅长兼政委,同时派王智涛、欧阳毅分任参谋长、副参谋长。中央军委还决定,贺龙所部第一二〇师第三五八旅的两个主力团,由旅长彭绍辉带领,掩护"第五纵队"通过同蒲路封锁线。

---

① 成仿吾:《战火中的大学》,人民教育出版社,1982年,第79—80页。
② 何洛:《华北联大文学系的由来和概况》,载晋察冀文艺研究会编《文艺战士话当年》(一),1986年,第41页。

流动的大学：华北联大 1939—1948

联大领导同罗瑞卿及纵队参谋长研究了行军编队及路线后决定，行军序列组成三个梯队。抗大有五千人，他们经过军事训练，而且配备武器，是有战斗力的学生军。抗大编为五个团，每个团一千人，每两团组成一个梯队，第一、第二梯队相继在前面开路；后拨一个战斗力较强的抗大第三团参加华北联大，以加强独立旅的防卫能力。抗大这个第三团的团长刘忠、政委黄志勇，都是富有战斗经验的年轻的老红军。华北联大本身出发上前线的共一千七百人，编为两个团，社会科学部为第一团，文艺部、工人部、青年部为第二团，加上抗大刘忠所率团为第三团。这三个团和一个独立旅的旅部直属连，组成第三梯队。①

行军顺序是这样的，罗瑞卿带领抗大两个梯队在前面开路，联大独立旅作为第三梯队随后跟进。尽管骄阳灼人，"每个人均背着二三十公斤的行李"，"第一天往东走了九十里，到甘

▲八路军战士行军黄河边

---

① 参见成仿吾：《战火中的大学》，人民教育出版社，1982年，第74页。另据刘忠回忆："转移开始，抗大三团、四团组成前卫纵队归我和罗华生同志指挥……我团渡过黄河后，经临县进到兴县集结休息了几天，准备通过同蒲铁路敌人的封锁线。我们抗大三团原是前卫团，这时转为最后的掩护队，我团及'联大'（陕北公学）为第三梯队。"（《从闽西到京西：刘忠将军回忆录》，中西书局，2016年，第155页）

谷驿休息"。① 当联大第三梯队到了延长、延川一线时，抗大的两个梯队已到了黄河边的延水关。罗瑞卿亲自带领先头部队从延水关渡过黄河，到了河东的永和关。这时，正逢七月山洪暴发的雨季，联大到延川县后连日大雨滂沱，黄河涨水，山洪汇成激流，奔腾咆哮，浊浪滔天，把黄河大鲤鱼也冲到了岸上。这样，后续大部队一时不能渡河，只好暂时停留，等待水退。当时，几个女学员去河边洗衣洗脚，忽听巨雷轰鸣，只见上游浊浪排空，如同一道水墙顺流而下急剧压过来，她们几个人抓起鞋子、衣服急忙手拉手登上河岸，但最后一个人还有一条腿在河里，刹那间裤子被浊流打湿，待她登上河岸不禁感到有些后怕，长吁一口气说："我的天，这就叫山洪，好凶猛啊！"②

抗大两个梯队原计划分两路在军渡、柳林一线，以及延水关、永和关一线同时渡黄河；联大独立旅则走延川南路一线。但是，罗瑞卿带先头部队渡河到永和关后，派侦察队（联大派作战科长张西帆跟随侦察）四出侦察的结果，认为：一则，黄河水涨，七八千人的大部队渡河一时困难；二则，在这一带渡河东进，日寇和国民党顽固派势力很强。日寇占据着同蒲铁路沿线较宽阔的晋中盆地，阎锡山部队则占据着铁路西侧直到黄河的广大地区的城镇和村庄，他们有勾结，群众被控制。因此，从这条路线东进会步步有战斗，也许还有大战斗，而这就与两校顺利开到敌后的意图相悖了。

根据侦察员汇报的情况，罗瑞卿当机立断，毅然决定先回河西。于是，先头部队又从永和关西渡黄河，回到延川地界的一个村庄住下。据校部秘书张时杰回忆："队伍在延川地区住了很长时间。记得有一次到黄河岸边的一个村子背米，我去了，在那里住了一晚，第二天才回来。田文博同志在路上接我，他告诉我，成校长批评了他们，说不该同意我去，因为我患肺炎好了没有多久，

---

① 张沛：《1938 年——一个壮丽的年代》，载宋世琦、颜景政主编《记者笔下的抗日战争》，人民日报出版社，1995 年，第 362 页。
② 张西帆：《到敌人后方去》，载刘葆观主编《血与火的洗礼——从陕北公学到华北大学回忆录（1937—1949）》（上卷），中国人民大学出版社，2007 年，第 192 页。

应该让我多休息一段时间。"① 延川小住也给诗人蔡其矫留下了深刻印象,乃至1983年重返延川时赋诗道:

> 回忆的钟声在耳边震响 / 既欢乐,又凄清 / 四十四年前汗滴的小路 / 断肠凝思 / 找不到昔日情境 / 是在哪棵树下休息 / 是在哪片石上露宿 / 未量过的痛苦 / 深沉的潜影 / 一别再难相见。
>
> 那时的青春多么无畏 / 那时的现实叫战争 / 花费了大半辈的时光 / 眼睛才学会了观看 / 并且重新找到自己 / 为你含泪辛酸 / 为你梦魂萦绕 / 为你时受鞭笞。
>
> 衰老的目光望着往昔的山 / 思念逝去的战友 / 可现在不是诉衷肠的时候 / 这样的日子还很遥远 / 漂泊的灵魂寻求陌生的地方 / 不把爱钉在狭小地域 / 但是我和你 / 却如同世界上所有的水 / 总有一天要见面 / 昨日的声音 / 又在未来回响。②

罗瑞卿同成仿吾、江隆基等人商量后,请示中央批准,决定改道北上,经清涧、绥德、米脂、葭县③,到黑峪口、府谷一带渡黄河。在那一带,河东有八路军第一二〇师主力在广阔地区活动,有中央晋绥分局在山西兴县,群众工作较有基础,距离同蒲铁路沿线日军的炮楼、封锁线也较远,铁路以西有吕梁山、云中山之险,便于队伍隐蔽行动,待机跨过同蒲线。

---

① 张时杰:《关于陕北公学和华北联大一些历史情况的回忆》,载刘葆观主编《血与火的洗礼——从陕北公学到华北大学回忆录(1937—1949)》(上卷),中国人民大学出版社,2007年,第52页。

② 蔡其矫:《过延川》,载王炳根选编《蔡其矫集》,海峡文艺出版社,2016年,第43—44页。

③ 葭县,旧县名,在陕西省东北部。抗战初期,葭县归陕西省第二行政督察区管辖。1941年11月,陕甘宁边区政府成立绥德分区专员公署,葭县属该分区。1964年,改名佳县。

第一章 跨过祖国的万水千山

东 渡 黄 河

> 黄河水像狮子喊，木船顶风推下滩；
> 白发苍苍老舵手，见他人人都壮胆。
> 河似弓弦船似箭，顷刻之间到东岸；
> 再见再见乡亲们，不消灭日寇不回还！
>
> ——徐明《渡黄河》[①]

8月1日，"第五纵队"改道北上，进入清涧县。当时，清涧以北的县政府还是国民党政权。联大纵队队列整齐，行军速度较快，没有进入县城，在破晓前从高耸的城墙外通过。为纪念"八一"建军节，队伍在清涧城北的一个村子与当地军民举行庆祝联欢晚会，刚组建的联大文工团演出了《黄河大合唱》《打城隍》等节目。

8月4日，到达绥德。这里是陕西省第二区行政督察专员公署所在地，反共分子何绍南任专员。进城后，队伍露营在商店的屋檐下和空场地里。

8月7日，到达米脂。米脂有八路军第一二〇师的强大驻军，群众基础很好，队伍在城外一些村庄中休整了三天。从延安出发时，炊事员大部分留在了延安，一路上都是学员们自己做饭。由于行军匆促，学员们常常是领来麦子把麦粒在碾子上压一压做麦碴饭吃，加上淫雨污水，一路上患痢疾的颇多。到了米脂，学员们吃到了很好的小米红豆饭，基本消除了疾病现象。

据独立旅参谋处作战科长张西帆回忆："行军中，我们部队很大，六千多人一起行动，一拉几里长，峰回路转，首尾相接。隔河对岸就是阎锡山的控制地区，他们不时对我们队伍进行瞭望、侦察。但是由于我们部队组织严密，

[①] 魏巍编《晋察冀诗抄》，中国青年出版社，1984年，第151—152页。

抗大大部分有武装，联大部分有武装，时刻保持战斗姿态，加上当地群众对红军共产党有好感，有群众组织支持，因而纵队队伍虽然庞大，却始终没有出现问题"，"行军途中，学员们个个精神饱满，谈笑风生。有的同志讲延长产石油，将来竖井架、打油井、炼石油，似乎是工程师在规划远景建设蓝图。接近瓦窑堡，就讲抗大同志在此挖窑洞，发现过恐龙化石。到绥德，就讲这里是好地形，一面靠山、三面平原，易守难攻，只怕抄后路。到米脂，就讲吕布与貂婵、王允、董卓……说个没完。几天后的一个黄昏，不觉到达葭县"。[①]

说到葭县，在一年前（1938年8月），延安文化协会组织的抗战文艺工作团曾在这里渡过黄河。工作团成员雷加在一篇文章中生动地写道："我曾在葭县城住过。那座石城修在二百米高的悬崖上。夜里，整个黄河便是一个响个不停的大闹钟。早晨下到河边汲水时，一阵风又能把人刮进河里。渡口一般都在浪平碛少的地方，但是城寨就该如此居高临下、如此雄伟才是。'黄河之水天上来'，它在这里给我留下了深刻的印象。'黄河天险'这四个字，在这里也因它的气势而雄风万里……甚至日常的棋盘上也写上'黄河为界'，象征着这里是不可逾越的天险。"[②]

却说联大队伍到达葭县城是8月13日。在城内宿营这一夜，大家睡得很舒适，而它究竟是县城，比山村野营宽绰。张西帆负责军事，总是比队伍要起得早一点，走在最前头。这天出发，同行的还有参谋长王柳新等人，走出城门向东一拐乃黄河岸边，迎面正当旭日东升，映着一带波涛汹涌的黄河，由北向南滚滚流去，蔚为壮观。张西帆正在饱览晨光，其他几个人也在拍手叫好，后面队伍赶到，又是一阵欢呼。师生们情不自禁地引吭高歌："怒吼吧，黄河！怒吼吧，黄河！……""风在吼，马在叫，黄河在咆哮，……河西山冈

[①] 张西帆：《到敌人后方去》，载刘葆观主编《血与火的洗礼——从陕北公学到华北大学回忆录（1937—1949）》（上卷），中国人民大学出版社，2007年，第192页。

[②] 雷加：《首渡黄河》，载《延安世纪行》，作家出版社，2007年，第140页。

第一章 跨过祖国的万水千山

万丈高,河东河北高粱熟了……""黄河之滨,集聚一群,中华民族优秀的子孙……"同时,爱好诗歌的也高声朗诵起来——"君不见,黄河之水天上来,奔流到海不复回……"

队伍一队接一队,见头不见尾,脚下小道有的地方弯进山沟,有的地段像挂在悬崖峭壁上。仰望高山,俯视大河,真是山高水深,说起来也够晕眼!可是,谁又去理会这些?水声、歌声、朗诵声、欢笑声交织在一起,此起彼伏地回荡在山间河谷……

以前常有人说黄河不能行舟,要用"牛皮囊"渡河,这次行军大家都开了眼界。用整个牛皮将裂口缝合,再充足气,一人骑在上面,身前身后放一些货物,顺着急流劈开巨浪,箭一般疾驰而去,令人惊叹。炎黄子孙能够如此驾驭黄河巨龙,还有什么困难不能克服?

▲晋察冀边区军民过黄河

沿黄河西岸北行，师生们行进在靠山傍水、蜿蜒曲折的山腰小道上，一路上饱览九曲黄河的壮丽景色。队伍里歌声不绝，"碰球"行令，输者罚唱，以减疲劳。这样，每天行进或是八十里，或是九十里，足足走了三天。8月16日，到达盘堂渡口，对岸就是黑峪口，自延川出发北行也已半个月了。张西帆说，离开葭县行进一天后"即改为离河稍远一点的道路前进，行程虽然远些，但比较隐蔽"，他和参谋长王柳新等几个同志要赶到队伍前面则多走沿河捷径，"有时能听到队伍行进的声音，有时则听不到。捷径有时被河水淹没，必须等波浪退去踩'搭脚石'跳跃前进。波浪涌来，则停下不动，波浪退去再跳。就这样，从延川北上，一气走了十日，直到接到命令，才在黑峪口渡河"[1]。

据鲁艺二期的江苏镇江人张沛回忆说："在黑峪口的渡口，我第一次见到了我们伟大的母亲河的真正性格。惊涛滚滚，浊浪滔天，黄河在奔腾着，咆哮着，它象征着中华民族坚强不屈的精神力量。河上只有两条船，不停地来回运送这支八千人（按，与张西帆回忆的人数有出入）的队伍。船夫们在波峰浪尖上勇敢沉着地划船前进，高昂而有些悲壮的号子声，在黄河上激荡。他们在黄河上同骇浪、惊涛搏击了一生，如今他们豪迈地把这八千民族精英，送到敌人的后方去打击日本侵略者。激动人心的场景，令人终生难忘。光未然和冼星海同志创作的《黄河大合唱》，给我们留下了黄河和黄河儿女为民族解放而呼号的千古绝唱。我回想起大合唱开头的激动人心的朗诵：'朋友，你到过黄河吗？你渡过黄河吗？你还记得河上船夫和惊涛骇浪搏战的情景吗？……'我的血似乎又沸腾起来。"[2]

在参谋处工作的潘清平和同志们嘻嘻笑笑地走着，这时从远处传来轰隆隆的像打雷似的声音，同志们很惊奇，晴天哪来的雷？！走近后才知道是到黄

---

[1] 张西帆：《到敌人后方去》，载刘葆观主编《血与火的洗礼——从陕北公学到华北大学回忆录（1937—1949）》（上卷），中国人民大学出版社，2007年，第193页。

[2] 张沛：《1938年——一个壮丽的年代》，载宋世琦、颜景政主编《记者笔下的抗日战争》，人民日报出版社，1995年，第362—363页。

河边了,是黄河急流涌动的声音,同志们都很兴奋,要观看黄河这个奇景以饱眼福。后来,潘清平在文章中写道:

> 陕西省葭县的盘堂和黄河对岸的山西省兴县的黑峪口,就是大队人马准备过黄河的渡口。我们这些青年人有的从未见过黄河,一到渡口,什么劳累、瞌睡、脚掌疼都忘了。黄河的惊涛骇浪,如同层层山丘推着层层山丘,后浪追着前浪,互不相让地挤撞着直泻而下,其声音真像打雷一般轰轰作响。同志们看到这奇景壮观,就情不自禁地高唱起"我站在高山之巅,望黄河滚滚,奔向东南,惊涛澎湃,掀起万丈狂澜,浊流婉转,结成九曲连环……""风在吼!马在叫!黄河在咆哮……""黄水奔流向东方,河流万里长,水又急,浪又高,奔腾叫啸如虎狼……"在歌唱的同时,我们看到了当地的老乡一个人趴在羊皮做的筏子上,顺着河水流势,一起一伏地划到对岸。当地老乡们视为家常便饭,我们却视为惊险、勇敢莫不感慨。此景此情鼓舞、激励着同志们,不渡黄河一生遗憾,不渡过黄河非好汉![①]

黑峪口接近神木、府谷国民党统治区,有比较薄弱的警察武装,也有便衣特务盯梢。但是,这里有八路军第一二〇师驻军,群众基础也很好,相对比较安全。不过,为了避免日军轰炸渡口,大队人马过黄河还是要非常隐蔽,并做好和敌人战斗的准备。过河那天,队伍在黎明前就到渡口隐蔽起来,而后分队上渡船。渡船名叫"方舟",方形而略长,齐头齐尾,运行阻力小、速度快,每舟可容四五十人,仍然平稳。由当地老艄公掌舵,头包白巾的船工小伙子们撑篙、摇橹,从河的西北岸盘堂渡口,顺流斜渡到对岸东南角黑峪

---

① 潘清平:《延安精神在华北联合大学》,载刘葆观主编《血与火的洗礼——从陕北公学到华北大学回忆录(1937—1949)》(上卷),中国人民大学出版社,2007年,第180页。

口渡口。待人马上齐后，在船工们的号子声和波涛声、狂风声的交响乐中，"方舟"似箭离弦，斜飞于浊浪之中。尽管"方舟"很大、人多又重且还有缆绳阻挡着，掌舵的、撑篙的和摇橹的船工熟悉水情、技术很高，却仍然抵挡不住黄河排山倒海的滚滚巨浪冲撞，"方舟"起伏颠簸得很厉害，浪花时时扑打上来，溅得人满身是黄泥水，但师生们憨笑着，满不在乎。一船一船渡到对岸，大家跃地高呼："我们胜利了！"

成仿吾感叹道："我经历过乌江、金沙江、大渡河的天险，这次又带领这几千名中华民族的优秀儿女渡河东进，去驰骋在华北广阔的战场上与敌周旋，也感到心情恰似黄河一样的豪迈而宽广。我坐在高高的、峻峭的河岸上，眼看着我们第三梯队近三千人马，除先头部队头一天已渡过外，大队人马在8月17日一整天就顺利地渡河完毕。（抗大的两个梯队已先期渡过）我们怀着胜利渡河的喜悦整队前进，入晚到达了我们的宿营地——兴县曹家坡村。"

翻越云中山

在曹家坡，晋绥抗日根据地的张稼夫、赵林、张邦英等同志热情地接待了大家，八路军第一二〇师第三五八旅彭绍辉旅长也前来同华北联大校长成仿吾等研究护送纵队过路事宜。彭绍辉是身经百战的老红军战将，在第四次反"围剿"作战中受伤截去左臂。研究后，彭绍辉旅长决定派两个主力团护送纵队三个梯队过同蒲路封锁线，以一个主力团护送至铁路西，以另一个主力团在铁路线上接送过路。

华北联大队伍决定在曹家坡一带休整一段时间，这里有几个原因。

一是为了等候罗瑞卿带抗大第一、第二梯队先顺利通过铁路封锁线，然后联大第三梯队才能起程。过路时间是在午夜，每一次过路只能通过二千多人，如果过路人数太多、队列太长，午夜过不完，拖到拂晓就容易被敌人发现而遭袭击，而且每一次过路后中间要有几天间隔时间，以便掩护部队返回来，并侦察清楚敌人动静。

二是为了筹粮。通过阎锡山统治区和敌伪统治区临时无法筹粮，每人必须筹足七斤干粮，背着干粮袋行军。所以，在兴县，学员们每天到产粮区去背粮，用裤子当运粮袋，先扎上裤腿装满小米，再扎紧裤子腰，然后驮在脖子上扛回来。为了节约粮食，休整期间，每天只吃两顿小米粥，配些盐拌黄花菜或萝卜丝。兴县虽有八路军第一二〇师的强大驻军，但其还是属于阎锡山的地盘，筹粮并不容易。彭绍辉旅长就在日记中吐露过这种"苦闷"："（1939年8月24日）我于今日回驻史家庄，回来我最感苦闷者是顽固分子国民党对我限制，不给我粮秣，使我主力分散就粮（地）筹粮，不能适时于岚县地区集结，给敌以重大打击，此为我苦闷之一；当地政权为旧派势力把持，使这个地区政治日渐黑暗，居民不能很好地发动起来，生活不能改善，此为我苦闷之二；我部仍须在此地周旋，部队物质生活是困难的，战士们几乎都吃不饱，经费万分不够开支，我受限制很大，……此为我苦闷之三。"[1] 当时在联大文艺部学习的蔡其矫回忆时也说："路上最大的问题是吃不饱，定量的粮食不够做干饭，只好吃稀饭，撑得肚子鼓鼓的，可一会儿就饿得四肢无力。走路时，一百个有九十九个都想：胜利后进城市，立刻痛痛快快吃一顿红烧肉。"[2]

非常难得的是，当时联大队伍还有过一次改善伙食吃水饺的经历。房东老太太看见大家吃水饺，说："咳！给你们点醋吃。"她拿起一个碗，一手用筷子在坛子里挑了两下，放在碗里，浇入一些冷水。"吃吧！工作人。"一吃，味道又甜、又酸、又香！于是，大家七嘴八舌地发"宏论"了："听说山西同志爱吃醋，像这样的好醋，谁都爱吃。"引得老太太哈哈大笑。[3]

三是为了整顿队伍和练兵。经过前段行军，发现联大队伍中有些人体质

---

[1] 本书编辑组整理《独臂上将彭绍辉日记》（上），军事科学出版社，2005年，第290页。

[2] 蔡其矫：《我和朋友们奔赴延安》，载文思编《回国抗战 奔赴延安》，中国文史出版社，2005年，第161页。

[3] 张西帆：《到敌人后方去》，载刘葆观主编《血与火的洗礼——从陕北公学到华北大学回忆录（1937—1949）》（上卷），中国人民大学出版社，2007年，第193页。

太弱,又有些人生了病,经不起过封锁线的强行军,需要把这些人留下。联大队伍由一千七百人精减至一千五百人,留下了文路等近二百名学员,交给晋绥根据地分配工作。从兴县出发后,不仅要坚持夜行军,同时在通过封锁线时还要强行军。因此,在兴县进行了多次军事演习,进行夜行军、急行军的训练,队伍实行了轻装,每人预备了两双草鞋。

同时,联大队伍也加强政治学习,成仿吾等几位领导干部作了政治形势和思想动员报告。另外,又开了几次军民联欢大会,由文艺部的陈强、李伟、何迟、邓玉成等表演滑稽节目,逗得大家乐不可支。联大就是这样,越是在困难面前,越是要发扬革命乐观主义精神。

据华北联大校部秘书张时杰说,在曹家坡住着,"既练兵,又学习,但主要是学习。我记得在我们学习中碰到了两件事。一件事是苏德签订了互不侵犯条约。我们学习时事,讨论这个问题,认为第二次世界大战即将在欧洲爆发了。果然,不几天,德国就向英法发动了进攻。原来英法等帝国主义国家总想怂恿法西斯德国,把矛头指向苏联,而他们则幸灾乐祸,'坐山观虎斗'。这个互不侵犯条约,是李维诺夫离开苏联外交部,莫洛托夫兼任苏联外交部长以后和德国签订的。这是苏联在外交上取得的一次很大的胜利。另一件事是我们在那里收到了从延安寄来的《解放》周刊,上面刊登了刘少奇同志的《论共产党员的修养》,这篇文章引起了我们极大的学习兴趣。这对我们这些入党不久的青年知识分子出身的人,是最好的党课学习教材"[1]。

为了保证女学员顺利通过封锁线,成仿吾和学校党委及时召开会议,专门研究女同志胜利通过封锁线的问题。会议决定,加强对女同志的组织领导工作,每个连队都设有女同志排,排里设有女排长和女政治战士,连队党支部设有妇女干事。同时,会议还提出"要保证不让一个女同志掉队"的口号。

---

[1] 张时杰:《关于陕北公学和华北联大一些历史情况的回忆》,载刘葆观主编《血与火的洗礼——从陕北公学到华北大学回忆录(1937—1949)》(上卷),中国人民大学出版社,2007年,第53页。

为此，各连组织互助组，由两名健壮的男学员帮助一名女学员，并安排部分体弱的女学员随后勤运输队同行，必要时可以用牲口驮运过路。事实上，无论男女学员，当时"经常有人掉队，好像红军长征那样，每连每排后面都有收容队，如果掉队掉得太远，就有可能被顽固派收拾去"[1]。

大队人马在休整，身负军事任务的作战科长张西帆等人却不能那样清闲，虽然不去直接侦察，但也不断外出联络，了解情况。这时，他们得知日军搞了个错误情报，认为抗日军政大学、华北联大师生都已经过了黄河，有个"第五纵队"掩护，兵力很多。其实，这一带只有八路军第一二〇师部队，但料想敌人不敢轻举妄动，大家就比较安心了。有一个夜晚，不知哪里传来一个谣言："有情况！"什么情况？那时岢岚、岚县、临县、静乐等地都有八路军部队，哪里来的情况？！张西帆说："正迟疑间，直属队拉起来就走，别的队伍也都跟着走。记得是向来路往回走，走了七八里折向西南方向。本来应有参谋长（王柳新）掌握队伍，可是队伍一动，偏偏找不见他。有人说：他带着爱人骑上马不辞而别了。队伍当然有些混乱，急得人发火。急忙中找见了独立旅司令员成仿吾同志，他也不知道究竟遇到什么情况。我只好自居参谋长位置，随他（成仿吾）行进。不久，队伍逐渐恢复了秩序，拂晓时到达曹家坡一带驻下，才知是谣言，清点人马，没有损失。"[2] 事实上，这段时间真的发生过情况。且看彭绍辉旅长的日记：

8月20日

敌占上明镇、剿贼寨、白龙山、杨坡，传闻向我进攻。我受威胁甚大，旅指挥机关因无防御之力，故于当日晨转移到张其庄，于21日又移至赤坚岭。

---

[1] 蔡其矫：《我和朋友们奔赴延安》，载文思编《回国抗战 奔赴延安》，中国文史出版社，2005年，第161页。

[2] 张西帆：《到敌人后方去》，载刘葆观主编《血与火的洗礼——从陕北公学到华北大学回忆录（1937—1949）》（上卷），中国人民大学出版社，2007年，第194页。

查这次因汉奸活动，知我第五纵队之行动。敌此举系破坏我第五纵队东进计划，可是因我尚未进到预定地区，敌扑了个空，当日晚仓促向静乐退去。①

却说抗大第一、第二梯队分别于9月2日、14日晚上胜利通过同蒲铁路封锁线，经过二十余天休整的华北联大第三梯队也准备出发。9月17日早饭以后，成仿吾就到第三五八旅部找彭绍辉旅长"协商计划第三梯队的东进及掩护问题"②。

联大队伍两侧将由彭绍辉旅长亲自带一个团一路警戒护送，防止阎锡山军队袭击，同时又让刘忠的团断后。刘忠机智勇敢，参加过中央苏区历次反"围剿"作战和两万五千里长征，是红军的"千里眼""顺风耳"，所以他这个团断后大家很放心。

据彭绍辉日记载："第三梯队于19日午后出发，当日到袁家村，20日到娄烦。"③成仿吾回忆："我们经过兴县康宁镇附近，翻越著名的吕梁山，盘旋而东，这一路都是夜行军，以封锁消息。每日傍晚起程，整夜行军，白天在村庄或树林中隐蔽休息，不脱衣服，骡马隐蔽在树丛里，避免日本飞机发现。经过岚县、方山附近，又走了一夜，下得山来，9月21日拂晓到达娄烦镇，居民还在梦乡中。"④两人说的日期有一天之差，可能由于队伍有先有后。

这正是"秋风起兮白云飞"的时节。联大队伍在娄烦镇东过汾河，河水冰凉彻骨，但不是太深，都是涉水过去的。彭绍辉在日记中记载过他9月初强渡汾河的情景："由阁上村返强渡汾河。……到达汾河东岸，站在岸上一看，汾河水波涛滚滚，有三个水手呆呆站在岸上望着，两岸也有许多人在徘徊，想不出什么办法来。我定下非要过去不可的决心，连忙令一个水手和一个特

---

① 本书编辑组整理《独臂上将彭绍辉日记》（上），军事科学出版社，2005年，第290页。另，文中"上明镇、赤坚岭、张其庄"等地名，均属山西省岚县。
② 同上书，第300页。
③ 同上书，第301页。
④ 成仿吾：《战火中的大学》，人民教育出版社，1982年，第84页。

务员,拉着两匹高大的战马,我也脱了鞋,解开绑腿,高高地挽起裤脚,跳上马大胆地尝试一下,走在河中心,马也有些晃晃悠悠,策马强渡,终于渡到了西岸。之后三个水手往返数次帮忙,几匹比较强壮的马也安全地跨过了汾河。"[1]待到9月26日,彭绍辉率部再返娄烦时,"汾河水稍涨,但人马可通过,个别人不注意,连人带枪和马匹都洗了个冷水澡,有个通信员人枪落水,几乎危及生命,警卫员背的地图也沾水了"[2]。由此看来,联大队伍过河的时间,还是非常合适的。

渡过汾河,便是高耸入云的云中山区。这一带是一层层的梯田,绿油油地长满了荞麦、莜麦、谷子、高粱、玉米,比那贫瘠的陕北土地显得肥沃,农作物茂密而富有色彩。这时,联大队伍显然不能像在陕北行军那样一路纵情歌唱,而是"衔枚疾走",但每日在夕照中观赏着秋山老圃也不寂寞。据张时杰在一篇回忆中说:"过河以后,即是一座大山,山势不很陡,但很高,一天的行军,就是上这座大山,越过山顶以后,天就黑了。后来,成校长给华北联大写了首校歌,其中有一句'跨过祖国的万水千山'。沃渣同志曾经刻了一块木刻,在一个刊物上发表了,题名也是《跨过祖国的万水千山》,我留心看了,就是反映队伍过河和过河以后攀登这座高山的情景,气势很雄伟。"[3]张时杰记忆中的"大山",其实就是云中山。

几乎是在同一时间的1939年秋天,周而复由延安八路军总部派到晋察冀边区工作,也曾翻越云中山过同蒲线。他在《突过封锁线》中写道:"沿着作为汾水和滹沱河分水岭的云中山脉的山峰而下,是一条盘山的狭道,狭道左边是深邃莫测的峡谷,密密杂杂地长满着松树、榆树、枣树……树梢上浮着

---

[1] 本书编辑组整理《独臂上将彭绍辉日记》(上),军事科学出版社,2005年,第294页。
[2] 同上书,第301页。
[3] 张时杰:《关于陕北公学和华北联大一些历史情况的回忆》,载刘葆观主编《血与火的洗礼——从陕北公学到华北大学回忆录(1937—1949)》(上卷),中国人民大学出版社,2007年,第53页。

一层烟似的轻雾,我们这一支八十二人的轻便队伍,便在雾里悄悄地急行着。下了云中山的山峰,下面是一条铺满了鸭蛋石的山沟,踏在上面,几个石头发出轧拼的清脆的音响。护送部队在上面走着,就如同走平坦的土地一样,我们这些人走起来就很吃力,慢下来了。……这一条山沟只有五里多地,我们却走了一小时,部队不时在前面等我们。"①

翻过云中山,就接近敌占区的同蒲线"封锁面"了。

突破同蒲线

9月23日晚,华北联大开始了自兴县出发以来的第七个夜行军,一晚上要走七十里山路,赶到距同蒲线四十里的集结地。待越过同蒲线再走四十里,才能到晋察冀军区控制的游击区,这一个紧急行军,全程是一百五十里。

这一夜急行军避开大路,走的全是乱石山路小道。夜色漆黑,伸手不见五指,又不能有任何火光。学员们一个紧跟一个,在乱石、树杈碰撞中一气儿急行了七十里。当抵达集结地的一个山沟小村庄附近停下来,大家都累得放下背包,躺倒地上就睡着了。

成仿吾校长和彭绍辉旅长在小村庄里摊开地图来研究方案。在沿同蒲路两侧平川和小丘陵地上,从西至东有宽八十里至一百里纵深的日伪军控制区,形成了"封锁面"。在这个"封锁面"上,敌人据点岗楼林立,在许多重要的通道上又构成了一层层的交叉火力的封锁线。联大计划通过的太原以北、忻县以南,高村和平社车站之间这一地区,铁路线上有豆罗镇、麻会镇两个据点,铁路西面有三交、罗家会等据点,铁路东面有大孟、董村、杨兴、西烟、上社、下社等据点,同时铁道上经常有敌人火车头、铁甲车来回巡逻。队伍要通过的地方离太原不过七十多里,太原日军机动部队随时可以出动袭击,而联大队伍主要是一千五百名徒手的男女学员和教员。因此,要顺利突破这个"封

---

① 周而复:《解放区晋察冀行》,中国青年出版社,2012年,第4页。

锁面",是一个十分艰巨的任务。

24日凌晨三时许,队伍到达了预定的集结地。这是一个仅有十几户人家的小村子,倚在半山腰里,被浓密的树林覆盖着。这里离同蒲铁路只有四五十里,距太原城也不过七十多里。据老乡说,这里夜间站在山顶,即可看见太原城的灯光。此时,天很黑,离天亮还有两三个小时,学员们经过五六天的连续夜行军及这一夜的急行军已经疲惫不堪,靠着背包横七竖八地呼呼入睡。

这时,来接送联大过路的第三五八旅第七一四团也已赶到这个集结地。战士们是当夜急速从铁路东越过铁路线才赶到的,他们在铁路东侧曾遭敌人伏击,经过一场恶战才摆脱敌人,也是跑得十分疲乏,在树林里一歇下来就抱着枪躺在地上睡着了。

成仿吾校长和彭绍辉旅长带着几个警卫人员寻找第三五八旅第七一四团的顿星云团长,终于在一个小屋子里找到了他。顿星云已累得汗水湿透了军衣,正准备脱衣睡觉。见到彭绍辉,顿星云说:"旅长,部队遭到了敌人伏击,刚刚突围出来,实在太累了!"

原来,顿星云护送罗瑞卿带的两个梯队先后过了路,但第二梯队有几个掉队的人员零零散散地路过大孟镇时,被驻扎在那儿的日伪军在黑暗角落中突然开门出来一个一个地抓进去了。这样就等于泄露了消息,大孟镇敌伪军一个连知道顿星云团还要返回路西,就打了一个伏击。第七一四团有三个营遭到伏击受了些损失,但由于该团骁勇善战,敌人兵力有限,不敢追击,所以顿星云才迅速带队伍突围过来,虽然跑得很累,还是按时到达了集结地。

彭绍辉说:"你们先睡一下,中午吃饱饭,下午还是要护送联大同志过路。这里接近敌区,不能停留,今晚必须过路。"

独立旅的刘参谋长也是过度疲劳倒地睡着了,他在红军战争时期负过重伤,身体不好,脸黄黄的。成仿吾和彭绍辉一分钟也没有睡,继续研究通过"封锁面"的部署。据彭绍辉日记载:"得情报说,北路村增敌千余人。部队已进到了最紧张的环境,可说是进退两难……当于七一四团干部及联大成仿吾副司令员商讨部队进退问题,我当时决心联大只有东进,才是胜利,须变更东进路线，也得东进，最后决定于午后三时出发东进。"①

天明了，为了避免因做饭暴露目标，仅烧了一些开水和稀粥，就着干粮权当早饭。联大队伍很快地疏散到村子周围的山沟里隐蔽起来，继续休息。其中，有些同志睡到中午，吃饱了午饭，喝足了开水，有水壶的也带上了水。午饭后，成仿吾下令：继续午休，准备下午五点钟出发。

下午两点，校党委在树林里召开了一个党员、干部、积极分子会议。成仿吾首先介绍了严重的敌情，说明八路军第三五八旅第七一四团掩护联大过路，告诉大家队伍行进的方向、路线及集合地点。然后，他用有点沙哑却坚定的声音斩钉截铁地发出号召："所有共产党员、干部都要发扬英勇顽强、艰苦奋斗、团结互助的精神，在严重敌情面前不犹豫、不动摇，在困难面前不低头、不屈服。由于抗大第二梯队已先过去，敌人将对我们加强封锁，情况严重，但我们爬也要爬过去，冲过去就是胜利。"接着，成仿吾说："经过两个多月的行军，我们是锻炼出来了。一会儿就要过封锁线，得连续急行军七八十里，才能到达路东的山下，翻过山，就是晋察冀边区的游击区了。敌人也可能发现我们，向我们出击，我们千万不要慌乱，无论如何，我们只应该前进，决不能后退，我们一定要爬过路东的大山，到达晋察冀边区。"②成仿吾的话朴朴实实，鼓舞大家树立起了必胜的信念。

据联大校部直属队的韩雪回忆：动员会后，校党委又进行了大量细致的组织工作，按性别和身体强弱的情况重新编组，原则上两个男同志一个女同志组成一个互助组，要求男同志绝对保证女同志的安全。另外，又进行轻装，把行装减少到最低限度。每人头顶一顶草帽，手持一根自制拐棍，身背一床夹被、一身换洗衣服、一双备用鞋、一个五斤重的干粮袋，肩挎一个绿挎包，内装洗漱用具，还有一头大蒜，皮带上挂着一个大搪瓷杯。

下午三时，顿星云团率先出发。兵力部署是，前面一个连开路，在铁路

---

① 本书编辑组整理《独臂上将彭绍辉日记》（上），军事科学出版社，2005年，第301页。
② 成仿吾：《战火中的大学》，人民教育出版社，1982年，第87页。

线上预定突破通过的这一段三百米铁路线的南北两头,各配置一个连警戒,准备阻击敌人;另派一个营准备阻击太原出动之敌,其他各营分别以机枪、大炮瞄准封锁沿途敌人据点,不准敌人妄动。

上午有侦察员报告说,铁路线上有敌人铁甲车活动,有可能增兵。下午出发前,侦察员回来报告说:"没有发现大的情况,大盂镇等据点仍是平常驻扎的一些日伪军,未见增兵。"可见,联大行动隐蔽,消息封锁得好,没有引起敌人警觉,这才较为放心。当时,成仿吾深深地感觉到,这一千五百多名党的干部是革命的宝贵财富,是不能受损失的,自己肩上的担子是很重的。

下午五时,大家像流水似的从一条条的小山沟里涌了出来,分别会集在各个连队的集合场地后出发。每个人精神抖擞,背包、绑腿扎得结结实实,除了脚步声,没有其他声响,往常有笑有唱的愉快心情都被默默无声的严肃表情代替了。

黄昏后,队伍在距同蒲路约二十里的一个村庄稍停,喝了凉水,吃了炒面,准备跑步跨越敌人的封锁线。直属队干部韩雪说:"艰苦的行军刚刚开始,大家都已感到劳累了。所有的东西都成为沉重的负担,需要进一步轻装。什么东西还能丢掉?夹被?衣服?鞋?搪瓷杯?……都不能丢。四五斤重的干粮袋、长长地挂在脖子上,最累赘。干粮,是物质保证,肚子饿了就跑不快。可是今夜就要一口气跑几十里,体力已承担不起这四五斤重的袋子了,背着它可能比饿肚子还影响奔跑。不得已,只剩下够吃一顿的,大部分都倒掉了。"[①]

当月亮缓缓地升起时,队伍已从大山下来,到达了平川的小丘陵地带。这里已是敌人的所谓"治安区",沿途村庄叫"爱护村",村民在日伪骚扰下过着恐惧的生活,入晚早早就紧闭双扉了。当晚,队伍以急行军的速度跑过这些村庄。

其时将近中秋,月色分外明亮,照耀平川上的道路,如同白昼;偶尔被浮云遮住,四野就显得昏黑、寂静。

---

① 韩雪:《冲过封锁线就是胜利》,载刘葆观主编《血与火的洗礼——从陕北公学到华北大学回忆录(1937—1949)》(上卷),中国人民大学出版社,2007年,第205页。

到了离铁路线不远的一个村庄，成仿吾命令大家在村边稍事休息，整顿一下队伍。张西帆说："因为吃的干粮是炒面，走一段后，大家口渴思饮。夜晚十时左右，到达距铁路八里的一个村庄，人们实在口渴难耐，即'原地休息'。直属队长赵显正同志很快找到水桶、水井，挑个满担，放在队伍面前，由于有纪律，大家不准高声喧哗，只听得碗声、饮声此起彼落。那井水似乎比甘露、香槟还甜美。不一会儿，两桶水饮尽，又去挑来一担，大家喝个尽兴。送还水桶，队伍就又起身继续前进了。"[①]据当时担任团部通讯联络员的胡华回忆："队伍在路过一个小村庄时，团部找来了当地带路的农民向导三人，溜掉了两个。江团长（按，指教务长江隆基）命胡华和白云章到一个较大的村庄去找向导。胡、白两人进那村庄转了一圈，阒寂无人，月光下只见一个老者沿墙踯躅而行，我们走近询问，原来老者是个瞎子。他说，这村的人知道部队要过路都已跑光了，你们找不到人带路的。他并说，村头有个伪军据点，你们不可久留。胡、白二人赶上队伍报告了江团长。江团长说，幸亏还剩有一位向导，很诚实。又说，现在快靠近同蒲铁路，你们快回你们联络的连队，让他们紧跟上。"[②]

这时，上级要求队伍急行军以跑步的速度前进，两个男学员架扶着一个女学员一起跑步前进，"跑不动了就眼泪潸潸落"[③]。不过，有些身体较好的十七八岁的女学员，如张藻楠等人不需要男学员拉扶，自己奋勇跑步跟进。

在冲向铁路线的这近十里路，大家像发动冲锋的队伍，勇猛地跑步前进。与此同时，村内的伪村公所等房屋门前都有几名第七一四团的战士端着刺刀瞄准大门，防止屋内敌人冲出来。

跑下一个小土坡就到了敌人封锁线的公路上，队伍在公路上跑了几百米，

[①] 张西帆：《到敌人后方去》，载刘葆观主编《血与火的洗礼——从陕北公学到华北大学回忆录（1937—1949）》（上卷），中国人民大学出版社，2007年，第194—195页。

[②] 何戊双、胡华：《谦和正直 丹心耿耿——回忆江隆基同志》，载刘众语主编《纪念江隆基文集》，兰州大学出版社，1987年，第177—178页。

[③] 蔡其矫：《我和朋友们奔赴延安》，载文思编《回国抗战 奔赴延安》，中国文史出版社，2005年，第161页。

又跑上东面的一个小土坡。这时,不知是谁传出了"枪上肩"的声音,大家不约而同地把自己的棍子提起来扛在肩上。当然,在月光下,敌人一定也分辨不出是枪还是棍子,也许根本就想不到会有人扛着棍子通过封锁线。

越过这个小土坡,就到了同蒲线的铁轨。这是在敌人两边岗楼的射程之内的,但掩护部队的炮口对着岗楼,使得敌人在里面也不敢妄动。其时,许多端枪的第七一四团战士,雄赳赳地站在铁轨两边。

顿星云团长站在铁轨上,看见成仿吾校长骑马带队过来,他摆手向东并喊道:"胜利通过!"马蹄踏在铁轨上,发出了清脆的响声。过路后,成仿吾立马回头看了看联大队伍,只见学员们一个连接一个连地奋勇跑过铁路时,顿星云都高声地喊话鼓动:"安全通过!""胜利过路!""同志们,沉着气,没关系,敌人不敢出来!"

到了铁道上,大家紧张的心情突然变得轻松了,像卸去了一块沉甸甸的石头似的,脚步很自然地放慢了一些,甚至有的人俯下身来摸了摸阎锡山处心积虑修建的窄轨铁路。的确,一般的火车没有办法驶进山西,而老奸巨猾的阎锡山是曾经梦想过在山西永远做土皇帝的。现在,这日寇吹嘘的"钢铁封锁线"被成千的男女学员和教员突破了。

时间是紧迫的,每个人投下最后的一瞥后又回到了紧张的气氛里,匆匆地向前跑去。

路东的一个乡公所里汽灯高悬如昼,伪乡长听见队伍过路声,声嘶力竭地吼叫:"什么人?"第七一四团的战士用枪口瞄着他们回答:"八路军!不准动!"就这样,队伍快速奔跑过路,终于冲破了敌人的封锁线!

这次过铁路线,第一团第一连在行军序列的最后面,因为一名女学员没有跟上而走错路,误入了敌人的"爱护村"休息。面对意外状况,有的人主张赶快前进,有的主张退回路西待命,还有的人模棱两可。正议论间,第一团第一连遭到敌人的袭击,牺牲了几个人,还有几个人被俘。不过,幸好被俘的后来也陆续逃脱了。教务长江隆基后来在总结会上严肃批评了掉队的同志中主张后退者和模棱两可者,他指出:"冲破敌人封锁线,也像发起冲锋一样,没有命令决不能后退和动摇。"[1]

进入游击区

在平川上并没有脱离危险区，必须奋力跑向东山。这东山是太行山支脉系舟山延续而来的低山丘陵区，夜间望去显得特别突兀挺拔。

午夜时分，大家相继爬上了东山的山腰。东山山上杂生着许多灌木丛，队伍在这里略为休息一下，喘喘气。大家一个个跑得浑身大汗，上气不接下气，一歇下来就疲惫得倒在地上睡觉了，身子贴着祖国的大地，像困乏的婴儿躺在母亲的怀抱里。

歇了约十分钟，成仿吾校长传令，让大家快快爬起来继续前进，并传话给各连说："一定要翻过山顶，才能安全休息。"于是，大家又重振精神，拖着沉重的两腿继续前进。据校部直属队的韩雪回忆："我们严守三大纪律、八项注意，在最艰难的时刻做到不损害群众一棵庄稼。虽然四肢疲惫无力、口干舌燥，弯弯曲曲的小路两旁的玉米、高粱秆都可以解渴，可是没有一个人去碰一指。实在渴极了，有些同志喝了人尿或马尿。梁光祺同志是位老大姐，缠过足，跑步困难，过同蒲路后实在跑不动了，累瘫在地上，拉也拉不起来，两个男同志架着她也迈不开步，只有轮流背着她跑。这两位一是绰号叫'小钢炮'的矮个子排长许力同志，一位是年轻英俊的刘士俊同志。我们又跑了好久，开始爬太行山，一口气跑了四十里。凌晨前，月亮西沉了，夜光似有似无，人影隐约可见，后边的人紧跟着前边的人，许多男同志搀扶着女同志，可也有的女同志走在前边拉着体弱的男同志，有的拽着马尾巴，步履艰难。成校长等学校领导人，有马也不能骑，和我们一样一步一步摸着向上爬。他们中有的经历过二万五千里长征，现在这么大年纪又领导我们一起上前线，

---

[1] 何戊双、胡华：《谦和正直　丹心耿耿——回忆江隆基同志》，载刘众语主编《纪念江隆基文集》，兰州大学出版社，1987年，第179页。

第一章　跨过祖国的万水千山

我们这些年轻人吃这点苦头算什么呢？'爬也要爬过去！'这声音时刻在耳边回荡，激励着我们克服困难。一会儿，又传来队长的口令：'跟上，不要掉队！'大家咬着牙坚持往上爬，说什么也要爬上去啊！"[1]

次日（25日）拂晓，队伍终于爬上了山顶。回首远眺，隐约灯光一片。这里距离太原约四十公里，"看不到村庄，大概这就是边区了吧？到了家门口了吧？大家都又松了一口气。你看看我，我看看你。一夜不见，几乎不相识了。一个个眼窝深陷，眼圈乌青，两颊消瘦，颧骨突起，面色苍白、蜡黄，嘴上都起了泡、裂了缝，真有'人比黄花瘦'之感。可我们不是多愁多病、多情善感而削瘦，是为革命奔波而削瘦。我们都骄傲地笑了。这时仍拖着沉重的步伐迟缓地行进。突然，眼前出现了满山遍野樱桃般的野果，绿盈盈的叶，红滴滴的果，在向我们招手，欢迎我们、慰劳我们呢！大自然又给我们增添了力量，于是我们边走边摘边吃，酸溜溜、甜丝丝，又解渴、又解乏，真是其乐无穷！"[2]

翻过山顶，又略微歇一下，再继续前进。下到山腰一个山坳里，树丛中有一个小村庄，庄前有一坑积聚的雨水。这"半亩方塘"受到了极大的欢迎，疲劳干渴已极的学员们拿起茶缸痛饮起来，有的学员干脆爬卧在塘边大口吸饮，顷刻之间把这坑积水喝了个精光。那样子，似乎比喝了"王母娘娘"的玉液琼浆还要痛快多少倍！

吃早饭时，掩护部队要联大派人去商谈事情。成仿吾校长令军事科长张西帆前往，顿星云团长对他说："你们队伍过后，我们团整个掩护任务就将完成了，不再随队前进，你们的刘参谋长也归原建制。在此住上两天，谅敌人不敢出动，你们往前走，这山东边就是根据地了。"[3]

不久，联大队伍走到一条山沟里，就是晋察冀边区阳曲县的路东游击区。

---

[1] 韩雪：《冲过封锁线就是胜利》，载刘葆观主编《血与火的洗礼——从陕北公学到华北大学回忆录（1937—1949）》（上卷），中国人民大学出版社，2007年，第206页。

[2] 同上。

[3] 张西帆：《到敌人后方去》，载刘葆观主编《血与火的洗礼——从陕北公学到华北大学回忆录（1937—1949）》（上卷），中国人民大学出版社，2007年，第195页。

一些小村庄被敌人焚烧过，到处是残垣断壁，可见这一带斗争的残酷性。

走哇走，队伍到达了集结地——阳曲县境的南北温川。这是一个较大的村子，打前站的同志已给安排好了休息的房子，大家伙一进屋就爬上炕，骨头架子都要散了。老乡赶忙煮上新摘的玉米棒和刚挖的土豆，香气扑鼻而来，可是叫喊几遍谁也不肯起来。队长、指导员只有挨门挨户动员，大家好容易才爬起来，于是狼吞虎咽、大快朵颐。餐后，大家用热水烫了烫脚，身上有了点力气，又重新爬上了炕头。此时，大家虽然谁也顾不得说话，但回想这次不寻常的历程，都充满着说不出的喜悦和骄傲。计算起来，第一夜急行军七十里山路，第二夜急行军八十里通过同蒲线平川，一共走了一百五十多里。从兴县出发，联大队伍足足经历了一个星期的夜行军。后来，有敌伪报纸的报道说"万余徒手共党越过同蒲线"，令人哑然失笑。

话说罗瑞卿司令员带第一、二梯队过路后，他在那一带等候联大第三梯队。25日早上，罗瑞卿骑了马来找联大队伍。十时许，成仿吾集合联大队伍请罗瑞卿讲话。罗瑞卿的下颌骨曾被敌人子弹打穿，打去了几颗牙齿，高声讲话虽有些困难，却富于鼓动性。罗瑞卿知道此时此刻大家在想什么，最爱听什么，于是他以浓浓的四川口音说："同志们，我们胜利了！我们的胜利，就是敌人的失败。我们这回过路，不是一次，而是两次、三次！有我们英勇的八路军掩护，敌人都不敢动。敌人要想阻止我们过路，想搞垮我们，可是他们什么也没有捞到，只能捡到我们的破草鞋！破草帽！"大家大笑。他继续说："同志们，你们辛苦了！聂荣臻司令员准备欢迎你们，准备了大批的猪、羊和大米白面，每人一条肥皂，到阜平还有一段路程，现在你们可以丢掉拐棍，大摇大摆地走，每天只要走五六十里路就行了。到阜平后，你们好好洗一洗，把虱子消灭掉，躺在热炕头上，伸开腿，舒舒服服地休息几天。"[①] 若干年后，韩雪回想起罗瑞

---

① 韩雪：《冲过封锁线就是胜利》，载刘葆观主编《血与火的洗礼——从陕北公学到华北大学回忆录（1937—1949）》（上卷），中国人民大学出版社，2007年，第207页。

卿的讲话，说："这宏亮声音像打击乐铿锵响亮，扣人心弦，像闪电雷鸣，震荡着山川峡谷。他说出了我们当时的最大愿望，说到了我们心坎里最想听的福音。我们欢呼，我们跳跃，整个山谷都沸腾了，所有一草一木都在舞姿翩翩，娓娓示意，与我们同欢。"①

成仿吾校长也讲了话，动员各连把自己的队伍整理好，有秩序地前进。

大家迈着轻松的步伐继续前进，边走边唱。突然，炮声隆隆，炮弹呼啸而过，落在联大队伍之前集结地附近的山上。原来，日伪知道联大队伍已安全过路，为了报复泄恨，就疯狂地向队伍集结方向开炮，妄图威慑。晴朗的天空，敌机像绿头苍蝇一样嗡嗡寻找目标。顿星云对这一带地形非常熟悉，由于考虑到沿大路走易遭敌人追击和炮击，于是他带领大家登上五台山南端的一座大山。这是在定襄、五台、孟县、杨兴、西烟、上社、下社、会里这些敌伪据点中间的间隙地区。在越过一些光秃的山顶时，西烟、下社据点的敌人虽然用望远镜能看到队伍，但他们也无可奈何。韩雪回忆说："我们马上伪装前进……来迎接我们的晋察冀二分区司令员赵尔陆、政委郭天民亲自指挥部队阻击敌人。我们改变了行进路线。向导带领我们向北插过敌人缝隙，爬上了人迹罕至的大山，连羊肠小道都看不见、找不着。满山荒草、荆棘丛生，每走一步都要披荆斩棘，不小心就要刺痛手脚，就要跌跤子。爬过一重山还有更高的山，哪里是尽头？整整一天，我们就在这层层叠叠、郁郁葱葱、千峦绿翠中转来转去。傍晚，我们终于攀上了最高峰。夕阳风光无限好，俯瞰四周真乃'一览众山小'的雄伟气派，顿觉心旷神怡，令人神往。可是当时谁有心情欣赏那诗情画意的景色呢？"②

在这连绵的高山上，联大队伍曲曲弯弯向东走了几十里。黄昏时分，正要下山时，天气骤变，乌云滚滚，刹那间大雨倾盆而泄。"红枣大的、白玉般

---

① 韩雪：《冲过封锁线就是胜利》，载刘葆观主编《血与火的洗礼——从陕北公学到华北大学回忆录（1937—1949）》（上卷），中国人民大学出版社，2007年，第207页。
② 同上。

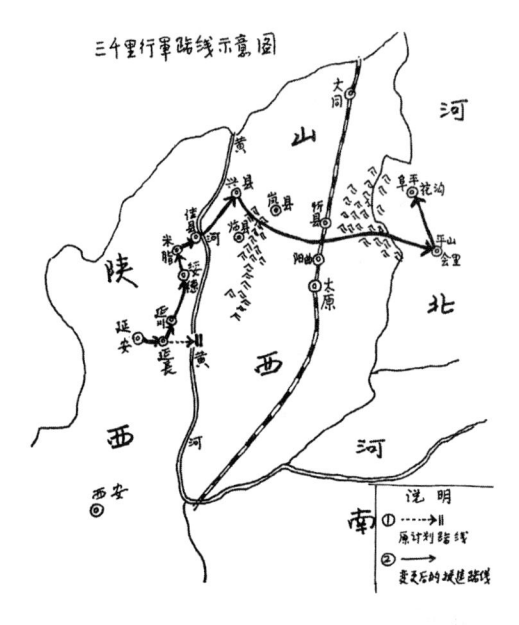

▲ 诗人蔡其矫（文学系教员）手绘华北联大行军路线图

的冰雹像连珠炮一样向我们袭来。下吧！我们欢迎。我们正需要这天然的冰棍呢。大家解开腰带取下杯子，一会儿接了许多，送进口里透心凉，真解渴啊。更有乐趣的是冰雹砸在大搪瓷杯底噼噼啪啪敲鼓点，我们左右摇摆像扭秧歌。""山径云俱黑"，顺着一条峡谷下山时，已是漆黑一片。下山的路很陡峭，滑溜的岩石路上雨水急流着，前边不断传来成仿吾校长的口令："山陡路滑，注意安全。"传着传着，一个人滑倒了。"哦，××跳舞了！"一个人去拉，也滑倒了，"哦，××也扭秧歌了！"接着，第三个人又滑倒了。一阵阵笑声，冲淡了屁股的疼痛感。不知什么时候，下到了山底。这天，顺着一座座大山之巅，又走了八十里。

　　进到一条深深的峡谷山沟，只见两旁峭壁千仞，唯有一线天可见，而且"条条瀑布挂前川"，沟底满是乱石和汇流的山洪急流，哪有什么路啊。大家就顺着这千回百转的峡谷蹚水踩石，弯弯曲曲地艰难行进，蹚过了一道又一道水。由于水急浪大，一不小心就会把人冲跑，大家一路臂挽着臂、手拉着手，几个人一排顶着湍流而过，但还是不断有人"跳舞"摔跤。不过，不要紧，跌倒了爬起来继续走。有的人话匣子打开了："你们猜，我现在想什么呀？""我又不是你肚子里的蛔虫，谁知你想什么？""你想家呢！""你想着到热炕头上伸着腿舒坦舒坦呢！""哎，抗战胜利了，咱们也算有点功劳吧？""不，共产主义理想实现那一天，我们回想起这跨越祖国万水千山的两只脚，多伟大啊！"于是，"黄河之滨集合着一群中华民族优秀的子孙"的歌声又响起来了。这个精神支柱给了大家无穷的力量。当时,大家只顾引吭高歌,竟不知鞋底早磨透了,脚板的泡还在疼痛,全身还泡在水里冷得直打颤呢。文艺部的蔡其矫就是在大卵石的山沟里"把布鞋底都走脱了",赤着脚蹚过冰冷水流,"冷得彻骨"。[1]

这条峡谷原是滹沱河的一个上游源头,长达四十里。联大的队伍整整走了一夜,破晓时出了峡谷沟口,发现沟口两边有哨兵。原来,晋察冀军区第二军分区派人来迎接联大队伍了,这里已是边区的巩固区了。

好不容易走出峡谷,迎面一条大河(滹沱河)拦住去路,但见白浪滚滚,由北向南,在山脚下折而向东南流去。据张西帆回忆:"怎么办?沿河边向北走,见工人部的一个队变为方阵,手牵着手集体涉渡,行至中流,人墙激得浪花拍过人们头顶,不少人被浪花拍打得步履踉跄,很是危险。忽然听到一声命令'退回!'发令的原来是该部军事指导黄镜如同志,队伍因此免于事故。"[2]又据韩雪回忆:"滹沱河波涛汹涌,恶浪滚滚。我们要过桥到宿营地,可是桥被冲坏了,八路军连夜为我们抢修桥梁,修了又被冲坏,结果,最可爱的人啊,保卫祖国、保卫人民的英雄们,组成人墙,架着木板,支着歪歪斜斜的桥梁,让我们踩着他们的人桥抢渡。他们还不断地举起一只拳头向我们招呼。这怎不令人热泪盈眶呢?后来听说有两位战士被恶浪冲走,我们怀着沉重感激的心情默默地悼念他们。"[3]

过河东去不远,到了预定的宿营地——盂县和平山县交界的赵庄村。这个村庄较大,满种着枣树,树上结满了累累的青红色的枣儿。乡亲们扶老携幼地在村口欢迎联大队伍,这真是回到家了。先头部队已安排好了房子,大家

---

[1] 蔡其矫:《我和朋友们奔赴延安》,载文思编《回国抗战 奔赴延安》,中国文史出版社,2005年,第161页。

[2] 张西帆:《到敌人后方去》,载刘葆观主编《血与火的洗礼——从陕北公学到华北大学回忆录(1937—1949)》(上卷),中国人民大学出版社,2007年,第196页。

[3] 韩雪:《冲过封锁线就是胜利》,载刘葆观主编《血与火的洗礼——从陕北公学到华北大学回忆录(1937—1949)》(上卷),中国人民大学出版社,2007年,第208页。

分头进了屋，拧干了衣服。由于极度疲乏，许多人上了炕倒头就呼呼地沉睡了。据张西帆回忆："也不过两个小时吧，日已临窗了，急起查看队伍。猛见昨夜河渡之西，奇峰峭立，雨霁晴空，旭日岚光，辉煌入画，于是驻足观赏一番。找到村政权，知道这里已是晋察冀根据地了。前面李维汉同志讲过这里'高明'，其高明就在于根据地里面的平山、阜平、灵寿、唐县、灵丘等县相连的广大地区没有敌伪政权，敌伪人员不敢轻易进入，进入也得被打出去。西至同蒲、南至正太、东至京汉、北至京绥四条铁路之中，形成一座巍然屹立、摧之不破的伟大城堡，在这里可以自由呼吸、自由来往。心想，这回可要'大摇大摆地走'了，走向指定的阜平接易家庄一带村庄驻扎建校。"①

午饭是晋察冀军区第二军分区慰劳师生们的羊肉面片汤，"这一顿，平均每人合一斤半白面，四个人一只羊的羊肉。许多人直沉睡到下午才起来吃，吃了这样丰足的羊肉面片，还意犹未尽"②。下午，大家倒头又睡，直到次日日高三丈才陆续起来，烧开水洗澡、烫虱子、晾晒衣服。张时杰说："这天上午休息了半天，吃过饭，下午就出动帮助群众在菜园边摘红枣，这里红枣确实长得好，粒很大，挂满了枝头。群众都请我们吃红枣，对我们很热情，原来这天是农历八月十五日，即中秋节。"③

在赵庄休息了三天，总结行军，表扬先进，等齐后续的病号收容队和掉队者。

这时，正赶上灵寿县的陈庄一带发生战斗，罗瑞卿带着抗大学生军赶过去了，刘忠团和顿星云团集合起来也一并赶过去了，而华北联大也有部分警卫战士派去助战。

---

① 张西帆：《到敌人后方去》，载刘葆观主编《血与火的洗礼——从陕北公学到华北大学回忆录（1937—1949）》（上卷），中国人民大学出版社，2007年，第196—197页。
② 成仿吾：《战火中的大学》，人民教育出版社，1982年，第91—92页。
③ 张时杰：《关于陕北公学和华北联大一些历史情况的回忆》，载刘葆观主编《血与火的洗礼——从陕北公学到华北大学回忆录（1937—1949）》（上卷），中国人民大学出版社，2007年，第54页。

第二章　在敌后方开展国防教育

（1939.10—1940.9）

第一节　建校城南庄

巧遇陈庄大捷

根据大本营命令，日本华北方面军把"以武力为中心的讨伐肃正作为完成确保安定的首要条件"，决以"积极的肃正作战，实现包括重要地区在内的'面'的占领"，来"显示皇军的绝对威力"。[①]为达到目标，日本华北方面军制订了1939年度"治安肃正"计划，确定从是年1月至1940年3月分三期进行：第一期，从1月至5月，首先集中兵力"扫荡"冀中、冀南等平原地区的抗日力量，而后即行转入对晋西、晋北、五台山以东等山区根据地的讨伐；第二期，从6月到9月，在第一期作战基础上实行分散配置兵力，广泛建立据点，并依托据点反复进行"扫荡"，以实行对占领区域的有力控制；第三期，从10月至次年3月，继续完成第二期任务。[②]

针对敌情，为贯彻六中全会提出"巩固华北"的战略任务，中共中央北方局和八路军总部多次向所属各部和地方党组织发出"华北将转入严重的艰苦斗争环境，对此我们必须有所准备"的指示。针对日军先"扫荡"平原、后"扫荡"山区的作战意图，八路军制定了"坚持平原以巩固山区，巩固山区以支持平原"的相应对策，使主力机动于平原和山区之间，对日军之"治安肃正"作战做了充分的迎战准备。

[①]《华北方面军治安肃正计划》，载何理等选编《百团大战史料》，人民出版社，1984年，第352页。
[②] 日本防卫厅战史室编《华北治安战》（上），天津市政协编译组译，天津人民出版社，1982年，第109—128页。

晋察冀边区的北岳一带历来被日军视为"共产军在山西蠢动策源地"[①]。1939 年 3 月以来,北岳地区多次集中兵力,对深入根据地比较孤立的日军予以歼灭性打击。5 月 18 日,日军提前开始第二期作战,发现五台山西部山地并无八路军大部队,原定三周的作战只进行四天便草草收场。第三期、第四期作战也由于八路军适时向东部转移而扑空。据日军第一〇九师团参谋山崎重三郎后来回忆:"1939 年 5 月的五台作战是继 1938 年秋季作战的再一次'剿共'作战,其结果与初次相同,毫无收获","作战期间,几乎无法掌握共军的动向,甚至连共军的踪影也弄不清。因而,从未进行过较正规的作战"。[②]

时至 9 月下旬,正在河北行唐县西北之口头镇、南北城寨、牛家下口、程家庄、南北谭庄等地准备利用战斗间隙进行整训的八路军第一二〇师,侦察得知驻石家庄及正太(今石太)路沿线的日军独立混成第八旅团第三十一大队及灵寿、正定等县的伪警备队共一千五百余人,在旅团长水原义重指挥下于 9 月 23 日开始出动,25 日上午占领了慈峪镇、南谭庄。日军企图用所谓"牛刀子战术"(日军称为"山地讨伐进步战术"),突袭晋察冀边区南部重镇陈庄以寻歼八路军主力,摧毁晋察冀抗日根据地的设施。

第一二〇师与晋察冀军区首脑机关针对日军之企图,决定以少数兵力节节抗击、诱敌深入,而后集中优势兵力在运动中歼灭该敌,进行了周密的部署。

9 月 26 日早上,进占慈峪镇之日军向该镇以北的南五河、北霍发起进攻。在第一二〇师第七一九团强有力的阻击下,该敌遂于当日下午撤回慈峪镇。

第二天拂晓,日军一千一百余人由慈峪镇轻装沿鲁柏山及秋山南麓,经南燕川、湾子里、长峪奔袭陈庄,于上午十一时占领陈庄。第一二〇师首脑机关判断该敌孤军深入,无后勤保障,肯定不会久留于陈庄,又针对敌人撤

[①]《聂荣臻回忆录》(中),解放军出版社,1984 年,第 433 页。
[②] 日本防卫厅战史室编《华北治安战》(上),天津市政协编译组译,天津人民出版社,1982 年,第 132—133 页。

第二章 在敌后方开展国防教育

退时一般不走原路的规律，估计可能由陈庄向东，沿大路经南、北台头和东、西岔头等地向灵寿撤退。于是，第一二〇师迅速调整部署，决定在磁河两岸的东、西寺家庄及冯沟里地区设伏，歼敌于运动中。

是日夜晚，第一二〇师首先派小部队连续袭扰陈庄之敌。9月28日早晨六时，日军纵火焚毁陈庄后，开始沿磁河向东撤退，第一支队按预定部署节节阻击该敌。上午八时许，该敌主力进至破门口附近，进入了八路军的伏击区。上午十时许，该敌全部进入冯沟里、破门口地区，在此设伏的第一二〇师第七一六团各部立即发动攻击。日军第三十一大队发觉自己遭到伏击，便疯狂地实行强攻，企图打开一个缺口突围。日军先后向左右两边突击，连续发动几次冲锋，但都被击退。至下午二时，八路军参战部队在贺龙师长统一指挥下对该敌四面包围。当日，从灵寿、慈峪增援的八百余日军，被第一二〇师第七一九团阻于白头山地区。黄昏时分，八路军向被围之敌发动总攻，激战至午夜十一时许，将敌人分割包围于冯沟里、破门口两个村子里。①

9月29日下午，贺龙师长亲临第三五八旅张宗逊旅长前线指挥所部署总攻行动。八路军各部向敌发起猛烈攻击，激战至9月30日下午将敌全歼。事后统计，"此战毙伤敌1280余人，俘日军16名，伪军13名，

▲《抗敌报》号外报道陈庄大捷

---

① 李茂盛、杨建中：《华北抗战史》（上），山西人民出版社，2013年，第401页。

缴获大量军用品"①。

陈庄战斗是抗战由战略防御阶段向战略相持阶段转变中的一次具有重大影响的歼灭战，有力地打击了日寇的嚣张气焰，也有力地粉碎了国民党污蔑八路军"游而不击"的谎言。当时，国防最高委员会委员长蒋介石、天水行营主任程潜、第一战区司令长官卫立煌特致贺电："陈庄血战，尽歼敌人，予敌重大打击，树华北抗战之楷模，振军威于冀晋，特传令嘉奖。"

却说华北联大师生在赵庄村休整三天之后，于9月29日继续赶路。这时，学员们公开打起了"华北联合大学"的旗帜，浩浩荡荡地沿滹沱河前进。一路上，联大队伍充满了胜利的喜悦，又开始纵情地歌唱："风在吼，马在叫，……万山丛中，抗日英雄真不少，青纱帐里，游击健儿逞英豪……""看吧，千山万壑，铜壁铁墙，抗日的烽火燃烧在太行山上！……"

到了平山县西部的秘家会村，晋察冀军区第四军分区又送来了许多慰劳的猪肉、羊肉、白面、大葱。于是，联大师生在村里举行大会餐：大葱烙饼，炖羊肉，红烧猪肉，尽情吃个饱。校部秘书张时杰说："我们在平山县秘家会村住了几天，体力基本恢复了过来。这时，成校长已经到晋察冀分局去了，后来，我们经过大黄庄到了会口，成校长才回来。邵式平同志赶来会口看我们。见面以后，都感到很高兴、很亲切，都觉得心里想说的话很多，但一时又无从说起。他在校部给我们作了报告，介绍了晋察冀边区的情况，向我们表示欢迎。我们请他吃烤饼，记得这饼是我和齐一飞同志做的，我主要是烧火，做饼的技术全靠他。从会口越过两界峰，就到了灵寿县。这里离陈庄不远。"②

---

① 周均伦主编《聂荣臻年谱》，人民出版社，1999年，第288页。
② 张时杰：《关于陕北公学和华北联大一些历史情况的回忆》，载刘葆观主编《血与火的洗礼——从陕北公学到华北大学回忆录（1937—1949）》（上卷），中国人民大学出版社，2007年，第54页。

第二章　在敌后方开展国防教育

队伍进入模范抗日民主根据地灵寿县境，一路上柿子树结满了橙黄色的肥大柿子，枣树上满是累累的青红枣，花椒树上红珍珠般的果实飘散着芳香。村庄里一律是雪白的平顶房子，显得整齐而清洁；村口站着放哨的儿童团员，手拿红缨枪；群众衣服整洁、彬彬有礼，妇女们穿着花夹袄，秀丽而大方。联大师生们无论住到哪家，房东都非常热情地欢迎，村长、村农会接待也都很周到。群众觉悟很高，谈起来都很懂得抗日、民主、军民一家的道理，甚至懂得《论持久战》的观点。一切都显出乐观而有信心，宁静而有秩序。对此，成仿吾感叹道："晋察冀啊，真不愧是模范的抗日民主根据地！物产丰富，秩序良好，群众有组织、有文化教养，都远远出乎我们的想象。有的小学教员家里，竟有不少的藏书呢。"

到达陈庄一带时，碰上一场六天五夜的战争刚刚结束，战士们正在打扫战场。队伍连夜赶到陈庄附近，以壮声威，以表祝贺。贺龙师长站在路旁的一个高土坎上亲切地检阅了联大队伍，他笑眯眯地拿着烟斗，不住地向每个从他身旁走过的人招手表示欢迎和鼓励。贺龙邀请成仿吾住到他的司令部里一同抵足而眠，他们海阔天空地谈了各方面的问题，直到深夜。贺龙向成仿吾要了一些联大的球队队员和文艺人员，并约联大球队同第一二〇师球队组织几场篮球赛。第二天，贺龙果然兴致勃勃地前来观看篮球比赛。中场休息或暂停时，贺龙召集第一二〇师的球员指导战略战术。成仿吾看到贺龙的样子真想笑，原来这位大将军在球场上竟像个大孩子，对打球是如此认真。贺龙还向成仿吾要去了好几名篮球运动员。后来，贺龙听说联大有一个著名的排球运动员叫刘仕俊，可是联大的队伍已经开走，悔之晚矣。

10月2日，中共中央北方分局和晋察冀边区政府召开联席会议，商议庆祝陈庄大捷和进行慰劳参战部队的具体办法。10月7日晚，在灵寿县张家庄村东广场上召开了万余人参加的祝捷大会。参加会议的有：第一二〇师全体参战将士、抗日军政大学总校人员、抗日军政大学二分校全体教职工及学员、第四军分区五团全体参战人员、华北联大和建国学院等单位人员。灵寿、平山、阜平三县干部群众代表，带了猪、羊、花生、核桃、板栗等慰劳品参加了大会。

彭真、聂荣臻、贺龙、关向应、罗瑞卿、陈伯钧、张宗逊、甘泗淇、周士第、李志民、成仿吾、宋绍文、胡仁奎等党政军领导都出席了大会。①

晚上八时整，庆祝陈庄大捷大会正式开始。大会由第一二〇师政治部副主任甘泗淇主持，中共中央北方分局书记彭真同志首先讲话，他代表党中央、中央军委对参战指战员表示热烈祝贺和慰问。彭真书记特别指出，"陈庄大战的重大胜利是我八路军抗击日本侵略者，继平型关大捷后的又一重大胜利。这对于保卫边区，粉碎日寇的秋季大'扫荡'是有伟大意义的"。接着，聂荣臻、贺龙和抗日军政大学总校副校长罗瑞卿先后讲话。华北联大副教务长李凡夫后来感叹道："晋察冀边区是以战斗的胜利来欢迎我们。我们分三个梯队组成的一'文'一'武'两个大学的大队伍……共同参加了'陈庄战斗'胜利的祝捷大会。我们初次看到了军容甚盛的边区子弟兵，看到了精神饱满的党政军的负责同志，并听过了他们充满胜利信心而又毫不夸张的报告以后，心里有说不出的愉快。"②

继而，由华北联大文工团和西北战地服务团演出了精彩的剧目。歌手王昆演唱的灵寿新编民歌《陈庄战斗》嗓音清亮、歌词动人：

> 八月十五月中秋，拉大兵攻陈庄。
> 攻占了陈庄镇，退到了横山岭，前进一步已不行。
> 机关枪"喀喀"响，贺总领兵打埋伏。
> 东西包围南北抄，击毙两千余呀，一个也没跑了。
> 水原旅团出城楼，后方设在慈峪。
> 进入了包围中，陷入了伏击中，要想逃跑也不能。

---

① 灵寿县老区建设促进会等编《灵寿县革命老区发展史》，河北人民出版社，2019年，第92页。

② 李凡夫：《由"联大"到"抗大"》，载李凡夫文集编辑委员会《李凡夫文集》，广东人民出版社，1993年，第415页。

手榴弹一个劲地崩,敌人乱了营。

鬼子兵哭又叫,全军消灭掉,一个也没有跑了。[①]

晚会一直开到凌晨两点。最后,在充满战斗激情的《游击队之歌》歌声中散会。

"插在敌人心脏上的一把剑"

庆祝会之后,抗日军政大学师生仍由罗瑞卿带领继续南下,奔赴晋东南太行山区。

华北联大的师生从灵寿县北行,终于到达目的地——阜平县城南庄,一时半刻不会再前进了。这次历时三个月的"小长征",途经陕西、山西、河北三省二十多个县,行程三千余里。李凡夫后来感叹道:"这是历史上一件空前的壮举,以一群艺术家、社会科学者、工人、青年,以及几百个女同志组成的队伍,不怕任何危险与困难,不怕敌人的截击与包围,经过了三个多月的长途行军,终于胜利地到达了目的地。以一个'文'学校,在战争烽火如此激烈的时候,它不向安全的地方搬,而偏要向危险的敌人后方去。你想,这在中外历史上,可曾有过?"[②] 所以说,华北联大的这段经历,比起平津和沿海地区内迁大学,毫不逊色。

城南庄是一个大镇子,位于大沙河和胭脂河交汇处,地形开阔,树木茂密,风景秀美。每隔三五日,城南庄有很热闹的农村集市贸易。这里原是中共中央北方分局和晋察冀军区机关所在地。

---

① 刘强伦、唐得阳:《中共敌后战场抗战最纪录》,团结出版社,2017年,第319—320页。

② 李凡夫:《由"联大"到"抗大"》,载李凡夫文集编辑委员会《李凡夫文集》,广东人民出版社,1993年,第414—415页。

其实，中央原定华北联大也是到晋东南的，但是到了晋察冀边区后，彭真、聂荣臻等领导向中央要求把学校留下来。他们的理由是：一、晋察冀边区包括北岳区、冀中区、冀东区、平西区、平北区，地域很大，当地广大干部、知识分子亟须培训，要求华北联大为边区培训干部，并输送一部分延安来的干部给边区。二、晋察冀边区靠近平、津、保、石等大中城市，可以通过城市地下党动员许多城市学生来培训，招生有充足来源。三、联大的队伍女学员较多，体质较文弱的文化工作者多，不宜再长途行军冲过正太路封锁线去晋东南。对此，中央复电同意。这样，华北联大原定在娘子关附近过正太线南下的计划改变了。中央决定，成仿吾也同时担任中央北方分局委员。经北方分局开会决定，华北联大就在城南庄一带建校，中央北方分局和晋察冀军区机关则搬到恒山脚下较贫瘠的台峪、井儿沟一带去。

华北联大设校城南庄之后，校部驻易家庄，社会科学部驻栗元庄，文艺部、青年部、工人部驻花山和花沟口村，卫生处驻瓦渣地村。据校部秘书张时杰回忆："从灵寿动身，到了阜平县城南庄。当时校部住易家庄。吃过晚饭，已经是深夜了，正准备睡觉，张然和同志来了。他和成校长商量学校开学的事情。他说：'我们学校叫什么名字，叫华北联合大学。人家学校叫西南联大、西北联大，都是国立的。我们呢？我们学校是共产党建立的。'商量的结果，就叫华北联合大学。成校长说：'我们学校不是国立的，但我们在华北敌后办这所学校，这是华北人民的意愿。'"[①] 后来香港《大公报》一篇报道说："抗战后国家建立了三个联合大学：西南联大、西北联大和华北联大。前两者均设于安全地带，后者却设于环境十分险恶的日（本）人后方。由于环境的不同，他们的作风气质不能同日而语。华北联大是流动的，学校距离日（本）人最远时不过几十里，近时只隔着一个岭。晋察冀边区遍地有战争，时时有战争。

[①] 张时杰：《关于陕北公学和华北联大一些历史情况的回忆》，载刘葆观主编《血与火的洗礼——从陕北公学到华北大学回忆录（1937—1949）》（上卷），中国人民大学出版社，2007年，第55页。

所以华北联大是在炮火里生长着的。"① 诚哉此言,华北联大真是一所没有校园的流动大学。

10月中旬,晋察冀军区给华北联大全体师生每人发了一套全新的八路军军装,一套白衬衫、衬裤,一条军用棉被(因为过路时为了轻装,都只背了夹被)。大家在清澈的胭脂河里洗澡、洗衣服,换了新军装,队伍显得格外整齐,神采飞扬。于是,在这大沙河、胭脂河三角洲的村庄中,就抓紧时间建校开学了。

华北联大在敌后建校是没有教室的,教学多数是在老乡的打麦场上或其他空场地,或者河滩上、树林里、山坡上。上课时,课代表把一块小黑板挂在树上,教员站着就讲;学员则是以背包为凳子,膝盖上放一个硬书夹或小木板为桌子,席地而坐,聚精会神地听讲,专心地记笔记。一般是上午上课,下午自学或展开讨论。华北联大的校风是"团结、前进、刻苦、坚定"。据画家田零回忆:"(我们)在河北省阜平县城南庄附近的华山沟开始了学习生活。没有教室,就在山沟里露天上课;没有宿舍,就把老乡的牲口棚打扫干净打地铺住。夜里没油点灯,就到山坡上拾些蓖麻子串起点燃来照明;粮不够吃,下课后到山沟枣树林里拣农民遗弃在地上的烂枣充饥。"② 经济学家宋涛教授说:"我们华北联大师生安顿下来不久就开始上课。当时的老师、干部全部和同学们同甘共苦,一起在大食堂吃饭。他们不仅在业务课上有精深的造诣,还有非常良好的品德作风,大家在一起都没有什么思想顾虑,精神上感到非常轻松。"③

建校伊始,成仿吾校长写了《华北联合大学校歌》歌词,吕骥很快谱了曲。歌词叙述了学校的光荣经历和神圣使命:

---

① 《华北联大活的教育》,香港《大公报》1940年7月29日第5版。
② 田零:《华北敌后斗争生活漫忆》,载刘葆观主编《血与火的洗礼——从陕北公学到华北大学回忆录(1937—1949)》(上卷),中国人民大学出版社,2007年,第217页。
③ 《宋涛自述》,载中国人民大学校史研究丛书编委会编《求是园名家自述》(第一辑),中国人民大学出版社,2010年,第98—99页。

流动的大学：华北联大 1939—1948

▲华北联大校长成仿吾给学员上课

跨过祖国的万水千山，突破敌人一层层的封锁线！
民族的儿女们，联合起来！到敌后方开展国防教育。
为了坚持华北的抗战，同志们我们团结，
我们前进，我们刻苦，我们坚定！
国土要收复，人民要自由，
新社会的创造，要我们担任！
努力学习革命的理论，培养我们革命的品质，
我们誓死决不妥协投降，战斗啊，胜利就在明日！

从此，这首歌曲一直回荡在胭脂河、大沙河畔。后来，随着华北联大师生的足迹，传遍了晋察冀的山山水水。

华北联大的教育方针、教育目的很明确：第一，为革命实际斗争需要而培

养革命干部。培养的干部是为解放区战场的抗日战争服务，为建设边区的政治、经济、文化、教育事业服务，为发展边区的生产服务。第二，注意理论同实际相结合。理论教育密切联系抗战形势，联系边区的各项基本政策，教育内容与根据地斗争的需要息息相关。第三，贯彻少而精和通俗化的原则。由于是在敌后战场办学，学习期限不能太长，所以教学内容必须少而精、通俗生动，使学员们在短期内有所提高并日有进步。正如校歌歌词中所说，为了坚持华北的抗战，为了收复国土，为了人民的自由，为了创造新社会，而"努力学习革命的理论，培养我们革命的品质"，这就表明了华北联大战斗化的办学宗旨。

当时，李公朴带了一个敌后教育考察团来到城南庄参观华北联大。参观后，李公朴对成仿吾说："华北联合大学是在敌后办起的第一所高等学府，这是历史上从来没有过的，是英雄的事业，是插在敌人心脏上的一把剑。"①

华北联大的体制是党团（党组）领导下校长负责制。校长办公室由田文博负责，张时杰、黄耀、牛达等人协助；另有一个电台，由易启文和韩雪等人负责。

校部设有党委会，申力生任书记。政治部（政治指导处）主任张然和，政治部副主任由申力生兼任。不久，张然和调走，申力生兼政治部主任。当时，党委的任务是管理党务工作，对学校的任务起保证作用。是年8月25日，中共中央政治局《关于巩固党的决定》（以下简称《决定》）提出，之后一定时期的中心任务是巩固党的组织。10月7日，中央组织部发出了《关于执行中央巩固党的决定的指示》（以下简称《指示》）。《决定》及《指示》下发后，各地党的组织迅速开展了巩固党的工作。因此，华北联大党委对党员开设了党课，叫"共产主义与共产党"，由党委书记申力生、党委组织科长吕光、副科长郭北辰、政治部宣传科长陈琅环、党委秘书陈英等担任教员。由于联大师生中党员很多，各部、各总支负责干部如张淮三、张克让、霍遇吾、佘涤清等人都要讲党课。

---

① 成仿吾：《战火中的大学》，人民教育出版社，1982年，第95页。

流动的大学：华北联大 1939—1948

▲ 1939年冬华北联大创建初期各部负责人（左起何干之、江隆基、成仿吾、沙可夫）

教务处正、副教务长分别是江隆基、李凡夫，教务科长郁纪。

社会科学部部长为江隆基，副部长为何干之，设第一队、第二队。部长江隆基讲授"世界革命运动史"，副部长何干之讲授"中国革命运动史"，李凡夫讲授"政治经济学"，郁纪讲授"哲学"。10月，学校将从马列学院调来的王均炎、郁纪、宋士达、李光灿、郑英年、杨伯箴、赵宗亚和从中央组织部训练班调来的王文克等八名青年教员组成校政治研究室，李凡夫兼主任。[①]

文艺部部长为沙可夫，原是鲁迅艺术学院的副院长，早年留学法国和苏

---

① 中共中国人民大学委员会组织部等编《中国共产党中国人民大学组织史资料》，北京，1992年，第84页。

联,曾在中央苏区瑞金从事戏剧和文艺的领导工作,创作和翻译过不少剧本,是一位革命的剧作家。文艺部副部长吕骥,1930年入上海音乐专科学校学习,1932年在上海加入中国左翼戏剧家联盟,1937年赴延安参加筹建鲁迅艺术学院,曾任音乐系主任兼教务主任、副院长。

文艺部设四系一团,即文学系、戏剧系、音乐系、美术系、文工团。文学系主任何洛,讲授"文学概论";戏剧系主任崔嵬,教员胡苏、韩塞、牧虹讲授"编剧""导演、表演技巧课",沙可夫讲授"戏剧概论";音乐系主任吕骥(由该部副部长兼)和教员卢肃讲授"音乐概论";美术系主任沃渣和教员丁里讲授"美术概论""木刻宣传画创作法";文工团团长黄天。文艺部还有相应的创作练习、表演、导演练习、声乐练习、器乐练习、作曲练习、素描、写生练习等课程。据当年文艺部学员李又华回忆:"从延安带来的学生,到晋察冀后,很快就毕业分配了,一部分留在学院工作,我是其中之一,学院院长、系主任都要担任重要课程。专职教员主要有丁里、牧虹、韩塞、王莘、田野、张达观、蔡其矫、丁克辛、姚远方、辛莽、秦兆阳、钟惦棐、吴劳等同志。"[①]音乐系教员们经常谱作新歌,歌咏之声不绝于耳。各队的俱乐部也很活跃,经常排演剧目,组织球类比赛。总之,敌后生活条件虽然艰苦,但是大家精神很愉快。

青年部、工人部分别由张淮三、朱改任部长,由张克让、张立之、黄亮等讲授"青年运动""工人运动",宋士达等讲授"社会科学概论"。

校部、各部、各队都设立了图书室。"我们的图书是哪里来的呢?"曾任华北联大教育学院史地系副主任的胡华晚年回忆说,"是我们经过三千里长征,通过吕梁山、云中山、同蒲铁路、太行山四道封锁线背过来的……身体差一点的同学,东西都丢光了,背包里只剩一条夹被,却背着一本书,有背《共

[①] 李又华:《回忆华北联合大学文艺学院》,载刘葆观主编《血与火的洗礼——从陕北公学到华北大学回忆录(1937—1949)》(上卷),中国人民大学出版社,2007年,第210页。

产党宣言》的,有背《反杜林论》的,有背《国家与革命》的,也有背《论持久战》《论新阶段》等书籍的。"①除了学员背,也有一部分书籍则是装了箱由运输队牲口驮过来的。可见,马列书籍在抗战前方是多么珍贵了。后来,由于学校扩大,又请晋察冀边区印刷厂翻印了不少书。校方还派人到民间征集和收购书籍,居然收集到《史记》《通鉴辑览》《通鉴纪事本末》等线装书,以及商务印书馆、中华书局、开明书店、生活书店出版的许多平装书,包括"大学丛书""万有文库"等,图书室也就蔚然可观了。校部还有一部电台,每日收录国内外电讯,编印出来让大家阅读。

教务处设有一个油印科,刻印了大量的本校自编教材。科长汪金波带领成员张静轩、郑平等人刻印,刻印的读物又快又精美,堪称"油印博士"。联大还办了个校刊《文化纵队》转载中央文件、重要社论,登载指导性的文章和学校动态。校刊十六开,雪白的油光纸精印,封面套红,发到晋察冀边区各机关后大家看了都赞叹不已。

供给处处长鲍建章,原是红军的师级参谋,因负伤改作后勤工作。副处长蒲运明也是一位工作比较有经验的老红军干部。由于边区粮食困难,华北联大师生多年都是一天两顿饭,夏天日长,中午加一顿稀饭。刚到边区时,由于学员们要自己做饭,但他们既不会做馒头,也不会做窝窝头,每天只好吃两顿白面糊糊或玉米糊糊。不久,学校招来一批炊事员,利用边区盛产杂豆做些小米红豆饭、发糕、玉米豆面窝窝头,这样就香甜可口了。当时,每人每天三钱油、三钱盐,吃白菜、萝卜、茄子、豇豆等蔬菜,利用边区盛产花椒也能尽量炒得香些。那时的生产劳动,主要是学员自己种菜养猪,以补助伙食。后来,各队都做到了每月或每两周能宰一头肥猪会餐一次,平时虽然吃的都是粗粮素菜,但大家都还是长得很健壮,女学员也是红胖胖的。

---

① 胡华:《发扬中国人民大学的光荣革命传统》,载刘葆观主编《血与火的洗礼——从陕北公学到华北大学回忆录(1937—1949)》(上卷),中国人民大学出版社,2007年,第41页。

第二章　在敌后方开展国防教育

学校医院和各部卫生所都较健全。卫生处处长范实斋是一位有药学专长的老干部,医务主任马丁兼卫生处副处长。此外,医院和卫生所还有潘建平(女)、金才、董楚等五六位从延安一起行军过来的男女医生,都有一定的医学素养;另有孙乃、李剑贞、王斯若、吴坚、欧逢冰、杨远等六位从城市护士学校毕业的护士,以及五六位从延安带过来的小卫生员。他们小的只有十四五岁,大的也不过十八九岁,在长途行军中做了大量的医疗工作,甚至给地方群众看病,比一般人要辛苦得多。到边区之后,卫生处又吸收了一些医生、护士。在城南庄建校后,学校对全体人员进行了体格检查,病号住进校医院,大大减少了疾病现象。

军训处处长为李秀峰,但军训处在反"扫荡"时则称参谋处,相应的参谋处负责人则称为参谋长。为了适应战争的需要,华北联大不仅校部设有军训处(参谋处),各部都设有军事指导,他们在反"扫荡"时就是各部的参谋长,如赵显正、黄敬如、熊金波等人都担任过这一职务。据潘清平回忆说:"我当时在军训处即参谋处工作。参谋长是老红军李秀峰同志,秘书是令狐俊文(现名李东冶)同志,一科即作战科,科长是张西帆同志,另有高毅、郑诚等同志。二科即情报科,科长是石青山同志(现名杨超时)。我和王栖新同志负责联络和情报工作、经常同军区、军分区联系了解敌情。因我校住在第四军分区,分区司令员熊伯涛、政委刘道生和负责情报工作的叶长渠同志对我们华北联大很关心,给我们提供的敌情最多、最详细。军训处除两科外,设有军事研究室①,有吴赞(丹)舟(朝鲜族)、王宜权、李里等同志,他们都是军事教员。"②

华北联大全校上军事课,有张西帆、赵显正、潘清平等教员讲授"军事知识""游击战术",做到一个学员能指挥一个连。学校经常举行军事演习,

---

① 据《中国共产党中国人民大学组织史资料》记载,华北联大军事研究室于1940年2月设立,1941年12月撤销,主任吴丹舟。
② 潘清平:《延安精神在华北联合大学》,载刘葆观主编《血与火的洗礼——从陕北公学到华北大学回忆录(1937—1949)》(上卷),中国人民大学出版社,2007年,第183页。

各连队要求一分钟能紧急集合，十分钟能把分散住在老乡家的学员都集合到指定的集合场（打麦场）。晚间演习集合时，要求不用灯火，没有响声，摸黑迅速地打好背包、做完一切应做的事情。可以说，华北联大师生自建校上课以来，丝毫没有松懈战斗准备。师生们每个人的全部用品——背包、挂包、干粮袋等，都是在身旁时刻准备着的。

开学典礼上，传来隐隐炮声

陈庄战斗失败后，日军于10月中旬调集独立混成第二旅团、第一一〇师团主力共二万余人，对北岳山区抗日根据地发动了更大规模"扫荡"，企图打通曲（阳）、阜（平）之间的交通联系，缩小八路军的回旋余地，彻底摧毁北岳山区抗日根据地。

10月25日，灵丘、涞源的日军千余人向上寨、下关地区合击，企图合击围歼第一二〇师第三五八旅第七一五团。第七一五团在雁北支队的配合下连续阻击和袭扰该敌，毙伤敌军二百余人。在八路军的不断阻击下，日军只得放弃其合击计划，被迫撤退。

11月2日夜，撤退至涞源的日军独立混成第二旅团一部共一千五百余人趁夜暗向水堡、走马驿、银坊地区进犯。晋察冀军区和第一二〇师获悉日军行动后，立即决定在涞源至银坊之间的雁宿崖地区设伏。次日上午，该敌进入八路军预先设伏地段后，设伏部队立即向敌军发起猛烈攻击，日军被迫退缩于雁宿崖峡谷内。激战至下午四时，全歼敌军大佐以下五百余人。

雁宿崖歼灭战胜利后，晋察冀军区根据日军以往每遭阻击后必然报复的规律，当即命令参战部队迅速撤离战场休整，待机再战。果然不出军区首长所料，11月4日，涞源等地日军一千五百余人在独立混成第二旅团长阿部规秀（中将）的率领下，气势汹汹地从涞源向雁宿崖方向进犯，以寻找八路军主力进行报复。晋察冀军区即令各团密切监视该敌行动，并做好战斗准备。与此同时，第一二〇师也积极配合，令特务团火速从神南镇北上，随时策应。

第二章 在敌后方开展国防教育

11月5日,日军抵达银坊,八路军已向东转移。第二天,日军继续沿崎岖山路向司各庄、黄土岭进犯,当晚该敌进至黄土岭、上庄一线。

黄土岭位于涞源、易县交界处,东至上庄是一条长二三公里的山谷,为理想的设伏地。晋察冀军区当即决定利用黄土岭的有利地形,采取伏击手段歼灭日军。

11月7日晨,日军主力由黄土岭出动,沿山谷向东进犯,下午三时许进入八路军预设伏击区。八路军设伏部队突然向日军发动攻击,将其围困在狭沟内。日军在十分被动的处境下仓促应战,死伤惨重。激战中,我第一团指挥员发现黄土岭东侧小庙附近有多名日本指挥官,即令迫击炮连对准目标轰击,当即击毙敌军旅团长阿部规秀。

第二天,蔚县、易县、唐县、完县(今顺平县)日军相继出援,向黄土岭逼近。八路军指挥员判断继续作战对我不利,遂主动撤出战斗。此次伏击战,八路军共歼敌九百余人,缴获满载军用品和给养的骡驴二百余头。尤其是日军"名将之花"阿部规秀之死,开了抗战以来击毙日军中将级指挥官的先例。为此,日本朝野震动,导致日军部署改变。

11月中旬,华北日军急忙将其第一一○师团的二个支队、第二十六师团的一个支队以及驻蒙军一部调至唐县、完县、涞源、满城、阜平等地。调整好兵力部署后,日军随即兵分七路,采取分进合击战术,计划将晋察冀军区领导机关及主力部队围歼于阜平地区。

针对日军之企图,晋察冀军区决定避敌锋芒,将领导机关及军区主力部队迅速转移至阜平以南地区隐蔽待机;令冀中军区部队积极出击,以策应北岳区军民反"扫荡"作战。

却说11月7日这天,上课月余的华北联大在城南庄的打麦场上举行盛大的开学典礼。参加大会的除了全体师生,还有晋察冀边区政府和党的领导,以及李公朴带领的一个十来个人的考察团,再加上驻村的干部和群众,热闹非凡。

成仿吾校长致开幕词后，几位领导和李公朴先后致贺词，祝贺和希望华北联合大学办成晋察冀模范抗日民主根据地中模范的最高学府。

讲话之后，进行文艺表演，第一个节目是牧虹等演出的《生产大合唱》。这时，雪花纷纷飘落下来。忽然，从东方传来了远处隐隐的炮声，雪越下越大，但观众的情绪却始终不懈。节目表演完后，校方接到晋察冀军区的紧急通知：日军的冬季"扫荡"开始，正向阜平方向进犯。这次敌人"扫荡"的中心是北岳区东部的第一、第三军分区，而边区西南部第二、第四军分区周围之敌未见增兵。所以，军区命令华北联大师生向西南方向的五台山一带转移，并要求第二天上午就出发。在半个世纪之后，中国人民大学政治经济学系教授、经济学家宋涛还清楚地记得："典礼之后，当文艺学院的师生正在演出时，成校长突然在前面紧急通知：'敌人的冬季"扫荡"开始了，各队快快回去，带好衣物，准备反"扫荡"，学校师生一起向西南方向的平山、五台一带转移。'"[①]

好在华北联大的作风本来就是军事化的，平时作息起床、集合、熄灯都是听清脆的军号声。学校对早操抓得很紧，要求严格，每天拂晓就吹起床号、集合号进行跑步训练；学校领导干部也经常参加跑步。师生都要练习瞄准、实弹射击和扔手榴弹，而且平常讲授军事课、举行反"扫荡"的军事演习时成仿吾校长都亲临现场。成仿吾在陕北公学时就提出了"战斗地学习"的口号，到了敌后战场更不能忘记华北联大是处在敌人随时可以进攻的情况下来办大学的。所以，华北联大要把平时和战时相结合，既不惊慌失措，又要经常保持动作敏捷、雷厉风行，这就叫"战斗地学习"。在联大军训处工作的潘清平说："学校的全体人员随时都准备着反'扫荡'。白天在野外上课时，就背着背包、粮袋、书包、碗等，这是学员们和干部们的全部家当。即便清晨军事训练和跑步前也要把背包等准备好，一旦反'扫荡'的命令一下，即

[①]《宋涛自述》，载中国人民大学校史研究丛书编委会编《求是园名家自述》（第一辑），中国人民大学出版社，2010年，第99页。

刻开始行军。"①

11月8日早上，华北联大师生们在驻村集合，辞别了老乡，背着背包，向西南方向进发。队伍踏过胭脂河上的薄冰到灵寿县境，顺着一条山沟西行，向灵寿、平山与五台交界的漫山进发。阜平县虽属第三军分区，但它是晋察冀边区的中心地区，敌人在边区东侧平汉铁路沿线骚扰，距离尚远；西南方向较平静。联大本来就有"背起背包行军，放下背包上课"的口号，所以师生们每天白天行军休息时就集结隐蔽在树林里上课。就这样，联大师生在敌后开始了边行军边学习的"战斗地学习"生活。

走了三天，雪越积越厚，山越上越高，第三天傍晚到达了五台山脉的漫山。这座大山是灵寿县与五台县的交界处，其山岭是东西向的一个高寒的大风口。那晚，刺骨的寒风裹挟着雪花，呼呼地怒吼着从山岭的风口猛烈地刮来。当时，

▲在风雪中行进的华北联大转移队伍

---

① 潘清平：《延安精神在华北联合大学》，载刘葆观主编《血与火的洗礼——从陕北公学到华北大学回忆录》（上卷），中国人民大学出版社，2007年，第182页。

队伍里有好些学员被风刮得站不住脚,有人甚至被刮到路旁冰沟里,拉上来时都快冻成冰棍了。就这样,队伍好不容易连拖带拉地过了山岭,到一个暖和的屋子里才慢慢地暖过来。这次过漫山,队伍里出现了不少冻伤耳、鼻、脸、手、脚的"冻号",其中陈强等人还掉了队,时任中共北方分局书记彭真把马交给他们骑。后来,经济学家宋涛回忆这次反"扫荡"时说:"那时正值初冬季寒风在山沟里呼啸,不久开始下起了小雪,地上积雪渐渐没过脚面,饥寒难耐,但有革命的信念和乐观的态度支撑着我。我们在山区整日与敌人周旋,有时一天只吃一顿饭,就这样整整转了一个冬天。"[①]

越过漫山后,校部决定,联大师生组成第四军分区和第二军分区两个参战实习总队,分散到各县、各区、各村,编成参战实习队、小队和组。第四军分区总队师生,分散在平山、井陉、平定等县、区、村中;第二军分区总队师生,分散在五台、盂县、崞县(今原平市)、忻县、定襄等县的县、区、村中,参加地方工作,进行农村调查,如女学员郭平等人还曾到五台县河边村参加当地游击队破坏敌人铁路。校部按分局指示,随第四军分区司令部一起行动,到了滹沱河南岸平定一带。主力部队出击正太铁路之敌,以策应第一、第三军分区的反"扫荡"战斗,调动敌人。这时,联大师生靠近正太路敌人交通线反倒很安全,因为日军兵力抽调到平汉线去进攻了,正太线很空虚。

在这次反"扫荡"期间,为了加强对敌斗争,扩大部队保卫边区,边区发动了参加子弟兵运动。各县掀起了扩军、参军热潮,华北联大师生就参加了扩军工作。曾文经等学员在五台县阳白村一带,动员了一大批青年参军。为了配合参军运动,吕骥在1939年12月创作了一部小型歌剧《参加八路军》(崔嵬编剧)。音乐系学员张达观,运用晋北民歌素材进行艺术创作了歌曲《军队和老百姓》,紧密配合了参军运动:

[①]《宋涛自述》,载中国人民大学校史研究丛书编委会编《求是园名家自述》(第一辑),中国人民大学出版社,2010年,第99页。

第二章 在敌后方开展国防教育

军队和老百姓,咱们是一家人,哎嗨咱们是一家人。打鬼子保家乡,咱们要一条心,咱们要一条心哪,才能够打得赢哪,咱们要一条心哪,才能够打得赢哪!

军队和老百姓,咱们是一家人。哎嗨咱们是一家人。闹革命求解放,咱们要团结紧,咱们要团结紧哪,才能够闹翻身哪,咱们要团结紧哪,才能够闹翻身哪!

歌曲短小精悍,结构谨严,易唱易记,所以很快便风靡晋察冀,流传全中国。受此歌曲感染过的作家李国文在一篇文章中说:"我第一次听到这支乐曲的只言片语时,是上世纪(20世纪)四十年代一个梅雨季节中的上海,在檐头水滴的淅沥声中,在隔壁邻居的麻将声中,在街头叫卖的嘈杂声中。我躲在屋里,关起窗户,在电流的噪音中,电台的干扰下,我第一次听到由解放区电台播送的音乐节目。虽然是断断续续,难以捕捉的声波,但这支《军队和老百姓》的清新明快的曲调,给我留下特别深刻的印象。因为不仅那乡土气息的旋律,有别于都市色彩的流行歌曲;更主要的,是那种打赢敌人的必胜信念,那种情真意切的精神。"[①]

再说日军于11月26日进占了阜平县城,但八路军已先期转移。寻歼八路军主力的企图落空后,日军于12月3日撤出阜平县城东窜。晋察冀军区立即以主力一部于阜平以东的五丈湾伏击东窜日军,歼敌百余人。此后,日军又对晋察冀军区第一、第三军分区进行"扫荡",因八路军及时转移而连连扑空,并不断遭到八路军的伏击而疲惫沮丧,于是开始回撤。八路军乘机于12月4日在阜平西南的北高洪口进行伏击,歼敌三百余人。12月8日,日军全部回撤至原据点,历时四十余天的冬季"扫荡"结束。

这是华北联大到达根据地后参与的第一次反"扫荡",队伍锻炼得更加坚强了。

[①] 李国文:《〈军队和老百姓〉,一曲难忘》,《北京晚报》2011年7月1日第43版。

101

第二节 复课元坊村

边区的最高学府

1940年1月,反"扫荡"胜利结束后,中共中央北方分局和聂荣臻司令员通知华北联大:将校址搬到未经敌人破坏过的、比较富裕的平山县元坊村一带,并派招生组到冀中、冀东、平西区及北岳区各分区普遍招生,让联大真正成为全晋察冀边区的最高学府。

元坊村一带是一条风景秀美的比较宽阔的山沟。山沟中间是肥沃的麦田、菜畦,山沟两边有低矮的群山环抱,绿树成荫,到处是淙淙流水。依山傍水的村庄,整齐清洁,村边还有利用水力的房碾、水碓。校部设在元坊村,社会科学部设在西坪村,文艺部设在土岸村,青年部、工人部、供给处、卫生处设在石板村、东白面红村、西白面红村等村庄,距校部都不过几里路。在联大军训处工作的潘清平说:"元坊村是个好地方,村子大,紧挨着滹沱河,在课余饭后,有些同志就到河里洗衣洗澡、摸鱼抓虾。这个村子由于水利条件好,种有稻谷、麦子等,我们的物质生活大有改善。村民有卖炸油条的,闻着那个香味,馋得流口水,几个同志凑钱买一根油条解解馋就很满足了。这个村还利用水力作动力,建有水车轮磨麦子的磨坊,还有土法捞纸厂,有几个工人。这些作坊是该村的一个开明地主在北京上过大学的儿子办的。"[1]

---

[1] 潘清平:《延安精神在华北联合大学》,载刘葆观主编《血与火的洗礼——从陕北公学到华北大学回忆录(1937—1949)》(上卷),中国人民大学出版社,2007年,第183页。

从 1 月起，华北联大就开始了有秩序的教学活动。这时，在校的除了从延安来的第一期学员，在城南庄时开始有新入学的学员。冀中新世纪剧社和北岳第二军分区的大众剧社，全部来到联大文艺部学习。晋察冀第一军分区战线剧社的戏剧队长胡旭、音乐队长王佩之、美术组长张德璧到文艺部学习一年。此外，边区总工会、青救会（全称青年救国联合会）、冀中、冀东也曾送来部分学员，成为第二期。2 月，根据分局指示，为了招收全边区大量青年干部入学（1939 年 12 月 1 日中共中央发出《大量吸收知识分子的决定》，指出全党同志必须认识到，对于知识分子的正确政策是革命胜利的重要条件之一），要求第一期学员于 2 月底毕业离校；新招收的第二期学员于 3 月入学，4 月 1 日正式开课（学制延长至半年）。

第一期学员从延安过来，经过艰苦的锻炼，受过较系统的马列主义教育，一般都有较高的文化素养。这一千多名学员毕业分配时，边区各党、政、军、

▲华北联大负责人在河北平山（左起李凡夫、申力生、朱改、何干之、成仿吾、江隆基、吕骥）

103

流动的大学：华北联大 1939—1948

文教部门抢着来要，使校方深深感到干部实在是革命的宝贵财富，更感到培养干部和人才的重要。当初在城南庄开学不几天，冀中军区司令员吕正操来校部作报告，顺便向华北联大要干部，并说用战马交换——他们打了胜仗，有大批战马。1940年春节期间，学校组织参观团到晋察冀第一军分区参观，司令员杨成武招待十分热情，但有一件事情使大家都感到很为难：参观团里有一些从鲁艺去的艺术人才，杨司令硬要留下一些人参加他们分区的文工团。[①] 同时，从联大调到第一军分区战线剧社的有罗浪（音乐教员）、滕晨（戏剧教员）、康路（美术教员）、吴文光（政治教员）。另外，联大派玛金、徐明到第一军分区体验生活，分配到战线剧社协助工作，秋后返校。

华北联大为边区的抗战建国学院、边区群众干部学校和边区各中学，配备了成套的干部。其他许多学员也被分配到边区党、政、军、文教机关，成为骨干力量。第一期学员宋涛毕业后就和另外十多个学员分配到边区四中开始教书生涯，他后来成长为中国人民大学政治经济学系教授、中国人民大学首批一级教授。第二期学员，原则上是回原单位。

为了学校发展的需要，华北联大从第一期学员中也留下了二三百名干部，一部分优秀人才培养成为教员，一部分充实本校的教务和党、政、后勤部门。从1月开始，就抽调了几十名学员中的党员干部，办了个干部队；2月，干部队的一部分人员分配到政治研究室（下设中国革命问题组、哲学组、政治经济学组、马列主义组），还有一部分人员充实校部的党、政、教务部门。各部也设立了自己的研究室，如社会科学部设立了财政经济、法政、教育三个研究室，文艺部设立了文学、戏剧、音乐、美术四个研究室。校部直属的除政治研究室外，还有一个边区小学课本编辑室，由张腾霄、张岱、郭汉城、王焕勋等编写了一整套的边区小学课本，成仿吾校长审定。另外，校部又派程

[①] 张时杰：《关于陕北公学和华北联大一些历史情况的回忆》，载刘葆观主编《血与火的洗礼——从陕北公学到华北大学回忆录（1937—1949）》（上卷），中国人民大学出版社，2007年，第55—56页。

第二章　在敌后方开展国防教育

力群、韦冀飞等招生组人员,到冀中等地招生。

华北联大从遥远的黄土高原跨过祖国的万水千山,突破敌人一层层的封锁线来到这敌后抗战的模范根据地,不觉已经半年多了。联大到这儿的任务是为了坚持华北抗战,但是他们参加华北的抗战并不是直接走上战场去和敌人拼。正如成仿吾校长所言,华北联大要做的是:"(一)培养大批的华北的地方干部,用革命的理论把他们的头脑武装起来,提高他们的政治觉悟与工作能力;(二)广泛地开展新民主主义的教育,推进普及教育,以提高华北人民的抗战觉悟与文化科学知识水平。这一切是为了充实政权机关、群众团体,以及文化工作的干部,巩固抗日政权与抗日根据地来坚持抗战,也是为了训练更多的青年,从群众中培养更多的干部,来供给抗战以无穷尽的新的坚强的力量。"[1]

3月初,第二期学员大量涌到。文艺部招收了冀中第十军分区先锋剧社(后更名烽火剧社)、平西挺进军挺进剧社、平山县铁血剧社(后更名群众剧社)三个剧社的全体成员,以及马本斋领导的回民支队抗战剧社的部分人员。参加培训过的铁血剧社成员回忆道:

> 在联大学习半年,我们第一次系统地学习了文艺理论和各种专业知识。戏剧系学习了导演表演艺术、剧作法、舞台装置、化妆知识;音乐系学习了发声、视唱、作曲、指挥;美术系学习素描、木刻等。学校实行理论联系实际、学用结合的方针,边学习、边实践,在学习期间,学员们共同排练了《选村长》《三个游击队的故事》《矿工》等戏,并进行演出。学校还重视政治教育,连小鬼队也学习了《社会发展史》和《中国革命与中国共产党》等课程。半年时间很快过去,大家获得了许多新

---

[1] 成仿吾:《华北联大的任务与工作》,载中央教育科学研究所编《成仿吾教育文选》,教育科学出版社,1984年,第26页。

鲜知识，业务上有了很大提高。[①]

对于挺进剧社社长陈靖来说，剧社到华北联大学习似乎有利又有弊。一方面，经过半年多的基础训练之后，剧社"迅速发生显著变化"，在"戏剧、音乐、美术和文学等方面打下一个较好的基础，并培养起来一批部队文艺专业骨干，使剧社步入一个新的建设阶段"；另一方面，"也滋长了一些'学院式'或'大文工团'的作风，偏重于面向大戏，追求规律程式之类，不知不觉地削弱了面向部队面向前线的传统"。[②]

同一时期，从北平（今北京）、天津、济南等城市来了首批由城市地下党组织介绍来入学的学员，如安若、李慎、刘琪、仲伟、宋捷、孟堤、管林等，他们多数是文艺爱好者，就编入了文艺部。经过文艺部短期培养成为教员的，有陈乔、杨沫、张青季、王丹、张自深、葛文、司仃、姚中、张达观、王莘、李又华、辛莽、秦兆阳、钟惦棐、炎羽、杜芬、吴劳、戴林等。

由边区政府和各机关送来入学的政法、财经等方面的干部，编入了社会科学部。边区总工会系统和边区青救会系统都送来了一批干部，分别编入工人部和青年部为学员。同时，联大成立了师范部，培训边区的中小学教师。

4月1日，第二期学员正式开课，学制延长到半年一期。全校普遍开设了政治理论课——社会发展史（马列主义原理）、政治经济学、哲学、中国近代革命史，由校部直属的政治研究室承担。学校自己培养的一批青年政治理论教员开始任教，有汪志天、刘克明、师唯三、何戊双、明吉顺、张伯英、李滔、汪士汉、胡华、赵东黎、刘仕俊、陈汉光等。

[①] 中国解放区文学研究会天津分会编《群众剧社回忆录》，中国解放区文学研究会天津分会，1988年，第10—11页。

[②] 陈靖：《百花山上一枝花——回忆挺进剧社建立前后》，载《中国人民解放军文艺史料选编》（抗日战争时期）第二册，解放军出版社，1988年，第119页。

第二章　在敌后方开展国防教育

华北联大一贯重视开设政治理论课，给学员以社会发展规律的科学观念，树立共产主义社会必然实现的信心，懂得马列主义的基本原理，并通过革命历史认识到"只有共产党的领导才能创立新中国"[①]。当年的文艺部学员李又华说："每期学习时间长短不一，根据招生对象定教学计划，一般在半年左右。因为学习期限不长，学习是很紧张的，既学政治，又学业务。学政治与学业务之比一般为三比七。"[②]

后来，学校又增设了群众运动和基本政策两门课程，使学员掌握政策和懂得做群众工作。在有些队和干部学习中，学校还开设了日语、俄语、英语等外文课程。

▲抗战时期华北联大学员在上课（沙飞　摄）

[①] 成仿吾：《战火中的大学》，人民教育出版社，1988年，第106页。
[②] 李又华：《回忆华北联合大学文艺学院》，载刘葆观主编《血与火的洗礼——从陕北公学到华北大学回忆录（1937—1949）》（上卷），中国人民大学出版社，2007年，第210—211页。

流动的大学：华北联大 1939—1948

  联大的教育，始终都是同生产劳动、革命实践斗争紧密地结合在一起的。学员们经常帮助驻村老乡送粪、修水渠、割麦子，各队都自己种菜、喂猪。为配合边区大生产运动的开展，卢肃创作了一首歌曲《春耕大合唱》。"春风吹来柳枝儿青，麦苗儿发绿草芽儿生。暖风卷起交通沟上的土，滹沱河解冻缓缓流向东，……子弟兵老百姓，大家一起来春耕，早耕种早播种，今年就好收成。"①

  从北平逃到平山的时为华北联大文学系学员的安若②回忆："（1940年）为了迎接五一国际劳动节，学校组织开荒，每天早起到十里地以外的大山上去刨荒地。这对我又是一次艰苦的考验，但我坚持下来了，没有一天缺勤。我们还到二十里路外的粮站去背粮，几乎每个人的粮袋都是一条裤子。两只裤脚和裤腰一扎，把裤裆往脖子上一放，活像牲口的套包子。背起来两手空空，正好甩着走路。即使这样，每次我也只能背二十斤。在庆祝'五一'和'五四'的晚会上，文艺学院戏剧系研究室的同志们采访了我们离开北平之前的情况，演出了短剧《到联大去》。这个戏反映了沦陷区大城市青年在苦闷彷徨中寻找出路，突然被'到联大去'这个有力的口号打开心扉，纷纷摆脱各种羁绊，冲出敌占区，投入祖国的怀抱。这虽然是典型的概括，但也确是真实的写照。"③

  为配合晋察冀边区第一次民主普选，华北联大在3月派出许多小分队，到各区、村帮助登记选民、向群众宣讲民主普选的意义，行使民主普选的程序。为了配合民主普选，成仿吾和吕骥合作《民主政权歌》，卢肃创作《选举歌》，王莘创作《选村长》和《晋察冀，模范抗日的根据地》等歌曲。

---

  ① 王瑞璞主编《抗日战争歌曲集成·晋察冀·晋冀鲁豫》第2卷，花山文艺出版社，2005年，第128页。

  ② 关于华北联大学员安若的经历非常复杂，大致梳理如下：1940年初，先是进入联大社会科学院学习政治，后因爱好文艺于4月转到文艺学院文学系。1941年，又转入联大高中班，主要是学习文化课。

  ③ 安若：《一段终生难忘的经历》，载刘葆观主编《血与火的洗礼——从陕北公学到华北大学回忆录（1937—1949）》（上卷），中国人民大学出版社，2007年，第228页。

第二章 在敌后方开展国防教育

▲1940年7月华北联大举行成立周年纪念大会

且听《民主政权歌》唱道："巩固抗日的政权与根据地，与敌寇进行政治经济文化的斗争；粉碎那敌寇扫荡，诱降的阴谋诡计，树立起新中国新社会的模型！……起来！加强学习革命的理论武装头脑，准备反攻的力量。中华民族一定要最后的胜利，中华民族一定要彻底的解放！"再听《选村长》："杨树青，榆串儿黄，我们村要选好村长。不选那私心鬼,不选那白眼狼。要选那为人正派、为民办事的热心肠。……"这些歌在群众中普遍流传歌唱，有力地配合了普选运动。

学校还在6月派出小分队，参加了晋察冀边区志愿义务兵役制的宣传。文艺部创作了歌剧《拴不住》，描写婆婆要新媳妇拴住儿子参军的心，而新媳妇反而支持自己的丈夫参军，受到农民、干部和战士们的欢迎。

7月，是党的生日、抗战三周年和华北联大成立一周年，学校发表《华北联大成立一周年纪念宣言》和华北联大学生会致世界学联电。远在香港的《大公报》刊发一篇通讯，对华北联大给予高度评价。文章说：

109

华北联大的学生，从外貌上看去，就是不折不扣的大兵。黄色制服，窄皮带，黄裹腿，行动时，自己背行李，挂着干粮袋，胸前吊着两颗手榴弹。担任警戒的还肩着步枪或机关枪。他们常是由不安静的地方转到较安静的地方。此间有时和日人遭遇，就发生遭遇战。他们不但外表像大兵，实际也真是忠勇的战士。

学校当局以领导的态度，管理校务。任何环境下，都与学生站在一起。爱护学生，尊重学生的意见，从各方面满足学生的要求与希望。未曾摆过架子，或脱离学生。学生就像他们的亲子弟，他们的好战友。因此，华北联大才能突破种种艰苦，而屹然生存于日后。

教授也以新姿态出现于华北联大。他们拿着士兵的薪饷与学生同患难，共甘苦，衣食住皆与学生无二。他们唯一的安慰是能够替国家多培养有为的青年战士。这样教学热忱时时感动学生，而收到极良好的教学成绩。

课程方面，不论什么学系，第一，必须学会领导小部队作战，与部队管理和教育；第二，必须学会步兵战术与游击战术；第三，必须认识抗战前途与中日问题；第四，必须了解哲学、政治学、经济学，及世界思潮。

华北联大不能全靠向政府领经费。自给自足的办法是被采用着的。自己建立工厂，自己种田种菜，自己拾柴、挖菜、养猪。自己开办合作社。这样，该校的衣食住问题就相当地解决了。虽然不是很圆满。

他们还在厉行节约运动。他们又有哪些地方可以节约呢？把笔记本上的字写小一点，可以节省一些纸张；把灯头点小点可以省些煤油；把小米饭煮稀一点可以省些米；把用过的纱布绷带放开水里洗一下再用，可以使药房不致缺乏；把破衣烂裤，破碎纸头，随手送到工厂里去，可以作为原料。凡是可以节约的地方，哪怕一草一木，都在养成风气，推行集体节约。他们都能认识今天的中国需要处处节约，人人节约，他们也能做到政府颁布的国民节约条款。

华北联大容纳了并且救济了华北各省的失学青年。该校未成立前，华北沦陷区的青年完全失去了读书的机会。该校成立的消息传出，无数青年都跑去入学。好在校址在广大的乡村里，可以尽量地容纳失学的青年。手续简便，试题切实，学校又取广大的育教宗旨，于是一批一批的青年入学了。这个学校为华北广大青年造下了无限幸福，为祖国培育了无数抗战建国的人才。①

总的来说，1940年以平山县为中心的第四军分区，局势比较安定。虽然敌人占着平山县城，离华北联大也不过几十里，但有第四军分区两个主力团密切监视，敌人未敢轻举妄动。

昔日闺秀变英雄

华北联大招收的学员年龄大多是十五六岁到二十几岁，编队时一般都有一个女生排。女学员和男学员一样穿的是边区发的中式裤褂，区别是有个大襟，冬天大家喜欢打上绑腿、束上腰带，头上戴一顶军帽或用毡子剪成军帽，走起路来也是雄赳赳的，像个八路军。班排干部中女同志不少，不少女学员（如张影、宋捷等）担任课代表，工作都很出色。②鉴于学校的女同志越来越多，为发挥女同志应有的作用，更好地完成教学任务，华北联大党委决定成立"中共华北联大妇女工作委员会"（简称"妇委"），作为党领导妇女工作的助手。妇委由三人组成，张琳任妇委主任，佘崇一为组织委员，倪淑英为宣传委员（后由李毅接任）。校党委决定各部（院）的总支和各队的支部都设妇女委员，一些女同志较多的单位，如校卫生院还设了女协理员。在各级党组织的统一领导下，华北联大有计划地开展了妇女工作。

---

① 《华北联大活的教育》，香港《大公报》1940年7月29日第5版。
② 王若君：《敌后斗争的女同学》，载刘葆观主编《血与火的洗礼——从陕北公学到华北大学回忆录（1937—1949）》（上卷），中国人民大学出版社，2007年，第313页。

校党委决定妇委的主要任务是：协助党委对女同志进行政治思想工作；提高女同志的政治业务水平和工作能力，帮助党委培养、选拔女干部，特别注意向党委推荐女教员和女研究员。成仿吾和学校党委还特别关心女同志的身体健康，照顾女同志的特殊利益，尽最大努力去解决女同志的特殊困难，酌情供应女同志的特殊物质（如消毒的卫生纸等），从而使女同志在敌人后方，在游击战争的艰苦环境里，能够更好地完成各自的学习和工作任务。

据陕北公学毕业的华北联大教员张藻南回忆："为了解决培训干部的师资问题，学校党委特别重视从女学员中选拔和培养女教师，我们这批女学员在预科队学习了半年以后，被分配到华北联大校部的马列主义、政治经济学、中国革命问题、哲学等教研室。我和一位从北平来的学生干部王若君同志被分配到了中国革命问题教研室，教研室有五个男同志和两个女同志。"同时，张藻南还说："在教研室工作期间，学校妇委在政治上对我们非常关怀，进行革命人生观教育，在我们中间树立一些先进妇女工作者和模范女党员作为我们学习的榜样。妇委对我们的生活也很关心，规定女同志在经期不干重活，过河要人背，到宿营地要洗脚，女同志每人每月还发给卫生纸等。敌后根据地女同志少男同志多，常常是一与二十之比，有些同志找不到对象，妇委经常对我们进行晚恋爱、晚结婚和晚生育的教育。当时学校要求青年不谈恋爱，乍听起来，好像有些不近人情，实际上都是为了适应当时敌后残酷战争环境的需要。"[①]

联大中学部初中班甲班班主任王若君说："校党委和妇委的同志对女同学非常关心，每月都给女同学一包卫生纸，而且由卫生所给蒸过（消毒）。女同学来'例假'时，可以不参加背粮、背柴等重体力劳动，上早操时可以自由活动。同时，学校还非常注意对女同学的培养，不少女同学结业后留校

---

① 张藻南：《回忆华北联大的女教师》，载刘葆观主编《血与火的洗礼——从陕北公学到华北大学回忆录（1937—1949）》（上卷），中国人民大学出版社，2007年，第310—311页。

工作。'三八'节还选模范妇女，奖给一枚用红布做的精致的五角红星，鼓励大家前进。在这样的环境中生活，女同学们深切地体会到男女平等，好像是生在世界上第一次受到这么重视，因此精神特别振奋。当时物质生活条件很差，如晚上睡觉只有一条棉被，铺的只有一条布单子，冬天睡的炕上有的连一张席子也没有，常常是两个女同学合睡（合铺一条被、合盖一条被）。吃的是小米饭和煮萝卜条、白菜。吃这样的伙食，女同学一个个红光满面，长得胖胖的。"①

妇委的另一个任务是做来自敌占区的学者、教授、其他人士及其家属的团结工作。当时，由于国民党对外妥协、对内专制独裁、镇压抗日救国民主运动，引起广大民众不满，从而人心都向着共产党。当年的妇委干部何少梅说："华北联大当时是晋察冀边区最高学府，在平津等地不堪遭受迫害的知识分子、

▲晋察冀边区妇女亦英雄

---

① 王若君：《敌后斗争的女同学》，载刘葆观主编《血与火的洗礼——从陕北公学到华北大学回忆录（1937—1949）》（上卷），中国人民大学出版社，2007年，第313—314页。

教授、学者，他们有些人摆脱敌人的监视，欣然来到解放区的联大，如于力教授及其家属、林默可（又译林迈可）夫妇等。学校负责人和妇委的同志在政治上、生活上关心他们，做好统一战线工作，以达到团结对敌的目的。由于学校正确地执行政策，他们在根据地期间虽然过着较艰苦的生活，但精神上是愉快的、心情是舒畅的。"①

1940年3月8日，华北联大妇女工作委员会正式成立。当天，学校召开"三八"国际妇女节纪念大会。大会向中共中央和毛泽东发了致敬电，向杨展、郭平等十八名模范妇女和八名模范妇孺工作者（男同志）发了奖。全校女同志齐声唱起了《三八妇女节歌》（塞克作词、冼星海作曲）："冰河在春天里解冻，万物在春天里复生，全世界被压迫的妇女，在三八发出自由的吼声！从此我们一起打破毁人的牢笼，苦难使我们变得更坚强。旧日的闺秀，变成新时代的英雄……"妇委干部何少梅回忆当年的妇女节："在三八节的当天，妇委还组织全校女同志参加了丰富多彩的文娱体育活动，如球赛、歌咏比赛、小型联欢会、座谈会等等。而最吸引人要数拔河比赛了，几乎每个单位的女同志均参加，声势浩大，阵容整齐。对峙的双方在竭尽全力地拉着，谁都希望获胜。在这一富有民族特色的比赛中，男同志们在一旁助威，不时高喊'××队，加油'！'××队，加油'！为双方打气。比赛结束时，获胜者奖给学员们自制的、别致的小礼品，如用红布绘制的五角红星等。在阳光沐浴下的场地上，欢笑声、拍掌声响彻云霄，大家沉浸在愉快的气氛里，度过了一个很有意义的三八节。"②

安若从北平逃到平山入学后不久，就赶上"三八"妇女节。"我们一边听课，学习社会发展史、中国革命问题等基本的革命理论，……课外时间就用来筹备三八妇女节庆祝活动。我们参加了歌咏队，塞克写的歌曲《三八妇女节歌》

---

① 何少梅：《华北联大妇女同志战斗生活片断》，载刘葆观主编《血与火的洗礼——从陕北公学到华北大学回忆录（1937—1949）》（上卷），中国人民大学出版社，2007年，第308页。

② 同上书，第308—309页。

给我留下深刻的印象。歌词中的'旧日的闺秀,变成新时代的英雄……',使人倍感亲切。我们还参加排演了一个活报剧[①]《在铁蹄下》,表现日寇占领下妇女的反抗斗争,由联大文工团的石岩同志导演。我们刚从北平出来的女孩子几乎都参加了演出,并担任了主角。这个剧在三八节的全校晚会上颇引人注意。人们开玩笑说:这是社会科学院的破纪录演出。"[②]

妇委规定每年纪念妇女节,选举模范妇女,举行座谈会,组织全校女同志的文娱体育比赛。妇委又派出郭平等做驻村的妇女工作,开办妇女识字班,宣传男女平等、婚姻自由。在妇委的组织领导下,华北联大的妇女、儿童工作做得很出色,推动了模范妇女运动,选拔和培养了一批女艺术家如岳慎、张铮、仲伟等,一批女教员如张藻南、王剑清、王若君、赵洵等,一批女政治工作者如杨展、刘玉芬、佘崇一、金岚、何振东、徐伟立等。妇委的工作也影响和推动了晋察冀边区的妇女工作,许多地区都开展了选拔和培养女干部的工作——选举女村长、女区长、女县长、女参议员等。其中,联大学员涌现的边区女参议员有何力平、刘毅等。

前面说了女学员、女教员和女干部,最后还得说说卫生处的女医生、女护士。

华北联大成立后,有一支人数不多的医疗队伍,就是联大卫生处。其中,有四五个二十岁左右的女同志,原是城市医院的护士,其余五六个女同志,最小的才十五岁,是分配来学习医务工作的。为了抗日救亡,大家走到一起来了。华北联大向敌人后方进军,她们和其他同志们一样背着各自的背包,另外还多背了一个医药包。队伍是分成几个大队行军的,她们被分到各大队去担任医疗救护工作。行军途中有病号和掉队的,都由她们照顾。队伍宿营

---

① 活报剧(Living Newspaper),一种戏剧演出形式,以迅速反映时事、进行宣传为目的,就像"活的报纸"。活报剧最早出现在苏维埃俄国,中国从20世纪20年代后期开始演出,在战争时期更为流行。其中,1923年成立的"蓝衫剧团"是一个专业的活报剧演出团体,因表演者身着蓝色工人服得名。

② 安若:《一段终生难忘的经历》,载刘葆观主编《血与火的洗礼——从陕北公学到华北大学回忆录(1937—1949)》(上卷),中国人民大学出版社,2007年,第227页。

了，她们就背上医药包到各处去巡诊，看有没有病号和脚上打泡的；送医送药，同时还给当地群众看病，并调查当地环境，防止传染病。任务完成后，她们在晚上才给自己治疗。例如，从延安到边区的那次长途行军，她们和大家一样都是第一次走这样长的路，每天在行军途中和宿营地都要完成这些任务，但在党的教育下她们认识到这是保证队伍胜利行进的光荣任务，没有一个人叫苦叫累。其中，共产党员都能以身作则，从思想上和工作上帮助年轻的同志和要求入党的积极分子，这样就保证了大家在行军途中始终保持愉快的情绪和高昂的斗志。由于她们全心全意地为学校师生员工服务，因此受到了组织上和同志们的肯定和表彰，有的人在1940年"三八"节时被评为模范女干部。

到了晋察冀边区联大驻地，卫生处立即建立病房、接收病号，在敌人后方开始了边工作、边训练、边做群众工作的战斗生活。女同志里没有正式医生，就把原来的护士训练成为医生，把卫生员训练成为护士，由医务主任马丁亲自在实际工作中训练培养。当时，华北联大的成员几乎都是年轻人，患的病主要是疟疾、痢疾和虱子传染的回归热（由回归热螺旋体经虫媒传播引起的一种急性传染病）。疑难病虽不多，但由于药品奇缺，特别是缺乏特效药，只好由卫生处自己配些药；也有少数重病如肝炎和肺结核，由于药物困难，主要靠护理，有道是"三分治疗、七分护理"。有了医生、护士们的精心治疗、护理，病员们也都能积极配合治疗。有些重病号必须加强营养，就在驻地开展群众工作，从群众中设法换点白面、鸡蛋、红枣来改善重病号的伙食。[1]

反"扫荡"开始时，卫生处的任务是相当繁重的。医生、护士分成若干小组，每个小组接收一部分病员，分散隐蔽在附近的小村里，依靠当地群众掩护。医生、护士们每天要了解敌人的动向，以保证病员的安全，还要给病员找粮食做饭，以保证病员有饭吃，并要对病员的治疗和护理更加经心，使

---

[1] 金岚：《华北联大卫生处的女同志》，载刘葆观主编《血与火的洗礼——从陕北公学到华北大学回忆录（1937—1949）》（上卷），中国人民大学出版社，2007年，第317页。

病员加速治愈，早日归队。在艰苦的战争环境中，联大卫生处的女同志们经受住了严峻的考验。通过这样的考验，锻炼了一批热爱人民群众、有坚强意志的卫生干部。

这些可敬的医生、护士，她们尽管不拿枪杀敌，但谁敢说她们不是英雄？

一簇小红花——儿童剧团

1940年四五月间，联大文艺部的少年儿童队（爱称"小鬼队"）在土岸村演出了《晋察冀儿童大合唱》（由《小木枪》《我是小小毛泽东》等组成），由张琳、姚中（姚远方）等作词，王莘、田涯、张达观等作曲，张达观指挥。其中，《小小的叶儿》《儿童四季歌》《小木枪》等歌曲，在晋察冀边区的少年儿童中普遍传唱，流行一时。当时，无论走到哪个村庄，都可以听见孩子们在唱着：

小小的叶儿哗啦啦啦啦，儿童好像一朵花。生在边区地方好，唱歌跳舞笑哈哈。……小小的叶儿哗啦啦啦啦，儿童识字学文化。读书识字懂道理，人人说我是好娃娃。……妈妈叫我快长大。长的（得）身强力又大，骑马扛枪保国家。（《小小的叶儿》）

春天里，春风吹，花开草长蝴蝶飞。村子里，哨子吹，儿童团要开大会。……村口里，山坡上，站岗放哨有儿童团。……（《儿童四季歌》）

一个木枪二尺八，爹爹叫我快长大，长大了给我一匹马，我要骑马挎枪去保国家。风来吹，雨来打，风吹雨打我不怕；河水深，高山大，山高水深越过它。我年纪小力气大，扛起了木枪走天下……（《小木枪》）

几个月之后，少年儿童队毕业，留下了一部分儿童演员成立了联大儿童剧团，参加了联大文工团。联大文工团第一任团长黄天不久调去冀东区工作，后由丁里接任团长；吕梁、郭念春（戈华）先后任指导员。

流动的大学：华北联大 1939—1948

▲晋察冀边区儿童在唱歌

　　提起儿童剧团，一张张天真、稚气、逗人喜爱的孩童脸庞，立即在第一任儿童剧团团长姚中的脑海里涌出。姚中晚年时回忆说："艰苦的抗日战争年代，孩子们在战地演出的扣人心弦的情景，像演电影一样，一个又一个镜头，在我眼前浮现。这已经是四十年前的事了。那时，我才十七八岁，担任这个剧团的团长兼政指。团员们小的是十一二岁，大的是十四五岁。他们多半是太行北岳山区和冀中平原上的农家孩子。当抗日烽火在家乡燃起，他们小小年纪，就以歌咏、舞蹈、演剧为武器，热情地为抗战服务，有时还拿起枪杆，勇敢地与敌人战斗。"[1]

---

[1] 姚远方：《太行山麓的一簇小红花》，载《永不淡忘——姚远方作品集》，长征出版社，2018年，第153页。

第二章　在敌后方开展国防教育

话说联大文艺部成立之后，一批批文艺工作者"跨过祖国的万水千山，突破敌人一层层的封锁线"来到晋察冀边区学习。其中，来得最早的是梁斌（《红旗谱》作者）和远千里等领导的新世纪剧社。随后，又有十多个部队和地方的文工团、剧团的人陆续从各地"冲破敌人封锁线"到边区，他们中有多年从事文艺工作的骨干，也有十二三岁的文艺雏燕。这些孩子个个聪明伶俐、活泼可爱，也颇有艺术才华：他们能够在口琴伴奏下，跳各种从红军时代流传下来的战斗性很强的舞蹈，还会跳当地民间的霸王鞭[①]和秧歌舞；他们用童声合唱的抗日儿童歌曲，也颇能沁人心脾。由于他们具有战斗生活的体验，戏也演得很逼真。

不久，八路军第一二〇师在灵寿县陈庄取得歼敌千余人的大胜利，由文艺部戏剧系主任崔嵬等带领一个临时演出队，到参战部队演出五幕话剧《陈庄大捷》。文艺部的孩子们也赶排出舞蹈、歌咏和活报剧节目，随同前往演出。全师上下，从师长到战士，对这些天真活泼的孩子都特别喜爱。孩子们的节目虽然很粗浅，但一当帷幕拉开，满脸稚气的孩童以整齐的队列出现在台上，台下立刻响起一阵阵热烈的掌声。

第一二〇师师长贺龙在演出之后由甘泗淇陪同走到后台来看望小演员，他用大胡子亲昵地刺扎着孩子们的脸蛋，要他们再唱一个歌或再跳一次舞。在离开第一二〇师之前，贺龙还特地叫供给部送给孩子们每人一双从日军缴获来的毛袜，以及罐头等食品。这些文艺雏燕崭露头角后，人们就议论：孩子们唱歌跳舞，对于长年都在紧张战斗中生活的抗日军民，有一种说不出的魅力，给他们增添了不少乐趣。于是，有人建议把孩子们单独组成一个演出队，为前线服务。

1940年炎夏的一天，文艺部的干部们从土岸村来到校部所在地元坊村，听成仿吾校长传达聂荣臻司令员关于晋察冀边区政治和文化建设的报告。队

[①] 霸王鞭，俗称"连厢""花棍""金钱棍"等，一种传统摇击奏乐器。民间艺人卖唱时的乐器兼舞具，多流传于皖、鲁、苏北。

伍刚进村，成仿吾校长和沙可夫院长就派人把姚中叫到村东头的一棵槐树底下商谈：

> 在同沙可夫院长商谈了一阵之后，成校长就对我说，儿童是人们心中的一朵花。边区有成百万少年儿童，我们要为孩子们着想，要把儿童歌咏、儿童戏剧、儿童文艺都发展起来。你们文艺学院有几十个文艺少年，是一支不可小看的力量。是不是把他们组成一个儿童剧团，你就来当一个孩子头吧！沙可夫院长又把成校长的意思具体化，说已经决定成立华北联大儿童剧团，方针是教育与演出并重，剧团领导还是找个青少年，就由你来担任剧团的团长。筹办两个月，就正式演出。我说，孩童们很调皮，有的年岁太小，还尿炕呢，我怕挑不起这副担子。成校长说，你要鼓起勇气来干，再配备一些剧团导演、教员，只要你们搞好团结，事情就不难办好。
>
> 过了几天，剧团筹办计划就由校党委批下来了，剧团的干部也任命了。[①]

"工欲善其事，必先利其器。"剧团开展演出，需要很多道具。除汽灯和一些乐器是派人到敌占城市采购的或从敌人那里缴获的以外，服装、道具、幕布大部分都是自力更生、因陋就简、克服困难制作的。

先说幕布的制作。那是由剧团美术教员吴劳设计的，很别致。剧团从供给部领来红布，一块一块地拼成个大帷幕。这帷幕是蚊帐式的，由两大幅幕布分别向左右拉开，右边绣着一颗红星，左边是个迎着红星腾空如飞天姿态的女孩，下面绣着"儿童剧团"四个美术字。帷幕的制作由剧团里十几个女孩子负责，这些农家女孩子从小就学过针线活，很能胜任这个工作。

[①] 姚远方：《太行山麓的一簇小红花》，载《永不淡忘——姚远方作品集》，长征出版社，2018年，第153、154—155页。

最头疼的事是点汽灯，别以为这是小事情，它往往关系着演出的成败。当时农村没有电，夜间演出全靠汽灯，要把汽灯及时点亮，并确保演出中不出故障，不被风刮灭，灯丝网不被烧毁。这些技术性问题解决不好，戏就没法演。每次演出，姚中都要同孩子们一起研究点汽灯的事。如果戏演到关键处，汽灯突然熄灭，台上焦急，台下扫兴。为此，姚中就在全团挑选了两名最能干、责任心最强的团员，一个叫刘玉秀，一个叫谷怀，到老大哥文工团学习点汽灯，一直到技术很熟练了才放心。那时，儿童剧团的舞台装置、服装道具很简朴，出发演出时只要在村里找两三匹毛驴就可把剧团全部行当驮走。

九十月间，联大儿童剧团正式成立了。成立那天，经成仿吾校长批准，买了一头猪，做了四个菜，请本团的和特邀的教员以及帮助筹办剧团的所有同志来会餐。姚中还记得，"红烧肉还是崔嵬下伙房亲自做的。崔嵬不但戏演得好，做红烧肉也有点名气。为了酬谢他，会完餐后，还盛了一茶缸红烧肉给他带回去吃"。

当天晚上，初冬的太行山飘起了雪花。团里在校部搭起台子，举行儿童剧团成立的首次演出，成仿吾校长、沙可夫院长和全校教职学员也都来观看演出。儿童剧团演了三个儿童剧，其中有玛金编导的《枪》，这是反映儿童勇敢机智地战胜敌人的戏。这天夜晚虽然风很大，但管汽灯的孩子尽心尽力，汽灯一直保持雪亮，使演出得以顺利进行。

成仿吾对儿童剧团的孩子们关怀备至。有一次，在张西帆陪同下，成仿吾来到儿童剧团驻地，到伙房检查剧团伙食办得怎样。成仿吾同有关部门商量后，决定给剧团的每个孩子每天增加两分钱菜钱。成仿吾说："我们生活再艰苦，也要照顾好孩子们的健康。"

是年秋，华北敌后的八路军向日寇发动了"百团大战"。当时，正在筹办中的儿童剧团就组织三十多人的宣传队，到战役的重点地区正太铁路东段北侧、河北省井陉和平山一带，进行战地宣传和慰问演出。在过洪子店后，儿童剧团在部队必经之路上的一洼清泉旁，利用部队休息、喝水的时机给向前开进的部队唱歌、说快板。这些说唱材料都是根据收集到的部队模范人物事迹编写的，演出很受部队欢迎。参加"百团大战"的部队胜利回师时，根据地人民兴高采烈地箪食壶浆迎接自己的子弟兵，剧团的孩子们又分散到部队经过的村庄和群众一起贴标语、搭彩楼、排演节目，夹道欢迎凯旋之师。

日军向北岳山区进行报复"扫荡"时，剧团就把幕布、汽灯隐藏在山洞里，在河北和山西交界的重峦叠嶂中同敌人推磨周旋了几天，人员和物资安然无恙。反"扫荡"结束后，儿童剧团随联大文艺部转移到滹沱河沿岸的下槐和柏岭村一带驻扎。

1941年，儿童剧团扩大了，从四十多人发展成二百多人。当时，在根据地颇负盛名的晋察冀军区抗敌剧社，派他们的儿童演出队到联大来学习。抗敌剧社的孩子们经过专业的训练，他们都有较高的水平，有些孩子还很有艺术才能。例如，电影《白毛女》中扮演喜儿的田华就是其中的一个，她是抗敌剧社从河北唐县方水村动员来的一个擅长打霸王鞭的十二岁女孩。还有从第四军分区地方上来学习的铁血剧社，这个剧社也有几个孩子很能干。它们同联大儿童剧团合并在一起，给剧团增添了新的力量，对演艺工作也是很大的促进。后来，儿童剧团又从各地陆续来了许多少小学员。于是，以儿童剧团为基础，联大成立了文艺学院儿童队（文艺学院第九队），由姚中担任队主任，陆浩任副主任，吴江平任生活队长，开始比较系统地进行文学、音乐、美术、戏剧的教育。考虑到孩子们文化程度较低，队里计划在一年之内把他们的文化程度提高到初中水平。文学、音乐、美术、戏剧各门课程，除由驻团教员玛金、张达观、汪明铮、郑红羽、葛文等人讲授外，还聘请各系文艺教员如崔嵬、胡苏、王莘、蔡其矫等同志来队里讲课。

这年秋天，日军进行大"扫荡"。为了减少不必要的损失，儿童剧团把二百多个孩子分散开来，由团长姚中带领一部分孩子，随军到保定以南的游击区活动。剧团的大部分孩子到河北、山西交界的崇山峻岭里一个叫作滚龙沟的山区活动，经受了许多危险。不过，剧团里也有几个孩子被敌军抓走了，但都顽强不屈，表现得很好。

第三章 联大与根据地同发展

(1940.10—1942.10)

第一节　迁址李家沟

滹沱河畔的书声

1940年9月初，随着第二期学员毕业，第三期新生陆续入学。

边区根据地在不断壮大和发展，华北联大新学员也如潮水般涌来，元坊村一带已容纳不下日益增多的人。于是，中共中央北方分局决定将华北联大搬到滹沱河畔的李家沟口村（又称"李家沟"）一带，而原来在这里的平山县委、县政府和群众团体把房子让给了联大。

是年春天，国民党发动了第一次反共高潮，在晋东南的国民党冀察战区副司令长官兼任第三十九集团军总司令石友三、冀察战区政治部主任朱怀冰等部进犯我根据地。晋察冀军区有几个主力团南下配合晋东南八路军反击石友三、朱怀冰部，大获全胜。这几个团返回晋察冀时又顺势拔除了正太路沿线的一些日伪军据点，并在5月间收复了平山县的敌占据点——温塘。因此，滹沱河沿岸成为更巩固的中心区了。具体安排是，华北联大校部、供给处与文工团设在李家沟口村，社会科学部驻柏岭村，文艺部驻下槐村，师范部驻上、下西峪村，卫生处则设在留命沟村。除上、下西峪村在滹沱河南岸，其余村子均在北岸。

滹沱河在平山李家沟口村一带有二三百米宽，水面平稳，水量较大，静静地向东流去。河两岸有宽阔的农田，土地肥沃，沟渠如网，杨柳成行。这一带都是几百家、成千家的大村庄，背山面水，古树郁葱，风景更觉秀丽，环境更为开阔。例如，从东黄泥村过河，有一个很大的集镇叫洪子店，集市贸易很繁荣。从西黄泥村翻过山梁，就是西柏坡村了。就这样，第三期新学员就在这幽美而安定的环境中勤奋地学习。他们早上在大河边跑步，练嗓子；傍晚在大河边散步、歌唱，看村民们网鱼……那奔流不息的滹沱河，成了华北联大的象征。

10月29日，中央宣传部给北方分局书记彭真、联大校长成仿吾发出《关于华北联大教学任务、方针等问题的指示》，认为华北联大一年来的工作是有成绩的，但是对联大本身的工作尚有一些意见。择要如下：

一、提议联大以后设行政工作、民众工作、文艺、师范四部，均系一年毕业。行政工作部及民众工作部，以训练和提高县、区两级行政、民运工作干部为目的。师范部以训练和提高高小师资及县、区两级教育行政干部为目的。文艺部以训练和提高普通文艺工作干部为目的（青年队中之有天才者，可延长训练之）。

二、为着培养华北各根据地的高级文化教育干部，可于各部毕业生中选择优才者组成研究班，学习期限最低一年。

三、在教育计划中，应依照中宣部8月13日的指示，加强时事政治及策略教育。

四、联大是党领导下的统一战线性质的学校，招收学生时，应不分党派及信仰；同时学校内应在坚持我党抗日与民主的统一战线政策的原则下，对非共产党人员应保证其思想、信仰及学术之自由。

五、为使教育作业与政治指导合一，政治处系统应取消，政治指导工作合并于教育系统，学生会亦在教育处指导之下，但必须尊重其自治权利与组织上的独立性，并充实其活动。

六、增设干部处，管理干部（在职干部及学生在内）的了解、登记、分配、调动与保健等事宜。干部处要有忠实同志为领导，且有足够数量的工作人员。但联大过去的行政机构，颇嫌庞大，应根据小精干的原则有所改革，以适应战争的环境。

七、由于学习期限延长及学生成分大半受过抗战锻炼，队上的干部应以学生自己选举为原则，并要纠正支部决定名单而勉强学生通过的办法。如因为战争环境或学生文化水平过低的需要，必须由学校委派干部时，亦以一个队长为够，助理员等委派人员应该取消，以养成学生自治的能力。

八、联大应在学生中养成学习第一的作风，应避免不必要的课外活动及校外活动，并纠正学习中"突击""竞赛"之类的方式。实习亦应在一定的计划中举行。务必使学生不致过于忙碌，而能在短期的学习中，尽量提高其知识水准。

九、关于共产党员的教育，除开同一般学生上课外，应在支部中特别加深党的建设及党的策略的教育。支部书记应以不脱离学习为原则。

十、关于教材，应极力设法自己翻印，请分局注意帮助联大解决这方面的问题。

十一、山东需要设立华北联大的分校，请预为准备。①

10月中旬，根据中共北方分局指示，华北联大将各部改为学院，学院下设系，向正规化方向发展。社会科学部改为社会科学院，江隆基任院长，何干之任副院长，殷之钺任总支书记；师范部改为教育学院，成仿吾兼院长，李凡夫任副院长，吕文芳任总支书记；文艺部改为文艺学院，沙可夫任院长，甘霖任总支书记；工人部改为工学院，成仿吾兼院长，张淮三任总支书记。各院除原有专修科②外，增设本科和预科。本科中社会科学院设法政、财政经济两个系；文艺学院仍设戏剧、音乐、美术、文学四个系，附设一个文工团；教育学院设教育系；工学院设机械和采矿两个系。本科修业年限是三至四年，预科修业年限是一年，专修科修业年限是六个月。预科已成立一个队（由原一个高级队改建），主要课程有马列主义、政治经济学、中国史、外国史、

---

① 王巨才主编《延安文艺档案·延安文学》第31册，太白文艺出版社，2015年，第596页。

② 专修科（sub-degree course），大学或专门学院的组成部分。抗战时期，专修科修业年限是六个月。1951年，《政务院关于改革学制的决定》曾规定："各种高等学校得附设专修科，修业年限为一至二年，招收高级中学及同等学校毕业生或具有同等学力者。"

流动的大学：华北联大 1939—1948

自然科学、外文（俄、英、日文）。至此，华北联大进入了一个新的发展时期。

张杰是 1940 年 6 月进入华北联大的，1941 年 8 月毕业。在张杰看来，学习上最大的困难是没有课本，基本上是教员讲，学员边听课边记笔记。课后，各个互助小组通过对笔记共同回忆讲课要点，并展开讨论、进行辅导；文化程度高的帮助文化程度低的，进一步领会课程内容，这样文化程度低的学员也基本上能跟上进度。借给学员阅读的参考书是极少的，教员每讲一个课题后由队部拟定思考题，将有关的参考书分配到一个班，每个学员阅读的时间只有几分钟，因为另一个班的学员还等着这本书呢！

学习设备就更谈不上了，一无教室，二无桌椅。每个人的背包就是自己的座椅（每天起床后把被子捆好，上课或开大会就背起来），大腿就是学习的桌子。张杰说："记得我们村边有一大片黑枣林，这里是夏天上课的好场所，一个连队坐在树荫下听课，一天不动地方太阳也晒不着，每当夏季来临，这里真是花香鸟语，绿草如茵，徐徐的清风吹得人们心旷神怡。到了冬天就找不到一个理想的课堂，山区的房子又窄又小，我们只好到向阳背风的小山窝窝里。冬天的山区是很冷的，大家又都是坐着听课，还要记笔记，可想而知这冻手冻脚的滋味了。有的同学戴上一副自己做的布手套，说是手套，实际就是一个小口袋，留出一个豁口，写字时，四个手指伸出来，钢笔冻得流不出水，只有不时地用嘴哈哈气。尽管学校条件这么艰苦，可是大家心情都很愉快，学习劲头也都很足。我至今还记得我们上戏剧课的情景。教戏剧课的教员是崔嵬，讲完课后叫我们大家跟着他模仿，比如表演笑，他先做个示范动作，然后叫学员跟着做，当大家学习表演各种各样的笑时，常常是引起全班同学的哄笑。学习条件差，生活条件也好不了多少。这对今天生活在幸福的社会主义社会里的青年来说，也许是难以理解的，但是当时我们不仅能泰然处之，而且还觉得生活有极大的乐趣。"[1]

---

[1] 张杰：《艰难岁月中的斗争生活》，载刘葆观主编《血与火的洗礼——从陕北公学到华北大学回忆录（1937—1949）》（上卷），中国人民大学出版社，2007 年，第 254—255 页。

第三章 联大与根据地同发展

华北山区建造的房子窄得很，加上山区交通不便、生活艰苦，房子极为稀少。联大迁到李家沟口村之后，房子的困难就更大了。六七个人住一间小屋，既是学习室又是卧室，土炕或地铺上摆着整齐的背包，自己搭的学习桌凳、碗架、一盏棉油灯，其他别无所有。大多数人睡在铺一层干草的地上，躺下就别想翻身，只有在有人出去上厕所时才能翻翻身子，然后回来的人就得招呼大家再挤一挤才能重新躺下。冬天的日子好过一点，挤在一起还暖和，可是到了夏天就十分难熬。学校考虑到山区风大，为了防止学员生病，便不许他们在露天睡觉而改到晚上。可是，六七个人挤在一起又热得透不过气来，只好在院子里坐到半夜以后，天凉快下来再回屋睡觉。

服装原则上自带或保送单位供给，实在自己换不了棉、单衣的由学校解决，所以穿什么的都有，用"奇装异服"来形容也许很合适。学校在冬天发一套棉军衣，有不少是旧的，但当时大家都自觉地去领旧军衣穿，把新的留给别的学员。再拿穿鞋来说，冬天根本没有棉鞋，穿单鞋在室外上课是坚持不住的，只好把破旧衣服拆洗做袜子穿。可是很多人又不会做，结果是穿起来的袜子什么样的都有，有的学员脚面上鼓起一个大包，惹得大家发笑。可是，谁都不在乎，只要不冷就行。当年，被子小得可怜，每人发二斤棉花、三幅粗布，每幅只有一尺二三寸宽。那时正处在抗战最艰苦的年代，山区缺少棉花、棉布，学校能提供这样的条件已经是很不容易了。大家总是有办法的，三幅粗布、二斤棉花做成的被子又窄又短，不能卷成被窝，有人就把它缝成一个口袋，上边留个豁口，晚上钻到口袋里睡觉也挺暖和。

吃的虽然说不上好，可是在那个年代不挨饿，就很难能可贵了。主食是小米和玉米面，每个月能吃上几次白面，当然不管什么主食，石子、砂子总是不少，这也许就是山区的特点。大家曾开玩笑说，在山里住上一年，每年得吃掉一对碌碡。玉米面主要是吃"糊糊"，掺上菜和盐煮成稠粥，这样连饭带菜都有了。小米主要是吃干饭。菜在山区就更困难了，以南瓜、萝卜、蔓菁条为主，但供应得很少，又缺盐缺油，没什么味道，可是都吃得津津有味。

生活条件艰苦，就谈不上个人卫生了。大家早上洗脸是没有脸盆的，都

129

流动的大学：华北联大 1939—1948

到小河沟这个天然脸盆去洗，冬天也不例外。据中国政法大学离休干部、当年的华北联大学员张杰说："找块石头，将冰砸开，虽然水凉得很扎手，但洗完使人感到十分精神。洗衣服从来没使过肥皂，就是到老乡家要点柴火灰，洗时淋点灰水，居然可以把衣服洗得很干净。直到今天，我还怀念当时的清泉浴。冬天不能洗澡，只有到了夏天，大自然给予了洗澡的方便。在山沟里，一股股清泉十分清洁，一尘不染。每到中午时节，大家三五成群到山沟里洗个痛快。有个地方长时间被泉水冲击，形成了一个自然水坑，这里的水经长时间的日晒，水温较高，是个洗热水澡的好地方。"[①]比张杰稍晚编入教育学院五队的张镇江回忆说："六点起床，河沟破冰洗脸刷牙完毕，集合跑步、学习一小时开早饭，上午四个钟头，下午三个钟头。课堂在山坡上，其余时间自由活动。由于生活规律，到学校后身体逐渐粗壮，都是脸庞红润粗黑，很少有病。由于没有衬衣更换，身上脏，虱子多（人人如此），我和同乡于培模等健壮同学不断到黄泥坝破冰洗澡。正月十五吃了馒头肉菜，小伙子们在黄泥坝深水中游泳自由赛，好不令人见怪，引得全村群众登坝参观啧怪，自然形成了群众联欢会。当时村里爱诙谐的人，就带头高呼'八路军硬骨头，打败日本喝喜酒'。星期日端上一盆水到地里拾点柴草熏虱子，把火弄欢，把棉裤脱下来，腰口朝下在火上烤，向烈火中猛倒一股水，烟火热气，连熏带蒸，虱子大多而死，抖擞裤子虱子全部落于烈火之中，和炒豆一样咯吧作响。（这样，）可保十天半月不挨虱子咬。生活虽艰苦，但我们知道苦难的根源，激发着同学们的革命决心。"[②]

到了节假日，虽然没有剧场可去，也没有电影可看，但有自编自演的文艺节目，大家看得眉开眼笑。另外，大家还开过一些茶话会，除了演出一些

---

① 张杰：《艰难岁月中的斗争生活》，载刘葆观主编《血与火的洗礼——从陕北公学到华北大学回忆录（1937—1949）》（上卷），中国人民大学出版社，2007年，第256页。
② 张镇江：《在华北联大学习期间》，载政协平山县文史资料研究委员会编《太行风雷》（文史资料之四），平山，1989年，第246页。

小节目，每人能分到一点吃的东西，如五六个大枣和八九个玉米花，东西虽少，但吃得香甜。最重要的是，大家从心眼里喜欢这种集体生活。学员虽然来自五湖四海，但是彼此情同手足，亲密无间。因此，很多人晚年回想起这段时光，心里都感到暖烘烘的。据潘清平回忆："李家沟口一带，敌人尚未'扫荡'过，房屋都是完整的。学校在这里住的时间较久，经常在晚上利用老乡的打麦场演些短剧本，其中崔嵬、丁里同志演的反映抗日斗争和人民生产、生活的话剧，很受华北联大师生和远近村庄老乡们的欢迎。每当演戏时，场上是人山人海，人们喜笑颜开，对坚持抗日斗争和军民大生产起了很大的鼓舞作用。有一次还上演了根据高尔基的名著改编的话剧《母亲》，演员们化装成大鼻子外国人，人们看了很新鲜，当地山沟里的老乡们大开了眼界。"[①]

▲1940年11月华北联大文工团与抗敌剧社联合出演话剧《母亲》

[①] 潘清平：《延安精神在华北联合大学》，载刘葆观主编《血与火的洗礼——从陕北公学到华北大学回忆录（1937—1949）》（上卷），中国人民大学出版社，2007年，第183页。

说到话剧《母亲》，那是为庆祝俄国十月革命节、晋察冀军区成立三周年及首届艺术节，华北联大文艺学院、华北联大文工团与抗敌剧社、西北战地服务团（简称"西战团"）联合演出的根据高尔基同名小说改编的剧目。剧本由沙可夫、侯金镜改编，崔嵬执导。据饰演母亲尼洛夫娜的胡朋回忆："《母亲》是晋察冀边区演出的第一个大型外国话剧。对于许多演员来说，表演沙皇时期的俄国生活是存在一定困难的，尤其是我担任的这个主要角色，困难就更多些。但是由于沙可夫同志提供了不少苏联文学作品和一些苏联的电影、戏剧的画报作为参考，以及四个单位联合排演，那种高昂的情绪，那种团结互助、切磋琢磨的精神，使这些困难都顺利克服了。至于我，在导演和同志们的帮助下，也较好地完成了母亲尼洛夫娜形象的创造，并在表演上有了提高。""在战争年代，在我国的穷乡僻壤演出这样一出戏，舞台工作上的困难是可以想见的。演出反映边区斗争生活的戏，服装、道具都可以从老乡家里借到。这个戏就不然了，许多服装需要制作，比如俄国妇女冬季披的大围巾，就需要好几条，有的女同志把从北平带出来的毛毯捐出来裁剪成围巾，有的女同志赶着捻着毛线编织大围巾；没有花布做裙子和衣服，就在边区的土布上画出各种图案来。至于道具，有的用木头刻，有的用泥塑，像茶炊壶、西式煤炉和法官坐的高背木椅等，则是从附近娘子神村的教堂里借来破旧的经过修理后代用的。"①

1940年11月7日这一天，在唐县军城镇的庆祝会上，《母亲》正式公演了，一幅幅俄国工人阶级革命斗争的图景展现于我国敌后根据地的舞台上。从舞台上望下去，只见观众人山人海黑压压的一片，台下时时爆发出热烈的掌声，台上的演员也情绪倍增，于是台上台下融为一体。"艺术节"过后，剧团又为部队和各机关团体进行巡回演出。不久，敌人对边区的"扫荡"开始了。《母亲》的演出只好告一段落，演员们从这场紧张的战斗转入反"扫荡"的另一场紧

---

① 胡朋：《记〈母亲〉的演出》，载张玉红主编《抹不掉的记忆（一）》，中央文献出版社，2012年，第170—171页。

张战斗之中。

根据地扩大，联大也扩展

1940年7月7日，中共中央发表《为抗战三周年纪念对时局宣言》指出：日本"企图用封锁我国际交通线，向我正面进攻及举行天空轰炸等加重压力与加重困难的办法，达到其分裂中国内部，逼迫中国投降之目的"，"现在是中国空前投降危险与空前抗战困难的时期"，号召"全国应该加紧团结起来，克服这种危险与困难"。

是年秋，在八路军总部的统一指挥下，晋察冀军区、第一二九师、第

▲参加百团大战的八路军（沙飞 摄）

一二〇师进行了以破袭正太铁路为重点的战役。由于参战兵力多达一百零五个团，故称"百团大战"。日本防卫厅编写的《华北治安战》一书提到"百团大战"时说，"共军乘其势力的显著增强，突然发动的'百团大战'，给了华北方面军以极大打击"，"遭受共军'百团攻势'的日军，从各地的兵团直到各军、方面军，均由痛苦的经验中取得了宝贵的教训，改变了对共产党的认识，从而采取各项治安实策，使华北的治安肃正效果得到空前提高"。[1]

为避免敌人骚扰，12月初，华北联大师生一部分人转移到晋东北第二军分区的平定、盂县、五台一带，参加扩军运动，破坏敌人交通线，搞战勤工作以及宣传鼓动工作；另一部分人则仍与第四军分区司令部熊伯涛、刘道生、王昭等一起，在平定一带活动。

12月10日，华北联大向国民党以及全国各党、各军、各报、各学校、各界同胞发出通电，要求"停止内战，制止投降"。12日，为抗议国民党军政部停发八路军经费，联大发表《告海内外同胞书》。月底，师生满怀胜利的喜悦，高唱着宣传辉煌战果的歌曲——"秋风起，战马肥，华北八路总出击。百团雄师四围起，黄野大道响马蹄……"，从容地返回学校。

经过"百团大战"破击交通线、拔除敌伪据点，华北抗日根据地扩大了，八路军数量也有了增长，对干部的需求也更为迫切。

1941年初，中共中央北方分局和晋察冀边区政府决定，华北联大扩大规模、扩大招生，为全边区培养大量干部；除北岳区外，还扩大招收冀中区、平西区、冀东区的干部，特别是冀中区的干部。当时，冀中平原，人口稠密，干部众多，亟须培训。黄敬、吕正操等领导的冀中区党委送来了大量干部、学员，到华北联大来学习。2月中旬，为了统一边区的干部训练，中共中央北方分局和晋察冀边区行政委员会决定，将原属边区政府的抗战建国学院与联大社会科学院合并，改编为华北联大法政学院，由郭任之任院长，杜文敏任副院长兼党

---

[1] 日本防卫厅战史室编《华北治安战》（上），天津市政协编译组译，天津人民出版社，1982年，第295、326页。

总支书记。

抗战建国学院是晋察冀解放区 1939 年 9 月创办的一个以"培养政权干部"为目标的干部学校,由边区政府直接领导,边区行政委员会主任宋劭文兼任院长,郭任之任副院长。它以培养"从事各项抗战建国事业的干部"为宗旨,设合作、税收、区政助理和银行四个系,学习时间三至四个月,训练学员掌握各类政权工作的技术。在课程与教学方面,抗战建国学院以解放区各项建设工作需求为依据,以实际工作技术为主要的业务课程,共设置了政治类、军事类和业务类三类课程。政治类有统一战线、社会科学概论、民主政治、基本政策等课程,军事类有游击战术、步兵战术等课程,业务类有财政工作、税务工作、银行工作等课程。[1]在教学方面,抗战建国学院考虑到战争状态的办学环境,发扬解放区"战斗式"的教育作风,实行军事化的教学和管理,"随便什么时候,只要一发生敌情,只须(需)把寝室里放着的背包往身上一背,即行集合出发,坐的小凳子和书包是随时带在身上的"[2]。在日军"扫荡"的游击中间,他们还是随时随地地抓紧时间上课,照常进行他们的教育计划。1940 年,李公朴到抗战建国学院考察后感慨道:"这一个学院的院长、主任,以及教员并不是什么大名鼎鼎的教育家或平津知名教授,而是从工作中调来的优秀干部。有的做过抗日县长、科长或是区长,有的是民众工作者或是子弟兵团的干部。"抗战建国学院"是一座崭新型的学校,是一座全部实施抗战建国教育的学府","虽然现在才办不到第三期,但是已收获不少的成绩"。[3]

与此同时,边区政府还决定把原属边区群众团体的群众干部学校也合并到华北联大,成为联大群众工作部,由陈鹤任部长,康健任总支书记。晋察冀边区群众干部学校,由边区青年救国会、边区工人救国会、边区妇女救国

---

[1] 参见张金辉:《晋察冀解放区高等教育研究 1937—1949》,中国言实出版社,2018 年,第 164 页。
[2] 李公朴:《华北敌后——晋察冀》,生活·读书·新知三联书店,1979 年,第 149 页。
[3] 同上。

流动的大学：华北联大 1939—1948

会合办，于 1939 年 10 月 10 日开学。学校的主要任务是训练县、区两级群众运动干部，课程有统一战线、政治常识和群众工作等，每期学习两个月。[①]

华北联大为了实行教导合一，将政治指导处与教务处合并为教育处，原政治指导处下属宣传科改为生活指导科，隶属教育处。同时，联大成立干部处，成仿吾兼任处长。工学院停办，其所属工矿队转归法政学院领导。

1941 年 3 月，华北联大法政学院正式成立。原联大社会科学院的回民队转属群众工作部（简称"群工部"），研究室改为法政学院研究室。法政学院下设秘书队（培训县政府秘书）、民政一队、民政二队、财政队、司法队、实业（工商管理）队、粮食队等七个队，学员七百多人。法政学院院址在灵寿县的牛庄、女庄，靠近晋察冀边区政府。边区政府的负责人宋劭文、邵式平、胡仁奎、王斐然等也来授课，培养县一级各科的科长、科员。

华北联大群众工作部，则设有工、农、妇、青、武装自卫、回民、综合七队、综合八队、综合九队等九个队，主要培养县、区级群众团体等方面的负责干部，住地在平山县郭苏川以北的李家庄、苏家庄一带。

至此，华北联大设法政、文艺、教育三个学院，群工部一个部。校部和文艺、教育等学院，仍在滹沱河沿岸的李家沟口、下槐等村。

华北联大的课堂，冬天是在广场上，风大时在群众的院子里，夏天则在树林里或大树下，门板当黑板，膝盖是书桌，背包是座位。"六点起床，河沟破冰洗脸刷牙完毕，集合跑步、学习一小时开早饭，上午四个钟头下午三个钟头"[②]，其余时间自由活动。

"百团大战"之后，华北联大开始了比较安定的、正规的学习生活。以文艺学院为例，当时文六队学员杜金生说，"我们文学、戏剧、音乐、美术老师都是当时边区第一流的人才，政治老师也是很受尊敬的。同学们学习情绪很高，

[①] 参见《彭真传》编写组：《彭真传》第 1 卷，中央文献出版社，2012 年，第 157 页。
[②] 张镇江：《在华北联大学习期间》，载政协平山县文史资料研究委员会编《太行风雷》（文史资料之四），平山，1989 年，第 246 页。

通过华北联大的学习,我和许多同学都在树立革命人生观方面打下了比较坚实的思想基础,它保证了尔后几十年永不动摇的革命信念","那时文艺学院的师生们来自祖国四面八方,服装各异,有的穿灰军装,有的穿黄军装,也有的穿便衣。穿军装的同学大多数人不系风纪扣。女同学的解放帽不是戴在头上,而是帽檐朝天挂在后脑勺上。同学们的装束还有一个特点,左上衣口袋别着钢笔,右上衣口袋装着吃饭的小勺和牙刷,口袋的扣系得紧紧的,两个把儿露在外边。有的人腰间系着皮带,有的人腰间系着麻绳,脚上穿的是左右不分的布鞋,在鞋帮上打两个洞,穿根小绳或布带当鞋带儿,走起路来利索、不掉。有的同学在鞋帮上开两三个天窗,当凉鞋穿,穿起来别致、实用。抗战时期同志们的名字大多是化名。可是这些文艺战士的化名与众不同,如车夫、马尾、瑞克、劳夫等,点名时听着感到新鲜"。①

1941年春夏,第九军分区前哨剧社、第七军分区前进剧社、第八军分区前卫剧社等各剧社全体人员,先后来联大文艺学院学习。7月,第一军分区战线剧社的曹振峰、马国平、王树仁、郑海珊、徐彦明、李国昌等到联大文艺学院学习。时任前卫剧社戏剧队长的田丹说:"在学习期间,我参加了《带枪的人》一剧的排练、演出,认识了崔嵬同志。当时他讲表演课,经常在排练场,结合实际教我们如何创作角色。他严肃认真,一丝不苟,对同志严格要求、认真帮助,给我留下了深刻的印象。"②又据抗日军政大学总校三团烘炉剧社参加培训人员回忆:

> 华北联大文艺系是晋察冀边区的文艺最高学府,晋察冀军区和各军分区的剧社都集中在这里学习深造。这里有雄厚的师资力量,许多颇负盛

---

① 杜金生:《壮丽的山河哺育了一代人》,载刘葆观主编《血与火的洗礼——从陕北公学到华北大学回忆录(1937—1949)》(上卷),中国人民大学出版社,2007年,第249—250页。

② 田丹:《磨练》,载晋察冀文艺研究会冀中分会编《战火中的冀中文艺兵》,1988年,第103页。

名的艺术家们在这里担负领导工作或任教。学习环境安定，学习条件也比较优越。根据课程设置，剧社人员分别编入各队。大家在这里如饥似渴地学习着。在这里同志们能听到剧作家胡苏主讲的编剧法，崔嵬主讲的导演基本知识，韩塞主讲的"演技六讲"；在音乐系学习的同志们也学习了音乐理论、作曲知识等。入学不久，同志们收获都很大，也深感来此学习机会之难得，因而学习情绪高涨。有二十名同志被评为模范学员，受到了表彰。

在学习期间，我们还观摩了联大文工团演出的《钦差大臣》，西北战地服务团演出的《复活》和丁里扮演的《带枪的人》，使我们开阔了眼界，学到了一些基本技巧。部分同志还和前进剧社一起演出了京剧《陆文龙》。在联大学习的时间并不长，但剧社同志们在戏剧、音乐、美术、文学等方面都学到了一些基本知识，这给以后剧社的工作发展，打下了一个较好的基础。[①]

1941年7月初，华北联大中学部正式成立，何干之任部长，陈琅环任教导主任，殷之铖任总支书记。中学部设初中班（学制三年）和高中班（学制二年），抽调学员中年龄较小，具有初、高中文化水平，或平津等城市出来的学生，作较长时间和较正规的科学文化培养，开有英文、日文、俄文、国文、历史、地理、数学、物理、化学、生物等课程。

据由文学系转入高中班的学员安若回忆："1941年秋（按，应为"夏"），华北联大建立了高中班，驻在平山县瓢里村。学员都是从各连队抽调的，特点是年龄较小（多在二十岁以下），具有初中或高中文化水平，政治思想比较单纯。这里有一部分从平津等大城市出来的知识青年，如从文艺学院来的我们姐妹和宋捷、丁唯坚、吴昭等。较多的仍是来自根据地冀中平原（当时晋

[①] 刘继：《革命熔炉里的一枝花——忆抗三团烘炉剧社》，载冀中人民抗日斗争史资料研究会编《冀中人民抗日斗争文集》第9卷，航空工业出版社，2015年，第3012页。

察冀边区文化水平最高的地区）的知识青年。全班大约有一百人左右，高中班主要学习文化课，分文、理二科。在当时的困难条件下，学校从各方面调了一批水平相当高的教员来讲课，如上世纪（20世纪）三十年代就在上海从事俄文翻译工作、《静静的顿河》的第一位中文译者赵洵是俄文教员，燕京大学的张帆是英文教员，留学日本的赵乾是日文教员，南开大学的傅大凌讲物理课，燕京大学化学系的董晨讲化学课，北京师范大学的孙敬之讲地理课，平西开明士绅段良弼、北京大学历史系的王文克和陕公、联大培养起来的青年教师汪士汉、胡华等讲历史课。"①

由于上半年晋察冀边区的形势比较安定，华北联大比较顺利地完成了教学计划，文艺学院和文工团排演了几出名剧，如《日出》《雷雨》《巡按》《婚事》《母亲》等。1月，为庆祝边区政府成立三周年，联大文艺学院与联大文工团合演了俄国作家果戈里的喜剧《婚事》，崔嵬导演，演员有丁里（饰七品文官"鲍阁来欣"）、胡海珠（饰商人女"蒂霍诺夫娜"）、牧虹（饰友人"高兹卡辽夫"）、林青（饰媒婆）、陈强（饰仆人）、韩塞（饰海军上尉）。5月，在边区文艺界各协会召开的民族形式问题座谈会上，联大文工团又上演了果戈里的《巡按》，丁里导演，演员有郑岩（东方，饰市长"安堂"）、林青（饰"安娜"）、王树萍（饰"玛莉亚"）、邢野（饰教育局长）、洛林（饰邮政局长）、郭维（饰"赫利斯达可夫"）。7月，为纪念建党二十周年及边区第二届艺术节，联大文艺学院、联大文工团合演了苏联大型话剧《带枪的人》，崔嵬执行导演，主要演员有牧虹（饰"列宁"）、崔嵬（饰"雪特林"）、郑红羽（饰"契毕索夫"）、王树萍（饰"卡太耶"）、胡海珠（饰"纳特耶"）、韩塞（饰"斯大林"）等。据韩塞回忆："演出效果很好。从天黑开幕，最后一场列宁上场向水兵们演说时，东方已出现鱼肚色，鸡已叫起来了，观众就冒着一夜的露水，

---

① 安若：《一段终生难忘的经历》，载刘葆观主编《血与火的洗礼——从陕北公学到华北大学回忆录（1937—1949）》（上卷），中国人民大学出版社，2007年，第229—230页。

从头看到了底。"① 据负责该剧服装道具的杜金生回忆："为了纪念中国共产党诞生二十周年和抗战四周年，又排演了苏联大型话剧《带枪的人》，我参加了后台服务工作，专管演员服装，岳慎同志任后台服务组组长。此剧开始在文艺学院住地下槐村为全校师生公演，然后到晋察冀军区驻地和边区政府所在地去演出。那时在敌后抗日根据地能看到这样一些大型话剧，实在是不可多得的享受。在演出准备工作中，演员化妆需要几十双皮鞋，这在当时的条件下的确是件不容易的事，只有找军队帮忙。为此，我去找学校的军事科长张西帆同志，由他同（第）四军分区联系，好不容易才把皮鞋凑齐了。为了化妆，要收集橡胶鞋底用来加工成可塑化妆品，把演员的鼻子或下颌加大，在灯光照耀下很像黄头发、大鼻子的苏联人。可是演出中由于天热出汗，有时化妆的大鼻子竟掉在舞台上，令人发笑。……演出任务完成后已到了疾病流行季节，很多人病倒了，返校时有十八个人是躺在担架上被抬回下槐村的。"②

在文工团上演话剧的同时，华北联大举行了规模空前的美术展览。据美术系田零回忆说："展览的作品大多数是华北联大师生们的创作。为了进一步推动敌后美术工作的开展，边区美协决定由我携带这次展览的作品前往冀中地区巡回展览。7月下旬，我把画卷成了一轴，裹上雨布背着，随同北岳区群众团体（工、农、妇、青、文）组成的冀中考察团出发了。北岳区和冀中区被平汉铁路分隔开来。日寇为了确保交通安全，在铁路两侧挖深沟、筑高墙、建碉堡，妄图割断两个地区之间的联系。但敌人是枉费心机的。在我们通过封锁线的那天夜里，八路军事先出动包围两侧的碉堡，我们数百人的队伍从中间穿过。行动被敌人发现了，敌人就从碉堡上用机枪扫射起来。我心情十分紧张，在跑过铁轨时连摔两跤，顾不得疼痛，沿一丈多深的封锁沟一滑而

---

① 韩塞：《回忆抗敌剧社与晋察冀边区戏剧运动》，载《中国人民解放军文艺史料选编》（抗日战争时期）第二册，解放军出版社，1988年，第89页。

② 杜金生：《壮丽的山河哺育了一代人》，载刘葆观主编《血与火的洗礼——从陕北公学到华北大学回忆录（1937—1949）》（上卷），中国人民大学出版社，2007年，第251页。

下,如同有神助似的,我们在沟墙中大家前拉后推,一拥而上,子弹嗖嗖地擦着耳边的高粱叶子飞过,我们弯着腰拼命奔跑,一直到了冀中根据地界内,枪炮声远了,方才停下来休整队伍。大汗淋漓的身子躺卧在土路边,刹时间就香甜地睡着了,高粱叶上的露珠一颗颗落到脸颊、身上,和汗水交溶(融)在一起。""到达冀中军区的腹地,恰逢庆祝'八一'建军节的大会,我就把背去的百十幅画张贴在红布上,挂在农村露天的会场旁边。战士、民兵、妇女群众排列着整齐的队伍参观。秦兆阳同志画的讽刺汪精卫叛国投敌甘当日寇的儿皇帝的漫画和孙逊同志画的连环画《李铁牛》引起广大观众的兴趣,大家互相以画中人物形象比拟自己来开玩笑。冀中军区政委程子华、冀中区党委书记黄敬、新世纪剧社社长梁斌等参观了展览。他们认为这是抗日根据地历史上前所未有的一次盛举,这给边区的美术工作者很大的鼓舞,也是对群众一次形象生动的教育。"①在冀中根据地中心地区展览了几次后,日寇进入根据地腹地"扫荡",田零随冀中区群众团体一起转移了一个多星期,在青纱帐里同敌人周旋。冀中军区火线剧社为了使美术展览工作顺利进行,赠送田零一匹骏马,便于驮上展品去更多的地方巡展。反"扫荡"结束后,田零又去到第七、第八、第九等军分区所在地展出,受到了广大军民的热烈欢迎。

两周年,为七月节添彩

7月1日和7月7日,这两个伟大的纪念日到了。党中央和晋察冀分局指示要隆重纪念党的诞生二十周年和抗战四周年,鼓舞斗志,提高党的威望。华北联大组织了一个纪念周,整个学校像滹沱河水一样欢腾起来,干部和学员代表集中到了校部李家沟口村一带。7月1日,学校举行隆重的纪念大会,参加大会的有边区党政军民各界代表、校友及全校教职学员共四五千人。成

---

① 田零:《华北敌后斗争生活漫忆》,载刘葆观主编《血与火的洗礼——从陕北公学到华北大学回忆录(1937—1949)》(上卷),中国人民大学出版社,2007年,第220页。

仿吾校长在会上指出当前的三大任务："一、坚决驱逐日本法西斯出中国，坚持抗战，反对反共，准备反攻实力；二、加强中苏合作，反对一切反苏的阴谋；三、和英美及一切反法西斯人士联合起来，反对共同敌人。"最后，大会通过宣言、慰问中共中央与北方分局电和致苏联人民书等。晚上，文艺学院戏剧系和联大文工团合作演出苏联话剧《带枪的人》，文工团儿童剧团演出了《儿童大合唱》，军区抗敌剧社和西北战地服务团也参加演出了《巨流与小溪》等剧目，还把边区民间舞蹈《霸王鞭》加以提炼后搬上舞台，并由田华等一些十来岁的女孩演出。这是华北联大成立以来最精彩的晚会，军区许多首长都前来观看。当《带枪的人》演完时，天已大亮，红日喷薄而出，群众欢唱而散。

7月7日也是华北联大建校二周年，"给七月节（按，指抗战纪念日，为纪念"七七"事变而设）增加了新的光彩"。7月4日的《晋察冀日报》发表社论说：

> 华北联合大学就是中国共产党中央所领导的文化教育战线上的主力兵团之一。他产生在我们神圣抗战第二周年纪念日，他是伟大时代的伟大产物。由于中共中央英明的远见，把他的岗位指定在炮火最稠密、斗争最剧烈的地方，指定在模范的抗日民主根据地晋察冀边区。这是联大的光荣，也是晋察冀人民的光荣。联大在万人仰慕之下，从诞生之日起，就以英勇的战斗的气魄，开始了艰苦的三千里行军，到达敌后，马上展开了队伍，和华北人民并肩作战。
>
> 两年来，联大有了很大的发展。他高举着鲜明的旗帜，他反对敌人的奴化教育，也反对亲日派、反共顽固派的亡国教育，他正在为新民主主义的大学教育开辟道路。他坚持抗日民族统一战线政策，主张并实行思想自由与学术自由研究，他创造了一套新的教学制度与教学方法，实行了政治指导与教育作业合一。和中国的旧教育正正相反地，联大是实行抗日的、民主的、大众的、科学的新民主主义教育兵团，是自由幸福的乐园。正因为如此，他团结了和团结着全华北的知识份（分）子，他欢迎抗日根据地区的和敌人压迫下的一切爱国的知识份子来学习。……

他正向着正规化的道路迈进，……他已经成为"华北最高学府"了。

两年来的事实指明：联大的道路是中国新教育的唯一正确的道路，他的壮大，就再一次证明亲日派、反共顽固派所办的亡国教育的完全破产。事实也告诉我们：在敌后方坚持大学教育是完全可能的，而且是坚持敌后长期抗战不可缺少的一部分。

我们晋察冀边区的党政军民各界，在庆祝联大建校两周年的时候，特别感到兴奋。两年间，联大在边区的建设事业上所起的作用，是众人周知的，他为边区培养了几千个行政的、民运的、文化教育的干部，他推动了边区乃至华北的新民主主义文化教育运动，在边区的各种建设上联大都作出了伟大的成绩。

▲ 1941年，华北联大校旗高高飘扬（沙飞 摄）

············

我们相信：在"进一步建设联大"的口号下，联大全体教职学员必能更加提高联大，巩固扩大与发展联大，创造出更大的成绩，而联大的发展，也就是干部教育事业的发展，也就会使边区的各种建设得到更大的发展，也就使敌后和全国的长期抗战的胜利得到更大的保证。全边区党政军各界，都热烈地庆祝联大胜利的两周年，并保证从精神上物质上作更大的帮助，使联大壮大、壮大、再壮大！

流动的大学：华北联大 1939—1948

> 我们相信：华北联合大学的旗帜永远是胜利的旗帜。……①

同一天的《晋察冀日报》还推出整版专刊，登载了江隆基的《在新民主主义教育的旗帜下前进》、沙可夫的《两年间，壮大起来了！》、文英的《新教育的花朵》等纪念文章。

江隆基在《在新民主主义教育的旗帜下前进》一文开头，对当时中国存在三种不同的社会（殖民地社会、半殖民半封建社会、新民主主义社会）进行了比较分析，然后说："新民主主义的教育是在两条战线的斗争中成长起来的。它一方面反对帝国主义的奴化教育，一方面又反对大资产阶级和大地主阶级的半封建教育。在两面受敌的困难环境中，它艰苦地奋斗着，一步一步地扩展自己的阵地，一点一滴地积累战果。在今天，就活动的范围和学校的数量来说，新民主主义教育的力量，还处于劣势，但就政治影响来说，毫无疑义，它在全国教育界已经起着一种领导的作用了。在今后的斗争中，新民主主义教育事业一定能够取得胜利；也只有彻底粉碎帝国主义的奴化教育和大资产阶级、大地主阶级的半封建教育，新民主主义的教育事业才能够得到长足的发展，才能把它的活动范围由抗日革命根据地扩展到全中国，使全中国的人民及其子孙后代都有享受科学的合理的真正'人'的教育的机会。"②

文章说，华北联合大学是在敌后坚持抗战和开展新民主主义教育的许多干部学校中的一个，"它是新民主主义教育营垒中的一支生力军，是文化教育战线上的一个坚强的兵团。它之所以命名为华北联合大学，就是因为它是由华北几个干部学校联合起来的。它的前身是延安陕北公学、鲁迅文学艺术学院、工人学校和战时青年训练班。它诞生于中华民族神圣的自卫战争的两周年纪念日，是在抗战过渡到相持阶段，各种困难日益增长、投降分裂的危机再次

---

① 《庆祝华北联合大学建校两周年》，《晋察冀日报》1941 年 7 月 4 日第 1 版。
② 江隆基：《在新民主主义教育的旗帜下前进》，《晋察冀日报》1941 年 7 月 4 日第 4 版。

弥漫全国的时候。不顾一切困难和艰险，华北联大这个抗战的骄子，在中共中央的正确领导下，从它呱呱坠地的那天，就踏上了三千里的征途，跨过祖国的万水千山，通过敌人层层封锁线，把新民主主义文化教育的大旗，由西北高原移植到冀西原野。到今天，它在敌后不是已经英勇地战斗了两年吗？两年来的战果，在这里不暇一一列举，一言以蔽之，它已成为敌后文化教育战线上的一个坚强的堡垒和坚持华北抗战的一个有力的杠杆；日寇以它为心腹之患，反共顽固派视它为眼中之钉；而广大华北青年却称它为革命的'母亲'。……我们确信在中国共产党的正确领导与华北军政民各界的热情赞助之下，华北联大将日益发展，日益巩固，必然成为新民主主义教育的楷模与全国青年仰望的教育中心之一"①。

华北联大是中国共产党所领导的学校，但它"不是党校，也不是像国民党所实行的那种狭隘的'党化教育'。""谁都知道，中国共产党是最有远见与最无私心的救国救民的政党。所以它的一切设施，都是超越党派的狭隘范围而以国家民族的利益为出发点，以人民大众的要求为依据的。如政权'三三制'的规定，就充分地说明了这种立场。同样的，在文化教育的建设上，它是以抗战救国为目标，以青年利益为前提的。在它所领导的学校里，虽然宣传共产主义，但并不强迫任何人信仰共产主义；虽然容纳共产党员入学，但也欢迎一切抗日党派与无党无派的青年来校学习。在它所领导的学校里，没有所谓'一个政党、一个主义'的谬论与强迫入党的恶劣行为；正好相反，一切言论、出版、集会、结社、思想、信仰、学术研究的自由都有充分的保证。在它所领导的学校里，只有民主自由，没有特务作风；只有互助友爱的精神，没有阴谋陷害的情事；只有建立在群众自觉的基础上的学生自治，没有少数'党官'的统治和包办。所有这一切，都可以在华北联大找到具体的例证与充分的说明。"②

江隆基最后说："华北联大是抗战的产物，它是因抗战而产生，随抗战而

---

① 江隆基：《在新民主主义教育的旗帜下前进》，《晋察冀日报》1941年7月4日第4版。
② 同上。

发展，为抗战而服务的。因此，它的一切设施都是以抗战的需要为根据，以抗战的胜利为目标的。但这并不是说，它的任务就只限于支持抗战，在抗战胜利以后，它就可以自动的解散了。不，决不是的。它在抗战当中和抗战胜利以后，都要担负起建设新民主主义共和国的任务。因此，在它的教育计划里，不仅包括抗战的知识，而且包括着建国的学问，不仅包含着政治、军事，而且包含着科学技术；在它的炉火中锻炼出来的干部不仅是英勇的抗日战士，而且是优秀的建国干部。虽然如此，我们决不因此而附和国民党的'建国教育'的口号。为什么呢？因为建国和抗战是不能割裂的，抗战是建国的前提条件，离开了抗战，便无所谓建国。顽固派不提抗战，只言'建国'，显然是要使教育与现实分家，是要转移青年对抗战的视线，其终极目的，无非是替他们的妥协投降运动遮遮眼目罢了。这种运用在教育战线上的遮眼法，我们必须予以揭露和反对。

"华北联大成长在模范抗日根据地的晋察冀军区，这是它的一个优越条件。如果缺乏这个条件，那在敌后开展新民主主义的教育，是不可想象的。因为文化根据地的建设必须和抗日军事根据地的建设相结合，没有军事上的屏障，文化教育是难以立足的。华北联大所以能够有今天的成就，首先是由于军区子弟兵的英勇善战，为我们创造了一个巩固的工作环境；反过来说，华北联大的存在也帮助了军区的巩固和发展，促进了军区的各种建设事业。总之，抗战的文化教育离不开军事，而进步的军事也离不开文化教育，这是一个十分浅显而又十分重要的道理。

"华北联大和中共，和抗战，和晋察冀军区，都有着血肉相连的关系。今天，华北联大成立两周年，也恰恰是中共诞生的二十周年，抗日战争爆发的四周年以及晋察冀军区举行成立四周年纪念的时候。这种巧合，决非是偶然的。我们在这个伟大的纪念节，以万分欣喜的心情预祝华北联大的继续发展，预祝抗战胜利的早日到来！"[①]

[①] 江隆基：《在新民主主义教育的旗帜下前进》，《晋察冀日报》1941年7月4日第4版。

在大山沟里突围

晋察冀抗日根据地位于华北敌后抗战的最前线,因此被日军视为"华北治安的最大隐患"[1]。1941年春,日军将过去在华北地区推行的"治安肃正运动",进一步发展为"治安强化运动"。同年夏,日本华北方面军通过《肃正建设三年计划》,将华北划为三种地区,即"治安区"(敌占区)、"准治安区"(敌我争夺的地区,也叫游击区)和"非治安区"(敌后抗日根据地,也叫解放区),对不同地区实行不同的政策。对所谓的"治安区",主要以"清乡"为主,建立城乡伪政权,由伪军警承担治安工作。对"准治安区",则部署固定的日军主力部队,建立伪政权和伪军警武装,主要以"蚕食"为主,兼施"怀柔"政策。至于"非治安区",日军集中大量的兵力,进行有计划的大规模的连续"扫荡",实行野蛮而残忍的"三光"政策。[2]尤其是在"百团大战"中遭受打击的日本华北方面军,决计要对华北发动一场报复性的大"扫荡"。

是年秋季,日军对晋察冀根据地北岳、平西等地实施了抗战相持阶段以来最大规模的"扫荡"。这次"扫荡",日军在战术上采取"铁壁合围""梳篦清剿""马蹄形堡垒线""鱼鳞式包围着阵"等多种形式。日军的"扫荡"方针是,"在击溃晋察冀边区共军及消灭根据地的同时,结合封锁,破坏自给自足,进而消耗、困死该地区的共产势力"[3]。

晋察冀军区根据八路军总部的指示和敌情变化,于7月22日发出反"扫荡"准备工作的训令和政治工作指示:要求全区广泛进行深入的政治运动,做好长期反"扫荡"的思想准备,加强战备,组织群众坚壁清野;要求各军分区

---

[1] 日本防卫厅战史室编《华北治安战》(上),天津市政协编译组译,天津人民出版社,1982年,第430页。

[2] 参见武箐、郭红娟:《抗日战争纪事本末》,安徽大学出版社,2008年,第207—208页。

[3] 李茂盛、马生怀:《华北抗战史》(下),山西人民出版社,2013年,第118页。

加强对各级武委会的领导,广泛开展群众性的游击战,袭击敌人深入根据地内的据点,破路填沟;并组织坚强的武装宣传队,同敌人展开政治的、经济的和文化的斗争,打击敌之别动队。①

8月14日,日伪集中十三万兵力进攻晋察冀边区北线,企图消灭八路军于长城两侧。八路军主力适时地转移到敌占区后方,调动敌人,待机歼敌;留少数部队在内线,结合民兵游击队困扰敌人。与此同时,华北联大奉命准备反"扫荡"。

9月初,日伪抽调七万兵力,集中于保定以南至石家庄、正太路一线。之后,日伪突然长途奔袭,深入攻击晋察冀边区中心腹地的阜平城、灵寿和平山,打击八路军后方机关。由于过去敌人多次"扫荡"都是分区进行,华北联大只要转移到敌人兵力空虚的地区或中心区,便可以避开敌人主力乘机参加地方工作,待我军主力粉碎敌人"扫荡"后便可回校复课,时间不过一个多月。因此,在石家庄、正太线敌人增兵的情况下,驻滹沱河北岸各村的联大校部和各院部,于9月中向平山北部、灵寿西部腹地转移,法政学院、教育学院和文艺学院的一部分则向阜平城四周及唐县、行唐一带转移。时在华北联大军训

▲日军扫荡后的阜平某村庄(石少华 摄)

---

① 李茂盛、马生怀:《华北抗战史》(下),山西人民出版社,2013年,第121页。

处（参谋处）工作的潘清平回忆，"敌人的飞机飞到李家沟口一带上空，欺负我们没有高射炮飞得很低，人们能看到飞机上的驾驶员。敌人投掷了一些炸弹，都丢到滹沱河里去了。师生们紧急地向大岭沟一带深山进发"，"这次反'扫荡'中，参谋长、科长们和王栖新同志带着两名电话员，指挥部队北上急行军去了。我最后带着六名电话员、警卫员一面撤电话线，一面向前追赶部队。此时敌人的飞机又在李家沟口上空飞过。恨不得把它打下来，可惜我们没有机关枪，只有一支步枪，而且只有五发子弹，无法解恨！我们估计敌人的'扫荡'部队会来的，因为敌人的飞机曾两次在李家沟口上空轰炸和侦察"。[①]

当华北联大校部及文艺学院的一部分转移到平山北部滚龙沟地区的大岭沟时，突然遭到由灵寿西窜、长途奔袭晋察冀根据地腹地的日寇的包围攻击。于是，华北联大队伍立即分散，在大岭沟中寻求突围。敌人包抄部队从四面八方逼近，子弹像飞蝗般打来。幸好，大岭沟山峦险峻、地形复杂、草木茂密，大家都分路突破了包围圈。潘清平说："在我们追赶部队的途中，遇到了因病掉队的沙可夫同志的夫人岳慎同志，我派了两位男同志搀扶着她紧急地越过大岭沟的山脊，沿着羊肠小道急走，此时已不知大部队的去向。在这崇山峻岭的山谷中，当时考虑是继续向前追赶大部队抑或爬上高山，我派了一名警卫员到山脊路口侦察有无敌情。当发现敌人时，我们当即顺着山沟向西面高大的山上爬去，当我们接近山巅时，看见敌人像一群蚂蚁似的在山下蠕动，不时地向两侧山上打枪。我们就地躲在大石头后面趴在地下。由于我们只有几个人，山又高，离敌人又远，因而未被敌人发现。当看到敌人过去了，我们转到山背后，在山上呆（待）了半天。在又饥又渴又累时，发现山下有个村庄，有很多人在村里走动，经过仔细察看后，原来那是社会科学部军事指导即参谋长赵显正同志带领的学校直属队和社会科学部的师生队伍，我们随

[①] 潘清平：《延安精神在华北联合大学》，载刘葆观主编《血与火的洗礼——从陕北公学到华北大学回忆录（1937—1949）》（上卷），中国人民大学出版社，2007年，第183—184页。

即下山和他们会合了。原来他们曾被敌人包围过,同志们利用山峦险峻、地形复杂,分散突围后才来到这个村庄。在突围中,宋振庭即宋士达同志的腿部被敌人枪弹打伤。更可惜的是一位很好的女干部杨展同志在突围中摔下山去牺牲了,这是很大的损失,同志们无不哀痛。"[1] 原来,在这次突围中,校部党委教育干事杨展和校部直属队队长赵显正、政治理论教员宋士达等在一起。当越过一个山梁时,敌人的子弹簌簌地飞来,宋士达腿部负伤倒地,滚下沟去;杨展脚下石块崩裂,从悬崖峭壁上摔了下去,头部撞在十几丈下的半山的岩石上,顿时血流如注,不久瞑目而逝。

却说成仿吾校长带着少数警卫人员和联大校部也陷入敌人包围圈中。学校军事科长张西帆负责后卫,急忙跑去找到军区司令部的联络参谋报告。联络参谋打电话把此情况报告了聂荣臻司令员,聂荣臻在电话中说:"成仿吾同志是中央派来的,立即派一团人去掩护成仿吾同志和联大校部突围!"第三军分区的一个团很快赶来,成仿吾和联大校部成功突围。随后,成仿吾和联大校部人员随这个团向第三军分区转移,之后就和第三军分区司令部王平政委等在一起活动。

这次反"扫荡"开始后,张时杰和顾稀等在一个晚上带着师范部的几百人,从平山县的南温(文)都村出发,想越过郭苏区到南甸一带散开。后来,他们从第四军分区司令部打听到,敌人正在向郭苏区前进,担心和敌人遭遇使人员遭受损失,便从南温(文)都村向北经过一夜的行军到达了张家川。在张家川吃饭、休息后,顾稀、郑英年等带领队伍向六亩园方向前进,但张时杰和宋士达、王文克等十多人走在后边掉了队。接下来发生的事情,据张时杰回忆:"从前边往回走的同志告诉我们,敌人已经占领了六亩园,我们队伍就地分散了。于是吃过晚饭后,也在张家川附近就地分散了。第二天一清早,

---

[1] 潘清平:《延安精神在华北联合大学》,载刘葆观主编《血与火的洗礼——从陕北公学到华北大学回忆录(1937—1949)》(上卷),中国人民大学出版社,2007年,第184页。

敌人经张家川,到达了会口。我带了几个人,从张家川转移到老坟上村,在这里住了一天。我们华北联大的同志转移到这里的约有三十多人,其中有王均炎、刘士俊等同志。我们这些人会合在一起,观察、分析敌情的变化。这条山沟里后方机关越集越多,我们学校师范部后勤科长杨林同志带着一些骡马、后勤人员,也转移到了这里,我们这里正处在敌人包围之中。从老坟上村越过山梁向东走,人更多。我和四分区的教导队建立了联系,都决定要在晚上一起突围出去。回来把这些意见告诉同志们,又告诉杨林同志,大家都认为这样做很好。杨林同志是老红军,有一些军事经验,也同意这个意见。杨林同志因为带着物资、牲口很多,离不开,就坚持在这些山冲里。我们三十多人就在当晚突围出去,到离南甸不远的一个山村里住了两天,见到了师范部政治指导科科长、党总支书记吕文芳同志。我们学校在这一带多,他(吕文芳)到这些地方来,主要是了解情况,检查工作。他把我们带到南甸区,当时我们学校散布在平山县南甸区的学员、工作人员约有一百七八十人。他指定我和赵东黎、金才(医生)三个人成立一个支部委员会,我为书记。"[1] 开始的半个多月,这一带还算平静。张时杰利用这段时间,把这里的山山水水都跑熟了。后来,敌人在王陈庄建立据点——王陈庄正处在这个区的中心,从这里出发每天在这一带进行反复清剿,十分残酷。华北联大师生每天吃过晚饭都在山上露宿,早上坐在山头上观察敌人一天的大致动向,然后决定自己的行动计划。对这个区,按照地形被划分为东北、东南、西南、西北四个地块。张时杰在西北这一块待的时间较多,这里都是华北联大的学员;但他也经常到其他几块去,那些地方也有学员,但大都是学校的工作人员。

再说队主任顾稀与张时杰分开后,他带领教育学院的七队和高级队从唐县神南庄转移到阜平,把二百多人散布在阜平县北部的第五、第六、第七三

---

[1] 张时杰:《关于陕北公学和华北联大一些历史情况的回忆》,载刘葆观主编《血与火的洗礼——从陕北公学到华北大学回忆录(1937—1949)》(上卷),中国人民大学出版社,2007年,第56—57页。

个区，而这一地带处在冀晋交界太行山脉北段、五台山的南麓。他们和农民群众在一起生活和战斗，对当地的山沟小道非常熟悉。敌人来"扫荡"时，他们在黎明前离村上山，在山头上以树枝为信号，互相传递消息，掌握近处敌人的动向，"对远处敌人则用我的一个'小鬼'（小勤务员）背的一部电话机，挂在经山头上穿过的电话线上即可和远处的电话机互通情报"。[①] 就这样，他们不断地和敌人周旋。

在这次连续两个多月的极端残酷艰险的反"扫荡"战斗中，华北联大全体师生表现出了英勇顽强、浴血苦战的精神。当时，敌人在晋察冀根据地中心区腹地采用了"梳篦清剿""拉网捕鱼""奔袭合围"等种种反复"扫荡"的战术，实行血腥的"三光"政策，妄图彻底摧毁我中心区根据地。晋察冀根据地中心区的游击小队、游击小组也利用山高岭险、地形熟悉，处处困扰袭击敌人。华北联大师生与游击小组在两个多月苦战中穴居野外，常是烧些玉米棒子、煮些枣子充饥，白天伏在山头上观察敌人动静，夜间设法骚扰打击敌人，备尝艰辛。

在参加敌后游击队的斗争中，华北联大文艺学院有一部分干部和学员竟然深入唐县、完县、行唐、曲阳一带，到设有敌伪据点、岗楼的村子里去做化装宣传。原来，日寇和伪军主力进到晋察冀根据地中心区"扫荡"后，敌占区有些据点岗楼只有少数伪军留守，他们在我民兵游击队打击下不敢活动。于是，文艺学院的师生编了些化装宣传的小节目，在游击区化好装，傍晚走二三十里，突然到敌占区张灯化装演出抗日爱国节目，"爱护村"的村民都来观看，伪军在岗楼上也偷偷观看，但不敢妄动。待游击队、宣传队撤走后，伪军在岗楼里故意放几枪，以便敷衍日军。此外，这次反"扫荡"刚来时，学校安排生病的教员蔡其矫带领一个病号队男女十余人，"从平山到井陉在山

[①] 顾稀：《回忆华北联合大学》，载刘葆观主编《血与火的洗礼——从陕北公学到华北大学回忆录（1937—1949）》（上卷），中国人民大学出版社，2007年，第176页。

沟里游转了两个多月，都是在荒凉的大山中，入冬才回学校"。① 之后，晋察冀边区文联征集歌颂民族气节的诗文，蔡其矫即根据反"扫荡"的真人真事和自己的生活感受写了《乡土》和《哀葬》两首诗应征，分别获得第一名和第二名。

还值得一提的是，在反"扫荡"间隙，文艺学院第七队文学系学员商展思（曾令铎）于平山大桥村写下一首一百多行、荡气回肠的诗歌《学生游击军——华北联合大学文艺学院秋季反"扫荡"剪影》，后获晋察冀边区大学生征文一等奖。节录部分如下：

> 让敌人四面包围吧——/在繁星闪烁的夜半，/在黑影幢幢的河边，/
> 我们悄悄别离了居住的村庄，/别离了门窗张着邃黑大口的空荡的村庄；
> 藉（借）一支艾火绳焰光的指引，/我们背起来稿纸与画板，
> 手携手——一条绵亘的环链似的，/涉过了黑色的忙碌的水流；
> 沿着透漏灯光的村边，/沿着飘流萤火的山麓，/
> 轻轻地，静静地，/蚕食桑叶般的足音，/飘起来又消散开去；
> 而当黎明爬上了山头，/大队迅急地弯进了/迂曲的僻静的山沟。
> ....
> 在危崖，在野坡，/凭着汹涌的热情，/我们挥展着纸笔，/
> 描绘着军民的英勇，/记录着敌人的残暴；
> ....
> 在雄伟的太行山，/在愤怒的晋察冀，
> 我们不停地在游击，/我们不停地在学习。
> ....②

---

① 曾阅：《诗人蔡其矫》，作家出版社，2002年，第21页。
② 商展思：《学生游击军》，载魏巍编《晋察冀诗抄》，中国青年出版社，1984年，第391—396页。

华北联大师生游击不忘学习。副教务长李凡夫在晚年回忆中也说过当年的情况:"敌人常来'扫荡',敌人来时,我就和几个教员还有行政干部带着一百多学生打游击,与敌人周旋,学生中许多地方干部,有一定的斗争经验,部队又送了一部分枪支弹药给我们。途中,也常常得到群众的帮助和掩护,在反'扫荡'的间隙,结合当时实际上的政治课、军事课,就这样,我们一面战斗,一面学习,在战斗中学习。"[①]

由于八路军主力在外线沉重地打击了敌人后方,日伪军于10月底被迫撤退,但仍妄想占据阜平城而在根据地安下一个钉子。11月初,聂荣臻司令员集中五个团攻打阜平城,敌人仓皇败退。之后,华北联大师生帮助群众搞秋收、修房舍,做了大量善后工作,然后才回学校。

---

① 李凡夫:《从"陕北公学"到"华北联大"的回忆》,载李凡夫文集编辑委员会编《李凡夫文集》,广东人民出版社,1993年,第412页。

第二节　移师唐河边

春天，边区来了几个外国人

由于阜平、灵寿、平山等中心区遭受敌人破坏惨重，华北联大不能继续保持四千余人的规模。根据中共中央北方分局指示，华北联大从1941年11月至12月进行了改编：群众工作部并入法政学院，由江隆基兼任院长；中学部初中班由项荣带去白求恩卫生学校，高中班并入教育学院，由成仿吾兼院长。这样，华北联大只保留教育、文艺、法政三个学院，全校教职学员缩编到一千三百多人，工作人员由一千二百多人缩减到五百四十多人，学员只保留七个队。教育学院有教八队、教十一队、高级队和高中队四个队，文艺学院只有文七队一个队，法政学院有两个高级队，共有学员七百六十多人。实际上，文艺学院各剧社来的学员，自反"扫荡"一开始即恢复原建制，回到原单位参加反"扫荡"战斗。成仿吾在晚年感慨地说："大量是冀中区送来的同学，越平汉路回去。后来，据说有部分同学在越平汉路时遭遇了敌人，又牺牲了些同志，我们心里都很难过。我们学校在敌后战场办学，流了多少血啊！"[①]

1942年1月，华北联大转移到了唐县的唐河边上的南、北洪城村和完县的神南镇一带，继续进行教学工作。由于驻地距敌占区不远，易遭敌人袭击，因此华北联大师生加强了爬山、跑步等锻炼，以备敌人来袭时安全转移。

唐河两岸有广阔的田亩，这一带村庄也较大，华北联大校部和法政、文艺、教育三个学院一千余人都在此住下。2月，第一军分区战线剧社、第三军分区

[①] 成仿吾：《战火中的大学》，人民教育出版社，1982年，第116页。

流动的大学：华北联大 1939—1948

冲锋剧社、冀中后勤部文工队、抗日军政大学二分校文工团等剧团的全体人员来到联大文艺学院学习。据冲锋剧社书画组到联大美术系受训的王邦彦说："我在这里学习了将近八九个月。当然，在战争环境中，正规的学习时间是有限的，行军、打仗、转移占了相当的时间，但相对地说比较安定，学习生活较有规律的一段，是在唐县葛公一带。课程比较多的是素描和写生。在这里除了一般人物素描和室外写生外，记忆较深的还曾画过两次裸体全身素描，男女各一，女的是请戏剧系一位女同学做的模特儿，男的不知怎么一来就选中了我。画裸体的素描人物课，主要目的是让学员懂得人体的基本结构和研究人体写生在人物画基础练习中的重要性。这两堂课确实让我们增长了知识，锻炼了技巧，也打开了眼界。在这以前，别说裸体画，就连素描这个术语也没有听到过。因此，对我这个家居山村的农民子弟，实在是一次新鲜、有趣、大有收获的学业。""实地观察老师们的绘画过程，也是学习中富有效益的一课。记得那是炎羽同志画了一大幅素描，内容是毛主席在窑洞里工作。一盏暗淡的小油灯下，主席在聚精会神地著作或起草文件。环境全部由暗部衬托，使主席的面部充满智慧的光辉。辛莽同志绘画技巧很高，功底深厚，给学员们的印象很深。沃渣同志那时刻了几幅木刻，给我们强烈印象的一幅是《铁骑兵》。反映八路军骑兵在太行战场上向敌人冲锋的场面，充分反映了我军革命英雄主义的气概与压倒一切敌人的精神面貌。它所表现的高度思想性与艺术系的统一，使学员们由衷地感到惊奇和赞美。"[①]

从平西根据地来华北联大考入文学系的葛文，对文艺学院的学习生活曾有过回忆："进入唐县境内，过军城到革公（按，疑为葛公）。革公原是白求恩医护学校所在地，我们到来之前，该校已他迁了。我们在革公没住多久，就搬到夏庄（按，疑为下庄）去了。夏庄傍倚一座小小山包，十分钟可以爬到顶上。每天晚饭之后爬山唱歌、登山瞭望，成为我们文艺学院每个同志的乐

---

① 王邦彦：《晋察冀美术活动片断》，载晋察冀文艺研究会编《文艺战士话当年》（一），1986年，第92—93页。

第三章　联大与根据地同发展

趣了。但是，我们更喜爱的却是村北的大课堂，夏庄村北有一个一亩来大的林子，杨柳、榆槐遮天蔽日，树下是浅浅的尺把宽的小溪，清水汨汨欢唱着，小鸟儿喳喳欢唱着。我们坐在树下，沉浸在阅读托尔斯泰的巨著《安娜·卡列尼娜》的欢乐中"，"《安娜·卡列尼娜》曾经吸引着我们，但是，反映苏联十月革命斗争生活的小说，诸如《铁流》《夏伯阳》《毁灭》以及短篇小说《红巾》，书中的主人公传奇一样的革命生活激励着我们、号召着我们，我们多么渴望成为他们战斗行列中的一员啊"。此外，在唐县夏庄，"孙犁同志曾为我们讲《红楼梦》。他没有拿什么大本本，只拿一两页杂色油光纸，纸上大概只有几句简单的提纲。由于他对《红楼梦》有所领悟，委委婉婉地讲上几句，就把我们带进大观园里了，他一次讲两个多小时，大约讲五六次。那时，孙犁同志是晋察冀边区文联委员，边区文联住张格庄，距夏庄只有二里路。"①

这年春天，边区来了几位珍贵的客人，他们是燕京大学教授、英国人林迈可（Michael Lindsay，1919—1994）和夫人李效黎一行。早在1938年，林迈可就已与华北游击队有了接触和联系，并秘密地为八路军工作。李效黎当时受业于导师林迈可，接触较多，虽不大了解林迈可的具体情况，但对他的工作很是崇敬，进而对他的人也产生了感情。

为此，当他们结婚半年后得悉日军发动珍珠港事件时，林迈可当机立断，毅然携夫人以及燕京大学物理系的同事班威廉（William Band，1906—1993）夫妇一起离开北平前往八路军的抗日根据地，参加中国的抗日战争。在平西地区，他们又碰到一个奥地利人，即在一家教会医院工作的傅莱（原名理查德·施泰因［Richard Stein］，1920—2004）医生。之后，又遇到从北平逃出的一位荷兰工程师布郎杰斯特（Brond Geest）和一位法国人当舒（D'Anjou）。他们先后去了萧克的平西地区司令部、聂荣臻司令员的司令部，还有第一军

---

① 葛文：《大课堂——华北联大纪事之三》，载刘葆观主编《血与火的洗礼——从陕北公学到华北大学回忆录（1937—1949）》（上卷），中国人民大学出版社，2007年，第241、243页。

流动的大学：华北联大 1939—1948

▲ 1942年，林迈可（后排左二）夫妇、班威廉（前排左四）夫妇来到边区

分区杨成武将军的司令部。然后，他们参观了狼牙山的一座道观，之后来到了华北联大。李效黎女士说：

（2月）27日那天，我们几个人出发去参观华北联合大学。傅莱医生没有去，他想去前线看看战地医疗工作情况。天黑时我们才到学校，学校领导对我们非常热情，请我们喝咖啡。学校校舍很多是茅草顶的平房，围成一个正方形。当舒先生说这房屋使他想起了他在法国乡下的房子。校长成仿吾是二十多年前的法国留学生，能讲法语。他是中国左派思想家的领袖，很有名气。这大学有一批很好的教授，他们都是在1938年国共关系很好时从全国各地来的。由于课本十分短缺，学校就采用师生讨论的方法来进修。与一般大学不同，学生有较多的机会来自己思考问题。

我们在那里住了两天，参加了他们的各项活动。妇女组织与我开了个座谈会,她们希望我谈谈燕京大学女学生的活动情况。这使我感到为难,我讲不出这方面的情况,只好讲了美国教会在北平办的女青年会的出色工作,在学生们由于战乱而与自己的家庭失去联系后,是怎样帮助她们继续学习下去的;怎样帮助女工有受教育的机会和享受医疗保障的;日本人占领北平后,她们如何坚持为中国人服务等。①

不久,林迈可夫妇去了延安。后来,林迈可夫妇在回忆时曾这样评价道:"在敌人后方的解放区,中国有一批国内第一流的著名学者、教授,在艰苦的条件下办大学,同人民一起战斗,这是历史的奇迹。"②班威廉则说:"在联大与三分区之间,我们走了一个星期,在这一个星期里,我们参观了军分区医院,白求恩大夫纪念医院,卫生学校和专员公署。联大文工队还出演了果戈里的《巡按》(按,即《钦差大臣》)。在这样艰苦的环境里,这一切的教育与卫生的设备,只有叫我们惊奇,叫我们不知说什么好。"③

华北联大在教学中一向注重理论与实际相结合。3月10日,联大发动全校师生在各驻村进行政治、经济、风俗习惯、对敌斗争事迹等方面的调查研究。成仿吾说:"华北联大师生在前方,参加了革命战争,参加了减租减息、生产运动、民主政权建设,理论与实际紧密联系,这是华北联大师生锻炼和改造的一门主课。努力做到改掉知识分子轻视工农的旧习气。这也是文艺学院师生创作的源泉。他们有许多新的创作,美术系这时开展了'新年画'运动。"④据美术系田零回忆,所谓"新年画"运动情况是这样的:

> 1941年秋季反"扫荡"结束后,晋察冀边区提出坚持抗战、保卫边

---

① 李效黎:《延安情》,肃宜译,上海远东出版社,2015年,第96页。
② 郭同文:《从陕北公学到华北联大》,《人民日报》2005年6月28日。
③ 班威廉:《我怎样来到边区》,冷译,《晋察冀日报》1942年3月21日第4版。
④ 成仿吾:《战火中的大学》,人民教育出版社,1982年,第117页。

区的十大号召,叫作"军民誓约"。为了宣传这一号召,边区美协请华北联大文工团的陈九和文艺部教员秦兆阳、炎羽和我四个人,依据誓约的内容创作宣传画,请他们三位同志到边区文联驻地完县北大悲村。时届严冬,山区气候特别寒冷,被薄衣单,四个人挤在一个久不住人的旧屋土炕上,夜里睡觉整夜冻得冰冷。为了克服困难,大家上山坡割些柴草回来烤火取暖。由于柴草潮湿难于点燃,人人被烟熏得泪流满面。大家互相开开玩笑,唱唱歌,愉快而紧张地集体进行构思,分工画草图,完成十幅木刻,十多天光景就完成了制板(版),然后用石印药纸印出。我把稿子送到三军分区政治部印刷所去付印,套色成年画的形式。送稿的途中过唐河的木桥断了,绕道过河要多走十几里路,我怕耽误时间,索性跳进冰封的流水中去涉渡,河水浸透了棉裤,冰冷刺骨。我咬紧牙关,急速渡河跳跃上岸,腿脚全失去了知觉。我拼命地跑起来,促进腿脚上的血液循环,跑了一个来钟头,方才恢复了元气。

印刷厂的同志们腾出五六台石印机,昼夜加班制板、套色,突击赶印,几天光景就在春节前印出六百来份鲜艳夺目的年画式的宣传画,散发到根据地内的村庄张贴。后来路过各村,我都注意看看街头上张贴的这十幅年画,听听群众的反映,心里感到说不出的快慰。当时我还把这一套组画分别寄到各根据地去,寄到党中央和延安鲁艺。[①]

上面提及的"军民誓约"有必要说说。1941年10月20日,中共中央北方分局和十八集团军野战政治部联合发出《关于开展军民誓约运动的指示信》,决定于1942年"一·二八"纪念日各地应一律普遍举行"军民誓约"运动。"军民誓约"运动的方式主要是召开军民誓约大会,在大会上组织军

---

① 田零:《华北敌后斗争生活漫忆》,载刘葆观主编《血与火的洗礼——从陕北公学到华北大学回忆录(1937—1949)》(上卷),中国人民大学出版社,2007年,第221页。

民宣读《军民誓约的誓词》:"我是中华民国的国民,我是中华民国的军人,在日本帝国主义打进我们国土的时候,为着中国人民的利益,为着中华民族的生存,我愿意遵守军民誓约,作如下宣誓:(1)不做汉奸顺民;(2)不当敌伪官兵;(3)不参加伪组织维持会;(4)不替敌人汉奸做事;(5)不给敌人汉奸粮食;(6)不买敌人货物;(7)不用汉奸票子;(8)爱护抗日军队;(9)保守军事资财秘密;(10)服从抗日民主政府。以上誓约,倘有违背,愿受军纪法令制裁。此誓。"此后,晋察冀边区迅速动员起来,开展"军民誓约"运动。1942年1月28日,晋察冀边区各界万人举行"晋察冀边区军民誓约大会",来自敌占区的绅士代表与边区各族各界代表一致高呼"发扬民族气节,不做敌人奴隶和牛马"。当天,华北联大文工团为晋察冀军民誓约大会演出了歌剧《钢铁与泥土》等节目,万余人观看演出。对于"军民誓约"运动,华北联大多方面地积极参与。1月29日,边区文联和鲁迅文艺奖金委员会公布"军民誓约"运动征文第一批入选作品名单,联大文艺学院获得甲等奖八个、乙等奖九个,文工团获得甲等奖九个、乙等奖两个。4月,边区文联和鲁迅文艺奖金委员会公布"军民誓约"运动征文第二批入选作品名单,联大文工团得奖作品有相声剧剧本甲等奖《喜信》和独幕话剧剧本乙等奖《金城的故事》。"军民誓约"运动的开展,粉碎了日伪破坏边区军民团结、诱迫投降等一切悲观失望的文化思想攻势,有力地配合了边区军事政治经济等方面的斗争,提高了民族自信心和政治觉悟,巩固了边区。

这一时期,在戏剧、音乐创作方面,配合农民"减租减息"斗争的,有卢肃、牧虹写的小歌剧《团结就是力量》,何迟等创作的《王老三减租小唱》;配合对敌斗争、政治攻势的,有赵洵等创作的《晋察冀小姑娘》,还有在联大学习过的火线剧社创作的《绣慰问袋》等;描写生产运动和对敌斗争的歌剧,有《王秀鸾》及话剧《过光景》《穷人乐》等。

歌剧《白毛女》的传奇故事取材于晋察冀第三军分区青石山下杨各庄的一个故事,华北联大刚到晋察冀边区时就知道有这个故事在流传。据说是八路军参加地方工作的一位区干部不相信有"白毛仙姑",他只身带枪埋伏在奶奶庙，侦破了"白毛仙姑"之谜，救护白毛女下山。西北战地服务团邵子南写了个话剧脚本。华北联大陈地等人收集了大量的晋察冀民歌旋律，如"小白菜呀，地里黄呀"，于1942年秋带到了延安，后来由贺敬之等改编成为歌剧剧本，并由陈地等谱曲而成。腰鼓发源于河北定县，华北联大文艺工作者把它改编成为适合于舞台演出的舞蹈。

5月，华北联大文工团排练新编历史平剧《陆文龙》和话剧《灯蛾记》，之后到各地巡回演出。这样，通过一些富有战斗气息和较高艺术水平且为群众喜闻乐见的文艺作品，以此来批判和抵制沦陷区的流行歌曲，如《爱马进行曲》《支那之夜》和《何日君再来》等。

7月7日，华北联大法政学院由何干之接任院长，改设社会科学、政治、财政经济、历史地理四个系。10月上中旬，法政学院举行新学员入学分系测验。11日，正式分成社会科学、政治、历史地理三系，财政经济系因学员较少，暂并入社会科学系。这批学员有来自北平、天津、保定等敌占区大中城市的，有来自东北的，还有从冀东、冀中等根据地来的。他们的文化水平大都较高，还有大学毕业的或从其他大学转来的。13日上午，在开学典礼上，院长何干之着重指出战时大学的特点，并根据数月整风学习的经验提出以后学员努力的方向。

整 顿 三 风

整顿三风是抗日战争年代延安整风的一个阶段，时间是从1942年4月至翌年10月。其中，1942年4月至8月初，重点是"反对主观主义以整顿学风"，这是延安整风的中心内容。毛泽东着重指出，必须把马克思主义的普遍原理与中国革命的具体实际紧密结合起来，把马克思主义中国化。8月至12月中旬，重点是"反对宗派主义以整顿党风"。12月中旬到次年3月中旬，重点是"反对党八股以整顿文风"。

为了提高全党的马列主义水平，纠正党内的各种非无产阶级思想，毛泽东于1941年5月和1942年2月分别作了《改造我们的学习》《整顿党的作风》《反对党八股》的报告，号召全党"反对主观主义以整顿学风、反对宗派主义以整顿党风、反对党八股以整顿文风"。

1942年2月1日，毛泽东在延安中共中央党校开学典礼上作报告——《整顿党的作风》（按，《解放日报》4月27日发表时改名《整顿学风党风文风》）。3月，华北联大进行全校性的整风学习讨论和大检查，成立检查委员会。同月底，联大向晋察冀分局呈送的《华北联大三个月工作报告》指出："在这个时期，我们除全部恢复教育工作外，全校研究了中央关于增强党性、调查研究及干部学校的决定，彻底地进行了反主观主义、形式主义、教条主义的大检查（检查过程中又增加了反宗派主义、反党八股的内容），这是三个月的中心工作。还在搬家前就成立了检查委员会，作了布置动员。搬来三分区后，马上抓紧时间进行，由去年12月一直到今年3月底，各院、处才作出初步结论。检查委员会正在继续讨论。……"[1]

4月3日，中宣部发出《关于在延安讨论中央决定及毛泽东同志整顿三风报告的决定》，进一步对整风运动的目的、要求、方法和步骤做出明确规定，从此开始了以整顿三风为中心内容的全党整风。华北联大校党委按中共中央宣传部《决定》的要求，陆续印发规定要学习的二十二个文件（后装订成册），在全校开展学习运动。

6月，中共中央宣传部发出了《关于在全党进行整顿三风学习运动的指示》，从此开始了全党范围的整风运动，运动的宗旨是"惩前毖后，治病救人"。成仿吾后来在回忆中说："1942年春夏，全党整顿三风运动开始，我校也进行了全校性的热烈的讨论。在贯彻理论与实际相结合的实践中，学校重视听取地方上工作同志对办好华北联大的意见，专门派出干部到地方上各单位去征求意见。出发前党委向同志们交待任务，特别嘱咐同志们要虚心地听取地方上

---

[1] 中国人民大学校史研究丛书编委会编《中国人民大学纪事（1937—2007）》（上册），中国人民大学出版社，2007年，第38页。

同志们对联大的意见。同志们回到学校后，我们注意听取汇报。早在 1940 年 1 月，学校就派出两个考察团，分赴一、三分区考察，由沙可夫、郭念春、顾稀等带队，受到地方上党、政、军领导杨成武、王平等热情接待。以后每年我们都派出考察团、调查组，征求地方上同志对华北联大的意见，了解毕业同学的情况，努力做到学用一致。"①

7月3日，《晋察冀日报》发表成仿吾的《华北联大三年的回顾与展望》、江隆基的《反对教条主义，贯彻理论与实际一致的原则》和何干之的《战时大学与教员》三篇文章。

成仿吾在文章中指出，三年来华北联大这个敌后阵地收到了不少的成绩，"但是工作中的缺点是很多的。在半年来整顿三风的工作检查中，全校教职学员热烈地检讨了学校各方面的工作，揭发了工作中的各种缺点与错误。主观主义、宗派主义与党八股还是有的，而教学工作中的教条主义是普遍严重的印象。我们的教育基本上是新民主主义的，但是还没有能够全面一贯地贯彻党的路线。我们虽然尽了很大的力量，但是如果从理论与实际，所学与所用一致这教育原理来看，从我们教育目的来看，我们却没有完成应有的任务"。最后，成仿吾希望通过各界"给我们以各种的帮助，来补救我们的不足"，还希望校友们"根据整顿三风的精神，彻底纠正工作作风与思想方法上不正的东西，特别要更虚心，不要自高自大"。②

江隆基的文章对教条主义等问题阐述得更为深入具体，他说：

整顿三风的热潮像一股电流似的由陕甘宁传到了晋察冀，同时也传到了华北联大。几个月来，联大的教、职、学员在"教育革命"的旗帜下，以二十二个文件为武器，彻底地检查总结了过去的工作，揭发了所有的缺点，巩固了既得的成绩。

---

① 成仿吾:《战火中的大学》，人民教育出版社，1982 年，第 116—117 页。
② 成仿吾:《华北联大三年的回顾与展望》，《晋察冀日报》1942 年 7 月 3 日第 4 版。

第三章 联大与根据地同发展

三年工作的成绩是用不着我们来夸耀的，只要查一查各机关团体干部的履历表，就可以知道联大毕业的同学在各个工作部门是占着相当大的比例的。这些曾在联大的熔炉中受过锻炼的干部多半还称职，在坚持敌后抗战和抗日根据地的建设事业中，一般的都发挥了他们应有的作用。此外由于联大的存在，敌后新民主主义的文化教育事业得到了更进一步的开展，也是人所公认的事实。尽管如此，我们今天仍然深刻地认识到华北联大还没有成为抗战与革命的强固的堡垒，还没有具备正规大学应有的条件和规模，也就是说我们还没有很好地完成时代所赋予我们的伟大的使命，有负华北广大人民寄予我们的期望。把三年来的收获和客观需要对照起来看，我们的成绩还是微乎其微的；把工作成绩和工作缺点对照起来看，我们面有惭色！

和延安干部学校一样，我们教育工作上的基本缺点"在于理论与实际，所学与所用的脱节，存在着主观主义与教条主义的严重毛病"。这种毛病主要表现在使学生学习一些抽象的理论，而不注意或几乎不注意领会其实质，以及如何运用于具体的中国环境，特别是敌后的边区的环境。这种教育的结果使得若干干部只会死记各种原则和结论，而不会解决实际问题。他们能背诵列昂节耶夫（今译列昂季耶夫）的政治经济学，但不懂得统一累进税是怎么一回事；能分析中国社会经济的性质，但不了解边区的经济性质是什么；能纵论古今中外，而对于周围环境却茫然无知。这些人在工作中饱尝学非所用与用非所学的痛苦。

由于教条主义的教学态度，便产生了粗枝大叶、不求甚解、好高骛远、不切实际的恶劣作风。不少的学生习惯于词句的背诵和条文的搬用，不善于思考，生吞活剥，人云亦云，望文生义，强词夺理，这就阻碍了学习的深入。还有不少的学生，一心向往于高深的理论，对于抗战与革命的实际问题反而不感兴趣，他们迷惘于外国的古典名著，对于现实的具体材料反而不加取视。这种态度发展下去，就会造成脱离实际斗争的倾向。

教条主义像一条毒蛇爬进了我们的教学过程，将其毒液浸染了我们的教育内容、教学方法和教学态度，因而不能不妨害我们的教学效果与败坏我们的学风。要想改变学风，提高教学效果，就必须斩断这条蛇，把它的毒液从我们工作的各个方面彻底地清洗出去。只有彻底肃清教条主义，才能实现理论与实际，所学与所用的一致。①

江隆基还指出"理论与实际一致"有三方面的意义：第一，要把国际革命的普遍真理与中国革命的具体实践联系起来。第二，要把革命理论与周围的事变联系起来。第三，要把革命理论和历史实际联系起来。在文章的结尾，他说：

"理论与实际一致"是新民主主义教育的基本原则，因而也是我们今后努力的目标。……可以想象得到，在今后的工作中还会遇到这样的或那样的困难，但只要我们能够本着中共中央整顿三风的精神奋斗不懈，则主观主义与教条主义的邪风终会被纠正，而理论与实际一致的辩证唯物主义的学风必将普及于文化教育的田园。②

7月7日，在华北联大成立三周年之际，校党委发布《整顿三风工作检查初步总结》指出，"三年来联大建校事业已经略具规模，训练了三千多名专门与普通的各种干部，部分地解决了边区的干部问题，对边区的文化文艺工作起了一些帮助和推动作用"，但是过去"对于学校方针，还缺乏深刻认识。以致在工作过程中，发生了教育工作和干部工作的宗派主义偏向"，"联大的教育方针应当是教育学生具有新民主主义的思想，使他们了解与执行新民主主义政策，要求他们具有新民主主义的政治水平。教育内容应当是以马列主义

---

① 江隆基：《反对教条主义，贯彻理论与实际一致的原则》，《晋察冀日报》1942年7月3日第4版。
② 同上。

的立场和方法为出发点的民族民主革命的教育","今后，短训班的形式应该结束，逐渐向专门学校的方向发展转变","教育学院主要是训练小学教员与县区级的教育行政干部，文艺学院主要是训练一般与比较高级的文艺工作者，法政学院主要是训练县区级的行政司法干部"。[1]

整风运动渗透到基层每一个班级，直接促进了学员们的健康成长。高中班学员安若的回忆中就有一段是谈高中班整风的，她说："高中班也不是一个'无冲突境界'，矛盾是不断发生的。比方，有些同学对于在紧张的战争时期学习文化课就思想不通。何况不少同学参加革命前就已是高中学生，现在还来学高中课程。我的妹妹李慎就曾向班主任提出：到根据地已二三年了，整个边区在轰轰烈烈地进行抗日战争，自己却老是在联大学习、学习、再学习，她要求离开学校，直接到战争中去。班主任向她进行了深入而细致的思想教育，说明在敌后建立高中班是党中央的决定，是为了不致由于抗战而中断我国的优秀文化传统。中国的文化传统，应当由中国共产党来继承，否则，就要由国民党来继承，我们必须担负起这个历史使命。因此，华北联大挑选了一批政治、文化上较优秀、年龄较小的学员，建立了高中班。这次有说服力的谈话，使李慎明确了在高中班学习的深远意义，安心留下来。后来又发生了所谓城乡知识分子的矛盾，来自大城市的同学多是高中学生，学习较容易，但政治上还在要求入党的阶段；来自小城市或农村的同学，文化基础较差，但党员较多，政治上有优越感，看不惯一部分大城市来的同学。加上全党还没有开展整风运动，在我看来，高中班一些党员中还有一定的宗派主义情绪和山头主义影响。在这两部分同学中逐渐产生了隔阂，以至班主任不得不在全班大会上讲话，分析了我国社会的特点，分析了城乡两部分知识分子的优缺点，说明二者各有长短，而没有根本性的分歧，同时又站在党组织的立场，较多批判了农村同学的狭隘和宗派情绪。1942年整风开始后，校部党组织又专门

---

[1] 中国人民大学校史研究丛书编委会编《中国人民大学纪事（1937—2007）》（上册），中国人民大学出版社，2007年，第40页。

召开了座谈会,听取我们的意见。有一次,文学教员推荐了一篇散文《论友情》,是发表在《解放日报》上的,全文用优美的语言,抒发着细腻的思绪,歌颂了友情的珍贵。如一开头就说一个人烦恼的时候总比高兴的时候多,在亲人面前生一场病是难得的幸福等。这些思想文字一下就抓住了城市的同学,觉得完全说到自己心里去了,欣赏备至,互相传抄,甚至一段段背下来。班主任观察到这个不健康的苗头,又在全班讲话,批判了文中歌颂的小资产阶级情调,说明世界上不存在超阶级的友情。同学们就在这样不断解决矛盾中提高思想、改造着世界观,按照'团结、前进、刻苦、坚定'的校训健康地成长。"[①]

12月20日,教育学院党总支召开会议,讨论干部整风反省问题和教职员工问题。会议决议,在干部中进行全面深入的反省工作,由院总支编辑《反省》刊物用来交流经验。12月31日,院党总支召开会议讨论学员党内教育和加强学生会工作问题,会议决定"以后党内教育要加强党性锻炼的实际生活教育,党与群众关系的理论与实际的教育,时事政策教育,新党员的党建教育"。会议做出《关于加强学生会工作的决定》,议定院学生会是各班学员的联合组织。

1943年4月24日,中共北岳区党委召开党的文艺工作会议。会议根据整风精神检查了边区文艺工作中存在的问题和偏向,集中批评了所谓"文艺至上主义"。成仿吾发言指出,前几年演"大鼻子"戏和"化大众"的问题,最主要的原因是文艺工作者脱离实际,只要认真地参加实际工作,文艺工作者的前途是光明的。同时,成仿吾强调"文艺应该'为无产阶级的斗争服务'",并对有人提出的"文艺团体一律成为业余组织,才能解决脱离实际的问题"表示"不同意这种意见"。成仿吾说:"我认为专门的文艺团体仍然是可以存在的,如果不脱离现实,站稳无产阶级立场,拿文艺作斗争的武器,这种文艺

[①] 安若:《一段终生难忘的经历》,载刘葆观主编《血与火的洗礼——从陕北公学到华北大学回忆录(1937—1949)》(上卷),中国人民大学出版社,2007年,第231—232页。

家是可以存在而且是需要的。"①

6月28日，边区文化界整风委员会成立，推选成仿吾、沙可夫、张真、邓拓、何干之、周巍峙、田间、崔嵬、黄天等人为委员。委员会向边区文艺界发出通知，要求迅速掀起整风学习高潮。

五一"扫荡"和秋冬"扫荡"

冀中平原西起平汉路，东至津浦路，北临平津，南至沧石路。该地区河流纵横，物产丰富，交通发达，其特殊的战略地位成为抗战时期敌我双方争夺的重要地区之一。日军认为，冀中是"粮仓"，在战略上、经济上居于重要地位，是缺乏农产品的太行山区抗日根据地供应、培养战斗力的基地。因此，日军选择冀中为1942年度的主要作战对象。4月中旬，日本华北方面军制订了冀中作战实施计划，其方针是："对以吕正操为司令的冀中地区的共军主力，进行突然袭击包围作战，摧毁其根据地，同时在政治、经济、思想上采取各种措施，以便将一举变为治安地区。"②

在对冀东、北岳和冀南等抗日根据地进行"扫荡"期间，日军加紧准备对冀中根据地进行空前规模的"扫荡"，决定以三个师团、两个独立混成旅团，另加两个联队共五万余人的兵力，采取"铁壁合围""拉网扫荡"战术，围歼冀中八路军，摧毁抗日根据地。

1942年5月以来，冀中形势的发展已日趋严重，根据地的大块基本区已大大缩小，只有深县、武强县、安平县、饶阳县四县相接的东西五十公里、南北不足五十公里的地区没被日伪占据。日军在整个冀中所建的碉堡有千余

---

① 参见《成仿吾同志在北岳区党的文艺工作者会议上的发言》，《晋察冀日报》1943年5月21日第3版。
② 日本防卫厅战史室编《华北治安战》（下），天津人民出版社，1982年，第148—149页。

个，他们对付冀中抗日根据地的办法主要是采用"分割封锁，由点到线到面的扩展，步步为营，波浪式的逐渐'蚕食'办法"，大的"扫荡"次数相对减少。因此，中共冀中区委和冀中军区在敌"扫荡"太行、太岳和晋西北地区时，预料到日军将"扫荡"冀中，曾连续发出反"扫荡"紧急指示，要求冀中军民在精神上做好准备，并采取"坚壁清野，划分活动区域，拟定分散活动方案，以及紧缩机关等"措施。

5月1日，日军开始第一阶段的"扫荡"。首先自边缘区开始，以第一一〇师、第二十六师团各一部"扫荡"潴龙河以北地区，以独立混成第七旅团一部"扫荡"滹沱河以北地区，以独立混成第九旅团及骑兵第十三联队"扫荡"德石铁路沿线以南地区。尔后，日军稳进稳扎，逐步增建据点，由边缘区向冀中根据地中心区各县压缩，企图聚歼冀中地区领导机关和主力部队。

9日和10日，日军"扫荡"兵力增至二万余人，并封锁了环绕深（县）武（强）饶（阳）安（平）献（县）中心区的滹沱河、滏阳河、德石路、沧石路，构成所谓"铁环阵"；在滹沱河与滏阳河沿岸的重要渡口建立了据点，并将滏阳河分段设闸，增高水位，使我军难于徒涉；在德石路和沧石路的重要路口增加了驻守兵力，从而完成了对冀中中心区的包围圈。如此，冀中各军分区机关、部队大部被迫退向根据地中心区，陷于拥挤、被动局面。

11日，日军转入第二阶段的"扫荡"。日军计划将冀中根据地中心区分割成四块，而后进行分区"清剿"。这一天，敌军以七千余人合围晋（县）深（泽）安（平）地区，另以一部八千余人合围深县以南地区。12日，日军又以万余人合围深（泽）武（强）饶（阳）安（平）地区和深（县）束（鹿）边地区。针对敌人之企图和行动，冀中军区决定留主力一部坚持中心区斗争，领导机关和主力大部乘敌之隙向外转移，摆脱敌之合围。

在冀中军民反"扫荡"的紧急时刻，中共中央北方局和八路军总部于18日、20日先后发出关于反"扫荡"的指示：强调指出敌人此次"扫荡"的残酷性和长期性，号召冀中军民发挥最大的顽强性和坚韧性，争取反"扫荡"的胜利；决定冀中军区抽调三个团和部分地方武装转移至山地，以保存力量；要求冀中地方党政机关改变斗争方式，采取两面政策，不能立足的干部应随军转移；坚持原地斗争的武装，应采取公开和隐蔽、军事和政治相结合的斗争方式。同时，指示冀中邻近各区部队牵制当面之敌，配合冀中军民反"扫荡"作战。①

在残酷的反"扫荡"斗争中，坚持内线斗争的部队以连、排为单位与民兵、群众相结合，生死与共，依托村落利用并改造已有的地道，构成户户相连、村村相通的地道网，与地雷战、麻雀战等斗争方式相结合，顽强地同敌人进行斗争。特别值得一提的是，日军沿沙河"扫荡"阜平时，五丈湾村的民兵基干队在李勇的带领下大摆地雷阵，炸死炸伤日寇几十人。当这个振奋人心的喜讯报道后，华北联大美术系田零访问李勇，收集素材画成十七幅连环画《李勇大摆地雷阵》，由第四分区地委宣传部石印出版，分发张贴到根据地各山沟村庄，对后来秋季反"扫荡"中开展"民兵杀敌立功"运动和开展地雷战起了促进作用。②

为策应冀中军民的反"扫荡"斗争，转至外线的八路军分别向津浦、平汉、正太等铁路沿线广泛出击，有力地牵制了敌人，支援了冀中军民的反"扫荡"斗争。

6月初，日军转入第三阶段的"扫荡"。敌人完全控制了冀中根据地中心区，转入全面"清剿"，四处搜捕在原地坚持分散斗争的党、政、军工作人员，破坏抗日政权和各种群众组织，建立伪政权、伪组织，并大力建筑据点、公路、挖封锁沟等。在此严重形势下，冀中区党委和军区遵照北方局、八路军总部和晋察冀军区的历次指示精神，于6月4日决定：以部分地方武装实行高度分散地配合民兵就地坚持反"清剿"斗争，领导机关与主力部队迅速转移至

---

① 参见李茂盛、马生怀：《华北抗战史》（下），山西人民出版社，2013年，第133—134页。
② 田零：《华北敌后斗争生活漫忆》，载刘葆观主编《血与火的洗礼——从陕北公学到华北大学回忆录（1937—1949）》（上卷），中国人民大学出版社，2007年，第222页。

冀鲁豫抗日根据地、晋察冀抗日根据地北岳区等邻区。留下坚持斗争的干部、游击队和群众，则转入了艰苦的反"清剿"斗争。[1]

冀中"五一大'扫荡'"开始时，华北联大作为后方机关则再度西迁至侯各庄、下庄一带，教育学院、高中班则迁至阜平之高阜口村。这时，春夏粮荒极为严重。1941年秋季大"扫荡"中，秋收、秋播受到严重破坏；1942年春夏大旱，小麦收获很少，有的地方河水断流，树叶干落，边区粮荒严重。据成仿吾回忆说："幸亏军区骑兵团储备了许多马料——高粱、黑豆，不得已，骑兵改为步兵，战马交群众去耕地，把马料交后方机关作粮食。这一夏，我们日食两顿高粱粥、黑豆饼，过着半饱的生活。切碎青椒拌盐下饭。生活虽极艰苦，但我们仍是充满了打败日本侵略者的信心和乐观主义情绪，教学、学习和创作照常进行。联大师生之间、干群之间，同住、同食，同甘共苦，领导干部和同志们之间的关系是平等的、互尊的、互爱的，这是新型的共产主义道德基础上的新关系。华北联大虽说是学校，但师生们脑子里装满了战斗、牺牲！有战斗鞋、战斗盐……最困难的时候，由于敌人的层层封锁，我们吃不上盐，每人发一小口袋盐，当进入战斗时才吃，可是当战役结束时，同志们又把盐原封交回来。生活是这样的艰苦，环境是这样的恶劣，但同志们的精神坚定、真诚、坦率。"[2] 文学教员邓德滋后来在一次思想检查中说：在反"扫荡"战斗中，他在饥饿非凡的情况下，路过一片枣树林，树上是一串串的红枣，树下也落下了满地红枣，他想摘却没有伸手，想拾也没有弯腰，因为他想到了群众，想到了群众纪律。这就是联大这支队伍的革命精神。

冀中军民在两个月的反"扫荡"中，共作战二百七十余次，毙伤敌万余人，粉碎了敌人消灭冀中领导机关和主力部队的企图。但是，冀中平原根据地也遭受了重大损失。"五一大'扫荡'"结束后，敌人在冀中大量修筑公路、封锁沟和据点碉堡，至此冀中平原根据地大部沦为敌占区，部分变为游击区。

---

[1] 参见李茂盛、马生怀：《华北抗战史》（下），山西人民出版社，2013年，第135页。
[2] 成仿吾：《战火中的大学》，人民教育出版社，1982年，第119—120页。

第三章 联大与根据地同发展

这样，冀中军区部队减员近半，地方党政机关和群众团体受到很大破坏，群众伤亡和被掳走的共达五万多人。其中，华北联大文艺工作者牺牲了陈春耀、路玲（女）等同志。至于联大毕业学员参加武工队，深入敌伪据点去宣传的很多，他们的英雄事迹不胜枚举，其中有多少位牺牲者已无从统计了。

从此，冀中敌后游击战争进入了更加残酷和困难的阶段。

是年秋，日军再次对晋察冀根据地腹地进行大规模"扫荡"，企图集中大批兵力围歼我军在平山的军区领导机关。当时，教育学院党总支副书记兼高中班主任顾稀带了十多人连夜冒雨从平山县北部山区突出敌人包围圈，进入灵寿县北部山区。顾稀说："该山区群众正处在紧张的战斗状态中，他们由于曾在山头上捉到了敌人冒充我军的奸细，因而也误把我们当成敌人，当我们的向导（是当地群众）大声呼喊后，才解除了误会。我们从灵寿北部山区穿过敌人的龙泉关——阜平通道进入到了阜平县北部我所熟悉的地区，我们就停留下来，又和当地群众一起开展对敌游击战争。由于敌人在'扫荡'中采用残酷的'三光'政策，敌后抗日根据地粮食发生了困难，我们只能吃些黑豆充饥。"[①]

综观1942年全年，对敌斗争变得日益残酷。春天，华北联大转移到群众基础较好的阜平县平房、河西、井儿沟等村。"五一大'扫荡'"后，又转移到阜平县高阜口村。在秋冬大"扫荡"中，联大分散到阜平县冀晋交界的大山中，参加各村的战时工作。年底反"扫荡"结束后，联大回到劫后破败的高阜口村稍事休整，又转回河西村。高中班学员安若回忆说："在反'扫荡'中一些体弱的师生得了疟疾、痢疾等严重的疾病，当时的药品极度缺乏，多靠一些土方治疗。大家一面要跟敌人转山头、打游击，一面又要同疾病作斗争。但是共同的目标和阶级友爱、军民的鱼水情凝结成坚强的精神支柱和物质力量。老乡给分散在家中的病号做饭，有病的同学互相照顾，医生巡回治疗。教员发着高烧还走遍一个个小村庄，看望生病的学员，真是同生死、共

[①] 顾稀：《回忆华北联合大学》，载刘葆观主编《血与火的洗礼——从陕北公学到华北大学回忆录（1937—1949）》（上卷），中国人民大学出版社，2007年，第177页。

患难的同志。大家又是那么自觉地遵守群众纪律,在大病初愈极需营养的情况下,分散的同学们走到满山遍野成熟的枣林、柿子林下,眼望着馋人的果实,却没有一个人动手采摘,顶多是谈笑着'精神会餐'一顿,继续走路。""我们就是在这种频繁的反'扫荡'中,克服各种困难,坚持学习着文化知识和政治理论。听课时,照例是夏天在树林里,既凉快又可防敌人空袭;冬天在打谷场上,可以晒着太阳取暖。自习是在宿舍中,在土坯或石块上面搭一个门板当桌子。夜晚,五六个人聚在一盏小油灯下看书或做作业。由于敌人的封锁,这时煤油也很少了,多用棉花浸在大麻籽油中作灯。凭着大家的较高觉悟和团结互助,文化基础较高的帮助较低的补习,文化基础差的抓紧一切时机追赶着教学进度。这样,除了个别人学习实在吃力而被调走外,基本上都坚持了下来。"①

平原文工队

1942年秋天,针对敌伪的"治安强化运动",华北联大文艺学院戏剧系、文工团抽出部分人员组成文工队,在晋察冀第三军分区武工队配合下,深入边沿"蚕食"区和冀中敌占区铁路沿线开展"政治攻势"。他们以小型的话剧、歌剧、歌咏等形式,向群众宣传"我必胜,敌必败,争取敌伪,严惩汉奸",达到打击敌人、振奋群众和争取到人心向我的目的。

8月中旬,丁里(负责人)、张非、韩塞、邢野、石岩、何迟等十位男同志和岳慎、刘薇两位女同志抽调到第三军分区,为的是一面集中受训,一面准备文艺节目。经过十多天的紧赶慢赶,他们总算赶出了一些歌曲、剧本、小调、快板,只等一声令下就去冀中平原开展"政治攻势"。提起冀中平原,那是多么令人向往的地方啊!白洋淀一带的红莲绿荷,迎风翻滚的金色麦浪,

---

① 安若:《一段终生难忘的经历》,载刘葆观主编《血与火的洗礼——从陕北公学到华北大学回忆录(1937—1949)》(上卷),中国人民大学出版社,2007年,第230—231页。

哺育着祖国多少优秀的儿女！然而，"五一大'扫荡'"后，这个晋察冀边区的粮棉仓库不幸落在了敌人的手里。

这天，文工队负责人丁里忽然通知刘薇、岳慎去开会，说是敌工部的"王部长"来了。原来，盼望的日子果然到来了，文工队决定配合武工队，于当天傍晚就下到边沿敌占区去。

武工队由特别挑选的十八名班长以上骨干组成，他们多半都是老侦察员。武工队总带队的李喜亭是骑兵团派来的作战参谋，虽然才十九岁，可是威信很高。他们携带的武器也不赖，除了步枪、盒子枪（驳壳枪）、手榴弹，还有两挺"歪把子"（日本大正十一年式轻机枪）。至于文工队更注意轻装，他们只带一盏汽灯，简单的道具和每人一个挂包、一个手榴弹。至于化装用的衣服，他们都是随身穿好了的。这样一装扮，文工队里面是既有八路，也有"鬼子"；既有群众，也有"伪军"，真是"敌我不分"。

离开××峪村（具体名称不详），暮霭已笼罩高岗。走出山口，天就黑下来了，什么也瞧不见，只有路旁的秋庄稼在和晚风窃窃私语。从驻村到目的地不过三十多里路，但走起来好像很远似的。走呀走，走呀走，忽然听到隐隐约约的梆子声，知道已近沟沿了。

"梆！梆梆！""梆！梆梆！"梆子声越来越清晰，还夹杂着喊叫："有人过路！"接着又是一两声枪响："啪！啪！"队伍迅速蹲在地上。

听了一会儿，没有别的动静，知道这是敌人在故意壮胆。然后，队伍又一个劲地快步前进。很快来到沟沿，武工队员们就吊着绳子往下溜，依次是文工队员。封锁沟深三四丈，宽两三丈，不过沟壁上被人凿有一个一个脚印大小的梯坎。这样，队员们拉紧吊绳，蹬着梯坎，上去并不费劲。

队伍要去的第一个目的地是××"爱护村"（具体名称不详）。队伍到达时，大约九点钟。村南头就有炮楼，大家悄悄地走向村北头。

照约定暗号敲开了一户人家的门，走出一个老头儿，他和李喜亭参谋商量了几句，队伍又被带到了村中心的小学校。当文工队员在场地上挂起一块幕布、点上汽灯之后，武工队已经把村子封锁起来了：街角、房顶到处都有

175

哨岗，两挺"歪把子"机枪架在炮楼的附近。平原的村子较大，每村至少也有好几百户，隔三四里就是一个村。村村有炮楼，除了中心炮楼有鬼子，一般驻村的都是警备队（多半是被抓的壮丁），比起治安军（多为兵痞和投敌的"国军"）来好对付得多，但仍然要加强戒备，以防意外。通过地下组织的串连，老乡们三三两两地来了二百多人，可大半都是小孩、老头儿、老太太。

"这怎么回事呢？"丁里问李喜亭。

"可能是这里的青壮年有的参加游击队，有的又被拉去当了伪军，剩下的就不多露面啦。"

"哦，你看！他们东张西望的，好像还有些怕呢。"韩塞也说。

经过李喜亭和丁里的考虑，觉得当晚应该把宣传的内容略为变一变，主要是打击伪军的气焰，替老百姓壮胆撑腰。

"乡亲们，你们受苦啦！"李喜亭开始讲话，"八路军和老百姓是一家人，咱们天天念叨着你们，会常常来帮助你们的。"然后，李喜亭马上话题一转："岗楼里有谁祸害过你们吗？你们可以向我们报告。"当李喜亭指名提到"两个伪军干的什么坏事，再干就要除了他们"的时候，场子里活跃了一些，有的人还在低声谈论。接着，李喜亭就大讲国外国内的战争形势，说"我们将要一年打败希特勒，两年打败日本鬼子，敌人是秋后的蚂蚱，蹦跶不了几天。大家要尽量帮助八路军，争取早日胜利"。

最后，李喜亭又宣布道："我们的政策是'首恶必办，胁从不问，立功受奖'，特别是伪军、伪人员要记住：第一，不要做坏事祸害百姓；第二，要协助八路军运送抗战物资；第三，敌人有什么活动要报告。"为了抓紧时间，李喜亭的讲话一结束，文工队的演员们就出现在观众面前。

演出开始，第一个节目是歌曲《咱们永远在一起》。报幕的话声刚落，歌声就响亮地飘扬在夜空："八路军呵老百姓，咱们永远在一起，……，在晋察冀的每个村庄里都住着八路军的父母兄弟，八路军保卫着自己的乡土，……。生产战斗在一起，受苦受难在一起，咱们永远在一起，熬过困难战斗到底，把日本强盗赶出中国去。……"

第三章　联大与根据地同发展

　　歌声诚恳、亲切，充满着血肉相连的感情，打动了乡亲们那颗期待的心。于是，场子里的气氛热烈起来，小孩子开始说笑。这时演出第二个节目——独幕话剧《快回头》，讲述伪军的母亲劝子回头的故事。人们聚精会神地瞧着，不觉戏已进入高潮，当台上的"伪军"下定决心答应暗中为八路工作的时候，观众和台上"伪军"的母亲一同欢笑了。

　　终场时，掌声四起。有几位文工队的同志就赶紧跑到观众当中，去了解反应如何。"不赖！演得不赖！""可不，这号戏要多演啊！""为了老百姓，你们真辛苦！干这个多危险！"人们三三两两地围拢来。

　　将近半月来，工作队活像一条夭矫的游龙，每天傍晚照例下到沟那边去演出。一完场，他们就连夜赶回××峪休息。"政治攻势"开展得很顺利，沿沟一带的"爱护村"好似从噩梦中惊醒，村村相传，群众都知道"八路军没有走，还在抗日，能够和他们见见面就是最大的安慰"。

　　"又来啦！又来啦！"这支战斗的工作队只要一到，很快群众就出来欢迎了。笑脸、握手，亲热地拉话，使得大家忙个不停。这样一来，工作队起初遇到的那种疑惧心理完全没有了，筹粮筹布的工作也见到成绩。例如，有个伪村长因为拖延交给据点粮食，准备运给边区，被敌人打得死去活来。在这样的情况下，上级就决定不再限于边沿"蚕食"区，让工作队更深入铁路东面的冀中大平原去活动。同时，敌工部还派来了一位日本人藤野喜太郎，以便进行敌工工作。这一去，目标挺大，再加老乡"夸大"宣传，敌人更不敢动作了。

　　白天，文工队员们分散住在"堡垒户"的家里，房东不是抗属就是可靠的贫雇农，比较保险。晚上，文工队全体集合后，就到二三十里以外的村庄去演唱。散场后，队员们又走几十里，去到另一村庄住宿。同时，老乡总是想方设法要让文工队员们好吃好喝一点，每餐不是面条、花卷，就是馒头、烙饼，甚至最差的也是小米面压饸饹，而这相比最近一个时期在学校吃黑豆、高粱饼不知强多少。大家心里有点不好意思，觉得不光是要向老乡宣传、调查，而且还应该替他们多干点家务活儿。终于，全体队员们决定，除了扫扫屋子、和和面，就帮助房东洗洗衣服，不管对方同不同意都必须抢着干。

177

这天，文工队来到大据点清风店附近演出，而这次不比寻常。岗哨除了设在村头、村尾、房顶，武工队更把炮楼包围起来，警告"伪军不准动，一动就端了它"。一时间，伪军摸不清八路军来了多少，只好乖乖地"服从命令"。至于演出的会场，这次是在丁字街口火神庙的前面，高台上汽灯照得明光亮堂的，很是显眼。庙后大榆树的旁边就是炮楼，场子里的活动，那儿完全知道。这真是宣传的好地方哩！人来得挺多，把两个街筒子挤得满满的，有六七百人吧。在人群里面，还夹杂着几个穿便服的伪军，那是通过内线从别的炮楼动员出来受教育的。演出开始前，有些文工队员就混在人群中和老乡们唠起嗑来。这次把节目的次序变动了一下，首先演的是独幕剧《张大嫂巧计救干部》（刘薇饰"张大嫂"，张非饰"区干部"）。

忽然，舞台上"啪"的一声，会场有些混乱。"乡亲们，别怕！"武工队员们赶紧维持秩序，说明"这是演鬼子追赶干部时放的一枪，没事儿"，大家才安静下来。

当演到区干部闪进张大嫂的家门，鬼子和伪军追来的时候，场子里没有一点声音。显然，人们为那位"区干部"和"张大嫂"的命运担心了：

"他是谁？"戏里的"伪军"问。

"咱男人。""张大嫂"镇定地答。

"你，八路？不说死了死了的！""鬼子"举枪要刺的样子。

"快说吧，你不是有病吗？傻瓜。""张大嫂"递话。

"区干部"右手拿着一大卷饼，蹲在地上，结结巴巴地说："我，病，没出门……"

"他挖沟摔坏了，脑袋、腰杆都有病。""张大嫂"又讲了一句。

"搜！""鬼子"满屋乱翻，"区干部"站起来高举双手，让"伪军"从头到脚摸了个遍。最后，实在啥也没搜出来，瘟神们才挤眉弄眼地离去。当"区干部"把烙饼卷着的撸子（小手枪）取出来刚放进裤袋，"伪军"忽然又转回来了，他盯着干部手里的烙饼不住打量。但"区干部"并不理睬，只管把烙饼往嘴里送。没办法，"伪军"只好走了。

第三章 联大与根据地同发展

老乡们看到这里，这才算最后松了口气。演出一完，会场里响起了热烈的掌声。接着，台上又唱起了《我们的心事呀，让你们来猜一猜》：

"上有青天下有父母在，手拍着良心我不用表白；只要是我站岗，油盐粮食尽管运吧，别忘了要把胜利的消息带过来。水流千遭归大海，我的心事呀，让你们来猜一猜。"

这次演出的效果比哪一次都好，这从观众的表情和会场的气氛可以看得出来，而工作队的队员们也受到了很大鼓舞。这时，一个看戏的伪军偷偷跑到后台打听谁是负责人。"干啥？我就是。"当伪军说明来意后，李喜亭劝他"熬着点，等待有利时机，目前能够暗中为八路办事就好。如果马上反正，更会引起日寇注意，控制加紧"。

最后一个节目是李喜亭讲话。当李喜亭讲话结束，文工队开始撤走的时候，武工队的同志又在炮楼下面问道："八路军来慰问乡亲，你们赞成吗？刚才的演出和讲话都听见了吗？"

"听见了，送送好吗？"伪军似乎不怀好意地答。

"别送了，再见！给你个山药蛋。"武工队里一个名叫铁蛋的年轻人，既胆量大，也机警，常常是他断后。说着说着，铁蛋就向空中扔了一个手榴弹，"轰——"。[①]

随着形势的发展，各项工作也进行得很顺利。工作队每到一个村庄，群众总是打听"山区的情况怎样？没忘记平原的人们吧？什么时候再来？"，以至于大家恨不得一直在这个地区活动下去。但是，时间已是十月初，天气逐渐凉了起来，夜里行动不大方便。因此，上级指示工作队准备撤走。没过几天，在武工队的护送下，文工队安全地回到了山区。

1942年是解放区最困难的一年。日伪和国民党军双双进逼，尤其是日伪

[①] 参见何洛：《一支战斗的文工队》，载刘葆观主编《血与火的洗礼——从陕北公学到华北大学回忆录（1937—1949）》（上卷），中国人民大学出版社，2007年，第264页。

用"蚕食推进"政策压缩解放区,增建了许多碉堡、据点,构筑了封锁墙、封锁沟。根据地缩小了,同时由于粮荒,兵员也不得不减少。由于根据地被封锁分割,华北联大的生源也大大减少。在此种情况下,10月,中共北方分局和边区政府决定将华北联大缩编,只留下一个教育学院。这样,文艺学院和法政学院结束,学员分配工作。校部和这两个学院的干部,一部分回延安,另一部分在边区分配工作。

11月7日,纪念"十月革命"二十五周年,华北联大文工团举行最后一次演出,表演了《苏联人民的复仇者》和《苏联胜利万岁》等节目。之后,华北联大文工团和文艺学院的一批高水平艺术人才,分别调入晋察冀军区抗敌剧社(有丁里、蔡其矫、钟惦棐、田零等)、冀中军区火线剧社(有崔嵬、秦兆阳、侯金镜等)。[①]

[①] 参见郑立柱:《晋察冀边区党的文艺政策与实践研究》,人民出版社,2019年,第71、73页。

第四章　留下"一粒种子"

（1942.11—1945.8）

第一节　神仙山下

非常时期的教育学院

神仙山，古北岳恒山，又名常山、大茂山，主峰位于河北省阜平县，横亘于阜平、涞源、唐县三县交界处，西南距阜平县城三十公里。汉宣帝神爵元年（前61）封北岳，与泰山、华山、衡山、嵩山齐名。清顺治十八年（1661）改封山西天峰山为北岳，此后这座雄伟的古北岳恒山就被当地百姓称为神仙山。民间有"神仙山四十里，山顶有一米，一天滚一寸，几年滚到底"之说，形容山势之高。神仙山陡峭、巍峨、挺拔，越往上爬，山势越险，山林越密。神仙山不仅与佛道有较深的渊源，还具有浓厚的军事色彩。古代中国常常面临来自北部草原的威胁，恒山也成为守卫国土的一道屏障。

▲华北联大师生在唐县张合庄行军路上

流动的大学：华北联大 1939—1948

20世纪三四十年代，晋察冀抗日根据地依托神仙山得以建立，很多机关曾在这一带隐藏，包括华北联大。阜平人陈玉田（职务身份不详）说："在抗日战争最困难的年代，华北联合大学迁到我的家乡阜平县神仙山根的平房村，这一带是党中央命名的模范抗日根据地晋察冀边区的中心区域。……1941年反'扫荡'后，华北联合大学从平山迁到唐县、完县一带。以后由于日寇对边区的蚕食，才迁到根据地的中心地带——阜平县的平房村。那时环境越来越险恶，客观上不允许很大的后方队伍存在，根据党中央精兵简政的政策，学校进行了缩编，撤销了文艺学院、法政学院、群众工作部和中学部，保留华北联合大学的名称，实际上只剩了教育学院，坚持开展国防教育工作。直到抗日战争胜利，迁到新的校址张家口以前，联大的同志们在神仙山下，经历了严酷的战斗洗礼，留下了许多英雄事迹，激励着后人前进。"[1]平房村赵庆忠老人告诉报社记者，当年华北联大校长成仿吾就住在自家砖石结构的院子里，南屋是会客和办公场所，正房的东屋是休息室，西厢房是伙房，原来有个小门跟邻院相通，是紧急撤离的通道。"1942年秋天，鬼子'大扫荡'，成仿吾校长接到撤离的命令，立即带领学生转移到了山里。就在他们撤走的第二天，鬼子的飞机就来轰炸了，一颗炸弹正好落在正房东屋的屋顶上，房子当时就炸塌了。"赵庆忠指着南屋房角上破裂的石板说，"那就是当年鬼子的炸弹震碎的，幸亏联大师生撤离及时。"[2]

1942年11月10日，华北联大正式开始缩编，一批批干部调往新的工作岗位。缩编后，华北联大仅仅留下教育学院这"一粒种子"，由于力任院长，李常青任副院长。院部行政机构设秘书主任、教育科、总务科和卫生所，驻平房村。在阜平县河西村设高中班，分文、理科；在连家沟村设十二班（原

---

[1] 陈玉田：《神仙山下的华北联合大学》，载政协银川市文史委编《银川文史资料》1992年第6辑。
[2] 张亚德、李秀芹：《华北联大在晋察冀的如歌岁月》，《保定日报》2021年7月4日第1版。

教十二队)、十三班(原教十三队),由李常青、吕梁、张云莹三人组成党团,李常青为书记。11月22日,晋察冀分局决定由顾稀、吕梁、张时杰、胡承、汪士汉五人组成中共华北联大教育学院总支部委员会,顾稀任书记。

由于晋察冀边区要成立参议会,中央北方分局决定调成仿吾去负责参议会的工作。参议会,即毛泽东在《新民主主义论》中提到的人民代表大会,是人民政权的最高权力机构。1943年1月,成仿吾、于力、何干之、沙可夫等以华北联大参议员身份参加了晋察冀边区第一届参议会,会议选举成仿吾为参议会参议长。年底,成仿吾回延安参加党的第七次代表大会。

同年4月下旬,日军开始对晋察冀第三分区进行"扫荡",华北联大教育学院师生于5月1日转移到阜平县北法台、胡林沟一带,分散参加地方工作。待5月中旬反"扫荡"结束,师生们才返回原驻地。

7月上旬,于力不再兼任教育学院院长,由李常青接任院长。中旬,晋察冀分局决定华北联大教育学院改归边区政府领导。8月20日,北岳区党委决定教育学院的行政与党务建立一元化领导,撤销党团,选举产生新的总支部委员会。

9月上旬,华北联大教育学院党总支决定十二班和十三班合并为一个班,统称师范班。师范班全班一百多个学员中,有晋察冀边区中学的学生,有离职培训的教师,有1942年10月华北联大精简后留下来的少数校部、院部工作人员,有毕业后留校继续深造的学员,有毕业后工作一段时间回校接受继续教育的在职干部,有晋察冀边区政府和北岳区以及冀中区党政部门介绍来的插班生,还有晋察冀中央分局城工委介绍来的北平、天津、保定的学生。

师范班的教育方针是为抗战服务,为发展边区教育事业培养革命人才,培养目标是中学的师资。师范班原定学制三

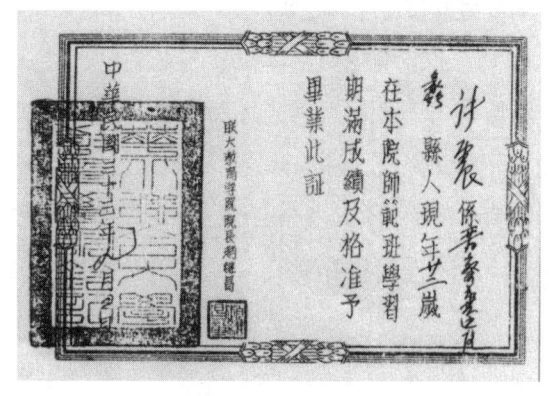

▲ 1944年华北联大师范班毕业证

年，后因抗战形势好转，各地急需干部，于 1944 年 9 月提前毕业。师范班主要课程设置及任课教员如下：

政治理论课，包括时事政治（何戊双）、社会发展史（师唯三）、中国近代革命史（胡华）、新民主主义论（刘克明）、中国革命和中国共产党（胡承）、社会科学概论（未开课）、整风文献（卢金堂辅导，自学讨论）。

文化课，包括国文（李又华、卢金堂）、数学（董晨）、中国通史（王向升）、中国地理（吴教员，名字不详）、世界地理（孙敬之）、博物（王冕农）、美术（李又人）、音乐（汪铭铮）、戏剧（乃林）、拉丁化新文字（于浩）、军事（张西帆）、世界历史（未开课）。

业务课，包括教育概论（张时杰）、教学法和教育行政管理（均未开课）。

师范班缺少教学设备，就充分利用天然条件，如地理教员孙敬之带领学员夜观天象，帮助学员们认识了银河系众多的星座。俄文教员赵洵选录俄文的马列著作为教材，又教学员唱俄语的苏俄革命歌曲，既激励革命豪情，又学习了俄文。学习教材大部分是院部油印股油印的，有的课程全靠学员记笔记。当时因为纸张紧缺，大家都节省用纸，字写得密密麻麻，有时还两面书写。课外读物一般要到院部图书馆去借，有时借到一本大家爱看的小说，如高尔基的《母亲》、鲁迅的《阿 Q 正传》，几个学员就利用课余时间分工抄写，复制一个手抄本。

在教学工作中，教员十分注重政治教育、思想教育和道德教育，把引导学员树立坚定正确的政治方向放在首位。

第一，用马列主义指导各科教学，使学员不仅懂得一些最基本的马列主义原理，而且掌握马列主义的立场、观点、方法。在历史课中，对历史上的农民起义做出正确的评价，指出人民群众是推动社会发展的动力，批判了"英雄造时势""帝王将相创造历史"的唯心史观。地理教员从剖析帝国主义的侵略本质入手，批判了当时流传的一种糊涂观念，即所谓"日本国小地少，人口稠密，资源匮乏，邻近中国，所以侵华"。教育概论课，对孔孟之道、程朱理学以及近代各种教育思想实事求是地进行介绍比较、分析批判，使学员划清了无产阶级教育观同封建主义、资本主义教育观的界限。

第二，重视政治形势教育和前途教育，帮助学员坚定革命信念，树立远大革命理想。除了在全院范围组织形势报告，时事教员何戊双还经常拟定一些专题进行分析讲解，如国内三大战场、苏德战局、国民党第三次反共高潮、精兵简政与经济形势、土皇帝阎锡山、学习和时局、评《中国之命运》，等等。同时，教员还组织学员读报、剪报，收集资料，编写当前形势报告提纲、时事解说、一月大事、时事问答，召开时事讨论、分析会，展望形势发展，帮助大家坚定"抗日战争必胜、帝国主义法西斯必败"的信念。通过组织学员学习《社会发展史》《中国近代革命史》《新民主主义论》《中国革命与中国共产党》，使学员们懂得了社会发展的客观规律，知道抗战胜利后中国应该走什么道路，坚信"只有共产党的领导才能创立新中国"。

通过整风学习、党课教育，开展忠诚老实运动，进行和风细雨的批评与自我批评，每个学员都自觉、诚恳地向党组织交心，实事求是地写了自传。其中，为"打日本、谋出路"而入党的党员，都树立了"为社会主义、共产主义而奋斗终生"的远大理想；没有入党的学员，都纷纷写入党申请书向党靠拢。毕业前后，大部分学员在学校或工作岗位上入了党。

第三，强调理论联系实际、学以致用，教育同边区革命斗争、社会生活紧密结合。其中，一种联系实际的形式是实习，而实习的内容是多方面的。例如，1943年秋，教员师唯三带领几位学员到平山回舍区参加"减租减息"斗争，返校后作了"平山减租减息斗争"的报告，帮助学员加深理解党的"减租减息"政策和农村的阶级关系。1944年春，十几个学员到胭脂河畔的阜平县广安村、抬头湾、北果园调查拨工互助组建立情况，了解"自愿互利"政策，并参加春耕生产，帮助抗战军属种大麦。1944年毕业前，一些学员到平阳小学听课，了解教学方法和实行"小先生制""村学带动民校"的经验。同时，华北联大教育学院在三次反"扫荡"中也是以学习的名义疏散转移的，学院的番号是"华胜大队"。1943年夏初，有几位学员还到涞源县实习，在南城子附近的马刨泉、松树坨一带熟悉地形，联系基层干部和老乡，建立堡垒户，为反"扫荡"打游击做准备。

另一种联系实际的形式是采风，如深入农村采风，收集民歌、农谚、墙头诗、民间传说、战斗故事作为文艺创作的素材。1944年，为配合边区战斗英雄、劳动模范代表大会的召开，华北联大教育学院抽出几位学员到阜平、曲阳等地采访整理劳模事迹。此外，师范班还经常参加驻地的社会活动，同群众保持密切的联系，如配合"互助生产、减租运动"出黑板报、书写标语宣传党的政策，参加拥军优抗、拥政爱民活动，进行化装宣传、街头演出。逢年过节，师范班同驻村干部、群众团拜联欢，分组慰问房东，召开恳谈会，征求意见。1943年反"扫荡"时期，学员们帮助群众抢收抢种、征粮支前，有的还跟随民兵侦察敌情、埋设地雷、打麻雀战。反"扫荡"结束后，教育学院院部组织了深山慰问团，向掩护帮助联大师生的干部群众致谢和慰问。①

华北联大在陕北公学时期就提出"战斗地学习"口号，"坚定"是其校风之一，"誓死决不妥协投降"也写进了联大校歌。师范班学员们生活在战争环境里，敌人经常突袭"扫荡"，学习军事、准备打仗就成为一门主课。平时，学员们除了早操、跑步、爬山演习，还进行过队列训练。1943年冬季反"扫荡"前，老红军赵显正介绍了投弹和步枪射击要领；军事指导张西帆还讲解了游击战术，介绍了大黑山的地形特点，回顾了1941年反"扫荡"的经验教训。总之，师范班学员就是作风军事化、生活战斗化，在战争中学习战争，在战火中百炼成钢。

1944年8月2日，晋察冀边区行政委员会通知："保送学员入教育学院学习。联大教育学院招收师范二班学员一百人，中学一班学员四十人，为便于学员应考，保证录取学员质量较高，决定先由各专署分别负责初试，再介绍到校复试。"其中，入学条件、修业年限及训练目标和毕业后待遇如下：

> 入学条件：师范班，高小毕业学生或现任学习教员任职一年以上（其

---

① 张稚枫：《在火热的斗争中锻炼成长——回忆华北联大教育学院师范班》，载刘葆观主编《血与火的洗礼——从陕北公学到华北大学回忆录（1937—1949）》（上卷），中国人民大学出版社，2007年，第291页。

工作积极成绩优良者可免试保送入学），年龄在十八岁至二十五岁者（其余条件与中学班同）。中学班，现任区助理员或县科员一级的干部，政治面貌清楚，有相当于高小毕业文化程度，年龄在三十岁以下身体健康，无宿疾者，男女兼收。

修业年限及训练目标：师范、中学修业均为一年。师范班毕业后，任初小教员。中学毕业后，派充县区干部，并择优提充县科长或区长。

待遇：学员在校，衣服粮食等一切费用均由学校供给，初试复试时来往路费，现任职者由公家供给，在署、县预备费预备粮内开支，其余原则上自备。要求初试时应切实认真，初试科目为国语、算术、常识，初试录取后，将学员成绩及初试者对各学员的意见列表于9月10日前介绍到校复试，复试及格后，即行入学。

与此同时，晋察冀边区行政委员会给各个专区规定了保送名额。

同年12月12日，晋察冀边区行政委员会作出《关于教育学院的决定》，确定华北联大属于干部学校性质，负责提高与培养初、中级党政军民的干部及技术干部，且以提高现任干部为主。教育方针以提高干部的文化为主，并根据敌后战时农村的社会环境（坚持抗战，准备反攻）、新民主主义社会建设的需要，贯彻学以致用、理论和实践密切联系的原则，培养干部为抗战、为新民主主义社会建设事业服务，为群众服务的品质，以及必要的技能。华北联大教育学院设师范班（修业一年半）、中学班（修业二年）、政治班（不定期）和短期训练班（不定期），学员总数暂以不超过六百人为原则。《关于教育学院的决定》还指出，为保证在较短的时间内收到最大效果，今后招收新生必须有相当高小毕业的文化程度；每期招生计划确定后，由党政军民各主管机关负责抽调保送，防止滥送滥收的现象。

师范班与中学班设三种基本课程：一是边区建设，包括边区史地、边区政策及边区组织；二是政治思想教育，包括时事教育、政治常识等；三是文化教育，包括国语、数学、史地、自然常识、生产知识、医药知识、军事知识等。

同时，师范班增加教育课。根据理论与实践相结合的原则，学校教育与新民主主义社会建设相适应的原则，教员与学员相结合的原则，采用启发式的教学方式，各种课程都以自学讨论研究为主，而辅之以讲授报告总结等方式，使教学与实际活动密切结合，彻底纠正"读死书"的习惯和教条主义的教学作风。

从高中班到中学部

华北联大中学部是 1941 年 7 月在平山县瓢里村正式成立的。当时，联大中学部设初中班，学制三年；高中班，学制两年。同年 11 月，初中班并入白求恩卫生学校，高中班并入教育学院。

1941 年秋季日军大"扫荡"前，方扬在高中部任图书干事三个月；1942 年初，进入高中班文科学习了两年。据方扬说："很多年轻教师为我们讲课，有胡华老师讲'中国革命和中国共产党'，何戊双、王文克、顾稀、汪士汉等老师作国际国内形势报告。听了中国近代革命史，使我学到不少知识，懂得了不少革命道理，初步树立了革命人生观，确定了为共产主义奋斗到底的决心。那时感到自己做每件工作都是为革命贡献力量，因此把生命交给了革命事业，党指向哪里，就在哪里战斗。党培养的组织观念与革命信心，使我心中燃起了一团火。尽管盖的是一床很薄的被，但从未叫过冷，同学们共同挤睡在老乡的炕头上，稻草为垫，半夜一个出去解手，回来后得挤很久，才能恢复原位。不管是十冬腊月，还是数九寒天，都是靠革命同志的温暖挺过来的。长了疥疮，上山砍些柴，升起大火，一面擦硫黄膏，一面烤火治疗。得了疟疾，有时药供不上，晒晒太阳，顶过发作时间。虱子长满全身，大个的抽些时间抓几个，小的就算了，还自嘲地说'虱子多了不咬'，'生抗战虫光荣'。实际上是抓不胜抓，当时是紧张的军事化战斗生活，也没有时间抓。特别是经过 1942 年敌人'蚕食'和实行'三光'政策，华北联大缩小，只保留一个教育学院时，粮食供应更加困难，甚至连盐也运不过来。我们高中班没有津贴，经常吃的是黑豆稀饭、黑豆饼子，每天吃饭都是班长用勺子分稀饭，吃八成饱，男同学吃得多，女同学就少吃一些，让给男同学吃。有时供不上小米，就吃红枣、大麦、豌豆，供什么，吃什么。吃红枣饭牙发酸，有时吃大麦饭拉肚子，我曾拉了三个月才好。尽管这样，大家从未叫过苦、叫过饿，也从未动摇过斗争的决心。"[1]

1943年春，敌人的"扫荡"被粉碎后，华北联大教育学院又集中在神仙山南麓阜平县平房、河西一带进行正常的教学和工作。顾稀当时在高中班任班主任，高中班的学员由从华北联大普通班的学员中挑选来的年纪较轻、文化较高的学员组成，分文、理两科。教员是从各学院挑选来的，再加上太平洋战争爆发后从北平来到抗日根据地的教授、讲师担任。其中，教员有燕京大学教授、中文系主任董鲁安（后改名于力，任华北联大教育学院院长）和燕京大学生物系讲师林子明，另外还有胡华（中国革命史）、王文克（政治经济学）、何戊双（国际政治）、邓德滋（文学）、赵洵（俄语）、张帆（英语）、赵乾（日语）、孙敬之（地理）、王甲刚（数学）、傅大陵（物理）和董晨（化学）等人。[2]

是年秋天，日军又来进行"扫荡"。高中班学员方扬等四五十人在前面走，后边敌人的骑兵追赶而来。于是，他们以急行军的速度前进，走了一段前面却横着一条大河，带冰碴的流水齐胸深。队长毫不含糊地下令蹚水迅速前进，男学员扶女学员，强的扶弱的，迅速渡过了河。女学员吴昭忽然晕了过去，男学员立即用担架将她抬起来跑步前进，一口气跑了十多里才到达一个村庄。这时，天气阴沉、漆黑，伸手不见五指。大家聚在老乡的菜油灯下，看女学员吴昭却仍未苏醒。教员邓德滋有些急救常识，用手卡人中没反应，然后用嘴咬脚后跟，这才把吴昭抢救过来。可见，那时的师生关系就是战友关系，同学之间比兄弟姐妹还亲。又有一天，高中班师生十多个人在山坡上的小村庄，忽然听说敌人将上山搜查，于是通知赶快做饭，吃完饭绕山同敌人周旋。

---

[1] 方扬：《母校为我插上革命理想的翅膀——华北联大高中班的回忆》，载刘葆观主编《血与火的洗礼——从陕北公学到华北大学回忆录（1937—1949）》（上卷），中国人民大学出版社，2007年，第301—302页。

[2] 顾稀：《回忆华北联合大学》，载刘葆观主编《血与火的洗礼——从陕北公学到华北大学回忆录（1937—1949）》（上卷），中国人民大学出版社，2007年，第177页。

流动的大学：华北联大 1939—1948

很不凑巧，学员方扬当天下午疟疾发作，无奈只好加倍吃药，想把疟疾顶回去。不料，由于疟疾丸是砒霜制剂，当做好饭正准备吃土豆，方扬忽然嘴张不开，舌根发硬。教员、学员一见，立即抢救。教员王明征及学员张和给方扬做人工呼吸，病情这才有所好转。不到半小时，大家看到敌人在山下烧村庄，很快要冲上山来了。在队长指挥下，大家立即转移，而方扬因病两腿发软、无力，同学们把他的背包接过去了。跑到一个深山的阴面，山坡陡峭，没有道路，只有常年积雪与密密层层倾斜矗立的小树。这时，方扬发软的两腿怎么也站不住，寸步难行，走一步滑下一丈多远，而且树小拦不住，很有"一滑到沟底"的危险。据方扬回忆说："这时太阳将落山，胡承老师与徐莹同学迅即扶我下山。但我走路仍站不住。于是他们站在倾斜的下坡，以脚让我踩住下山，他们上一只脚，我踩住下一步，就这样一步一步走，经过两个多小时才下了山。到山下全队七八个人集中，一个不缺。我们的同学战友，就是这样'生死与共'，'同患难、共甘苦'与敌人周旋的。他们在敌人的围攻中救出了我，我心里真有说不出的感激，他们的高贵品德，一直铭刻在我心里，以此作为鞭策自己继续前进的动力。"[①]

同年秋季，作家孙犁从《晋察冀日报》调到了华北联大教育学院的高中班教国文。到了高中班以后，本来那里的教员们有一个宿舍大院，但孙犁一向性格孤僻，就自己在村北边找了一个人家住下。当时，孙犁在屋中间搭了一扇门板作为床铺，每天清早到村边小河去洗脸、漱口。当小河结了一层薄冰的时候，华北联大开始了反"扫荡"。孙犁说：

> 行军之前，我领到一身蓝布棉衣。随即爬山越岭，向繁峙县境转移。我们原住的村庄，属于阜平。

---

① 方扬：《母校为我插上革命理想的翅膀——华北联大高中班的回忆》，载刘葆观主编《血与火的洗礼——从陕北公学到华北大学回忆录（1937—1949）》（上卷），中国人民大学出版社，2007年，第303页。

第四章　留下"一粒种子"

不知走了多少天（那时转移，是左转右转，并非直线前行），在深山里的一个小村庄，我们停下来。我的头发很长了，有一个人借了老乡一把剪刀，给我剪了剪。我就发起烧来，脖颈和脊背的上部，起了很多水痘。我主观认为这是因为剪刀不净引起的，当然也可能是其他原因引起的，而且很可能就是天花。我有一个学生，名叫王鑫郎，他是全班长得最漂亮的，他在反"扫荡"中就得了天花，等到反"扫荡"结束，再见到他时，我简直不认得他了。我因为幼年接引过牛痘，可能发病轻微罢了。

当时领队的是傅大琳同志，他是物理教员，曾经是南开大学的助教。他见我病了，就派了一位康医生，一位刘护士，还有一位姓赵的学生，陪我到一个隐蔽而安全的地方去养病。说实在的，在我一生之中，病了以后得到如此隆重的照顾，还是第一次。不过，这也是因时制宜的一种办法。在战争紧急之时，想尽一切办法，把人员分散开来，化整为零，以利行军。

我们就到了蒿儿梁。……

在那样一个寒冷的地方，我安全而舒适地度过了一个难忘的冬季。……

我们在那里，住了两三个月，过了阳历年，又过了阴历年，才奉命返校。去的时候，我们好像是走的西道，回来的时候，是从东边一条小道下山，整整走了一天，才到山根下，可以想象蒿儿梁是有多么高。[①]

1944年4月，经历了敌人三个月的残酷"扫荡"，孙犁刚从繁峙的高山上回到阜平，就和联大高中班六七位教员、几十个学员结队出发到"革命圣地"延安去。孙犁说："这是一支很小的队伍，由总支书记吕梁同志带队"，"他是一位善于做政治工作，非常负责，细心周到，沉默寡言的值得怀念的同志"。[②]

这支队伍通过敌人封锁线到达延安后，分散到延安大学的自然科学院、医学系、鲁迅文艺学院以及外国语学校中去。孙犁分配到了鲁迅文艺学院，

[①] 孙犁:《养病蒿儿梁》，载金梅编《孙犁自叙》，团结出版社，1998年，第97—100页。
[②] 孙犁:《山地的回忆》，载金梅编《孙犁自叙》，团结出版社，1998年，第120页。

193

方扬进了自然科学院化工系。

同年9月，晋察冀边区中学合并到华北联大教育学院，成为教育学院中学部。

晋察冀根据地建立后，为了恢复和发展中学教育事业，培养抗战急需的有知识有文化的干部，边区政府于1939年2月决定建立边区第一所中学——晋察冀边区民族革命中学（简称"民中"或"边中"）。学校地址设在河北唐县史家佐村，该村是一个有三百多户人家的大村庄。该村原有一个天主教堂，抗战爆发后教堂已无人主持，空闲不少房舍可以做学校办公室，还有一座能容纳两三百人的大礼拜堂可做教室。这在当时条件下，算是一个很好的办学地址了。按照边区政府要求，民族革命中学招收初级中学班一班或二班，每班名额以八十人至一百二十人为限。另外，参照地方的需要附设短期干部训练班，或附属小学校。短期训练班，一个班以二百人为标准。边区政府还规定了民族革命中学的办学方针，就是以救济失学青年、提高文化政治水准、训练地方工作人员、培植民族革命的基本干部、充实抗战建国力量为宗旨。

4月，民族革命中学正式开学，当时学员有二百多人，分编成两个连，每连一百人左右。连长、指导员由学校派干部担任，连下设排，排下设班，每排三至四个班，每班十至十二人，排长由学员中推选产生或指定。民族革命中学的第一任校长，由晋察冀边区第四专区专员张冲（张林池）兼任，副校长卜蔚英、李佳森。是年冬，白虹任校长，学校设教务处、总务处，教务处由黑焰、方波负责，总务处由彭文斌负责。学校的教员质量也较高，大多来自延安的陕北公学、鲁迅艺术学院和华北联大，他们都是充满革命热情的知识分子，如当时讲授社会科学课程的宋涛、讲授文学的郭汉城，还有语文教员吴亚夫等。据中学部学员刘志回忆说："这个学校虽然以文化教育为主，但也注重政治教育，注重让学员在抗日实践中增长才干。除上文化课以外，还有中国问题、社会科学、中国近代史等课程。学校领导经常请校外有关人员作当前抗战形势与任务的报告。特别是团结、紧张、严肃、活泼的校风，为培养我们青年高尚的思想品德打下了基础。""为了适应敌后的战争环境，学校强调生活战斗化,经常在深更半夜紧急集合,搞演习。我们女生班动作比较迟缓,但又不甘心落后。有一次,我们察觉到又要搞演习了,我们晚上不脱衣、不盖被,预先把背包悄悄地打好,一听到紧急集合的哨音,就背起背包往外跑。我班第一个到达集合地点。我们很得意,以为这次讲评,我们班一定要受到表扬。结果领导了解真情后,我们反而挨了一顿批评,班长作了检讨。"[①]

随着抗战形势的发展,根据地逐步扩大,边区中学教育事业也飞速发展。为了推进全边区教育事业,1940年边区政府决定:第一专区在五台、定襄县设立边区一中;第二专区在灵丘县设立边区二中;第三专区在易县设立边区三中;因民族革命中学校址在第四专区,直接改为边区四中;第五专区在平山县设立边区五中。

1941年1月,由于日寇的"扫荡"和"蚕食",根据地粮食十分困难。晋察冀边区实行精兵简政,将边区路西的五所中学进行整编:边区一中迁移到平山县,与边区五中合并为新的边区一中;边区二中、三中迁移到唐县和边区四中合并为新的边区二中,学校地址迁移到唐县西唐梅村。

1942年9月,边区政府决定将两所中学进行进一步合并,新的边区一中和新的边区二中均迁移到了阜平县易家庄,合并为晋察冀边区中学。合并后,教职员工和学生只有一百八十人左右,办学规模和教学条件受到了很大的限制。1943年春,边区中学迁至灵寿县大庄上。不久,又迁至该县南营。一年后,迁至该县漫山村。在漫山村,大家马上由"一面学习、一面战斗"转为"一面学习、一面生产",展开了轰轰烈烈的大生产运动,学校生活也很快得到改善。

1944年9月,晋察冀边区中学合并到华北联大,成为联大教育学院的中学部。

[①] 刘志:《战火中的青春——华北联大教育学院中学部回忆片断》,载刘葆观主编《血与火的洗礼——从陕北公学到华北大学回忆录(1937—1949)》(上卷),中国人民大学出版社,2007年,第298页。

学校无论搬迁到哪里，上课都没有教室，夏天总是在树荫下，冬天在向阳的墙角下。数九寒天，即使找到大房子，因无取暖设备，也是冷得很厉害，如教员上课冻得发抖，一只手插进裤兜里，一只手拿着书讲课，两只手不停地倒换着。人们常用"小米加步枪"来形容战争年代的生活及装备，而事实上当时学校连小米也经常吃不到，多半吃玉米面糊糊或玉米饼子，有时吃黑豆及带壳的高粱面粥。同时，由于长时间吃不到蔬菜，学员们患夜盲症的很多。不过，生活虽然这样艰苦，但大家都充满着革命的乐观主义精神。那时，同学之间、师生之间亲密团结、互助友爱，师爱生、生尊师，形成一个革命的大家庭。下课后，教员顾不得休息，被学员围着解答问题。晚上上自习，每个班七八个人围在一盏棉籽油灯下做功课，而教员则静悄悄地坐在他们一旁等待解答问题。可以说，师生真正是生活、劳动在一起，学习、战斗在一起。

青春啊，青春！多少人的青春岁月，是在晋察冀边区中学和华北联大中学部度过的。那是艰苦的青春，战斗的青春，也是美丽的青春，难忘的青春！

上午学习，下午生产

加强根据地的经济建设，是中国共产党领导根据地军民长期独立坚持敌后抗战的重要一环。没有根据地的经济建设，支持抗日战争和巩固政权都是不可能的。

1941年以后，日本侵略者把主要的军事力量放在中国共产党领导的敌后战场，对敌后抗日根据地进行反复的、大规模的"扫荡"和分割"蚕食"，实行"三光"政策，大肆烧杀抢掠，以毁灭抗日根据地的生存条件。

日军的疯狂"扫荡"，国民党顽固派的包围和封锁，加上华北各地连年遭受水、旱、虫等自然灾害，使各抗日根据地的面积缩小，工农业生产遭到极大摧残，军队人数逐渐下降，财政经济陷于极端困难。晋察冀、太行等地军民甚至不得不以野菜、野果充饥，"弄到几乎没有衣穿，没有油吃，没有纸，没有菜，战士没有鞋袜，工作人员在冬天没有被盖"[1]，敌后抗日根据地面临严重困难局面。

其实，中共中央早在1938年12月20日《新中华报》社论中发出了"广泛开展生产运动""保证各区物质（资）供应的自给自足"的号召，要求"努力提高工农业的生产力，工人农民以及广大劳动人民的生产热忱"，要求发动各级党、政、军群众团体中的全部工作人员、各部队的指战员"一面工作，一面生产，把工作与生产联系起来"，"只有这样才能支持长期抗战，才能保障战时物质供给"。[2]

1939年2月，毛泽东在延安生产动员大会上，针对根据地越来越严重的困难局面尖锐地提出："饿死呢？解散呢？还是自己动手？饿死是没有一个人赞成的，解散也是没有一个人赞成的，还是自己动手吧，这就是我们的回答。"[3]从此，在"自己动手"的方针指导下，从陕甘宁边区开始到敌后各抗日根据地，从党政军学人员到各解放区的广大群众，大生产运动逐渐地开展了起来。

1943年1月8日，中共中央在延安召开中央、军委各直属机关学校生产负责人会议，李富春作了《丰衣足食，为改善物质生活而斗争》的报告，传达了中共中央提出的"1943年要达到丰衣足食"的号召，要求各系统制订"丰衣足食"的生产计划，组织生产委员会领导生产。为了把生产运动推向各个根据地，当年10月1日，中共中央发出《关于减租、生产和拥政爱民及宣传十大政策的指示》，明确指出："一切机关学校部队，必须于战争条件下厉行种菜、养猪、打柴、烧炭、发展手工业和部分种粮。""各级党政军机关学校一切领导人员都必须学会领导群众生产的一全套本领。凡不注重研究生产的

---

[1] 毛泽东：《经济问题与财政问题》，载《毛泽东选集》第3卷，人民出版社，1991年，第892页。

[2] 中国抗日战争史学会、中国人民抗日战争纪念馆编《抗战时期的经济》，北京出版社，1995年，第480页。

[3] 中共中央文献研究室编《毛泽东年谱 1893—1949》（中），中央文献出版社，2002年，第108页。

人，不算好的领导者。"[1]

毛泽东指出："发展经济，保障供给，是我们的经济工作和财政工作的总方针。""财政困难，只有从切切实实的有效的经济发展上才能解决。"[2]

根据中共中央和毛泽东的指示，华北敌后抗日根据地全党、全军、全民总动员，相继开展了互助合作和大生产运动。在晋察冀抗日根据地，由于日军的频繁"扫荡""蚕食"，1941年至1942年间根据地巩固区大为缩小，生产生存条件遭到极大破坏。为了根本扭转边区经济的困难，繁荣和活跃边区经济，1941年8月边区政府召开了边区第二次经济会议，会议根据边区经济发展的状况，针对日军对边区开始实行"蚕食""封锁"和"三光"政策的形势，明确提出迅速建立起边区自给自足的独立的抗战经济，并指出——经济上的自给自足"是粉碎敌人经济毁灭边区的唯一保证"，"是坚持敌后独立抗战的唯一保证"。会议要求，普遍团结组织广大的小农经济的力量，活跃发展边区生产，在大力发展农林牧畜业，特别是粮食生产的同时，适当提倡种植工副业生产所需之经济作物棉、麻、油等，大力提倡和奖励发展手工业和家庭副业生产，适当发展采煤、冶铁等重工业和军工生产，以解决边区必需品自给自足的问题。在边区政府的领导组织下，1941年至1943年全边区以"消灭熟荒，防止新荒，开展小型水利"为重点，修旧渠、开新渠一千余道，凿井一千三百多眼，可浇地十九万余亩。1943年，全边区开展农业生产竞赛运动，极大地促进了农业生产的发展。

1944年1月20日，中共晋察冀分局发出《关于1944年工作方针及任务的指示》，要求"加强全党对生产经济工作的认真领导，组织全体人民和机关部队的一切力量，根据毛泽东同志在《组织起来》中指示的方向，认真大

---

[1] 毛泽东：《开展根据地的减租、生产和拥政爱民运动》，载《毛泽东选集》第3卷，人民出版社，1991年，第911页。

[2] 毛泽东：《经济问题与财政问题》，载《毛泽东选集》第3卷，人民出版社，1991年，第891—892页。

力开展1944年的大生产运动"①。1月16日至24日,晋察冀边区行政委员会和边区抗联会联合召开了扩大的经济会议,讨论部署大生产运动。会议决定:边区的经济工作是以大生产(农业、副业)运动为主,大运销运动为辅,把广大人民(无论男女老少)与党政军民(无论干部士兵杂务人员)的一切力量组织起来,开展全边区普遍的深入的群众性的运动。组织这个运动的最主要的形式是合作社,即"在劳动互助上,在群众运输上,在农业再生产物品的供给上,在机关部队的生产工作上等,都要尽量展开合作运动。用这样的组织力量,把战争与经济工作结合起来,克服困难,准备反攻的力量"。1944年的生产任务是"不荒一亩熟地,保持去年的生产水平",在巩固区及游击根据地有劳动力的要做到有十分之一组织为拨工队、变工队;在游击区,要把农业生产与"反抓夫、反抢粮、反勒索"等对敌斗争结合起来。会议还决定,设立各级生产委员会,作为大生产运动的统一领导机构。这次会议成为晋察冀边区广泛开展大生产运动的动员大会。

根据1944年的中心任务"强化对敌斗争,开展大生产运动,深入进行整风与反法西斯的民主教育",晋察冀边区党和政府号召全边区军民"一面战斗,一面生产;大家动手,克服困难"。整个边区动员起来了,开始了轰轰烈烈的大生产运动,所有的党政机关和群众团体的工作人员都行动起来。对此,华北联大也不例外地投入其中,上午学习,下午生产。

华北联大生产条件差,过去没有基础,生产基金缺乏;劳动力不够强,学员二十岁以下的约占一半以上,女学员约占总人数的三分之一;而且人员流动性很大,影响有计划地进行生产和技术的提高;学校周围土地缺乏,进行农业生产困难。②根据以上生产条件,联大确定发展多种经营,如纺纱、卷烟、砸杏核、缝纫、打毛衣、捻羊毛等。学员们大部分人过去很少劳动,家务活都不怎么干,大多笨手笨脚的,甚至有人竟不知道棉衣里的棉花是怎么装进

---

① 李茂盛、杨建中:《华北抗战史》(下),山西人民出版社,2013年,第253页。
② 曹剑英等:《晋察冀边区教育史》,河北教育出版社,1995年,第206页。

流动的大学：华北联大 1939—1948

▲ 1944年，八路军战士在大生产运动中耕地

去的。学校把做服装的布料发下来让大家自己缝制，有的男学员居然把大襟做在左边了。据政治班学员方亭回忆："春天，到离我们平房村不远的河西村边去种大麦，撒种浇水，人多手杂。也真有好样的，李光宇同学摇辘轳不歇手一气一百圈，大家禁不住为他喝彩。我们大兵团作战种几亩地，干得挺热闹，可都是外行，秋天收割后扣除种子，平均每人只能交五斤公粮。对种地这门学问我们是多么无知啊！不过，同志们的劳动态度还是蛮不错的。掏茅坑虽然又脏又臭，许多人却抢着干。有人对拾粪很上劲，清晨起个大早，背着粪筐走到村外老远，边走边低头寻找，看见一堆粪真如见到了战利品。七月，冒着暑热在村对面、河滩种萝卜，王文双手抓粪干施肥，许植在旁边见到也学着他的样子干。最苦最累的活是冷天到炭灰铺煤窑去背煤。林牧、李营、李元、于山、苏凡、王立、王文、张侠、章展、李光宇、林阳、魏民、孟北、王信、季洪、黎光、李本、孙知行、沈毅等体力较好的男同志都干过这差事。一个人要背七八十斤煤，往返八十里山路，天没大亮就出发，天黑了才回来，两头不见太阳。每人带十两红枣作干粮，二十来岁的小伙子哪里够吃，饿得走不动了，摘下树尖残留的一点黑枣充饥，渴了喝上几口凉水，害得许多人肚子疼。在回来的中途，王立走不动倒在地上睡着了，李元路过叫醒了他，本应下山，他迷迷糊糊又往山上走。张侠实在累了，躺在道边寻开心，大叫'三轮'，让同伴们在哄笑声中解解乏。有一次，晚上九十点钟了，还不见背煤同志的人影，村里的同志急得坐立不安，全班的人都跑到村口外等候张望，有的人爬过山头去迎接，好不容易这批'远征军'陆续到家了，一个个满脸污

黑累得像散了架。""每隔二三十天,我们就要去搞一次短途运输,我们平日吃的小米、萝卜、土豆等都靠自己背。把裤子的两条裤腿口扎紧,从上面灌进粮食,再将裤腰收拢捆住,往肩背上一骑,爬岭过河,走个十里八里,一路上说说笑笑,又唱又闹,成了一种别开生面的文体活动。"①

学员们虽然劳动所得有限,上交公粮为数不多,学校也没有给班级规定具体指标,但是大家在大生产运动和日常的劳动中身心都得到了极好的锻炼,培养了劳动观念。有的班上出现了先进生产者,年终总结评比,好几个男学员上交公粮超过了三百斤,如政治班张侠上交公粮四百斤,名列榜首,被选为"劳动模范",并作为班级代表于1944年底参加了晋察冀边区第二届群英大会。

师范班从1943年开始大生产运动。这年春天,到观音庵北面的菜地北沟砍梢林、打柴草,在山沟里露宿了三夜,后来将砍下的柴草分几次背回学校。夏天,到石佛寺北面的跑马梁开荒,但播种下的谷子、萝卜没来得及收割鬼子便开始"扫荡",结果反而成了守卫神仙山部队的"战斗粮"和逃难群众的"救命粮"。1944年,在跑马梁又开了一片荒地,收获的粮菜补贴了新生队的伙食。据师范班学员张稚枫回忆说:"那两年还多次参加背坑木换煤的劳动。从平阳或康家峪背坑木,到炭灰铺煤窑换煤,用运输费抵买煤钱,解决了全院免费烧煤的问题。同学们背着几十斤或一二百斤的坑木、煤炭,两头顶着星光,行进在险峻崎岖的山道上,往返一百多里,冬天冻得鼻红脸肿、唇干脚裂,伏天热得汗流浃背、头晕目眩。但是,同学们以劳动为荣,以艰苦为乐,任劳任怨,从不叫苦。在劳动中,锻炼了筋骨,也培养了坚忍不拔的毅力。"②

为了广开生产门路,开源节流,增产节支,师范班学员们献计献策,各

---

① 方亭:《在敌后学习——忆华北联大教育学院政治班》,载刘葆观主编《血与火的洗礼——从陕北公学到华北大学回忆录(1937—1949)》(上卷),中国人民大学出版社,2007年,第281—282页。

② 张稚枫:《在火热的斗争中锻炼成长——回忆华北联大教育学院师范班》,载刘葆观主编《血与火的洗礼——从陕北公学到华北大学回忆录(1937—1949)》(上卷),中国人民大学出版社,2007年,第292页。

尽其能，陆续开展了多种手工生产。男学员编筐篮、笊篱、炕席、草帽、烧石灰、木炭，修理门窗、桌凳、农具、炊具，甚至手巧的还和女学员一起参加纺织组，纺棉线，拧毛线，织毛衣、毛裤、毛手套。会针线活的女学员组成缝纫组，做夏装、拆洗棉衣、棉被。有十几个学员还在教员李又人带领下参加了卷烟组，印烟盒、糊烟盒、切烟丝、卷烟、包装。例如，华北联大教育学院生产的孔雀牌香烟在王快村华胜商店（院生产合作社派出机构）经销，一炮打响，很受欢迎，一直供不应求。

在张稚枫看来，除了为抗战家属代耕，帮房东抢收抢种、采杨树叶（阜平山区群众过着"糠菜半年粮"的生活，以树叶代粮）、垒墙抹房外，至于到粮站背粮、到伙房帮厨、到山上打草这些都是"家常便饭"，本来华北联大的校训（"团结、前进、刻苦、坚定"）中就有"刻苦"二字。

大生产运动创造了丰硕成果，改善了物质生活，锻炼了学员的体魄，也磨砺了华北联大师生的革命意志。

政治班：为城工部培养干部

1944年2月26日，华北联大教育学院政治班正式成立开学，汪士汉任班主任兼支部书记。该班学员全由中共晋察冀分局城市工作部安排来校，大多是从平津等敌占区大城市来的青年学生，约六十人。开学时，全班学员以无法抑制的喜悦心情写信给中共晋察冀分局，表达对中国共产党的无限感激和敬仰。

此前，中共地下党员们在敌占城市工作时，发现了一些想追求进步的青年。当时，他们正在苦闷地摸索，想寻找一条抗日的途径，一旦得到了党的指引，前方的道路突然被拨亮了。这样，三三两两的知己，原来互不相识的一些青年，先后冒着危险从敌人占领的北平、天津秘密地进入晋察冀边区。于是，城工部长刘仁向分局提出，在华北联大教育学院开设政治班，后获得批准。在1943年秋季大"扫荡"之后，政治班便开始筹备了。

设立政治班是刘仁的一个富有远见的决策，它是为培养城市工作干部而特别设立的，不同于教育学院的师范班、高中班。华北联大只负责政治班的教学，主要是对学员进行思想政治教育，提高学员的政治觉悟。至于学员的档案、人事关系及政治审查，直接由城工部掌握。学员的流动性也较大，或个别或三五人陆续进校，或部分学员因工作需要随时调回城工部。可以说，政治班是培养、储备干部的基地。当城市工作形势发展需要时，城工部便可以从政治班选调一批经过学习、锻炼的青年学员，派到敌占城市开展工作。

政治班和教育学院院部一样，也设在阜平县平房村。尽管敌占区老百姓的日子苦不堪言，学员们却还能不愁温饱。他们从大城市来到贫瘠的阜平，看到了中国农村真实的一面：根据地虽然开展了"减租减息"，农民组织起来拨工互助，但生活仍然十分困苦。当时，一大锅树叶放上几把玉米面搅拌熟了加点盐，就是老乡们的日常饭食——叫作搅疙瘩；吃上一顿玉米面饼子，就是老乡们的上等饭食了。还有，不少人家几个人盖一床被子，炕上铺一张破席子；男女老少冬天一身空心棉袄，衬衣是他们没有想过的奢侈品。至于生活日用品，如毛巾肥皂都不多见，更不要说其他了。

政治班的学员们来到边区，就要在生活中吃苦，这对每个人都是很好的锻炼。学员们比老乡吃穿都要强，他们吃小米，不吃树叶；冬天一身里面三新的棉衣，夏季两身单衣——当然都是粗布的，一年四双布鞋。当时，组织上对这些从城市来的学员格外照顾，破例发给每人一顶蚊帐，而这在当时真算得上高档消费品了。1944年，根据地已渡过最困难的时期，但年初时大家一天只吃两顿黄豆小米粥，有些饭量大的男学员刚撂下饭碗就提着饭桶到别的小组"串门化缘"，吃了上顿盼下顿。不久后，大家吃上了香喷喷的红豆小米饭。秋末，政治班从平房村搬到河西村，打地铺睡——地上铺一层砂子，上面再垫上从山上打来的干草，一人一床被又铺又盖，个子高的人一不小心脚就捅出来了，只好用绳子把被子一头扎起来。学员们每个人都有一个搪瓷缸，大家都叫它"一品缸"——吃饭、刷牙、喝水、洗脸，一缸多用。天冷了没有热水用，有的人索性不洗脸，连那个"一品缸"也几天一"总结"（洗刷）；一冬天脚上一层渍泥，春天再到河沟里浸泡；人人都长了虱子，还美其名为"光荣虫"呢。边区的供给制除了低标准的衣食，每月还有两元伍角的津贴（军区司令员聂荣臻也才五元钱边币）。这点钱虽然只够赶集买上一两块棉籽油做的黑肥皂，有人嘴馋吃一次麻糖或炸油饼就报销了，但发津贴时大家都喜气洋洋。到了秋冬，学员们拿钱到老乡家买红枣，一大捧红枣几个人围在一块儿一会儿就吃光了。政治班的学员终于体会到，在艰苦的战争年代，"以苦为乐"是一个革命者应具有的品格。

政治班的教学指导方针是理论联系实际，并大力倡导自我教育。学习的内容主要有两项：理论和时事政策。理论课包括"社会发展史""社会科学概论""论持久战""中国革命和中国共产党""新民主主义论""评国之命运"等，一般都是选学有关章节，授课教员先后有汪士汉（"新民主主义论"）、何戊双（国际问题）、刘克明（"社会发展史"），以及胡华、刘克等人。当时，学员们端给教员一碗用烧焦了的红枣沏的枣茶，就是他们所能表示的敬意了。

通过几个月的理论学习，政治班的学员们懂得了中国社会的性质，中国革命的对象、任务、动力，中国革命的两个阶段和中国革命的前途等基本理论知识，再联系党领导的抗日战争、边区的政权建设、统一战线、阶级关系的实际，使大家对革命有了具体的理解，不像过去只是抽象的，或者是小资产阶级的幻想。理论联系实际的学习方法，既联系革命斗争的现实，又联系自己的思想认识，再加上老老实实的学习态度，获益匪浅。

时事政策学习是经常的，每天读报帮助大家了解边区的对敌斗争、党的各项政策和国际形势。院部负责人还给学员讲解过边区的"减租减息"政策，以及根据地的抗日民主政权。为了使大家增加边区的感性知识，学习先进人物的革命品质和斗争精神，女学员参加过 1944 年 3 月晋察冀边区各界模范妇女和妇女干部扩大会议，全体学员还旁听了年底的全边区的第二届群英大会。10 月 10 日，晋察冀边区各界举行"纪念国庆节要求改组国民政府改组统帅部群众大会"，这是一次重要的时事学习，讨论持续了一个多月。通过学习讨论，不管持哪种意见的学员，对代表全国人民利益的中国共产党的政治路线都有了更具体深刻的理解。

第四章 留下"一粒种子"

1944年5月，院长李常青和班主任汪士汉去分局党校参加整风。夏天，政治班整风学习也开始了，先是学习整风文件，接着就是给学校领导提意见，在小组中交心检查思想。学员们缺乏革命实践，总结不出什么工作上的经验教训，但每个人都真心实意地向党交心。大家怀抱着追求真理和抗日的决心投奔到解放区来，对党由衷地敬仰，但也不免有些个人打算，如有人是想到边区上大学深造，有人以旁观的态度先来看一看，有的则想找一条个人出路。这些思想都在小组交心里倒出来了，每个人都谈了自己的主要经历、思想变化过程、参加革命的动机、想不清楚的问题等。除了开展小组活动，学校提倡个别交谈。傍晚以后，微风习习，宽阔的河滩上是谈心最理想的场所。同组的或外组的，自愿约在一起结成对子，彼此敞开心扉，谈自己的思想问题以至内心的隐秘，互相启发、互相帮助，充满了同志间的坦诚。据当年的政治班学员方亭说："整风确实是一次马克思主义的学习运动。经过整风，我们学会了批评与自我批评。我们发现脱离实际是我们的一个致命弱点，因此看问题往往从抽象的定义出发并且容易片面；我们身上存在着一些不符合无产阶级思想的个人主义、自由主义之类的不正确的东西。我们认识到必须端正自己的思想方法，加强思想意识的修养，不断改造自己。通过整风学习，我们认识到必须端正自己的思想方法，加强思想意识的修养，不断改造自己。整风学习使我们的认识和觉悟都大大提高了一步。"方亭还说："在地处农村的环境里，针对城市知识青年本身的长处及弱点进行教育引导是一项新的工作，不足之处是难免的。我们第一期政治班是以后若干期政治班一个很好的开端，汲取了不少有益的办学经验，学校对我们的培训是很成功的。"[①]

为了预防秋季敌人来"扫荡"，1944年9月，华北联大把政治班送到了繁峙银河山一带。行前，学校做了动员和准备，每个人的背包不许超过十五斤。学员们十几个人分为一个战斗小组，有一名组长，还选配一名师范班学员做

---

① 方亭：《在敌后学习——忆华北联大教育学院政治班》，载中共北京市委党史研究室编《中共中央华北局城工部》，中共党史出版社，1995年，第242—243页。

副组长。师范班的学员都是边区当地的人，熟悉情况，有反"扫荡"的经验，他们是来帮助指导政治班的。当然，这回只能算是反"扫荡"的"实习"，因为并没有敌情，但对政治班的学员来说，这是一次适应战时环境的独立生活锻炼。各个小组分散住在一些极为偏僻的小村，上山砍柴打草，烧火做饭全靠自己。学员们每天光两顿饭就忙得不亦乐乎，烧柴锅硬是烧不好，几个人蹲在灶火前又是用嘴吹又是用棍子捅拨，弄得满屋都是浓烟，呛得直咳嗽，甚至眼睛被熏红了直流泪还是燃不着。最后，学员们不得不请老乡过来帮忙，只见老乡三下两下就把火熊熊地烧起来了。就这样，短短的时日，大家和老乡处得十分融洽，每天帮助他们干点活，和他们聊家常，教他们唱歌，小孩子们也围着学员们团团转。妇女们对女学员们特别亲热，不过她们对这些外乡来的姑娘有点纳闷，担心地说："你们不会烧火、推碾子，也不会纳鞋底，以后怎么找婆家啊！"

政治班日常的学习、生活、劳动都由班学生会组织安排，学生会由选举产生，设有主席和学习、生活、生产、民运等委员，委员还可聘请干事。生活干事章展负责掌握作息时间，他的哨声从村东吹到村西，不辞辛劳为大家服务。所以，政治班的生活朝气勃勃，从早到晚歌声不停，出早操唱，吃饭前唱，开会时唱，行军时唱，休息时也唱，嗓子好的、五音不全的都放开了喉咙唱。高英是班上的常任指挥，她个子不大，气派不小。那时，全边区党政军机关的干部、战士都爱唱歌，革命歌声营造出根据地特有的革命气氛，鼓舞了人们的斗志。大家学唱的歌曲很多，如《八路军进行曲》《子弟兵进行曲》《在太行山上》《黄河颂》《黄水谣》《延安颂》《滦河曲》《英雄赞》《二小放牛郎》《减租小唱》等，还有一首扣人心弦的、深沉的《中共烈士挽歌》。政治班里有几个活泼开朗、爱说爱笑、歌也唱得好的女学员，如叶零、叶宁、艾山、徐英，被人戏称为"四大明朗"。每逢纪念日如教师节、"七一"、"八一"、元旦，政治班都组织小型晚会，独唱、对唱、话剧、曲艺等有一技之长的纷纷登台献艺，甚至还有女学员说相声呢。叶宁、艾山表演过一个相声小段叫"精神会餐"，她们把大家吃过的干果、水果、小吃、美味菜肴数得津津有味，最后抖了一个包袱："听，吃饭哨响了!""吃什么?""小米饭跟大菜。"逗得台下的学员们开怀大笑。

政治班学员到边区来的时间前后不一,最早的是1942年,如傅秀、何刚、叶宁等少数几个人;大批人是1944年到根据地;而1943年8月来的有王彦、李元、任淑、于恒、李营、林牧、夏阳、丁文、于山、卜一、王立、松坡、苏凡、高英、赤岫等二十来人。这批学员是政治班建立后的第一批学员。据政治班学员方亨说:"我们到政治班都是陆陆续续来的,因此先来的同学要不断迎新。王甦刚一到,就有人前来帮助拿东西安排住处,王彦、叶宁等女同学马上领来棉花和布赶着做被子。卜立中一进村,发现一个洗漱袋丢了,丁一听说了扭头就跑,去村外路上寻找。年岁不大的何刚像大姐一样关心地问寒问暖,一了解到老卜(卜立中)肺部有点毛病,当天就为他安排了病号饭。所有的新同学都得到如此热情的接待,每个人刚一来,就置身于革命友情和温暖之中。""在这个革命的集体中,全班同学亲如手足,互相关心互相爱护。吃饭时饭量小的让饭量大的;干活时力气大的照顾体质差的;男同学上山打草,女同志在家洗衣服;行军背包背不动了,有人帮忙;过河过不去,有人给背过去……"①

1944年夏天,李营、杜平、陆游、章展等少数人先后被调回城工部。回到城工部的学员,党组织根据大家的认识、觉悟以及考察,分别批准加入党组织的要求,实现了他们做一个中国共产党党员的愿望。在城工部,大家接受了如何做城市地下工作的短期训练后,绝大部分被派往北平、天津等地。派出做地下工作的人,大多选择在敌占区有社会关系的,以便于安身和进行活动。据伪北京师范大学学生林牧说:"1943年5月,我和另外一个同学一块去了晋察冀抗日根据地。到分局城工委后不久,7月,组织上让我到华北联大政治班去学习。经过一年的理论联系实际的学习,参加了大生产运动,在反'扫荡'中经受锻炼,我和许多同学一样,思想上发生了巨大的变化,觉悟大大提高了。1944年8月,我从华北联大政治班调回城工部,刘仁准备派我到

---

① 方亨:《在敌后学习——忆华北联大政治班》,载中共北京市委党史研究室编《中共中央华北局城工部》,中共党史出版社,1995年,第245—246页。

敌占区从事地下职工运动,他征求我的意见,我愉快地接受了这个任务。去敌占区之前,在城工部学习了一个时期,主要内容是有关地下工作的方针政策。""1944年底,刘仁派我去青岛,了解当时的海运情况,以及联系找海员工作的事,然后再回城工部确定具体工作任务。"①不久,林牧回到边区,旋即被派往唐山开滦煤矿工作。

这年12月,林子明任政治班班主任。林子明在华北联大政治班工作近两年,给政治班学员留下的印象最深。林子明开始在政治班时并未明确任务,他是学自然科学的,不能讲授社会科学的课程,而且他当时还不是共产党员,却是学校党政领导的得力助手,协助学校领导对学员做了大量的政治思想工作,发挥了别人不能代替的作用。一些来自敌占区的进步青年虽然自觉投身于抗日斗争,爱国热情很高,但不能完全适应新的环境,在学习和生活中经常有这样那样的思想问题。他们有时不找校领导和具体的班级负责人谈,却常常去找政治班班主任林子明。林子明有几十年的社会生活阅历,他来到抗日根据地后以一个知识分子的敏锐眼光观察一切,新旧对比之强烈使他能够鉴别新旧社会的本质区别,更容易学习和接受革命理论,从感性到理性地逐步加深了对党的认识,而这些正是那些涉世不深、思想上还不成熟的学员所缺乏的。正因为林子明具有这种"优势",他能够更便于和更好地进行政治思想工作。

有少数学员在敌占区时读过一些马列著作——其实并未真懂,到政治班来就想读大部头书,不满意以提高认识、改造思想、树立革命人生观为目的的教学方针,对有重点、有针对性的学习不以为然,而且知识分子那种脱离实际、自以为是的毛病比较突出。林子明对这样的学员苦口婆心地进行帮助,指出要在斗争中学习、在实践中学习,坚持理论与实践相结合、知识分子与工农相结合。林子明将心比心,讲自己对共产主义、对共产党、对边区的认识过程,讲做一个知识分子应该把自己放在人民群众之中,做群众的小学生。在林子明的帮助下,

---

① 林牧:《刘仁同志派我去当矿工》,载中共北京市委党史研究室编《中共中央华北局城工部》,中共党史出版社,1995年,第268—269页。

原本想离开政治班的学员留了下来，他们对一向尊重的林子明更增加了信任。[①]

1945年初，城工部将原送到政治班学习的几十名学员调回，集中举办了为期一月的城工训练班。训练结束后，这批学员一部分人派进城里，一些人留在机关工作，其中参加教育训练工作的有傅秀，参加调查研究工作的有卞立中、魏焉、安捷、于英、王文等，参加交通工作的有石澎、李本、季洪等。另外，城工部还安排了方亭、艾山、何刚、周建、勉思等五人去军区无线电训练大队学习报务，为建立地下电台做准备。是年暑假期间，大批学员来到了城工部，训练班达到前所未有的规模，城工部机关也格外忙碌起来。

---

① 方亭：《革命知识分子的楷模——林子明同志在华北联大的日子里》，载刘葆观主编《血与火的洗礼——从陕北公学到华北大学回忆录（1937—1949）》（上卷），中国人民大学出版社，2007年，第326页。

第二节　抗战胜利了

反敌"毁灭性'扫荡'"

日军正面"蚕食"被阻止后，于1943年上半年先后改为"跃进蚕食""辗转'扫荡'"，切断了北岳区与晋中区的联系，并对根据地经济进行破坏。"扫荡"初期，八路军由于判断不准，准备不足，致使有的部队机关遭到日军包围合击，受到很大损失。后来，经过认真总结经验教训，很快调整了兵力部署，由被动变为主动，使日军的"辗转'扫荡'"遭到了失败。至此，八路军扭转了1941年以来的被动局面，使根据地得到一定恢复和发展。

1943年9月16日至12月15日，不甘失败的日军华北方面军第六十三师团及第一一〇师团、第二十六师团、第六十二师团及独立混成第三旅团各一部及伪军共四万兵力向北岳区发动"毁灭性大扫荡"，企图打击该区八路军主力以破坏秋收、囤粮计划，一举摧毁根据地。这次反"扫荡"战役历时三个月，按敌"扫荡"重点分为三个阶段。

第一阶段，9月中旬至10月中旬，敌军对根据地中心区实行分散"清剿"，八路军以集中优势兵力打击分散之敌的战术打破敌"清剿"计划。9月15日，敌军先头部队近二万人，分别从平汉、正太、同蒲、平绥等铁路沿线向北岳区边缘要点集结。16日至18日，各路敌军以奔袭动作，采取分进合击之势，先后占领了第一军分区的易县松山，第二军分区的平山县蛟潭庄，第三军分区的唐县唐梅，第四军分区的平山县会口、六岭关和雁北地区的灵丘县下关。敌军控制以上要点后，于23日、24日合击边区首府驻地阜平，抢占战略要地神仙山。

神仙山位置适中、地形险要，是晋察冀边区的心脏地带，是敌我必争之地。据华北联大政治班学员方亨回忆："1943年8月到校，刚上了约两周课，9月

16日，敌人调集四万余兵力对晋察冀北岳区开始了为时三个月的'毁灭扫荡'。当天，华北联大进行了全校的反'扫荡'紧急动员。很快，村村坚壁清野，老乡都疏散转移了。当时学校领导提出，在反'扫荡'中我们的方针是，保存自己，坚壁起来，活着就是胜利。政治班和高中班的同学合编为许多小组去分散打游击。一部分人去了阜平与山西繁峙交界的最高峰银河山，一部分人去了阜平境内的最高峰神仙山。这两处高峰山势险峻，峭壁耸立，可以与敌周旋。我们打游击就是迂回躲藏，只能在山洞、山坳、野地里存身，有时在敌人'扫荡'过的村边找个被烧毁了的房圈栖身。敌人专在拂晓时偷袭，我们半夜就必须起身，没有睡过一个囫囵觉。白天不敢点火做饭，半夜再凑合吃点东西，经常饿饭。"[1]师范班的张稚枫则说，"1943年9月18日，全院分路转移。师范班师生分组疏散在神仙山南麓和岭北的深山中。那里是敌人三次争夺制高点——奶奶尖（神仙山主峰，又称太乙峰）必经之路，是重点梳篦搜剿的地区"，"9月下旬，敌人第一次强攻神仙山制高点。23日清晨进犯元宝顶（又称玉皇坨）途中，路过老路口。疏散在这村的同学郭金台、刘荫正协助粮秣主任筹粮，被敌人发现，在翻山逃避时被敌人机枪打中，当场牺牲。张时杰老师在率领其他同学突围时，被枪打伤踝骨，不能行走。眼看敌人要追上来，在万分危急中，师范班同学萍秀冒着弹雨，把他背上山梁，及时转移，才躲过一场灾难"。[2]

9月25日，日伪军四千多人在空军掩护下开始围攻神仙山制高区。扼守神仙山的八路军第四十二团指战员积极迎战敌人，依托有利地形苦战十二昼夜，终于将敌击退。在这次战斗中，第四十二团先后毙伤敌军四百多人，击落敌机一架，缴获重机枪一挺。在边区军民连续打击下，敌军乃于10月上旬

---

[1] 方亭：《在敌后学习——忆华北联大教育学院政治班》，载刘葆观主编《血与火的洗礼——从陕北公学到华北大学回忆录（1937—1949）》（上卷），中国人民大学出版社，2007年，第283—284页。

[2] 张稚枫：《在火热的斗争中锻炼成长——回忆华北联大教育学院师范班》，载刘葆观主编《血与火的洗礼——从陕北公学到华北大学回忆录（1937—1949）》（上卷），中国人民大学出版社，2007年，第293页。

陆续收缩兵力，退至各主要交通线上，进行补充整理，以图再犯。

第二阶段，10月中旬至11月中旬，敌军以重兵"扫荡"滹沱河沿岸的产粮区。八路军开展主力与民兵配合，掩护群众抢收与囤粮，使敌抢粮计划落空。

10月中旬，敌军抽出三千多人加强铁路沿线守备，将主力九千多人派往滹沱河、沙河、唐河沿岸产稻地区，终日背河袭扰，以图驱逐晋察冀军区主力，并掩护其抢粮。为粉碎敌人的阴谋，各军分区主力团及地区队一部，袭击敌据点，伏击往来之敌，争取歼灭小股突出搜剿和孤立驻扎守点之敌。抗日军政大学第二分校、陆军中学、各军分区教导大队的师生与广大民兵积极开展游击战和地雷战杀伤敌人，配合主力打击抢粮之敌。经过反复争夺，唐河、沙河、滹沱河流域八九成的庄稼都被抢收回来，敌人的抢粮计划未能实现。

敌军的抢粮计划破产后，他们于10月下旬一面继续"清剿"，一面集中兵力寻找晋察冀军区主力决战。11月初，敌人暗中调集兵力，采用闪击方式突然扑向神仙山。当时，担任华北联大教育学院反"扫荡"委员会副主任、反"扫荡"大队副大队长（全院组成一个大队、两个中队——高中班中队和师范班中队）的顾稀说："11月初敌人向神仙山分路突袭时，我师范班中队长张时杰被敌击伤，院领导派我去阜平县五区接代张时杰的中队长工作。我从阜平县四区北部神仙山山麓的平房出发，去五区的路上，敌人已分路合围过来，我在五区北部的神仙山山麓一片山地里找到了张时杰，我们有七八人会合在一起。敌人正包围了这片山地进行'清剿'，我们在山头上监视着敌人的动向，当敌人走近我们时，我们又绕到另一个山头上。敌人盲目地向四处山头打枪，并抢走当地农民散放在山上的羊群（入夜该羊群又被民兵夺了回来）。当天夜间，我们一批人背着受伤的张时杰从这片山地突围出来，进入到了神仙山的深处。第二天天明，由于敌人占领了平房，我们的大队部和高中班中队也来到了神仙山的深处。我和他们会合后，把人员分到神仙山地区的农民家中进行分散活动。我们大队部包括副院长、反'扫荡'委员会主任李常青，院军事指导大队长赵显正等。翻过神仙山主峰，进入到了山西省灵丘县境内，走

第四章 留下"一粒种子"

出了敌人的包围圈。"①

据师范班的张稚枫回忆:"11月间,敌人第二次围攻神仙山制高点,拂晓包围大油坪,在村头枪杀或挑死我伤员、干部多人。李天焕同志的爱人、曾任过边区十中生活指导科长的刘涑同志就牺牲在那里。师范班同学赵庆突围时,在谷口被埋伏的敌人枪杀。张士昌被俘后虽表现动摇,但也未能幸免一死。其他同学有的在前半夜转移到界马石,有的混在群众中未被发现,才免遭残害。11月间,陈琳同学被两个搜山的日伪军搜出,他宁死不当俘虏,赤手空拳同敌人搏斗,推倒面前的鬼子,躲过身后伪军射来的枪弹,钻进荆棘丛猛跑,终于逃离虎口。郭兴同学同所在村的群众一起被敌人围住,晚上双臂被绑,关在羊圈内。他鼓励两个老乡背靠背解开绳子,从羊肚子下匍匐爬行,躲过敌人的岗哨,逃出敌人的临时据点。两个老乡对他非常感激。反'扫荡'结束后,慰问团到村里慰问,干部、群众交口称赞郭兴,要求学校给他记功。在此之前,10月份疏散在大高石的两个同学帮助房东在大路边收割玉米时,发现南面来了敌人。房东是个国民党员,早就同段庄据点里的伪军勾结,硬拉着两个同学不让躲避。两个同学看穿他的阴谋,不顾他的阻拦,不管身后枪弹呼啸、汉奸嗥叫,奋不顾身地向山上迅跑,一个翻过山梁,一个隐藏在天然石壑中,躲过了敌人的搜捕。"②

第三阶段,11月中旬到12月中旬,敌军采取奔袭合击战术袭扰八路军机关,掩护其主力撤退。敌军遭受沉重打击后,被迫于11月中旬开始撤退。在撤退中,敌军依托据点连续奔袭、合击边区机关、部队,大肆烧杀破坏,以交替掩护其主力撤退。据此,北岳区军民采取的对策是:以小部队逼近敌人,监视敌人动向,迟滞奔袭之敌行动,以掩护主力转移或展开;以一部兵力引诱牵制敌人,主力

---

① 顾稀:《回忆华北联合大学》,载刘葆观主编《血与火的洗礼——从陕北公学到华北大学回忆录(1937—1949)》(上卷),中国人民大学出版社,2007年,第177—178页。

② 张稚枫:《在火热的斗争中锻炼成长——回忆华北联大教育学院师范班》,载刘葆观主编《血与火的洗礼——从陕北公学到华北大学回忆录(1937—1949)》(上卷),中国人民大学出版社,2007年,第293—294页。

转置外围包抄歼敌。12月初，被北岳区军民打得筋疲力尽的敌军，开始从神仙山地区撤退了。敌军在撤退中处处遭受地雷轰炸，又付出了惨重的代价。

这次反"扫荡"战役于12月15日胜利结束，粉碎了敌人毁灭北岳区根据地的企图，保卫了秋收、秋种和秋征工作，为边区军民转入1944年的攻势作战创造了有利的条件。

日军的"毁灭大'扫荡'"被我粉碎后，华北联大又回到平房、河西地区进行正常的教学工作。华北联大参加了1943年反"扫荡"的教育学院学员们，在三个月战争的洗礼中经受了考验。高中班的学员方扬回首往事时感慨地说："1943年敌人秋季大'扫荡'，采取'三光'政策。我们反'扫荡'，进入河北与山西交界的大黑山（神仙山）里，每人背了半袋炒米面、四两食盐，住在山洞里，以泉水作饮料，一直坚持了两个多月。后来敌人进入中心地带，我们又转到敌人据点附近的曲阳县农村，参加了地道战。这使我们开阔了眼界，看到了群众的智慧和勇敢顽强，想出各种办法杀伤敌人。不管在任何艰难危险的环境下，我们从不动摇退缩。因为任何时候都有坚强的政治工作深入心坎，任何时候都有革命的互助友爱温暖着全身。我们始终遵循华北联大的校训，严格鞭策自己。我们的歌声响彻田野，震撼着山峦，我是高中班侯晋生指挥的歌咏团的一个业余歌咏爱好者，自己的斗志、决心都通过歌声抒发出来。'我的母亲，我挚爱的联大，你英勇的气魄……'这几句歌词代表了我们的心情。我们都是不满二十岁的青年男女，离开了家庭，离开了母亲，唯一的依靠就是组织，就是联大。联大给了我理论，给了我智慧，给了我战斗的勇气，给了我光和热。联大是战斗的堡垒，是革命的熔炉，在我的思想里灌注了革命的火花。这革命的火花，一直激励着我不怕艰苦、不怕曲折、不怕荆棘，一直激励着我为实现共产主义奋斗终生。"[①]

[①] 方扬：《母校为我插上革命理想的翅膀——华北联大高中班的回忆》，载刘葆观主编《血与火的洗礼——从陕北公学到华北大学回忆录（1937—1949）》（上卷），中国人民大学出版社，2007年，第303—304页。

第四章 留下"一粒种子"

由于敌人经济封锁、疯狂破坏,加上连年遭灾,群众粮食歉收,华北联大的生活更是异常艰苦的。1943年夏季,师范班有两个月见不着玉米、小米,全靠黑豆、扁豆、红高粱掺杨树叶、野菜充饥。由于口粮定量供给,学员们一天只吃两顿饭,按组分饭,经常吃不饱。但是,学员们仍然发扬团结友爱、互相体贴的好风格,自觉地少吃一点,共渡难关。开荒背炭时,每人带一小布袋小米饭或两个玉米面饼子,一段咸菜、大葱,就算一天的干粮。到中午休息时,学员们迎着冷风,喝着凉水,吃起干粮也很香甜,有时搞到几个烤脆的辣椒就成为佐餐佳肴。

穿着也很困难。为了群众化,城市来的学员不能穿西装、长袍,部队来的学员要将军装换成便衣。学校每年发一身单衣、一套棉衣,但一年穿下来蓝衣服变成灰衣服,肩头补丁摞补丁好像百衲衣;半年发一双山鞋,背两趟煤就磨破了,于是钉鞋掌、纳鞋帮成了必要劳动,有的钉两层鞋底、几十个鞋钉,真是名副其实的"踢死牛山杠子鞋"。

住在老乡家里没有炕,都是各组自筹铺草,自己编草帘子。夏天蚊子咬,砍荆条、臭蒿子晒干编成熏蚊子的草绳,但很多人还是被蚊子咬伤,腿上化脓成疮。冬天,被褥装的黑羊毛不保暖,有的学员就在被子里塞满麦秸秆,钻进草窝里取暖。三九天火炉灭了,冻得一动不敢动,两腿抽筋,缩成一团,有的学员还自我解嘲地说:"我升团长啦!"

教室也很将就。天暖时,伙房东西一棵核桃树下就是课堂,每个学员的背包(后来各发一个马扎)就是坐凳,膝盖就是课桌。天冷后,借老乡两间闲房当作教室,搬来一排排片石或檩条当座椅;还在村西搭过一个席棚当教室,不久被日伪"扫荡"时给烧毁了。

回首往事,师范班学员张稚枫说:"这两年生活虽然艰苦,但同学们却充满乐观主义情绪。课外活动时间,大家参加体育锻炼、排戏表演、美术写生、唱歌跳舞、写稿作诗,天天歌声不断,笑语频传。有个同学在诗词里写过这样一句话:'我们,生活上是贫困的,而精神上是富有的。'有人抱怨山沟大学没有礼堂、没有教室、缺少教材、缺少教具,别人就反驳他,说:'别身在福中不知福,山沟大学有马列主义,有共产党领导,有抗日军民的支持,有坚定的政治方向和远大的革命目标!'是的,只有在这样的学校里,才能培养出有文化、懂政策、肯吃苦、能劳动、会打仗、可以独立工作、密切联系群众的新一代人民教师。"①

为有牺牲多壮志

"敌人'扫荡'我转移,放下背包就学习","在战斗中学习,在学习中战斗",是联大师生血与火的战斗生活的真实写照。抗战时期,华北联大在敌后抗日战场办学六年,是饥寒交迫的六年、血雨腥风的六年、顽强奋战的六年,直到终于迎来抗战的伟大胜利。可是,有不少联大的优秀儿女,为了民族独立和人民解放,甘愿抛头颅、洒热血,等不到抗战胜利就已献出了自己的宝贵生命。

1941年秋,正当华北联大蓬勃发展之际,日军的一次残酷的大规模"扫荡"开始了。这年8月15日,日军由"华北派遣军"总司令冈村宁次亲自指挥,集中十三万兵力进攻晋察冀边区北线的北岳区,企图把八路军主力围歼于长城两侧。八路军主力适时地转移到敌占区,打击日军后方、调动敌人、待机歼灭敌人。华北联大的队伍在平山县北部的大岭沟被敌人包围,子弹像蝗虫般飞来,大家分路突围。在此期间,联大有许多学员英勇牺牲,其中包括杨展。

杨展是杨开慧的侄女。1938年冬,陕北公学建立了一个党员干部队(第三队),全队有女同志十几个人,杨展就是其中之一。杨展面色红润、身体较胖,经常穿着一身粗布军服,系一条旧皮带,戴一顶灰色军帽,帽耳朵总是放下来并紧紧结着带子,把她的圆脸包得紧紧的。不论是早上跑步喊口令,还是晚上唱歌,杨展的嗓音都是很响亮的,唱得高兴时把自己的两个巴掌拍得山响!"展

---

① 张稚枫:《在火热的斗争中锻炼成长——回忆华北联大教育学院师范班》,载刘葆观主编《血与火的洗礼——从陕北公学到华北大学回忆录(1937—1949)》(上卷),中国人民大学出版社,2007年,第295—296页。

伢子，再来一个！……"很多同志常用湖南的称呼热情地叫杨展，她总是满不在乎，那么的淳朴、稚气，很像一个男孩子。[①]1939年夏，华北联大从延安出发，挺进敌后方。杨展比较胖，走路不太快，但她从未叫苦，总是精神抖擞、有说有唱的。华北联大队伍到了晋察冀以后，她在共产主义和共产党教研室编写教材，并被选为支部委员。1941年秋，杨展随联大校部及文艺学院的一部分人在突围进程中，不慎从悬崖上摔了下去，头部撞在岩石上。当队长赵显正救她的时候，她对队长说："队长，我不行了，你不要管我了，去帮别的同志吧。我死了，你把情况告诉党和同志们。抗日胜利了，你有机会，请你告诉我的父母。……"这位刚满二十一岁的女共产党员，就这样把她年轻的鲜血洒在了晋察冀的山冈上。1977年11月14日，杨展的父亲、杨开慧的大哥杨开智在北京拜访原华北联大校长成仿吾、军事科长张西帆等人时，成仿吾很沉痛地说："你杨家既有杨开慧，又有杨展这样好的两位烈士，你家真是光荣已极！"[②]

在1941年秋天这次连续两个多月的极端残酷的"扫荡"中，进入灵寿县漫山地区的华北联大校部队伍在日伪军的狂轰滥炸下损失惨重。事后，据华北联大总结追悼会的文件记载，联大有一百二十一人因被日军弹穿腹、刀破腹或悬崖殒命而牺牲。例如，校部教务干部曹成贤和一位学员在阜平县城南庄附近的树林中与群众一起被敌人包围，他们与两个敌人搏斗，奋勇夺取敌人枪支，但曹成贤不幸被敌人的刺刀刺中，壮烈牺牲；另一位学员边用盒子枪还击边撤退，终于回到了学校。法政学院院部秘书张书堂在唐县的百花山中同敌人搏斗时牺牲。社会科学部一队学员陈孟明曾经是北京大学学生、陕北公学学员，从华北联大毕业后在第二军分区工作，他在反"扫荡"斗争中不幸被捕，面对日军和汉奸审问大义凛然、怒斥日伪、奋勇搏斗，最终被日军用刺刀挑死。还有，儿童剧团最早的一位团员、十六岁的齐辰，在过封锁线时牺牲。

[①] 金岚：《追忆杨展同志》，载刘葆观主编《血与火的洗礼——从陕北公学到华北大学回忆录（1937—1949）》（上卷），中国人民大学出版社，2007年，第345页。

[②] 杨开智：《回忆我的女儿杨展烈士》，载刘葆观主编《血与火的洗礼——从陕北公学到华北大学回忆录（1937—1949）》（上卷），中国人民大学出版社，2007年，第344页。

流动的大学：华北联大 1939—1948

1942年，在日军对冀中区发动的五一"扫荡"中，华北联大文艺工作者陈春耀、路玲等人牺牲。路玲在大树刘庄被敌人包围，突围时被俘，她在敌人面前毫不畏惧、宁死不屈，在同敌人搏斗时被日军用刺刀挑死，牺牲时年约二十五岁。在这年的秋季"扫荡"中，联大又有一些学员不幸牺牲。其中，从平西军区挺进剧社到联大文艺部音乐系学习的祁式超，当时在平北分区工作，日军"扫荡"时他因积劳成疾正隐藏在深山密林的石洞中，被搜山的日军发现。日军对祁式超软硬兼施、威逼利诱，逼他说出伤病员隐蔽的地方，但他大义凛然、坚贞不屈。当日军打骂其他被俘战友时，祁式超一个箭步冲向敌人，用尽平生力气同敌人进行殊死搏斗，痛骂日军是畜生野兽。日军对祁式超用刺刀刺、用战刀砍，他宁死不屈地高喊"打倒日本帝国主义""中华民族解放万岁"，壮烈牺牲。原联大学员王炎等人在总结冀中平原的文艺工作时说："在八年抗战期间，尤其在1942年五一反'扫荡'中，各剧社都有壮烈牺牲的同志，如路玲、郭建秋、解俊儒、田祥群、刘彦、陈春跃、张玉、刘哲、翟明仁、罗品、靳世侃、李乃、王建纲、刘指南、刘锡田、田双柱、任绍光、刘尚武、王旭、杨略、钟学杰、于迁里、刘宝仁、张子风、白青山、于天寘、马育才等，不下数十人。还有后来牺牲的火线剧社社长苏路，以及其他剧社的李铭、张明、梁抗、寒冰、穆玲等同志，他们对抗战文艺的贡献，永远使人怀念。"[①] 这些牺牲的各剧社同志，大多是在华北联大学习过的学员。

1943年，是晋察冀边区斗争最残酷、生活最艰苦的一年，也是华北联大儿女牺牲最多的一年。4月间，曾任联大党委组织科科长、时任冀东区党委宣传部部长的吕光和曾任联大党委干部的爱人刘玉芬一起，在冀东丰润县（今唐山市丰润区）杨家铺山沟里参加区党委扩大会议，被日军奔袭包围。在冲出沟口时，吕光不幸中弹牺牲。刘玉芬见沟口已被敌人交叉火力封锁无法突围，且大队日军又追了上来，为了不当俘虏，她毅然拔枪自尽。吕光和刘玉芬都

---

① 王炎、陈乔等：《活跃在冀中平原的抗战文艺》，载晋察冀文艺研究会冀中分会编《战火中的冀中文艺兵》，1988年，第20页。

是作风正派、对党忠诚的好儿女,而吕光在调离联大时还对学校工作提出了很多中肯的建议。当时,原华北联大教员、时任冀东县委书记的李滔,机警地藏在牺牲同志的遗体堆中,脸上涂满了血,这才得以脱险。

5月,日军对北岳区第三军分区唐县、完县发动残酷的春季"扫荡",在完县野场村制造了屠杀全村男女老幼的"野场惨案"。曾在陕北公学分校和华北联大宣传科工作过的佘毅,这时在第三军分区主力第二团任政治处副主任,一直带领第二团与敌人辗转搏斗在唐河两岸。5月6日拂晓转移时,他们同敌人遭遇并被围困多时,佘毅在突围中不幸遇难,时年二十八岁。

在1937年上海"八一三"事变爆发前,佘毅曾经在上海海关任外勤职员。"八一三"事变爆发以后,在中共领导下,上海海关组织了"海关华员战时服务团",佘毅参加了前线慰问团的工作。1936年8月,佘毅在上海加入中国共产主义青年团;1938年3月,在延安陕北公学加入中国共产党。佘毅是音乐爱好者,被称为"金嗓子"。在陕北公学十三队学习期间,佘毅是队里的文娱干事,无论是早晚集合或是在上大课休息时,他总是带领大家高唱抗战歌曲。后来,佘毅担任俱乐部宣传科副科长,在他的组织、推动下,每个连队都有歌咏干事,还成立了全校歌咏队,使学员们在紧张的学习中感受到了愉快。1941年,佘毅调晋察冀三军分区任政治部宣传科科长,军分区各团的文娱活动开展得很活跃。佘毅经常带着军分区剧团深入连队演出,及时传唱一些新编的歌曲,激发战士们的战斗情绪,增强他们抗战胜利的决心和信心。1943年春季反"扫荡"开始后,佘毅这个没有什么作战经验的"书生"下到第三军分区主力二团任政治处副主任,在詹才芳副司令员率领下同日寇辗转周旋在唐河两岸,最后在突围中不幸英勇牺牲。[①]

1943年的秋季反"扫荡",华北联大牺牲的人员最多。是年9月16日,敌人集中四万兵力对北岳区中心区发动毁灭性的大"扫荡"。原华北联大党委妇委

[①] 佘崇一:《回忆佘毅烈士》,载刘葆观主编《血与火的洗礼——从陕北公学到华北大学回忆录(1937—1949)》(上卷),中国人民大学出版社,2007年,第347—348页。

委员倪淑英，这时在军区组织部工作，她隐蔽在神仙山炭灰铺村后一个山沟中。敌人知道这一带隐蔽着八路军后方机关的一些干部，他们在天不亮时就闯进这条山沟"清剿"，前面故意赶了一群羊伪装成放羊人上山。待倪淑英发现敌人时，敌人已经逼近。由于倪淑英身上带着一些党的文件和干部名单等机密材料，她赶紧烧文件，并叫勤务员快跑。勤务员不走，帮倪淑英一起烧文件。这时，敌人已经冲上来，倪淑英拔出手枪向敌人开火，且战且走。于是，敌人乱枪齐发，倪淑英倒在了血泊中，壮烈牺牲。勤务员受伤躺在倪淑英的尸体边，敌人以为他已死，就这样躲过了敌人的枪口。倪淑英是原华北联大政治部主任张然和的爱人，当时张然和已经调到冀中区党委任社会部长，她因怀孕则留在了冀西。

与倪淑英同在炭灰铺山沟里牺牲的还有原联大卫生处长范实斋，他当时在军区卫生部工作。那条山沟里隐蔽着一些病号和孕妇，范实斋作为医生在那里照顾病人。当日军伪装放羊人赶着羊群上山时，范实斋也未及防备，在突围中被敌人刺刀挑死，鲜血洒在了北岳恒山上。

9月下旬，日军强攻神仙山制高点，在进犯元宝顶途中经过老路口村。疏散在这里的华北联大教育学院学员郭金台、刘荫正在协助当地粮秣主任筹粮支前，他们被日军发现，在翻山逃避时被机枪击中而英勇牺牲。此外，教育学院政治班还牺牲了一位从北平出来的女学员胡辛林，她是不幸摔下悬崖牺牲的。据政治班学员方亭回忆："（1943年）12月的一天，何刚那个小组躲在胭脂洞一带，她们上午爬山隐蔽在小树林后，辛林走动时脚下踩的石头滑动了，同伴眼睁睁地看见她滚下山去摔在悬崖下，高英下去寻找，只见辛林面无血色已经停止了呼吸。辛林是胡宗南的侄女，原在北平上学，这个背叛了自己反动家庭投身到抗日战火中的爱国青年，壮志未酬就不幸离开了人世。回到学校后，我们隆重地安葬了她。"①

---

① 方亭：《在敌后学习——忆华北联大教育学院政治班》，载刘葆观主编《血与火的洗礼——从陕北公学到华北大学回忆录（1937—1949）》（上卷），中国人民大学出版社，2007年，第284页。

第四章 留下"一粒种子"

最令人痛心的是，壮烈牺牲的还有曾在华北联大少儿队学习过的两个最小的文工团员：一个是女孩，叫陈云，那时九岁；一个是男孩，叫计晋福，那时七岁。在1941年反"扫荡"中，他们走山路都很困难，还坚持自己背着背包。这次反"扫荡"结束后，陈云被送到阜平县槐树庄完全小学读书，计晋福被送去就读晋察冀边区小学。1943年日军"扫荡"中，边区小学隐蔽在一条山沟里，那条山沟里有八路军的军区后勤部在山洞里埋藏的各种军用品。当时，敌人把晋察冀边区小学包围了，他们要计晋福供出八路军后勤部埋藏东西的山洞，但他坚决不说，遂被日军用刺刀惨杀。1943年秋季"扫荡"开始后，陈云被隐藏到深山沟里干石沟村的老乡家。一天，日军偷袭干石沟，搜山时发现了陈云。日军用刺刀对准陈云的胸膛，逼她说出谁是八路军和八路军伤病员在哪里，但她斩钉截铁地说："不知道！"敌人企图将陈云带走，她趁敌人不备突然往群众中跑，敌人连开两枪，她倒在了血泊中，牺牲时年仅九岁。陈云的英雄事迹很快传遍整个晋察冀边区，边区政府教育处将她的事迹编进小学语文课本，号召青少年向她学习。

1944年春，华北联大高中班英语教员李少堂牺牲，他是陪同美军观察组人员从前方回延安去时在娘子关附近牺牲的。与此同时，战斗中牺牲的教员还有罗觉中等人。

1945年7月4日，华北联大文工团首任团长黄天在遵化牺牲。黄天生于上海一个富裕家庭，酷爱戏剧，毕业于复旦大学外文系。抗战全面爆发后，黄天告别双亲和妻儿奔赴延安，进入陕北公学学习。黄天历任边区文化界抗日联合会执行委员、陕北公学剧团团长、华北联大文工团团长、晋察冀军区政治部文化科长、抗敌剧社副社长等职。在陕北公学期间，黄天执导把苏联话剧《母亲》搬上舞台，演出后获得很大成功。黄天还率剧团排演了一批地方色彩浓郁、配合当时斗争形式的抗日剧目，深入边区农村、工矿企业、八路军驻地演出，深受观众喜爱。华北联大校长成仿吾曾赞誉剧团是"陕北公学的骄傲，是值得载入陕公学校校史的一颗明珠，在炽热的战斗岁月里，它发出耀眼的光辉"。1943年，黄天调冀察热辽军区尖兵剧社任社长。在艰苦残

221

酷的战争环境中，黄天利用战斗间隙或行军途中，与今歌等合作创作了十几个反映军民浴血抗战和人民群众在日本帝国主义侵略下痛苦生活的歌剧、话剧、活报剧剧本，如《夜深人静时》《拥军模范于萍》《满洲泪》《地狱与人间》等，热情讴歌抗日军民可歌可泣的英雄事迹，深刻揭露日本侵略者的凶狠与残暴。1945年7月3日，奉冀察热辽军区首长之命，尖兵剧社与第十五分区长城剧社的部分同志共六十多人，在军区副参谋长才山和黄天等率领下开赴玉田，参加军区召开的"七七"抗战八周年纪念大会，并准备演出黄天的力作——歌剧《地狱与人间》（今歌作曲）。黄天一行从迁安团汀出发，跋涉百余里，一直走到深夜，在遵化杨家峪村宿营。拂晓时分，近两千人的日伪军讨伐队却突然将杨家峪村团团围住。为组织队伍突围，黄天两次冲入村子中。突围后，大部分人都脱险了，但才山、黄天、今歌等十几名留下掩护的同志却被敌人重重围困在村中。敌人的包围圈步步紧缩，劝降声、叫骂声喧嚣一时。"宁为玉碎，不为瓦全"，黄天迅速地烧毁了携带的文件，之后从容饮弹，时年三十七岁。

"为有牺牲多壮志，敢教日月换新天。"华北联大的历史和中国共产党的历史一样，也是用无数先烈的鲜血写成的。

最后的决战

1944年，全面抗日战争进入第七个年头，形势日趋好转，抗战前途更加光明。春夏以后，晋察冀边区在攻势作战中不断发展扩大。这一年，边区八路军和民兵共歼灭敌伪军四万五千余人，攻克、逼退敌点碉一千六百七十多个，袭入城镇三十七座，解放村庄九千九百一十七个，人口达七百余万。到11月，晋察冀边区行政委员会已辖有十七个专区、一百一十个县、七百五十个区和三万零五百五十八个村政权。[①] 鉴于地区扩大，为适应对日反攻作战形势发展

---

① 北京军区晋察冀战史编写组编《晋察冀军区抗日战争史》，军事科学出版社，1986年，第498页。

的需要，9月中下旬，中共晋察冀分局、晋察冀军区和边区行政委员会根据中共中央的指示，先后下达了成立冀晋、冀察、冀中、冀热辽四个区党委、军区和区行署的命令。至此，在中共晋察冀分局、晋察冀军区和晋察冀边区行政委员会以下，共有四个区党委、军区和区行署，十八个地委、军分区和专署，边区面积达二十多万平方公里，人口近二千万。

这年7月1日，中共中央发出《关于整训军队的指示》，指出："敌人现在正向正面战场进攻，若干根据地当面敌情有某些暂时的变动；第二战场开辟，红军大举进攻，美国对日进攻更加积极等捷讯，又可长抗战之志气，灭敌人之威风，这些条件，均使我们可能与应该在敌后扩大根据地与扩大军事力量。"同时，该指示还指出，"目前全军四十七万，民兵二百一十万，欲以此在大反攻时夺取大城市与交通要道，最后驱逐日寇出中国，是不够用的，'非有一倍至数倍于现有的军事力量，不能胜任'。因此中央决定'在一年内，主要是今年秋冬两季，在不妨碍战斗与生产条件下……轮番整训部队'，同时对民兵、自卫队进行整训，以准备将来使八路军、新四军发展一倍至数倍的条件"[①]。根据中共中央的指示，从11月1日起，晋察冀军区主力部队、地方军、民兵自卫队掀起了大练兵的热潮。

12月9日，华北联大政治班为纪念"一二·九"运动九周年召开座谈会。发言的学员一致指出，"青年学生只有跟着中国共产党走，和工农兵结合起来才有力量"。大家互相勉励，要在准备反攻的新形势下发扬"一二·九"时代青年的团结勇敢的革命精神，和工农兵一起为"打倒日本帝国主义""建立独立自由民主的新中国"而奋斗。

干部的培养工作也要加紧准备。是年12月12日，晋察冀边区行政委员会作出《关于教育学院的决定》，明确规定华北联大教育学院的性质是干部学校，任务是"负责提高与培养初、中级党政军民干部及技术干部，且以提高现任干

[①] 中央档案馆编《中共中央文件选集》第14册，中共中央党校出版社，1992年，第261—267页。

部为主"。成立班次目的及修业年限明确如下：

（1）设师范班：提高与培养初高级小学师资，在适当提高文化水平的基础上，使大体上了解边区各种政策法令，了解新民主主义文化教育的基本精神，及民办公助的方针及其实际工作方法。修业年限暂定为一年半。

（2）设中学班：提高现任党政军民干部，以提高文化为主并使进一步了解各种基本政策的精神，总结工作经验及领导方法，提高工作能力。修业年限暂定为二年。

（3）设政治班：训练与改造城市青年知识分子，以了解边区各种政策改造思想为主。不定期。

（4）设短期训练班：系临时性质，训练现任卫生、经济、合作、会计、生产技术、教育等干部。不定期。

在教导方法上，《关于教育学院的决定》要求华北联大教育学院根据理论与实践相结合的原则，学校教育与社会建设相适应的原则，教员与学员相结合的原则进行。"一是采取启发式的而放弃注入式的教学方式，各种课程都以自学讨论研究为主，而辅之以讲授报告总结等方式，发扬民主质疑辩难研究的精神，使学习内容与学员思想认识密切联系，反对武断注入的办法。二是本着教导合一的精神，采用教学做合一的教导方式，参观实习与讲习讨论并重，每日上课时间以不超过四小时为原则，遇有重大中心工作，应有计划的（地）组织学员去参加帮助实习，使教学与实际活动密切结合，彻底纠正读死书、教条主义的教学作风。"①

晋察冀边区行政委员会还决定，华北联大教育学院取消中学部与师范部的名义，由院部直接领导各班。为加强领导，1945 年 1 月，晋察冀边区行政委员会教育处处长刘皑风兼任华北联大教育学院院长。同时，边区行政委员会要求教育学院学员总数暂以不超过六百人为原则，但是到日本投降之前，教育学院已发展到七百多人的规模。

---

① 参见《晋察冀日报》1944 年 12 月 17 日第 1 版。

第四章　留下"一粒种子"

1944年12月15日,毛泽东在陕甘宁边区参议会上发表了《一九四五年的任务》的重要演说,提出明年"唯一的任务是配合同盟国打倒日本侵略者";明确敌后解放区军民的首要任务是"消灭敌伪,扩大解放区,缩小沦陷区";并要求全军开展更大规模的攻势作战。① 随后,各解放区党政军领导机关,从本地区的实际出发,制定了1945年扩大解放区的具体作战方针和规划,对日伪军展开了大规模的攻势作战。

1945年初,国内外形势发生了很大变化,苏、美、英等同盟军逼近德国本土,德国法西斯覆灭在即。日本法西斯由于在太平洋战场上的连续失利,以及在中国战场上发动打通大陆交通线作战消耗了大量兵力,尤其在解放区战场军民局部反攻的打击下,占领区日趋缩小,因此也败局已定。在世界反法西斯战争和中国抗战即将取得最后胜利的形势下,中国面临的中心问题是"战后向何处去"的问题。在此决定未来中国命运的历史转折关头,中国共产党于4月23日至6月11日在延安召开了具有伟大历史意义的第七次全国代表大会。华北联大校长成仿吾回延安参加了党的第七次代表大会,他后来在回忆中说:"七大被称为团结的大会和胜利的大会。就是要团结全党全民,迎接抗战的胜利。"②

在这次大会上,毛泽东作了《论联合政府》的政治报告,全面地总结了抗日战争的历史经验,对比地论述了在抗日战争中国共两党所实行的两条不同的抗战路线及其所产生的两种不同的结果;具体地分析了世界反法西斯战争与中国抗战即将取得彻底胜利的形势,指出中国面临着光明与黑暗两种命运和建立一个独立、自由、民主、统一、富强的新中国与回到半殖民地半封建的、分裂的、贫弱的旧中国的两种前途;提出了中国人民的基本要求,规定了中国共产党的一般纲领和具体纲领,以及党在解放区、沦陷

---

① 毛泽东:《一九四五年的任务》,载中共中央文献研究室编《毛泽东文集》(第三卷),人民出版社,1996年,第234、236页。

② 成仿吾:《战火中的大学》,人民教育出版社,1982年,第126页。

区和国民党统治区的任务。这份报告,为中国人民抗战胜利后走向何处去指明了方向。大会完全同意毛泽东的政治报告,通过了关于政治报告的决议案,确定了"放手发动群众,壮大人民力量,在我党的领导下,打败日本侵略者,解放全国人民,建立一个新民主主义的中国"的政治路线。会议一致同意朱德所作《论解放区战场》的军事报告,并提出了关于军事问题的决议案,要求我军"从各方面来准备大反攻,及准备战略上由以游击战争为主到以运动战为主的转变"。①

6月27日,华北联大教育学院党总支发出《关于开展"七大"学习宣传运动的通知》,指出"党的第七次全国代表大会,是现代中国历史中最重要的事件之一","学习毛泽东的政治报告和朱德的军事报告是一个非常艰巨的政治任务,领导干部应以自己学习的模范作用将全体同志的学习领导起来"。②

中共"七大"之后,继雅尔塔会议之后的另一个影响世界局势的重要会议召开。7月17日,苏、美、英三国首脑斯大林、杜鲁门、丘吉尔在柏林附近的波茨坦举行了会议,会议对于处理战后欧洲和世界的问题,以及对日战争达成了一些协议。在此前2月4日至2月11日的雅尔塔会议上,苏、美、英三国达成一系列协定,其协定有利于以同盟国的联合力量击败德、日法西斯,制裁德国和维护战后的世界和平,同时苏联同意"在欧洲战争结束后两三个月内参加对日本作战"。7月26日,波茨坦会议通过一项由中、美、英三国发表《波茨坦公告》(全称《中美英三国促令日本投降之波茨坦公告》),对日本发出无条件投降的最后通牒。

7月27日,日本首相铃木贯太郎召开内阁会议,决定不管《波茨坦公告》的内容如何都将予以不理,始终根据既定的根本方针,坚决为完成大东亚战争而迈进。29日,铃木贯太郎发表声明,称"中、美、英三国宣言(《波茨坦

---

① 朱德:《朱德选集》,人民出版社,1983年,第181页。
② 中国人民大学校史研究丛书编委会编《中国人民大学纪事(1937—2007)》(上卷),中国人民大学出版社,2007年,第49页。

第四章 留下"一粒种子"

公告》）无异于《开罗会议》，日本政府毫无关心的必要"，拒绝投降。

8月6日，美国在日本广岛投下一枚原子弹。

8月8日，苏联正式声明加入《波茨坦公告》，宣布对日作战。

8月9日，美国又在日本长崎投下一枚原子弹。

同日，苏联百万红军编为三个方面军，同时向中国东北的东部、北部和西部边境发动对日作战。同一天，毛泽东发表《对日寇的最后一战》的讲演，说"对日战争已处在最后阶段，最后战胜日本侵略者及其一切走狗的时间已经到来了"，"中国民族解放战争的新阶段已经到来了，全国人民应该加强团结，为夺取最后胜利而斗争"。[1]

8月10日，日本政府向同盟国发出乞降照会，但日军大本营仍命令各地日军坚持继续作战。这一天深夜十二时，八路军总司令朱德签发了"延安总部第一号命令"："日本已宣布无条件投降，各解放区所有武装部队要向各城镇交通要道之敌人军队及其机关，限其于一定时间向我作战部队缴出全部武装，否则予以坚决消灭。"[2]

11日早八时至晚六时，延安总部连续发布六道命令，命令各解放区的军队向一切敌占城市和交通要道展开进攻。至此，抗日战争的战略反攻阶段到来。

晋察冀军区[3]接到党中央、毛泽东主席和朱德总司令的反攻命令后，立即进行紧急动员，夜以继日地展开全面大反攻和接受敌伪投降的各项准备工作。八路军进攻矛头主要指向北平、天津、张家口、唐山、承德和山海关等地，并以一部向东北挺进。

进攻北平的部队，由冀察第一军分区、第十一军分区部队加上冀中第十军分区和冀热辽第十四军分区活动在北平近郊的部队组成，由冀察军司令员

---

[1] 毛泽东：《毛泽东选集》（第三卷），人民出版社，1991年，第1119页。
[2] 中央档案馆编《中共中央文件选集》（第15册），中共中央党校出版社，1991年，第215页。
[3] 1944年9月，根据中央军委的指示，晋察冀军区的部队整编为四个军区，分别是冀晋、冀中、冀察、冀热辽。

郭天民、政委刘道生指挥。

进攻天津的部队，由冀中第八、第九、第十军分区的主力组成，由冀中军区司令杨成武、政委林铁指挥。其中，夺取张家口、张北等城市的任务，由冀察第十二、第十三军分区部队担负。

冀热辽军区于10月成立并组成东进工委和东进指挥部，由司令员李运昌率八个团、一个营和朝鲜义勇队共一万三千多人和地方干部两千多人，分路向承德、赤峰、山海关、锦州、沈阳进发。此外，冀中军区参谋长沙克率第三十一团于8月底向辽西方向挺进。留在冀东的部队则在地方武装的配合下夺取唐山、秦皇岛等要点，肃清了境内的日伪军。

冀晋军区部队，在司令员赵尔陆、政治委员王平指挥下，以第二、第三军分区六个团配合晋绥军区进攻太原；以第五军分区部队攻占丰镇、集宁、商都等城，并相机进攻大同；以第四军分区三个团，协同冀中第六、第七军分区部队，夺取石家庄、保定等城。

边区各地掀起了热烈的参军运动，广大青年在党的号召下成群结队地入伍。就这样，部队一面开进，一面补充扩编。在短时间里，晋察冀军区原有的三十八个小团都扩编成了大团，又陆续将八个地区队、六十五个县支队、三十九个县大队编成了六十二个团，部队员额增长了一倍。

反攻大进军开始后，聂荣臻司令员于8月11日向日军华北方面司令官下村定发出最后通牒，饬令"在晋察冀军区管辖范围内的日伪军交出全部武器、物资，依照所规定的地点分别集中，听候处理。凡投降的，不论官兵都保障其生命安全；如果拒绝投降，将遭受武力消灭"。[1]

与此同时，晋察冀分局从党校抽调了大批党、政干部随军行动，以便接管城市，建立人民政权。边区人民武装委员会动员了大量民兵随同部队出征，担负各种战地勤务，配合部队作战；人民群众修桥补路，给部队运粮送菜，

---

[1] 中共北京市委党史研究室：《中国共产党北京历史》（第1卷，1921—1949），中共党史出版社，2021年，第361页。

接运辎重,夹道欢迎反攻大军。

抗日战争转入反攻阶段后,党中央对城市工作给予了极大关注。毛泽东在《一九四五年的任务》中曾明确提出,"要努力从事城市工作"。这一任务的提出给敌占城市从事地下工作的同志以极大鼓舞,城市工作空前地活跃起来。八路军转入全面反攻后,敌占区地下党的各级组织,特别是城市中的地下党组织,积极开展工作,配合正面作战,为解放城市、收复国土做出了重大贡献。这其中就有不少是华北联大政治班的学员。

彻 夜 狂 欢

1945年8月10日,延安夏秋之交的一个普通的傍晚,导演凌子风正坐在窑洞里聚精会神地看书,从洞外边隐隐约约传来了喧嚷的人声。于是,凌子风放下书,侧耳静听,外边的声音却越来越大。凌子风想,该不是谁的窑洞塌了吧?

"哐——"的一声,门突然被推开了,话剧演员王大化风风火火地冲了进来。凌子风还没等反应过来,只见王大化已飞步上前,"刺啦"一声把他的上衣撕开了,然后张开双臂抱住了他。就这样,两个人的胸膛贴着胸膛,紧紧地拥抱在一起。

"哥,日本投降了!"王大化热泪涌流,声音有些颤抖地说。

他俩激动万分,一起跑出窑洞,向山下望去。在夜幕之中,只见桥儿沟天主教堂方向的延安大学文艺学院(原鲁迅艺术学院)校园里影影绰绰,有闪耀的火光和涌动的人群。那里,喧闹的人声一浪高过一浪地传过来……

"日本投降了!"忽然间,响起了一声惊天动地的呼喊,震撼了桥儿沟的夜空。

凌子风返回窑洞,把棉被撕了绑在一根木棍上,浇上煤油当火把一样点燃高高举起,和王大化一起向山下奔去。[①]

这是令每一个延安人终生难忘的不眠之夜。晚八时左右,一支庆祝胜利

[①] 王培元:《抗战时期的延安鲁艺》,广西师范大学出版社,1999年,第371—372页。

的队伍从延安新华社、电台、报社、印刷厂等新闻单位所在地的清凉山出发了。人们手舞足蹈，奔走相告，更多人高举着火把，各式各样的火把照亮了宁静的夜空，狂呼的声音震动了整个山头。

瞬间，延安连绵起伏的峰峦到处是噼里啪啦的爆竹声，到处是燃烧的篝火、游龙般的火炬，天空呈现出了一片红光。人们齐向宝塔山下的广场涌去……

广场上，人潮如海，歌声如浪。歌队、乐队、舞队，锣鼓喧天，一片欢呼声。人们眼中闪烁着激动的泪光，久盼的这一天终于到来了——"日本投降了，我们胜利了"。一些人敲着饭桶，打着脸盆，唱啊，跳啊……有一位卖水果的老乡，如醉如狂地把整筐的水果往空中高高抛去，高喊着："噢——弟兄们！快来吃胜利果！快来吃胜利果！"

胜利，把人民最喜悦、最欢乐的心境连在一起。

整个延安，都沉浸在巨大的欢乐之中！

▲ 1945年延安军民庆祝抗战胜利

第四章 留下"一粒种子"

延安大学更是沸腾了！全体同学走下山去站在大礼堂门前那唯一的一块约三百平方米大的空地上——那也是学生们的露天饭堂，大家举起火把、敲起锣鼓，跳起了秧歌舞，唱起了抗战歌曲和陕北小调，一瞬间全身心都得到了前所未有的舒畅和欢快。有的同学甚至激动得把蒸馒头用的笼屉也当成火把点燃起来，以至于第二天炊事员想蒸馒头来改善一下伙食都不可能了（那时延安大学每个月只能吃到一次馒头）。于是，大家只好把面糊糊拌成疙瘩汤来喝，那也叫个心里高兴！①

日本投降的喜讯自延安传到了晋察冀边区。8月12日，《晋察冀日报》以大字标题《边区人民彻夜狂欢》报道：

> 昨日深夜，本报接到毛主席声明与日本宣告无条件投降消息后，立即电告各地。边区各机关到处燃起辉煌的火炬，欢呼声歌声相闻数里以外。晋察冀日报社边区政府星夜组织宣传队，奔赴附近机关农村宣传这一划时代的事件。随着宣传队汇成群众游行的洪流，秧歌舞穿插其间，连休养所的病员也涌进人群。当每一个电讯被读罢后，成千上百的听众遂报以"中国共产党万岁！毛主席万岁！""实行全国规模的反攻！消灭日本侵略者！"等雷动的口号。得知这一消息的群众皆喜形于色的奔走相告，村中的乡亲说："毛主席发下反攻的命令来了，熬盼了七八年出头的日子到了。"是夜，报社连续用电话传递消息，中共晋察冀分局，军区司令部等机关彻夜的工作，听取情况变化与党中央和延安总部的指示，报社连夜赶印号外与传单，飞送各地。至发稿时止，彻夜的狂欢仍在继续高涨中。

华北联大的师生们听到日本投降的消息后，"从教室和卧室中奔涌而出，

---

① 欧阳代娜：《我在延安经历的抗战胜利》，载《民间影像》编《我的1945——抗战胜利回忆录》，同济大学出版社，2017年，第427页。

大家在一起欢呼、拥抱，叮叮当当敲脸盆庆贺"[①]。

当时，先后在华北联大群工部、教育学院学习的《晋察冀画报》干事顾棣还是一个十七八岁的小伙子，不仅喜欢搞摄影，也习惯写日记。在顾棣的日记里，他清晰地记录了日本宣布无条件投降后当时民间的真实"影像"。这里，不妨抄录顾棣去张家口之前的几则日记：

1945年8月13日　晴　坊里

日本无条件投降的消息仿佛一阵清香的凉风吹动着我们，大家像渔人得了珍珠般地快乐起来，一切也好似回到了青春。人们脸上浮动的是愉快的笑，没有半点苦闷忧愁了。

▲ 1945年，华北联大在张家口庆祝抗战胜利

[①]《宋涛自述》，载中国人民大学校史研究丛书编委会编《求是园名家自述》（第一辑），中国人民大学出版社，2010年，第100页。

第四章　留下"一粒种子"

从这个再没有比它好的、激动得人流泪、狂欢的消息传来之后，大家似大梦初醒一般，也不知怎样能表现自己的快活。有人停止工作，举手大叫着："日本无条件投降了，中华民族解放万岁！"七八十岁的老头子也颠头颠脑地走在街上，抖动着灰白的胡须，嘴里吐着不大清楚的语句，脸上多时不洗的污垢被红潮淹没了，一时又停止了笑，眼里流下泪来。他心中是怎样的高兴又怎样的回看过去——日本人烧了他们的房子。一个三十来岁的妇女把她两岁的小孩掷到天空又接着，嘴里连喊着……大家不知道怎样才好。

抗战八年了，今天是中国人民得到彻底解放、日本法西斯最后死（灭）亡的一天，是我们永远不会忘记的一天。

庆祝我们的伟大胜利，独不能忘记八年来我们所受的欺侮压迫，一定要公审杀人的罪犯。

动人的消息接连传送着，前几天苏（对）日已宣战，接着便传出苏联红军到达中国绥远的消息。真使人意想不到，苏联真是双管齐下，说了就开始动作。

第二天的消息，红军已到张家口附近了，这时又听到毛主席发表收复失地的命令，接着日本就提出无条件投降。我解放区军民应马上全力配合苏军，消灭日本法西斯强盗。

蒋介石发表了"各大城市的伪组织不接到总裁的命令一律不许向八路军新四军缴械投降"的公告。

朱总司令发布命令："各城市敌伪一定要立即缴械投降，不然要给以消灭。"

从这里可以看出，日本法西斯最后的死亡与中国人民的自由解放已经到来，更可以看到苏联的伟大。美国早已提出叫日本投降，但日本不但不接受，反而提出抗议，苏联前天一宣战（注：苏联于8月8日正式宣布对日作战），就使他自动投降了。

由这里更可以看出国民党蒋介石是怎样的反动，还想继续捣乱，想独吞抗战胜利果实。

第三天的消息更是使人难以想象的,红军占领张家口,今天又传来了红军到达北平的消息,大家的嘴高兴得张开了再也合不上。……

1945 年 8 月 14 日

早上写黑板报,其中有这样一段新闻:美机使用原子炸弹,广岛被炸(注:实际上是 8 月 6 日事),全境濒毁灭。

…………

军区政治部通知马上赶赴北平做接收工作。

1945 年 8 月 15 日　请假回家

和父母姊妹弟弟一起欢庆抗战胜利,并拍合影留念,向父母告别,明日出发赴北平。

毛主席 8 月 8 日的声明(按,指 8 月 9 日毛泽东发表声明《对日寇的最后一战》),日本无条件的投降……全体同志再也不能睡觉了。大家在黑暗里跑动着欢呼着,不知说什么才好,没有言语能够表达人们心中的欢欣。

一个同志关于组织临时宣传队的提议马上得到大家赞同,火把燃着了,锣鼓响起来了,宣传队就在胜利的火光中星夜出发。

同志们用热烈的掌声欢迎这支宣传队,掌声、口号声像狂潮一样在火光中澎湃。一位七八十岁的老汉颤抖着他的全身,高叫(呼):"毛主席万岁!"实在要不是那根拐杖,他准会兴奋得摔倒的。

宣传队回画报社已经是一点钟了,不久东方就出现了启明星。真难以想象这一夜人们是怎样过的,但确定的是,大家同样彻夜兴奋得不能合眼。[1]

---

[1] 顾棣:《接管张家口日记》,载《民间影像》编《我的 1945——抗战胜利回忆录》,同济大学出版社,2017 年,第 229—231 页。

第四章　留下"一粒种子"

再看在冀中军区六分区司令部任军事报道参谋的徐光耀的日记：

8月15日　人类大胜利　我的狂欢

11日上午在办公室（高庄窠）开会，突然传来消息说，"苏联对日宣战"，三路进攻伪满，飞机大举轰炸。这个消息已是使人兴奋了，人们纷纷议论，这一下咱们可减轻好大负担。哪知我睡了一个午觉醒来之后，便说日本已无条件投降了。这该是多么出人意料的大好消息啊！当时我真是有点不大相信呢！

……………

11日，我兴奋得不知怎么好了，吃过晚饭便约好贾参谋，冒着炎日跑出去玩，到处传布消息。后来跑到剧社，他们拉胡琴、唱戏。听了好久，还不过瘾，便跑出来，到操场打了一阵球。夜晚，我放开喉咙唱了半夜，把我抗战以来所学会的歌子（歌曲）全唱了一遍，睡觉的时候说什么也睡不着了，光想如何去缴日本人的械，如何占领大城市，如何兴奋。

12号，兴奋之余，给万里，给父亲、姐姐、妹妹都写了一封信，告诉他们好消息，告诉他们抗战即将胜利，虽然他们也早已知道了。

几天来，我净等着上前线去接受日伪军投降了。然而一天天过去，总是没有去成。上级在开会，部队在编团，总不能立刻出动。这样岂不耽误时间，使汉奸们有空隙逃跑。简直把我急坏了。……

魏政委昨天早派我随李彬同志去前方，然而竟没有去成，还要等今天。而今天正在下大雨，是不是能去成呢？唉！真叫人急死了。

快些吧！快些吧！放跑一个汉奸，就等于多制造了一个敌人。

胜利了，抗战就要完全胜利，八路军就要大大地壮大起来。苦斗七年的愿望，总算达到了，让我们大大欢笑吧！庆祝我们大胜利！[①]

[①] 徐光耀：《徐光耀日记》第一卷，河北教育出版社，2015年，第94—95页。

流动的大学：华北联大 1939—1948

在日本天皇广播《终战诏书》、无条件接受《波茨坦公告》前夕，华北联大教育学院接到晋察冀边区政府关于"日寇即将投降，要求学校迅速做好随军转移准备"的通知。学校在欢庆抗战胜利的气氛中，结束了教学工作。按边区政府的指示，除将一部分当地学员分配回原单位外，大部分师生分编为两支队伍：一支以政治班为主，包括全院大部分教工共约四百人，由院党总支书记狄子才和副院长林子明带领开赴北平方向；另一支以中学班、师范班为主，包括少数教员、干部共约一百五十人，由院秘书主任李子寿带领开赴天津方向。

8月的一天，毛泽东到成仿吾住的窑洞看望他，并征求他的意见："仿吾同志，抗日战争胜利后，你准备做什么工作？搞政权，还是搞教育？"热爱教育事业的成仿吾毫不犹豫地回答说："我还是做教育工作好。"在场的晋察冀军区司令员聂荣臻对毛泽东说："你还是鼓励成仿吾回晋察冀吧！"毛泽东连声说："这好这好！"成仿吾表示，"我对晋察冀有感情，对华北联大有感情，我是要回去的"。[①]

综观成仿吾领导的华北联合大学，在残酷的敌后战场坚持办学整整六年，先后在华北联大毕业的共八十余个队（班），学员达八千余人，连同经过华北联大培养一个时期即分配工作的干部，总人数逾万。其中，培养政府行政干部三四千人，教育工作干部三千人，文艺干部一千多人（到文艺学院受训学习的剧社，有十七个之多），其他群众工作、党政工作、生产建设干部几千人。此外，学校各院的研究室也培养出了几百名政治理论、文艺、教育、政法、财经方面的骨干。华北联大培养的人才，有的在残酷的抗日战争中献出了自己年轻的生命，更多的则在斗争中锻炼成为抗日战争、人民解放战争和社会主义革命与建设时期的骨干，为中国人民的解放和建设事业做出了重要的贡献。

[①] 张腾霄、姚远方主编《成仿吾校长纪念文集》，中国人民大学出版社，1992年，第33—34页。

第五章　进　城

（1945.9—1946.8）

第一节　全面复校

进军张家口

塞外名城张家口，又名张垣，群山环绕，地势险要，素有"神都北门"之称。

抗日战争时期，张家口是日军在察哈尔省的政治、军事中心，伪"蒙古联合自治政府"所在地。日军在张家口驻有日军"蒙疆"驻屯军司令部、第一一八师团和伪军三千人，并在万全驻有日军独立混成第二旅团六千多人。日军依据险要地势，构筑了坚固的防御工事。

1945年8月9日，苏联军队从东、西、北三面进入中国东北，向日本关东军大举进攻。8月11日，即日本政府发出乞降照会的第二天，蒋介石一连发出三道命令，令其嫡系部队"积极推进，勿稍松懈"；同时却令八路军、新四军"原地驻防待命"，不准向敌伪收缴武器；命令日伪军"维持治安"，等待国民政府派员前去受降。蒋介石又令第十二战区司令长官傅作义率部由绥远东进，妄图抢占张家口，在长城一线建立封锁线，防止八路军挺进东北。在此关键时刻，毛泽东发出"针锋相对，寸土必争"的号召，中央军委作出"分兵北上"的决策，命令晋察冀部队迅速北进，控制察北。8月12日，在延安参加"七大"的晋察冀军区司令员聂荣臻、副司令员萧克、副政委刘澜涛，电告军区代政委程子华和副参谋长耿飚并转令冀察军区："抓住有利时机，派遣部队北进张北，配合苏蒙联军①占领张家口。"冀察军区司令员郭天民当即

---

① 苏蒙联军，指苏联和外蒙古联军，实际参战的是苏联第一集团军和蒙古人民共和国骑兵第六师。1945年2月，苏、美、英在雅尔塔召开会议达成《雅尔塔协定》，苏联利用美国和中国请求其参加对日作战，提出要中国承认外蒙古独立。1945年8月14日，国民政府在莫斯科与苏联签订了《中苏友好同盟条约》，并互换了关于外蒙古问题的照会等。1946年1月5日，国民政府正式宣布承认外蒙古独立。

电令第十二军分区（原平北军分区）司令员詹大南、第十三军分区（原冀东军分区）司令员熊奎率领部队迫近张家口，平北地委书记陆平指挥各县支队围逼各县县城，军分区司令员钟辉琨率部破坏宣化至南口的铁路，断敌退路。①

8月14日，八路军察蒙骑兵支队集结了三个骑兵连和两个步兵连，分别从崇礼县的狮子沟村和张北县的脑包图村出发，到张北至德化（今化德）方向接应苏蒙联军。

8月15日上午八时，冀察军区电令第十二军分区第十团、第四十团，第十三军分区第二十团和蔚涿支队从东、西、南三面向张家口进攻；以独立第五团、宣怀支队、延庆支队和当地民兵在怀来、土木、沙城段进行破击，防止日军向北平逃窜。不久，冀察军区又令钟辉琨率新编第六团在宣化至南口之间破坏铁路，以便断敌退路，迅速迫敌投降。

时任第十二军分区政委段苏权回忆："出发前，我们作了两手准备：一是争取和平受降；二是如果敌人拒绝投降，我们就以武力收复张家口。根据军区的命令，詹大南和我率领第十团（团长李荣顺、政委吴迪）、第四十团（团长杨森、政委刘国辅）、分区教导大队和直属分队立即向张家口进发。平北地区专员、张家口市第一任人民市长张孟旭，率领专署机关随军前往。部队行军速度很快，当晚就赶到张家口以东十五公里的青边口。先头部队进至距张家口十公里的羊房堡。我们一面派出侦察分队了解情况，一面进行战前准备。""8月16日，日军司令部派出的两名骑兵，打着白旗寻找我军，联系投降事宜。我们把朱德总司令要日军投降的命令交他们带回。17日，我方派出两名代表前往日军司令部谈判。日方表示，同意我方提出的受降条件，但要请示北平司令官后才能办理投降事宜。第二天当我们再去催促时，日方却说，已接到冈村宁次的命令，只能向蒋介石的'合法政府'投降，不准向八路军投降。我方代表据理驳斥，但没有取得任何结果。根据上级通报，日军有可

---

① 中共河北省委党史研究室等编《华北抗战实录》，中共党史出版社，2005年，第341页。

能继续抵抗，伺机撤退；傅作义的先头部队正在向张家口方向开进；活动在兴和、尚义、张北一带的国民党土匪武装，也准备配合傅作义的东进部队抢占张家口；驻张家口的伪军也同傅作义取得了联系。在这种情况下，我们只能靠武力去收复了。"①

8月19日，詹大南抵达张北，与苏军商谈联合作战事宜。20日，冀察军区部队兵分两路向张家口市区发起攻击。第十二军分区第十团、第四十团占领了日驻"蒙疆大使馆"，席卷了清水河以东的大部地区；第十团攻占了火车站、飞机场。22日，八路军继续发起攻击，迅速控制了清水河东岸全部阵地，将敌压迫到清水河西岸。八路军侦察部队一度袭入清水河西岸，火车站附近被控制。黄昏时分，八路军攻占了张家口市中心区，但守敌仍作最后挣扎，在街口用成袋的面粉和整箱的饼干垒起工事，妄想阻拦八路军。各路部队插入张家口市区，分割包围敌人。伪"蒙疆"司令部官兵六百多人投降，一部分向万全方向逃窜，后被第十二军分区第十团消灭，遂收复万全县城。②

23日拂晓，第十三军分区第二十团和蔚涿支队由南面向张家口市区进攻，迅速占领大境门、西太平山、赐儿山一线制高点和市内部分地区及伪机关；第十二军分区第四十团从东山坡北侧进入市区，于十二时包围了德王府，并发起"政治攻势"迫使日伪军缴械投降；第十团一部进攻火车站，另一部越过清水河大桥攻入市区同伪军展开巷战，俘虏了一批伪军和日军。与此同时，从张家口以南二十多公里赶来的察南军分区第二十团两个连攻占了西山坡，该团主力随后进入市区。下午三时左右，张家口市内战斗结束。天黑之后，冀察军区党委和军区的部分领导带领一批干部和新华支社记者团，从张家口南三十公里的吕家庄赶到市区。冀察军区事先已组成的市党、政、军机关人员在部队协助下连夜维持治安，查封仓库，接管银行、电台、报社等单位，使

---

① 段苏权：《收复张家口之战》，载王季平主编《八•一五这一天》，光明日报出版社，1985年，第314—315页。

② 张玉红主编《神仙山作证》（上），中央文献出版社，2012年，第216—217页。

张家口全市的生产和生活秩序很快恢复了正常。

张家口的解放,标志着中国人民全面抗战的最后胜利,也标志着国际法西斯侵略势力及其傀儡政权的覆灭。同时,张家口的收复使晋察冀根据地和晋绥根据地以及东北新解放区进一步连成一片,促进了全国战局的进一步发展。冀察军区第十二军分区政委段苏权总结说:"张家口是日军在华北的一个重要基地,他们在此囤积了大量武器弹药和作战物资。我军进城后,仅接收的各种军用物资仓库就有六十余处。这批物资不仅装备了晋察冀的部队,还支援了其他解放区。""攻克张家口以后,我军乘胜收复了周围十多座县城,为巩固扩大解放区和后来粉碎国民党向我解放区的进攻创造了有利条件。"[①]

24日下午,苏军派库兹尼卓夫(又译库兹尼佐夫)上校乘车从张北来到张家口,向八路军表示祝贺。库兹尼卓夫在交谈中说,"我们上级有规定,部队不能越过外长城"。夜晚十时,张家口新华广播电台向全国人民庄严宣告:"被日本帝国主义侵占八年之久的张家口,终于回到了人民手中。"

9月9日,聂荣臻司令员和萧克副司令员、刘澜涛副政委从延安返回晋察冀,随即于9月中旬将分局和军区机关由涞源迁到了张家口。这时,遵照中央指示,晋察冀分局改为晋察冀中央局,由聂荣臻担任书记。

却说华北联大教育学院两支队伍,于8月20日前后从阜平县平房、康家峪一带陆续出发。其中,开赴天津方向的一百五十人队伍(以中学班、师范班为主)交由冀中区党委领导,脱离联大;开赴北平方向的约四百人队伍(以政治班为主,包括全院大部分教工)于8月底到达平西待命,晋察冀城工部从政治班调走少部分学员。据中学部学员刘志说:"华北联大教育学院随军进入张家口时,中学部分成两批,一批参加接管北平的工作,一批参加接管天津的工作。由于蒋介石集团在美国支持下,假受降之名,侵占了平津。我们

[①] 段苏权:《收复张家口之战》,载王季平主编《八·一五这一天》,光明日报出版社,1985年,第319页。

只好改变计划,一部分同学留在廊坊一带做农村工作,另一部分随学校回到张家口。有不少同学分到张家口地区工作。"①

9月下旬,在平西待命的华北联大队伍途经怀来、下花园到达已解放的张家口市,驻东山坡原日本国民学校及其附近。据成仿吾回忆:"那时我们晋察冀的部队准备进入北平、天津等大城市,北平市长、天津市长都委派好了,准备去接管,我们华北联合大学(当时已仅留教育学院)也准备进北平城。可是,蒋介石的军队,在美国的空运下,抢先一步,占了北平、天津等大城市。这样,我们的部队就不能进北平、天津了,于是就改为进攻张家口……我们解放张家口后,接管了敌人的大量的物资仓库,取得了不少补充。这样,我们华北联合大学(教育学院)就随军进了张家口,接受了敌伪铁路局的一批房舍作为校舍,礼堂、教室、宿舍、饭堂,还都是比较齐全的。"②

进入张家口之后,华北联合大学得以恢复,继续招收政治班,并接受边区政府委托开办行政人员训练所,对伪"蒙疆"系统的职员、教员进行再教育。

9月15日,《晋察冀日报》刊登华北联大启示云:"本校受晋察行署委托设附属行政人员训练所并接受前市府办理之行政人员训练班全体学员,所有食宿讲义津贴等均由学校供给,目前一些准备工作业已就绪,并决定于本月14、15、16日举行入校测验,17日举行开学典礼,希前行政人员训练班学员于14、15、16日上午十时携带笔墨前来本校报到是荷。校址:前兴亚大街日本国民学校。"③

《晋察冀画报》工作人员顾棣于9月18日到达张家口,第二天去母校华北联大闲逛之后在日记中写道:

---

① 刘志:《战火中的青春——华北联大教育学院中学部回忆片断》,载刘葆观主编《血与火的洗礼——从陕北公学到华北大学回忆录(1937—1949)》(上卷),中国人民大学出版社,2007年,第300页。

② 成仿吾:《战火中的大学》,人民教育出版社,1982年,第128页。

③《华北联合大学附属行政人员训练所启事》,《晋察冀日报》1946年9月15日第4版。

下午，抗敌剧社炎羽领我到华北联大玩了玩。他们正举行开学典礼，学生是本市的伪组织人员，为改造他们的思想，特建了学校教育他们。[①]

9月，华北联大政治一班和行政人员训练所率先开始上课。

12月10日，中共晋察冀中央局作出《关于华北联大全部恢复工作的决定》："为了大量吸收与教育各地青年学生及知识分子，决定华北联大即全部恢复工作，从（重）新招生。除教育学院由政府交回外，应即筹办法政学院与文艺学院，并附设外国语学校。联大改为中央局直接领导的、培养党与非党的各种人才的干部学校。现附设的伪组织人员训练所即行结束，以后不再附设。联大设党委，归中央局组织部领导，即以校长成仿吾同志兼党委书记。"[②]

成仿吾在离校一年多、出席党的第七次代表大会后，从延安来到张家口，重返华北联大。12月12日下午，在华北联大师生举行的成仿吾校长返校欢迎大会上，教职工代表何戊双激情地说："今天我们的'妈妈'回来了，我们怎么能不高兴呢？"早在陕北公学时期，成仿吾因特别关心学生，就被昵称为"成妈妈""妈妈校长"。在欢迎会上，华北联大全体师生献给成仿吾一面"人民教育的旗手"的红旗。面对这种激动人心的场面，成仿吾表示："现在联大胜利地完成了抗战的任务，而争取实现和平民主将是联大今后的任务，希望教职学员共同努力，继续为独立、自由、民主、幸福的新中国而奋斗。"[③]

全面恢复后的华北联大实行校长负责制，校部成立校长办公室、教务处和总务处，同时林子明调回学校任教务长，狄子才任总务长。学校还建

[①] 顾棣：《接管张家口日记》，载《民间影像》编《我的1945——抗战胜利回忆录》，同济大学出版社，2017年，第233页。
[②] 中央档案馆、河北省社会科学院编《晋察冀解放区历史文献选编（1945—1949）》，中国档案出版社，1998年，第23页。
[③]《华北联大举行大会欢迎成仿吾校长返校》，《晋察冀日报》1945年12月20日第3版。

立了校务会议制度和教务会议制度,其中校务会议为学校最高行政会议,由校长任主席,校长办公室主任、教务长、总务长、各学院院长为校务会议成员。

这是华北联大又一个新的开始。

迈向正规化与现代化

抗战胜利后,延安文艺工作者们积极响应党中央的号召,在中央直接部署和指示下组成文艺工作团,配合中国人民解放军开赴华北和东北两个地区,开辟新的解放区。9月2日,东北文艺工作团四十余人率先离开延安,于11月2日抵达沈阳。9月20日,华北文艺工作团从延安出发,于11月8日到达目的地张家口。华北文艺工作团由艾青任团长,江丰任支部书记,钟敬之任秘书长,成员五十余人。据副团长舒强回忆,华北文艺工作团的成员有:

戏剧方面:贺敬之、凌子风、陈强、吴坚、贾克、迪之、叶央、陈孟君、胡沙、熊焰、孙铮、高维进等。
音乐方面:周巍峙、杜矢甲、边军、胡斌、王昆、孟于等。
美术方面:王朝闻、彦涵、莫朴、吴劳、戚单等。
文学方面:陈企霞、严辰、逯斐、李冰等。
舞蹈方面:吴晓邦、盛婕等。①

另外,遗漏了的成员还有:马达、李振声、萧兵、萧逸、陈清漳、程瑞征、周峰、赵昔、梁瑜、雷虹、孙犁等。②

---

① 舒强:《在延安的日子》,载《跋涉》,中国文联出版公司,1993年,第76页。
② 参见朱鸿召:《延安文艺繁华录》,陕西人民出版社,2017年,第327页。

流动的大学：华北联大 1939——1948

▲从延安来到张家口的文艺工作者

10月间，中共中央再次决定："延安大学的自然科学院、鲁迅文艺学院、行政学院的大部分，除自然科学院大学部两个毕业班学生毕业，由中央组织部分配到各个解放区工作，行政学院和校部预科的陕籍学员留在延安外，其余都迁往东北继续办学，创建东北大学。"在延安大学的大部分教职员工和学员离开延安之前，10月25日深夜，毛泽东在陕甘宁边区交际处（简称"延安交际处"）接见了周扬、张如心和学校及各院主要领导干部。毛泽东向师生们讲述了学校迁移东北的意义和任务，指出"学校向东北转移的目的在于创办'新型的东北大学'"。毛泽东还特别提醒学校领导："军队要建设一个团或师，比较容易；要建设一个大学，从领导班子到队伍都不容易。在行军过程中，各地可能找你们要干部，你们不能把班子人员搞散，要千方百计地把建校的班子搞好。"同时，毛泽东勉励大家："你们去东北，那里形势紧张，是必争之地。现在还是敌强我弱。你们去东北的任务是争取青年，办大学。因为是必争之地，

第五章　进　城

事不宜迟，说走就走，我们的'飞机'就是两条腿。"①

11月中旬，迁移东北、华北等解放区的延安文教单位组成一个支队，"延安大学是其中的一个大队，行军编号是'松江支队第四大队'，校长周扬任大队长，副校长张如心任副大队长，秘书长刘呈云任副大队长兼政治部主任。下属三个中队，鲁迅文艺学院是第一中队，中队长宋侃夫；自然科学院是第二中队，中队长王甲钢；行政学院是第三中队，中队长于光远"②。不过，据笔者考证，宋侃夫其实是留在延安负责留守处工作，第一中队的中队长实为沙可夫，副中队长吕骥。

鲁迅文艺学院师生组成的第一中队，成员近三十人，主要名单是：周扬、沙可夫、吕骥、高俊夫、林冬、刘国甫、周桐林、王抗、麦风、何洛、刘荆兰、刘汉、徐徐、苏扬、丁举、江雪、叶枫、王曼硕、苏辉、刘迅、张庚、石联星、袁文殊、许可、陈锦清、欧阳凡海等。此外，部分文艺工作者带着幼小子女组成一个小分队，成员近三十人，队长周巍峙，副队长向隅，支部书记张小华，主要成员有蔡若虹一家、李元酉一家、萧军一家、叶洛一家，还有带小孩的韦婆、钱韵玲、徐捷、关立人、白炎、萧琨、林白、李莫愁等。③这支队伍拖儿带女，冒着凛冽的寒风翻山过河，穿越敌人封锁线，其艰难和危险是加倍的。途经河北怀来县时，因东北战场形势变化，中央电令延安大学迁校队伍暂转张家口待命。延安大学迁校队伍于12月20日至25日陆续抵达南郊孔家庄，经过一周时间修整，然后迁入城内。

原本被安排去东北的鲁迅文艺学院美术系党支部书记胡一川，在12月25日这天的日记中写道：

---

① 张松如、刘呈云、武强：《战争中诞生的东北大学》，东北师范大学档案。转引自曾鹿平主编《延安大学史（1937—2007）》，人民出版社，2008年，第177页。
② 参见曾鹿平主编《延安大学史（1937—2007）》，人民出版社，2008年，第177页。
③ 朱鸿召：《延安文艺繁华录》，陕西人民出版社，2017年，第329页。

> 休息了廿多天，我和S（按，指胡一川夫人黄君珊）冒着细雨坐上大车又匆匆地奔上征途，因山海关有战事，转道路经荆县、玉田、马兰峪、兴隆到承德。在这里停留着许多由各方面来尤其是延安要到东北的干部，房子、粮食、被服和经费都发生问题了，中央分局组织部的赵毅敏同志说东北有战事，混乱得（很），中央有电来，一般干部停止往前进，暂时在冀热辽分配工作，因没有煤，经常没有电灯，火车也经常不能开。我原先就不准备马上到东北去，我还要刻些八年抗战期间的英雄史迹，我向分局提出要求介绍转到晋察冀，因为我对于这个地区也熟悉些，感觉到有兴趣些。我和S拿着冀热辽中央分局介绍我到晋察冀中央的介绍信，跟着几个交通队的同志坐上火车到滦平，然后骑牲口到四海，再坐上汽车和火车跑到张家口来了，这也是一个城市，工厂相当多。有（在）中央局招待所住了几天，中央局介绍我到冀北文艺工作团来工作，S到二区工人子弟学校工作。现在是没有旁的话讲而应该埋头创造刻几幅木刻的时候了。在这里遇到的许多熟人，尤其是当延安鲁艺路过此地（准备到东北去），他们都说我们来了一个长征，虽然先出发后到张家口，但我们是看了许多地方，这对于创作是有许多帮助（的）。①

晋察冀中央局（原晋察冀局）根据当时的局势，经过认真研究于12月28日向中央发电，请示将延安大学与华北联大合并。第二天，中共中央复电同意晋察冀中央局的意见，延安大学迁校队伍与华北联大合并，成仿吾任校长，周扬任副校长，张如心任教务长，刘呈云任校长办公室主任兼党委副书记，林子明改任副教务长。

这时，聂荣臻向中央报告，说"去东北的道路不通，晋察冀边区工业企业很多，很需要技术人员，建议将自然科学院从延大迁校队伍中抽调一部分

---

① 胡一川：《红色艺术现场：胡一川日记（1937—1949）》，湖南美术出版社，2010年，第398页。

留在华北"。中央同意聂荣臻的意见,延安大学自然科学院和晋察冀边区工业专科学校合并。1948年,该校又与北方大学工学院合并,改名华北大学工学院,这是后话。

再者,由延安文艺界组成的华北文艺工作团到达张家口后奉命编入华北联大,成为华北联大恢复文艺学院的基础;将从延安迁来张家口的外国语学校划归华北联大,为华北联大附属的外语学校。一个多月之后,联大的附属外语学校划归联大文艺学院领导,为外语系。

这样,华北联大开始逐步恢复,并扩大了。首先,联大恢复了原来的文艺、法政、教育三个学院和一个文艺工作团。教育学院设教育系、国文系和历史地理系,教员有王大刚、孙敬之、吴伯箫、智建中等,时任晋察冀边区参议会副议长于力(董鲁安)回到华北联大仍任教育学院院长,丁浩川任副院长。文艺学院设文学系、音乐系、戏剧系、美术系和舞蹈组,教员有李又华、江丰、王朝闻、彦涵、莫朴、陈企霞、何洛、李焕之、舒强、胡沙、吴晓邦等,沙

▲张家口时期华北联大校领导(左起于力、沙可夫、刘呈云、成仿吾、丁浩川、周扬、林子明)

可夫任文艺学院院长，原华北文工团团长艾青改任副院长。复建后的华北联大文工团，吕骥任团长，周巍峙、张庚任副团长。法政学院设政法系和财政经济系，该院和政治班的教员有何戊双、宋涛、陈辛人、郭晓棠等，何干之任法政学院院长，王哲为副院长。

1946年3月，华北联大接受新华社和《晋察冀日报》社委托，在文艺学院增设新闻系，由《晋察冀日报》编辑科科长罗夫（萧朴石）任系副主任并主持日常工作。7月，又调北平《解放》报记者杨觉任新闻系主任助理。新闻系第一期招生二十七人，大部分是来自平津地区的知识青年，一小部分是解放区的干部。新闻系开设新闻学概论、采访、编辑等专业课和公共课，注重对学员进行基本功的训练，并组织学员参加社会实践。毕业后，新闻系第一期的十几人到地方报社，另十几人参了军。

5月15日，中共中央向晋察冀中央局书记聂荣臻发电指示："东北需要干部正多，并需要培养干部的教育机关正急，前决定开东北后又停张垣的党校及延大两学校仍即经赤峰开东北，何时能赴程，望告。"[①] 此时，前往东北的道路已打通，根据中共中央和晋察冀中央局的指示，张如心、刘呈云率领延安大学和华北联大的百余名教员、干部，于5月下旬从张家口出发，继续前往东北。同时，文工团团长吕骥、副团长张庚也奉调去东北。张如心走后，林子明复任教务长，周巍峙继任文工团团长。

6月，原晋察冀军政干校的外语干部训练班划归华北联大，与文艺学院外语系组成华北联大外语学院，下设英语、俄语两系，浦化人任院长，教员有罗清、林浩庄、施谷、杨化飞、罗焚、马克西莫夫等。外语学院院长浦化人，曾任晋冀鲁豫解放区高等法院院长和延安编译局英文系主任。俄文系教员马克西莫夫来到联大时已经五十八岁了，他原是沙俄时代的贵族，苏联内战爆发之后流亡中国。在日本投降前夕，马克西莫夫被日军投入监牢，直到八路军解放张家口后他才得到自由。为此，马克西莫夫感受到了革命军队的情谊，

---

① 参见曾鹿平主编《延安大学史（1937—2007）》，人民出版社，2008年，第178页。

加上生活所迫,便主动要求加入联大服务。

这一时期,文化名人云集张家口,华北联大得以聘请众多文艺、教育、政治等方面的知名人士和专家,大大提高了学校的教学质量和办学水平。如此,华北联大拥有了强大的师资阵容和众多的院系,使华北联大成了华北解放区的最高学府。

华北联大在张家口抓紧复校,通过《晋察冀日报》连续刊载一周时间(1946年2月21日至27日)的招生简章,其中第一期招收法政学院、文艺学院和教育学院各系新生八百名,宗旨是"培养青年参加新中国的政治经济文化建设工作"[1]。学员来源很广泛,国内各地和新老解放区都有,都是投奔革命的进步青年。他们进入华北联大之后,喜欢教育的就进教育学院,喜欢政治的就上法政学院,喜欢文艺的就到文艺学院。就这样,大量的革命青年进入了法政学院,少量的进入了文艺学院。革命青年入学虽要考试手续,不过很简单,主要看学员适不适合向这方面发展,实际文化程度如何。考虑这些革命青年都是经过封锁线冒着生命危险进入解放区的,而且多数原来就和中共地下组织有些联系,联大对这些青年采用了"来者不拒,热烈欢迎"的方针,毕竟当时革命还处于困难时期,外来的知识青年都被视为革命的宝贵财富。

华北联大刊登专文向社会介绍学校,"华北联大胜利的(地)完成了培养各种抗战干部、坚持华北敌后抗战的任务,今天又在为培养建国人才而努力",并且"该校正在由过去的短期训练班转变为新式的正规大学,以适应今天的需要"。[2] 再者,自从旧政协会议召开以后,大量青年知识分子涌向张家口,"也就促使华北联合大学必须复校、扩大和走向正规化"[3]。何况,与以往的办学条件和社会环境相比,张家口的经济条件相对较好,各种资源更加优越,使得在城市内进行高等教育的探索和尝试成为可能。所以,联大每个学院的

---

[1]《华北联合大学招生简章》,《晋察冀日报》1946年2月21日第4版。
[2]《介绍华北联合大学》,《晋察冀日报》1946年2月23日第2版。
[3] 成仿吾:《战火中的大学》,人民教育出版社,1982年,第129页。

课程设置都比较多样化和正规化。例如，教育学院除全院有必修课"教育概论"和"文教政策"外，教育系有"教育行政""小学教育""社会教育"等，史地系有"中国通史""近代世界史""中国地理""历史研究法及教学法""地理研究法及教学法"等，国文系有"国文讲读""文法""修辞及文体研究""国文教学法"等。

考入华北联大的这些青年，他们的家庭出身、文化程度、政治认识和学习要求都各有不同。在这种情况下，联大就要对这些青年加强思想教育。当时，联大的思想教育主要是通过以下几种方式进行的：

第一，政治课学习，包括"社会发展史""中国近代革命运动史""新民主主义论""解放区建设"等，政治课的比重约占全部课程的二成。据从北平一所大学来华北联大政治二班的穆扬说："学员的文化程度和年龄差别都很大。有从美国回来的军事院校的学生，也有只上过几年小学的土八路；有十五六岁的小弟弟，也有三十来岁的老大姐；有汉族，也有蒙古族、满族和回族。所学的课程主要是'社会发展史''新民主主义革命史'。"①

第二，专门问题报告，包括关于思想的、政策方面的讲座等。

第三，时事学习，包括读报、时事问题的报告和讨论等。

第四，日常的民主生活，包括小组生活、批评和自我批评、学生会举办的各种活动和定期的选举活动等。

第五，社会活动和民运工作，包括居民工作和参加土地改革等。

第六，生产劳动。②

通过以上各种措施，目的在于帮助学员清除旧时代的生活和教育给予他们思想意识上的影响，帮助他们认识世界和中国的过去与现在，认识人民群

---

① 穆扬：《您好，我的乳母——华北联大！》，载刘葆观主编《血与火的洗礼——从陕北公学到华北大学回忆录（1937—1949）》（下卷），中国人民大学出版社，2007年，第453—454页。

② 参见成仿吾：《战火中的大学》，人民教育出版社，1982年，第129页。

▲张家口时期，华北联大学员在上课

众并认识自己，以建立科学的世界观和历史观，建立为人民服务的人生观。实践证明，这种教育方法是比较有效的。

华北联大政治课的教学并非"填鸭式"的单纯讲授，而是以自学为主，或者叫自学辅导制。这样可以提高学员对学习的责任心，主动地去学习，自觉地去思考。在学习过程中，学员们提出许多问题。学生会的学习委员将这些问题收集上来交给教员，教员针对这些问题加以组织系统化，最后进行一次问题解答，以作为本门课程的结束。学员们对这种方法比较肯定，他们说"自学是自己的要求，一方面是主动的（地）去学，一方面是在自己要求下，解决些问题，会很快的（地）进步"，"自学辅导比讲好，主要一点就在和同学思想相结合，不是空谈"。

流动的大学：华北联大 1939—1948

▲张家口时期，华北联大学员上体育课

　　1946年春天，刘佩弦"作为一个旧大学（燕大）的学生，通过国民党的封锁线，到解放区华北联大的"。他说："平时的学习很紧张。毛主席的著作如《新民主主义论》《论联合政府》、关于整顿三风的报告等，是大家阅读和学习的主要内容。除了听教员讲课外，还经常听报告。成仿吾校长、周扬副校长、何干之院长以及其他许多有名望的人经常作全校性的政治形势报告或学术报告。这些报告很受欢迎，听众往往把一个简陋的'礼堂'挤得水泄不通，因而有些人不得不坐在外面听。听完课或听完报告之后，要进行小组讨论。对于这些讨论，大家是非常认真的，为了弄清一个问题，往往争论得几天都相持不下。有时把小组讨论中提出的问题用墙报的形式贴出去，这常常引起大家的激烈论战。""大家对于世界观的改造是很注意的。除了经常用毛主席关于整顿三风的报告以及《在延安文艺座谈会上的讲话》等为武器，对照自己进行检查外，还经常开展谈心活动。每到晚饭之后，可以看列三三两两的人在校园内边走边谈,这正是同志间彼此交流思想、互相帮助的一种形式。""除了正常的学习外,还经常参加一些校外活动,如进行宣传活动、参加劳动等等。有一次,张家口市进行人民选举。为了配合这一重要政治活动,全校师生都化装到街头扭秧歌舞、演街头剧等。这一活动受到全市人民的热烈欢迎,许多老大娘、老大爷都笑逐颜开,给我们送茶送水,这使我们受到很大教育。另外,我们也经常参加一些劳动,如到校外参加修筑堤坝等。这些活动对于我们这样一些刚从旧大学来的青年学生树立劳动观点、培养同劳动群众打成一片的思想感情来说,是非常有帮助的。"[①]

8月28日至30日,华北联大又在《晋察冀日报》发布第二次招生简章,开展培养与提高解放区县区级各种工作干部的培训班,招生名额为五百人,学习期限四个月。这期间,"不仅是解放区的知识青年,就是国民党统治下的北平、天津、保定等地也有大量知识青年蜂拥而至,要求入学"[②]。

文艺学院与文艺演出

华北联大复办的文艺学院依靠的是延安大学鲁迅文艺学院的师资力量。其中,文艺学院院长仍为沙可夫,副院长为艾青;戏剧系主任为舒强,音乐系主任为李焕之,美术系主任为江丰,文学系主任为陈企霞。同时,专职教员主要有欧阳凡海、肖殷、何洛、崔嵬、沙新、牧虹、贾克、胡沙、胡一川、王朝闻、辛莽、彦涵、莫朴、左辉、张鲁、王莘、李群等。[③] 教员队伍比以前

[①] 刘佩弦:《难以磨灭的印象》,载刘葆观主编《血与火的洗礼——从陕北公学到华北大学回忆录(1937—1949)》(下卷),中国人民大学出版社,2007年,第428—430页。

[②] 宋荐戈、李冠英等:《成仿吾教育实践与教育思想》,湖南教育出版社,1997年,第73页。

[③] 李又华:《回忆华北联合大学文艺学院》,载刘葆观主编《血与火的洗礼——从陕北公学到华北大学回忆录(1937—1949)》(上卷),中国人民大学出版社,2007年,第211页。

大为加强了。文艺学院复办后，曾一度增设了外语系、新闻系、舞蹈系。

文艺学院设在张家口的东山坡（今鱼儿山 25 号温馨家园小区）。山坡旁边是一条河，到张家口市要通过一座石桥。学院院墙内有四排红色的日本式房子（原日本铁路职员的宿舍），每座房子都不大，分里外两间，外面有十来米，里面有八九米，地上有地板，铺着日本的草垫子即所谓榻榻米。另有一间小厨房，还有一间极小的放着一个大浴盆的洗澡间，洗澡就在大盆里面。所有的房子，构造都是一个样儿，整整齐齐。排房之间有石子甬道，房屋旁边有低矮的树木，多是小槐树之类。院长沙可夫和副院长艾青等人住在第一排，系主任们住在第二排。院长和副院长及系主任住一套房子，教员一人住一间房子，学员们一个小组住一间房子，每个小组七八个人住在一处。[①]

学员们和教员们的生活是供给制。进餐时，大家以小组为单位到伙房打饭，打一盆菜，然后围成一圈蹲在地上吃饭。进城后，干部们会发点生活费，年轻的教员每月可以领四十六元津贴。不过，有些人由于长期没有花过钱，领到四十六元钱反而不知道该如何花。至于学员们，学校保证吃饭穿衣，一个月有一元钱津贴。所以，学员们对这种革命的集体生活还颇感兴趣。

这里的学员绝大多数是城市知识青年，有来自新解放区的，有来自平津和东北、华北、华中国统区的，还有来自大后方的。老解放区来的学员很少。文艺学院美术系学员高焰说："美术系的同学大都是从北平艺专撤回根据地的地下党员和他们的朋友。也有两位从重庆育才学校来的，根据地来的并不多。"[②]1946 年在张家口入学的这一期，文艺学院共有学员一百八十多人。

文艺学院加强了思想政治教育。起初，政治理论、形势任务、方针政策的讲座和报告较多，但这对新来的学员是必要的，能使他们认识中国共产党

[①] 参见胡沙：《回忆在华北联大的战斗生涯》，载汉川市政协文史委编《汉川文史资料》总第十一辑（胡沙专辑），汉川，2000 年，第 38 页。

[②] 高焰：《从东山坡到冀中田舍》，载刘葆观主编《血与火的洗礼——从陕北公学到华北大学回忆录（1937—1949）》（下卷），中国人民大学出版社，2007 年，第 364 页。

和八路军，认识到抗战胜利来之不易，以及学习专业的目的是"为人民服务"。除政治教育外，学员还下乡参加土地改革运动，组织农民"翻身作主人"。文艺学院戏剧系教员胡沙说："1946 年，我们华北联大戏剧系以晏甬为队长、我为副队长，带领全系学生到柴沟堡一带参加早期的土地改革，当时叫作清算复仇。我们系的教员和学员做农村工作，就从这时开始。我学会分析农村的阶级，什么是贫农、什么是中农、什么是富农、什么是地主就是从那时学会的。"①

文艺学院开设共同的政治理论课"社会科学概论"，包括社会发展史、帝国主义论、新民主主义论、解放区建设等内容；共同的文艺理论课为"文艺讲座"，包括文艺理论、毛泽东文艺思想、解放区文艺运动和文艺政策等内容。学院各系设置多门专业课程，比以前的文艺学院教学充实得多。学院各系专业课程及相关情况如下：

文学系，自 1945 年 12 月开始招生到 1948 年 8 月结束，先后共开设两班，培养学员 108 人。因此，陈企霞戏言"文学系是一百单八将"。陈企霞是文学系主任兼支部书记，他首先把重点放在培养学员的革命意志和革命文学观念上，组织学员们学习马列主义理论和毛泽东思想。至于专业课程，主要有"文学概论""近代中国文学史""语法与修辞""作家与作品""写作练习""文学活动"等。文学系学员黎白说："回忆起在文学系的业务学习，心情是非常愉快的。1945 年冬到 1946 年春，文学课程有欧阳凡海同志讲'中国现代文学史'，何洛同志讲'文学概论'，厂民（严辰）同志讲'写作练习'。并请丁玲同志讲'写《我在霞村的时候》'，萧军同志讲'我与鲁迅'等专题讲座。那时同学只有十几个，老师坐在中间，大家围着听讲，老师讲得自然，学员听得专心。那时是以讲课为主的。同学们自然学的时间也很多，可以看许多中外古今文

---

① 胡沙：《回忆在华北联大戏剧系的二三事》，载刘葆观主编《血与火的洗礼——从陕北公学到华北大学回忆录（1937—1949）》（下卷），中国人民大学出版社，2007 年，第 393 页。

学作品。"①陈企霞本人一直担任"作品选读"课的教学。鉴于张家口是在城市的环境下，文学系第一学期主要选的是解放区的短小作品，使学员增进对解放区人民斗争生活的了解，如吴伯箫的《一缸雪》、孔厥的《苦人儿》、康濯《我的两家房东》等。陈企霞"备课认真，讲课内容广博，谈吐风趣，不乏自己独到的见解，对同学有很大启发"。②

美术系，开设"美术概论""色彩学""素描""室外写生""创作实习""画家研究""民间美术研究"等七门课程。据美术系学员高焰回忆，在美术系专业课中，素描等技法基础课占了较大的比重，由新从北平来的左辉等三人教授素描课，"一进素描教室，便见到几个大石膏像。还有二三十个带松木味的新画架，每人都有一个方凳，放倒坐也很舒服，可以变换三个不同的高度，都是老师们和艺专来的同学共同设计，找木工做成的"；"创作课是莫朴同志负责，彦涵、古元、马达、沃渣、张仃等延安来的老师分别承担创作课的专题讲座，主要介绍他们的创作经验和艺术活动体会。他们在火热斗争中接触人民群众，从中吸取营养，又借鉴民间剪纸、年画和旧小说插图的表现手法，力求作品能使群众乐于接受"。③有一次，美术系发生了一场关于创作课要不要上素描课的争论，系主任江丰到班里讲话，他说："不要学素描是一种幼稚的想法，你们懂什么，完全是胡闹！"④

在第一次创作实习后，大概教员们发现了学员们共同的弱点吧，特别强调画速写，专门开辟了速写课程，有组织地走出教室去画速写。美术系学员高焰说："第一次速写课便是到大境门外。这是北国的一个农牧业贸易场所，可以接触汉、蒙、回各族农牧民和商贩的活动。马、骡、牛、驴、羊，还有

---

① 黎白：《我与文学系》，载刘葆观主编《血与火的洗礼——从陕北公学到华北大学回忆录（1937—1949）》（下卷），中国人民大学出版社，2007年，第384页。
② 马琦：《陈企霞传略》，载马琦编著《拾零集》，2002年，第76页。
③ 高焰：《从东山坡到冀中田舍》，载刘葆观主编《血与火的洗礼——从陕北公学到华北大学回忆录（1937—1949）》（下卷），中国人民大学出版社，2007年，第364页。
④ 张启：《江丰同志在华北联大》，《新美术》1983年第2期，第15页。

骆驼、各种家畜，有的是作为运输工具，有的是用来交换商品的。一片塞外风光，处处可以入画。马达同志和其他老师分别跟在各个同学后面，随时进行启发、指点。一个熙来攘往很有特色的处所，成了锻炼观察生活和绘画写实能力的大课堂。"[1]

戏剧系，开设"戏剧概论"、"戏剧讲座"（包括中国戏剧运动史）、"舞台技术"（包括装置、灯光等）、"编剧"、"秧歌舞"、"排演"（通过排演和演出总结讲导演、表演等）、"化装"、"音乐"等八门课程。

音乐系，开设"音乐讲座""乐理""作曲""乐队""乐器""记谱""唱歌"等七门课程。

文艺学院在专业教学上强调打基础，学习专业基础理论，练好创作和表演的基本功，同时也把群众工作列入教学活动中。文艺学院的学员来到农村，学习环境为之一变，为教学与实际结合、文艺与群众结合提供了极为有利的条件。例如，音乐系的学员每天天不亮就到村外练嗓子，做到勤学苦练本领。对此，村里的农民夸奖他们说："每天的太阳是音乐系学生唱出来的。"戏剧系规定要帮助周围的村剧团排练节目，和群众合作写剧本，既学习和体验群众生产、生活经验，同时又通过群众工作提高自己的业务能力。音乐系规定要到农村夜校和小学教唱歌，配合农村中心工作编写、教唱歌曲，进行宣传工作。

美术系规定要帮助附近村庄画街头画报，开展为群众画像和写生活动。因此，学员的素描基础提高较快，习作富有农村生产、生活的气息。美术系学员高焰说："塞外早春姗姗来迟。全市机关团体和学校一连几天参加挖河与植树义务劳动。老师们在休息时也抓紧画速写。同学们也有一吹休息哨，放下铁锹就拿起本子和铅笔的。这不仅是业务练习，也是意志力的锻炼。"[2]

文学系的文学活动重点是和群众交朋友，规定每个学员必须和一个到两

---

[1] 高焰：《从东山坡到冀中田舍》，载刘葆观主编《血与火的洗礼——从陕北公学到华北大学回忆录（1937—1949）》（下卷），中国人民大学出版社，2007年，第367页。
[2] 同上。

三个群众或农村干部交朋友,借以熟悉群众的生活和思想感情并随时收集群众的语汇,同时帮助农村办好黑板报。文学系学员黎白说:"除了讲课之外,还要求同学观察、体验生活和读书,创作抓得很紧,也很严格。同学们的文艺创作活动,系领导是全力支持的。1946年春节,同学们集体创作了一个大型话剧《老汗(汉)坪》(原平执笔),今天看来,剧本是幼稚的。当时全系同学都参加了演出,请了戏剧系老师胡沙同志担任导演,演员不够,还请了法政学院的女同学来演儿童团员。有的同学实在缺少表演才能,就演个日本鬼子端枪上场,一枪被八路军打死,大叫一声,摔个跟头就行了。这个戏在校部大礼堂演出了许多场,还招待过各界人士,居然受到欢迎。我演一个儿童团长,大概总共只有不到二十句话,胡沙同志万分耐心地教了我不下几十次,却总也没有教好我这个蠢材。这件事充分说明院系领导是如何支持和重视同学的创作。"①

当旧历春节快到的时候,文艺学院安排各系分散下去,帮助各地搞文艺宣传工作,准备春节期间的文艺活动。其中,分散下乡的时间约为一个月,回来后进行全面的个人总结,包括工作表现、群众关系和业务方面的收获。这是各系教学活动的一个重要环节。

这一期学员毕业后,大部分都分配到前方和新解放区去做文艺工作。其中,有不少学员在文艺战线上做出了可喜的成绩,如美术系的迟轲、冯真、李琦、伍必端、洪波、林岗,文学系的鲁煤、陈淼、任大心,戏剧系的于忠文、张奇虹,音乐系的鲍昌等。同时,有的毕业生在大学中任教,有的在电影、出版部门或其他部门担任各种领导工作。

抗战胜利后,延安大学鲁迅文艺学院派出的华北文艺工作团到达张家口,仍由华北联大领导。其中,华北文艺工作团的一小部分人调入文艺学院参加

---

① 黎白:《我与文学系》,载刘葆观主编《血与火的洗礼——从陕北公学到华北大学回忆录(1937—1949)》(下卷),中国人民大学出版社,2007年,第384—385页。

教学工作，大部分人（原鲁迅艺术学院、西北战地服务团成员）重新组建华北联大文工团，周巍峙任团长，沙新任协理员，队级干部有牧虹、边军、贺敬之、李健。文艺工作团的团员有邸力、王昆、陈孟君、陈强、桑夫、吴坚、迪之、叶扬、孙铮、仲伟、杜德夫、孙岫、郝汝惠、刘铁山、贾克、孟于、胡斌、孟媞、李建庆、刘荣发、张达观、肖磊、徐捷等，还有从文艺学院文学系与政治班调来的张奇虹、梁化群、王犁、万晶、王健生、王命夫、王绍文等。①华北联大文工团的主要任务是到各地演出，在校时则与文艺学院戏剧系教学密切配合。

1946年初，为了欢庆晋察冀边区首府张家口解放后的第一个春节，华北

▲华北联大戏剧系教员在张家口（左起张庚、周巍峙、吕骥）

---

① 丁帆：《群星闪耀的集体——忆华北联大文工团》，载刘葆观主编《血与火的洗礼——从陕北公学到华北大学回忆录（1937—1949）》（下卷），中国人民大学出版社，2007年，第398页。

联大组成了秧歌队。戏剧系教员兼文工团员吴坚、叶央、胡沙、陈强等教男学员扭秧歌，王昆、孟于、林白、孙铮等教女学员扭秧歌。开始时，不管男女同学都还有些害羞，下不了场，下了场也扭不起来，但看看教员们个个都扭得那么落落大方、旁若无人，很快学员们也都学会了。春节那天，塞上朔风凛冽、寒气逼人，但师生们都穿着单薄的秧歌服装组成秧歌队，离开东山坡校舍，敲起锣鼓走上了街头。锣鼓一响，秧歌队队员们就情不自禁地手舞足蹈起来。这一天，秧歌队队员们在张家口街头一共演了三场。其中，第一场在人民剧院前，第二场在大境门附近。每场开场大秧歌一扭完，学员们就帮着打场子，拉起手来围一个大圆圈，一声令下便"唰"地一下坐在冰冻的土地上。小节目开始，首先是林白和"活黄世仁"陈强的《打花鼓》，接着是王昆和叶央的《兄妹开荒》，再下来就是吴坚和孙铮的《夫妻识字》。《打花鼓》完全是为了适应在张家口的演出创作出来的。《小放牛》的曲调由贺敬之编的新词，歌词大意是："铜锣一响红丝带带飘，打起花鼓唱个秧歌调，唱得不好同志们莫见笑，唱的是和平民主建设咱们新的张家口"，"天上的星星什么星为头，地下的百花什么花为首，什么人领路走在前头，什么人民主建设张家口吆咿呀嘿"，"天上的星星北斗星为头，地下牡丹花为首，毛主席领路走在前头，张家口人民建设张家口吆咿呀嘿"。[1] 歌词听起来亲切上口，很是便于记忆。

演完第二场，秧歌队队员们就在街头马路边休息了，由学校伙房的工友们送饭来吃。吃饭时，大家都围坐在一起，互相一看，只见王昆、陈强等人脸上涂的油彩上早已粘上了厚厚的一层土，睫毛都变成土黄色的了。就这样，大家在风沙中香甜地吃着馒头、喝着大锅汤。

吃完饭，这些沾了土的"演员们"又扭起了第三场。领唱者陈强高声唱道："敲起锣鼓响连天，咱们的秧歌扭得欢，先向大家问声好，再给同志们拜个年。""万里长征毛泽东，朱德担任总司令，抗战有功的是贺龙，周恩来的外交是第一名。"跟着是齐唱，秧歌扭得更欢了。从秧歌队伍里看着四周里三层

---

[1] 前民：《从张家口扭到布达佩斯》，《河北日报》1986年7月20日。

▲张家口时期，华北联大师生排练节目

外三层的老老少少个个笑逐颜开，小孩子们不断地上来抢绸子，老大爷、老大娘个个合不拢嘴，姑娘和小伙子们更是情不自禁，几乎也要下场来和华北联大文工团的师生们同舞了。这真是一片自由的新天地啊。[①]

这年1月至春节期间，文艺学院还在人民剧场公演歌剧《白毛女》，轰动了张家口。3月，文艺学院又组织了两个慰问团，去下花园、怀来、延庆、康庄等地为部队进行慰问演出。

8月上旬，华北联大文工团和文艺学院戏剧系部分师生去怀来一带，为东线部队进行慰问演出。半个月后，他们转赴西线大同郊区继续演出，至9月初返校。

却说大同战役开始后，华北联大师生从怀安县柴沟堡带着秧歌队到了大

---

① 前民：《从张家口扭到布达佩斯》，《河北日报》1986年7月20日。

同前线。那时，八路军已经把大同包围了，只留下一个北门，好让敌人出城时进行歼灭。客串秧歌队员的戏剧系教员兼文工团员胡沙说："在大同战役中，争夺大同水塔那一仗打得特别激烈。因为我们的黄色炸药炸水塔相当困难，据说已经把水塔上的敌人炸晕了，水塔仍不倒。可是水塔是制高点，非拿下来不可。于是我军组织冲锋，我们秧歌队配合演出。我们的演出地点就选择在离水塔不远的一个树林子里，战场打着炮和机枪，我们演出敲打锣鼓，互不妨碍。我们演出地点在敌人的大炮射程以内，可是我们秧歌队的队员没有一个害怕的，反而认为非常的有趣。那天晚天我们是为肉搏下来的战斗英雄们演出。我看见他们坐前两排的地上，身上带着血迹，胸前戴着大红花，一个个神情严肃。胡耀邦同志当时是一个旅的政委。演出开始前，他跳上台上的一张方桌，向战士们作战斗动员讲话，他的讲话很有鼓动性。胡耀邦讲完了话，我们就开始演秧歌剧《刘永贵负伤》。这是我的演剧生活中最难忘的一页。由于傅作义的骑兵奔袭张家口，我们在大同只得撤围。部队命令我们秧歌队在某处乘最后一列兵车回张家口。"[1]

---

[1] 胡沙：《回忆在华北联大戏剧系的二三事》，载刘葆观主编《血与火的洗礼——从陕北公学到华北大学回忆录（1937—1949）》（下卷），中国人民大学出版社，2007年，第393—394页。

第二节　新天地，新气象

圆了大学梦

华北联大所在地张家口离北平、天津较近，学员来源不成问题。特别是1946年1月政治协商会议召开以后，联大通过公开、半公开的方式在平津等地招生，这样就使得大量知识分子涌向了张家口。

一、伍必端：自重庆飞到张家口

抗战胜利之后，重庆大后方的人们，思想发生了极大的变化，大家都想着下一步往哪里走。重庆育才学校的学生，有人决定返回自己家乡，有人要去报考大学，还有人想和学校一起搬到上海。其中，绘画组的伍必端向往延安，想上"鲁艺"。

几年前，重庆八路军办事处（简称"八办"）就准备安排伍必端去延安，因故未能成行。抗战胜利狂欢过后，伍必端去了一次曾家岩，那里的人对他非常熟悉，而工作人员张晓梅（徐冰夫人）很清楚他的愿望，用亲切和肯定的口吻对他说："这回你一定能走成了，你回去等通知好了。"不久，伍必端果真被通知去红岩村八路军办事处，工作人员安排他暂时住在招待所，等待有了汽车再去延安。

1945年底，政治协商会议即将召开，全国各党派代表团陆续抵达重庆。伍必端被暂调到中共代表处的秘书处工作，从一个普通的育才中学学生，一下子进入"斗争的最前线"做了一名小战士。这对伍必端来说，不仅是生活中的一大变更，也是政治生活中的重大转折点。

春天终于临近了。1946年3月的一天，周恩来副主席告诉伍必端："我已把你的事交给秘书长了。"接着，周恩来亲切又认真地说："一切要听从命令，命令你哪天走，你就哪天走。"最后，周恩来好像暗示地说了一句："快了，快要实现你的愿望了，小伙子，耐心地等着吧。"[1]

果然，3月4日一早，钱之光处长告诉伍必端一个天大的好消息——"明天就可以飞北平了！"无法抑制的兴奋，使得伍必端跑回办公室去拥抱见到的所有人。

这一天，还有一个重要的消息是，叶挺将军被释放了。在周恩来副主席的陪同下，叶挺将军回到了重庆八路军办事处。

就在叶挺将军被释放的第二天，钱之光处长通知伍必端："明天你就可以乘军调部的飞机去北平了。到了北平，你将被送到张家口上华北联合大学。"

不是到延安去吗？怎么又去张家口呢？原来，延安大学鲁迅文艺学院已不复存在了，所以伍必端此行不能去延安，而要改道去往张家口。华北联大的文艺学院实际上就是原延安大学鲁迅文艺学院，因为鲁迅文艺学院的大部分教员都已经转到了张家口的联大文艺学院。

3月6日那天，伍必端离开了山城重庆，三年来一直想要达到的目的如今就要实现了。此行有四人，都是以中共代表团军事调处执行部（简称"军调部"）的名义前去北平的。

一架C47式军用飞机经过五个小时的飞行，最终降落在北平南苑机场。

伍必端一行住进东安市场附近的翠明庄宾馆，原是日本的一家高级军人宾馆，现在成了军事调处执行部中共代表团的驻地。第二天，伍云甫处长和李克农秘书长，先后找伍必端和同行的工作人员小邓（名字不详）谈话，希望他们能留下来工作，因为这里工作繁忙，人手不足。但是，伍必端仍旧执意要到鲁迅文艺学院去学习。李克农并不勉强，他说不久将派人送他们去张

---

[1] 伍必端：《刻痕：画家伍必端自述》，生活·读书·新知三联书店，2006年，第100页。

第五章 进 城

家口。

在北平等待的时间里,伍必端他们游览了北海公园,逛了东安市场,算是开了下眼界。

第三天接到通知,"明日就可以去张家口了",没想到会这么快。

3月10日一大早,伍必端起床穿上新买的卫生衣来到办公室,方才知道和他们同行的还有尹瘦石先生以及护送他们的两位战士。八点钟,他们乘车抵达西直门车站。

从北平到张家口要经过一道封锁线,那时的北平及其周边是国民党统治区,从下花园往北才是解放区,两者之间以铁丝网拦截,只留一个出口,建有房子和哨所,设有人员把守。原本铁路可以直通张家口的,但当时不行,要从下花园经国民党的这个检查站才行,老百姓要出示证件方可通过。军事调处执行部给他们每个人办理了"证明",其中伍必端扮成中共代表团的一名人员,小邓扮成国民党代表团的一名代表。他们经过检查站时十分顺利,没有遇到任何麻烦。过下花园检查站不远,他们就登上了去解放区的火车。

火车开动了,慢腾腾得像一匹老马。下午两点钟,火车到达青龙桥站,伍必端一行依次下车,开始了塞外之旅。

走到城门口,这里架着铁丝网,蛮有火药味呢。两个国民党兵上前盘查,好在他们有"护照",没有太费周折便顺利地通过了关口。过了这道关口,离解放区也就不远了。

他们雇了一辆马车去往怀来县。坐在马车上,一种特别的感受油然而生——梦境中的北方原野正出现在眼前了!在自由的土地上行驶着,车轮愉快地奔跑着。车夫对他们说,"前方就是八路军的地盘了"。果不其然,走了三里路远,就到达了解放区。伍必端心里想:"哦,这自由的天地!我多年来梦寐以求的地方!我来到了你的身旁,踏上了解放的土地!"[①]

[①] 伍必端:《刻痕:画家伍必端自述》,生活·读书·新知三联书店,2006年,第110页。

3月11日，伍必端终于来到盼望三年之久的张家口，真是兴奋至极。军区政治部没有地方安置他们，暂时让他们在一家旅店住下。司令部派人让他们先开"介绍信"，然后去见华北联大成仿吾校长。由于成仿吾校长要晚上才能回来，他们临时来到吴晓邦先生家等候。在吴晓邦先生家，人们围着他们几个"重庆客"问这问那。当晚晚饭吃的是小米，伍必端实在难以下咽，但是他早已做好吃苦的准备，强迫自己吃了下去。

晚上，他们终于见到了成仿吾校长，但成仿吾的意思是让他俩先读高中。不过，后来成仿吾校长还是答应了他们上"联大"的请求，但要经过一次考试才行。这也无妨，伍必端虽然有些心跳，但还是有成功把握的。

1946年3月15日，伍必端终于考进了华北联大文艺学院美术系。

二、冯真：从上海滩到解放区

冯真是作家冯乃超的女儿，在上海就读于一所教会女中。那时候，日本刚投降，冯真虽然没有去解放区，但因其父是老革命（曾任左联第一任党团书记），所以在学校里面思想觉悟还是很高的。冯真利用父亲的关系，请郭沫若到女中演讲，呼吁和平。父亲冯乃超带冯真到"作家书屋"，胡风送给她一些进步书籍，如《红星照耀中国》《钢铁是怎样炼成的》《铁木尔和他的伙伴们》等。读了这些书之后，冯真十分向往解放区。

冯乃超在中共南方局和上海工委都是负责文化工作的。1946年夏天，上海"白色恐怖"加剧，形势紧张，党设在群益出版社的地下机关（也是冯乃超的家）要转移。有一天晚上，冯真正在家里等着门，大约是夜里十一时董必武的爱人过来问："你爸爸回来了没有？我们老董也没有回来啊，怎么啦？今天还有个人不明不白地来问董先生在不在家。"看样子挺紧张的。过了一会儿，沈雁冰（茅盾）的爱人也来问。冯乃超半夜回来听说这个情况后，就在家里把一些"纸片"都烧了，甚至冯真也不知道他在烧什么。据冯真回忆：

第五章 进 城

父亲说，他们要去香港了，我没有经验，去了也做不了什么工作。他还说我是一个小包袱。我说我不是个包袱，我还能工作，我在学校里就做了好些工作呢！他说："行了，你就好好学习吧。"后来，父亲给我写了两封介绍信。那个时候我们穿旗袍、半长筒袜，我就把信折成小块缝在两个宽袜带的接头上，左右一个。原来是要我到盐城的苏北解放区，后来因内战已起，李先念的部队被包围了三层，盐城去不成了，只好到华北的解放区。去那里先要到北平，父亲要我谎称找我外婆，要上中学。

过了几天，父亲给我弄了一个行李箱，放了两床被子和一点衣服，给点钱。他同我走到弄堂口，雇了辆三轮车，告诉我在哪个码头上船。以为父亲会送我到外滩呢，没想到他只送到弄堂口，就对我说"走吧"，我就自己走了。到了外滩，雇了条小木船，摇到黄浦江江心太古洋行的货船旁。我爬软梯上了那艘很高的船。船上很挤，大家像沙丁鱼一样紧挨着把铺盖摊在甲板上。在船上，我看见几个穿着国民党青年军军服的年轻人在玩子弹，周围又没有我认识的人，当时心里很害怕。后来，我看见一个三十来岁的妇女抱着个一岁左右的小胖孩儿，我就逗孩子，跟她凑近。她同意让我把铺盖安排在她身边。这样，我就像找到保护伞一样感觉安全了。那位妇女晕船晕得很厉害，小孩儿吃奶、换尿布都是我来管。船在茫茫大海里走了一个星期才到天津。这个妇女为感谢我在船上帮她照顾小孩儿，带着我到了她亲戚家吃了一顿北方炸酱面。接着，她又带着我一起坐火车去北平。到北平后，她又邀请我去她家住几天，我就答应了。没想到，小汽车开到了西单缸瓦市（注：位于今北京西四南大街南段）大院府胡同，后来我才知道那是她的姑父冯治安将军家。

离开上海前，我父亲告诉我的联系地点在中外出版社，我就假借出去玩，找到了在西单的中外出版社。后来，又趁着那个妇女外出，我就离开了她家，去中外出版社了。联系到了北平地下党以后，我被安排在东单新开路那小窄巷里的一座房子里面住。那是中外出版社老板张明善的房子，张虽然不是中共党员，但是给党做了很多工作。

我住进东单新开胡同后，张明善叫我去一趟北京饭店某楼某号找徐冰同志。我去了北京饭店，在走廊里先看见叶剑英的小孩，其中有一个是女孩，然后见到徐冰。徐冰把我带到他的住房，问我有什么事要找他。我把来龙去脉说了一遍。他说："解放区生活很苦的，吃不上白米饭，天天吃小米干饭，你受得了吗？过几天有架飞机要去上海，把你送回去吧。"我一听，着急了，说："我到解放区是要参加革命，是准备牺牲生命的，不怕这些困难。"他看见我这种样子就笑了，说："好好好，你耐心等着，会有人送你去张家口的。"临走时，徐冰给了我大约为两本杂志样大小的纸包，让我拿回住处。他让我不要直接回去，多走几处商店。我捧着这个厚纸包走到东安市场，转来转去，急得出了一身汗，最后总算找到出口了。我当时也不知道我拿的是什么东西，现在想可能是一叠传单。

我在北平等待期间，还见过北方书店的"王老板"，他就是北京城工部的曾平同志。有一次我们一起外出，他说："怎么尾巴老也甩不掉？"住在新开路的还有几个四川来的女学生，也有刘伯坚烈士的女儿秦燕士。她想去解放区，闯了几次关都没成功。南口有关卡，因当时国民党知道年轻学生要去解放区都得从这儿过去，已加强了关防。她闯不过去，那我怎么办呢？后来地下党同志就把我先送到北京大学陈瑾昆教授家（东四汪芝麻胡同）住了几天，然后想办法通过北平的沙河火车站的关卡。陈瑾昆是有名的法学教授，因为他仗义执言，在中山堂开会时批评国民党发动内战，被三青团（注：全称三民主义青年团，国民党下属的青年组织）打伤了。叶剑英很会做工作，把他送到张家口去了。那时张家口是解放区唯一的一个大城市。但陈瑾昆的家属还在北平，要想办法过去啊。于是我假装是陈瑾昆的亲戚，梳了个乡村姑娘式样的辫子，挎个装了点心的篮子，就混过关卡了。与我们同行的还有一个大学生模样的青年，他是中共地下工作者，负责送我们过关。

过了沙河镇的关卡走了八里路就到了北安河游击区了。我们在一个

第五章 进 城

葫芦架大棚子下喝茶,妇救会主任很亲切,老拉着我的手。我们被安排住在妙峰山的庙里。几天后有个带驳壳枪的同志领着我们上路,老乡赶了几匹驴子送我们。这个路很难走,翻山越岭,上上下下,走了五天才到延庆的康庄,还没出北平呢!康庄那个时候有八路军的火车到张家口,我们就坐上火车到了张家口。①

到张家口后,冯真没有马上去华北联合大学,先是在交际处住。交际处是专门接待外宾和民主人士的地方。在交际处,冯真见到了陈瑾昆教授。离开上海时,冯乃超给冯真说到解放区后要见刘仁,她就拆了另一个"介绍信"去找刘仁。到了刘仁那儿,他把介绍信拿起来用火烤了一下,看后说:"嗯,好!"冯真见刘仁很是悠闲的样子,说了句傻话:"人家都说解放区的人都非常有朝气,都是忙忙碌碌的,你怎么什么事也不干啊?"刘仁就说:"咳!小孩子,没法和你说。"冯真对刘仁说:"我要求马上到华北联大去。"谈着谈着,敌机就来轰炸了。刘仁的脾气很大,说:"还不快走,快去防空洞!"

又过了几天,冯真就到了华北联大。这一年,冯真十六岁。

三、刘炼:放弃"北大"读联大

1943 年,刘淑庄(刘炼)中学毕业后考入了伪北京大学法律系。时年十八岁的刘淑庄怀着对生活的幻想和憧憬,希望将来做一名女律师,为中国的妇女争取平等地位。但是,现实却与刘淑庄的幻想大相径庭。宪法课的授课教师是一名日本教授,他在课堂上叽叽咕咕地用日语念讲稿。听了几堂课后,刘淑庄愤愤地想:"中国的学生为什么要听日本人讲日本宪法?日本人依什么法侵略中国?依什么法残害中国人民?"接着,刘淑庄又遇到经济问题的

---

① 《李琦和夫人冯真自述》,载中国人民大学校史研究丛书编委会编《求是园名家自述》(第一辑),中国人民大学出版社,2010 年,第 519—520 页。

困扰，发现父亲每月寄来的伙食费是靠借贷凑来的。在幻想破灭和经济窘迫的双重压力下，刘淑庄感到四年的学业难以为继。于是，刘淑庄未同父母商量，连退学手续也没办理，就义无反顾地回到了天津。回到天津后，刘淑庄靠做小学教员挣钱养家糊口。

刘淑庄并不安心于平淡无为的生活，她一边教书一边继续做着"大学梦"。不久，在北平读书的弟弟告诉刘淑庄，说在"北大"门口看到一份张家口华北联大的招生广告，招生处在河间，入学后食宿免费，每人还发给服装和生活津贴。这的确是一个非常难得且极为诱人的机会。刚好，有一天刘淑庄听到好朋友张支和她的同学刘新民在商量去解放区投报华北联大的事，她立刻表示也要跟着去，并且得到母亲的理解和支持。刘淑庄后来回忆说："尽管当时我在政治上还很幼稚，但我清楚地意识到共产党是真正的抗日爱国组织，所以在我人生的十字路口，我本能地选择了去华北联合大学求学的道路，这并不是偶然的。"[1]

刘新民实际上是冀中区党委联络部的地下工作者，在抗战期间往来于天津和解放区之间，介绍和带领青年学生到解放区去。临行前，刘新民向刘淑庄和张支交代了有关注意事项：通过国民党封锁线时要统一口径，就说"学校放假回高阳老家探亲"，要着学生装束，对外交涉均由刘新民负责。

1946年9月，刘淑庄和刘新民、张支三人上路了。刘淑庄先赶到北平通知弟弟，让他多回家照顾母亲，随后又到保定把自己的去向告诉了在河北省政府任参议的父亲，不想父亲坚决反对他们走。刘淑庄的父亲告诉他们一个绝密消息，"平、津、保三角地区，即将全面封锁，主要是截捕前往解放区的平津学生，而且内战即将全面爆发"。但是刘淑庄他们去意已定，根本没有听进父亲的劝告。回到保定城外小旅店，刘淑庄三人当即决定，连夜上路，离开保定。

刘淑庄他们首先向西前往高阳，那里是刘新民的老家，也是老解放区。

---

[1] 刘炼：《风雨伴君行——我与何干之的二十年》，广西教育出版社，1998年，第4页。

第五章　进　城

从保定下火车后，发现军警陡然增多，气氛紧张。刘新民从容不迫地带着大家雇了一辆大车，车上装着大酱油篓，车把式是一个贩运酱油的商人。刘淑庄和张支坐在车上，刘新民和酱油商应付盘查的国民党士兵。那个商人走上前对国民党士兵说"她们（指刘淑庄和张支）是学生，搭他（指刘新民）的车回乡"，说着就把手伸进国民党士兵的袖子里（注：指给现大洋），只见国民党士兵的脸上堆起了笑容，然后就挥手放行了。就这样，刘淑庄他们用现大洋连过几关，直到解放区与国统区的交界处才和那个商人分手。接着，刘淑庄一行三人又步行一天赶到高阳县路台营村，在刘新民家住了一晚，第二天，他们开始前往东南方向的河间。高阳位于老解放区的边界地带，可以放心大胆地赶路。第一天他们精力充沛，一口气走了八十里，太阳西斜时刘淑庄迎着落日余晖兴奋地大声歌唱起来。第二天他们便没劲了，只走了三十里。第三天他们来到冀中区党委联络部驻地，一个名叫"一溜十八坞"的村子，这里离河间还有七八里路，在这里接受进入河间的"入境审查"。走进村子时已近黄昏，夕阳染红了一望无际的田野，硕果累累的夏秋作物交织成黄绿相间的锦绣大地，不远处一个身穿红衣的女孩正高唱《没有共产党就没有新中国》。刘淑庄耳闻目睹这一切，简直看呆了，仿佛在不知不觉中闯入了一个"仙境"。刘淑庄如痴如醉地沉浸在美不胜收的"仙境"中，直到一位女军人把她和张支引进一间检查室，这才回到了现实。半个月后，她们得到了前往河间的许可。

华北联大招生处设在河间行署交际处的招待所，负责招生的干部详细地询问了她们（刘淑庄和张支）报考联大的目的和志愿，还告诉她们"这不是一般的上大学，而是参加革命"，又问"有没有为革命献出一切的思想准备"。刘淑庄后来回忆说："这些话我当时并没有充全听懂，上大学怎会有牺牲呢？他们似乎猜到了我的疑惑，遂讲了许多大道理，如现在是战争时期，虽然赶走了日本人，但国民党又发动了内战……最后又对我们进行了文字考试，出了不少有关国际国内大事的题目。具体内容大多忘记了，只记得有一个问题是问南斯拉夫共产党领导人是谁，我们竟都不知道是铁托，这件事后来在同学中间传为笑谈。"①之后招生处工作人员要求他们三人改名字。于是,刘新民改名为"白航"(《星星》诗刊创办人兼首任主编);张支性情耿直爽朗,她立刻宣布更名为"周沉",取"破釜沉舟"之意;刘淑庄决定取一个具有双重含义的名字"刘炼",一意为对母亲的留恋之情,另一意为把自己锻炼成为有用之才。

入学考察结束后,华北联大招生处组织十几个新生北上,大家渡过潴龙河、府河,从唐县、涞源、灵丘沿山脚北上,脚下是奔腾咆哮的唐河。天黑了,向导让女学员们骑上毛驴,而山区的毛驴总是贴着悬崖边走,让人惊恐不已。第二天,刘淑庄宁可徒步走夜路也不骑毛驴了。

10月底,新生们到达广灵县西石门村。这时,从张家口撤出的华北联大已在这里休整了一个月,正在作长途行军的准备。大家办理完有关手续后,就被编入行军队伍。从此,刘淑庄开始了崭新的大学生活,她的"大学梦"终于实现了。

学生会与学生自治

到张家口之后,学校在管理上实行民主化,充分发挥学生会的自治作用。华北联大校长成仿吾说:"华北联合大学在1939年成立,初到晋察冀时,只有全校性的学生会,各学习单位仅有救亡室的组织,是课外活动性质的机构,那时行政上仍有学习生活的领导系统。到1941年,有了大的改变,行政上的一套系统在学员中基本上取消了,加强了学生会民主自治及学习上的组织领导工作。到了张家口时期,这种作用得到充分的发挥。"②李又华回忆张家口时期的华北联大文艺学院时也说:"学院强调学生自治。学生会起着积极的作用。

---

① 刘炼:《风雨伴君行——我与何干之的二十年》,广西教育出版社,1998年,第5—6页。

② 成仿吾:《战火中的大学》,人民教育出版社,1982年,第134页。

各系学生会明确任务为民主自治，保证学习计划的完成。因此各系的学习生活管理，都由系学生会负责，行政加以领导。学生上课自习、课外生活管理、群众工作和社会政治活动，学生会都积极地组织进行。"[1]

华北联大学生会的主要任务，是通过学员自己的民主组织，参加制订并保证学校教育计划的完成。学生会既然是学员自己的民主组织，一切就都要从自觉与自动的原则上进行自治的活动。学校方面除了制订一种多方面的教育计划并由教员们在课堂内外指导以外，学生会要在研究讨论复习等方面肩负配合推动的责任。其他如生活、劳动、娱乐、壁报、体育、清洁卫生、社会活动，以及建立小组事务等都由学生会自己来领导。这些二十岁左右的青年，一般都有自己管理自己的能力。青年们学习的热情以及好群的心理，一旦能获得充分自由发展的机会，他们的进步是很快的。联大除了教育青年如何"为人民服务"之外，再无其他目的，而这个目的又恰好是大多数青年的志愿，因此学生会承担了以上的任务。

至于华北联大学生会的组织机构，在1946年《北方文化》第六期上发表的《华北联合大学的学生会》（明光）一文有详细介绍：

> 学生会总的机构是校学生会。全校会员大会为最高权力机构。由大会选出十六人及各院（班）学生会主席五人组成校学生会的执行委员会。这二十一个执行委员中互推常务委员九人。常务委员会中再互推主席一人，副主席二人，其他分工担任各部长。执行委员会的任务是：一、负责召集全体会员大会；二、检查与督促常务委员会的工作。常务委员会的任务是：一、执行全体会员大会的决议；二、计划并领导学生会一切日常工作；三、聘任各部干事；四、派代表参加学校行政会议；五、对

---

[1] 李又华：《回忆华北联合大学文艺学院》，载刘葆观主编《血与火的洗礼——从陕北公学到华北大学回忆录（1937—1949）》（上卷），中国人民大学出版社，2007年，第213页。

外代表全体学生会。

上述的执行委员会以及常务委员会，是全校性的学生组织，称之为校学生会。他们除对全体同学负责外，在工作中与校部的行政上取得密切联系，以便沿着学校总的教育方针而保证其教育计划的顺利完成；同时学校行政也可以通过他们随时了解学生会的工作情形，以及学生中对行政上的各种意见，以便更好的（地）调整其教育计划，使之更适合于同学的需要。

学生会的单位机构是一系、一班分别或几个系（人数少的学系）联合所组成的院（班）学生会分会。分会会员全体大会选出执行委员五人至十三人组成院（班）分会执行委员会。会中设正副主席各一人，及总务、学习、生活、劳动、体育及娱乐等股股长各一人，这一级的干部都是直接组织与领导具体工作的。

有关的分会（院内或班内）全体执行委员构成院（班）学生会，互推主席一人、副主席二人领导院（班）学生会的工作，并代表参加院（班）行政会议。

以上无论是校学生会或院（班）的学生会，都是上层领导、检查，与推动的机构，但工作指示的执行与号召的响应要使之全面的见诸实现，还需要经过全体同学分头的进行布置、讨论、商量、研究，以及勉励与督促的过程，然后学生会的指示与号召始能通过认识而成为每个同学自觉的任务，再做起来也就成为每个同学自动的行动了，这个过程所通过的机构就是小组。……[①]

1946年春天，刘佩弦从北平来到张家口，考入华北联大法政学院政法系。随后，政法系的十几个学员前来接他，"他们都显得非常活跃，在他们健康、红润的脸上呈现着活泼、欢乐的表情。这使我感到非常新奇，觉得到了一个

[①] 明光：《华北联合大学的学生会》，《北方文化》1946年第六期。

完全新的世界。当他们知道我就是他们要接的新同学时，便马上围拢来，热烈地同我握手，你一言我一语地问起北平最近发生的各种情况。接着他们便高兴地带着我回到了他们的学习小组"。"我们这个小组共有十二个同志，设有正副组长各一人。正组长管学习，副组长管生活。男同志都住在一间原来日本人留下的房子里，大部分睡的都是地铺。女同志住在另外的宿舍，平时大家都在男同志住的这间房子里活动。当我一进入这个集体，就深深感到有一种无形的力量把大家紧紧地团结在一起。这是因为大家有一个共同的革命目标，同志间都互相关心、互相爱护。""我们的组长很活跃，又很机警，大家都叫他'猴子'。每次站队出发前都由他指挥领唱革命歌曲。同时他又很会做思想工作，谁有了什么思想问题总爱找他谈谈。我们的副组长，忠实纯朴，是大家的好管家。他担任伙委（按，指伙食委员会），又兼管生产。每次伙食方面有什么问题或安排生产劳动时，他总是耐心地同大家商量并带头参加劳动。我们组有两个女同志，是从延安随校来的，对待同志特别关心、细致，总是热心解决同志们生活上的困难。"[①]

学生会是学员自己的组织，既不隶属于学校行政，也不受校外任何团体的领导或支配。从性质方面讲，学生会是一个独立自主的组织；但从功能方面讲，学生会是全校中的有机机构之一，是与其他校内机构有关联的。因此，学生会的一切活动就必然要与学校行政取得密切的联系，不仅学校行政是承认它的，而且还用最大的力量扶持它。学生会在一般的工作和活动上是随时关照学校的行政，看是否与校内或校外其他工作有抵触，因为学校是一个有目的、有组织的整体。一方面，学校行政上的重要会议也有学生会代表参加或列席，其用意是使学员随时明了学校的政策与方针，以便学生会的活动能起很好的配合作用。另一方面，学生会的重要会议也往往请学校行政人员参加，如讨论课业与学习诸问题时，有教务人员的参加；讨论伙食与被服问题

---

① 刘佩弦：《难以磨灭的印象》，载刘葆观主编《血与火的洗礼——从陕北公学到华北大学回忆录（1937—1949）》（下卷），中国人民大学出版社，2007年，第429页。

时，有总务人员的参加。这样，学员们的意见可以无间隔地传达到学校行政上，而且也会很适当地获得解决。当然，学员代表参加学校行政会议时，他们并不会感到自己是个附庸或点缀品；相反，他们知道自己在会议上的发言与意见是会受到学校行政上的格外重视的。同时，学校行政人员参加学生会的会议，也并无什么"太上"统治感，因为他们知道唯有亲自融入学员里面，才会了解到学员的实际困难，才能学会领导学员进步的真本领。这一切都表明了一个问题：学生会与学校行政，学校行政与学生会，都是为了一个共同的目的而奋斗，就是如何帮助青年进步，使他们能"全心全意地为人民服务"，因为联大是一个民主解放区的人民的大学，既不是"高级知识商店"，也不是"统治阶级的奴隶养成所"，而只有在那些所谓"组织机构"（指国民党的机构）里才会有什么"学生罢课，学校当局开除或逮捕某某学生会干部"的事情发生。

在学生会选举时，几天之内联大校内就形成了竞选的热潮。从小组提候选人员名单起，直到候选人投票止，竞选一直都在沉着、热烈、紧张与愉快的气氛中进行。尤其是在竞选介绍的大会中，"选民们"在自由地、无拘束地当众讲述候选人的事迹与能力时，几乎都拿出了他们集体写成的稿子来理直气壮地为他们的候选人拉票。候选人在竞选中也贯串着实事求是的精神，他们清楚地知道过分的夸大介绍是不会起更好的作用的，因为那样做会引起大家以不合事实来反驳并提出反竞选的意见的。因此，"选民们"在候选拉票时只有老老实实、实事求是地为候选人作介绍或竞选演讲，才会争取得更多的票数。"选民们"帮助他们的候选人制定施政纲领，并以图画、标语、口号以及歌词等种种方式来替候选人竞选。在这种条件与情况下，当选的人就必然要符合"选民们"的奖誉，也一定会积极努力地为群众服务，因为一则他们是由"群众明亮的眼睛"所选择出来的，二则青年人无论怎么讲总是要求进步的。经过这种公正合理的、群众自觉的、无记名的投票方式选出的人，无论当选者是谁都一定会感到这是"群众拥护的无上光荣"，因而也就会更加倍地努力为群众服务。从"选民"方面讲，理想的人选既然已经选上，他们必然会诚心诚意地拥护他，因为他已成为他们心目中所信任的人了，即便当选

第五章 进 城

▲1946年6月，华北联大举行第一次学生会选举（陈强 摄）

人不一定都是每个"选民"的票中人，但毕竟是多数人的意见，而在一个民主的团体里必然会被多数人尊重与拥护的。这就是华北联大学生会选举的理念和方式。例如，黎白在华北联大文艺学院文学系学习时就亲身经历了1946年春天的学会生选举："我和许多同学都是来自沦陷区大城市的，从来不知道选举是怎么回事儿。到了华北联大之后，经历过几次很动人的选举，例如学生会的选举就十分热烈，选校学生会主席时，法政学院、教育学院、文艺学院、政治班都是全力以赴，用各种形式替自己要选的同学竞选。写墙报、讲演、编歌……不仅展开了广泛的竞选活动，而且对联大各个学院的许多同学和校学生会候选的同学都有了不少了解，加强了院系之间的联系。所以当选举的时候，那种积极、踊跃、全力以赴的劲头儿十足。"[①]

---

① 黎白：《我与文学系》，载刘葆观主编《血与火的洗礼——从陕北公学到华北大学回忆录（1937—1949）》（下卷），中国人民大学出版社，2007年，第380—381页。

279

这一优良的民主作风后来一直延续到冀中（束鹿时期），深深地印在了文学系学员徐光耀的脑海：

> 生活管理很民主，学生会起很大作用。教职员们相当超脱，除教学外，不做什么干涉。恋爱，是生活中的敏感领域，部队对此向来控制极严，而这里，仿佛大撒手，只靠道德与风气约束。……最令我感到新奇的是学生会的选举。有一次系学生会换届，上届主席报告工作之后，便宣布"竞选"开始。会场气氛一下子便"开锅"了：有为自己竞选的，有为他人竞选的，都极力申述理由。或说明自己的优长，或发表"施政纲领"；为他人竞的，则要把被举荐人的优点、特长和工作能力，样样说个明白。而高潮却是"反竞选"，人们对不同意的竞选人，当面反驳和批评，不但揭出种种缺陷，也毫无遮饰地说出他不称职、不合适、不应进入学生会的理由。这种面对面的争论"作战"，激烈、无情、公开，既是求实的，又是磊落的，言过其实或名实不符的地方，会立即被揭露或矫正，几乎没有私情诬陷的可能性。经过这场竞争，然后投票。当选者差不多确是受到拥护的人，而他们工作起来，也真能勤谨负责，尽心办事，监督的眼睛就在当面，要懈怠，想"出格"，是不容易的啊。[①]

在当选人的名单公布之后，全场人会报以数分钟的热烈掌声，各院的女学员们会将已备的鲜红的"光荣花"戴到当选人的胸前。此时，口号与歌声也会冲破礼堂任何寂静的角落。然后，成仿吾校长会亲自走到台上庆祝学生会选举的成功，而学员们更会一拥而上地将每个当选人给抬起来。1946年5月上旬，华北联大学生会选举的结果是，文学系学员谭彪（来自延安，从小在革命环境中长大，在学员中有较高威信，后转入新闻系）当选为校学生会主席，法政学院学员吴炯（女）当选为副主席。此外，这次学生会选举还选

[①] 徐光耀：《神游故校》，载《忘不死的河》，河南文艺出版社，2003年，第131页。

第五章 进 城

出了执行部主任，即外语系于俊。

华北联大 1946 届学生会几个月内做了以下的主要工作：对外，如街头的大秧歌队，前方的文娱劳军活动，配合市选的大秧歌剧参加市学联的招待宣传工作，联合其他学校举行时事座谈会，抗议北平《建国日报》无耻造谣，以及声援全国各地的民主运动，庆祝"七月节"的四百人大秧歌活动，晚会招待前方战士等。对内，除领导学员日常学习生活外，组织领导各假期及重要节日之文化娱乐晚会，推动本校市参议员的选举，发起并成立联大业余剧团，主办新生招待工作以及参观团的招待工作，开展领导各小组农业生产，领导全校植树运动，号召全校各小组清洁爱校运动，并发动竞赛；推动并坚持各院系的文字墙报及图画墙报；发动校内的时事讨论会；等等。此外，他们还经常联系学员、拉近学员、发动学员的互动与团结等，给学员解决物质或思想上的困难问题。可见，学生会的干部个个都是很忙的，他们一方面要坚持工作，完成任务；另一方面还要坚持学习，使课业不致荒废。

总之，华北联大学生会是一个民主集中制的组织，是合于新民主主义组织原则的——"在民主基础上的集中，在集中领导下的民主"。华北联大的学生会组织实践表明，"今天学生在校学会了如何运用这恰到好处的组织原则，明日出校到工作岗位上就会领导群众参与发扬民主的政治。学生的组织机构、工作任务，以及他的工作范围等，都在说明民主集中制是民主制度中的最好的。学会了它，就增加了为人民服务的本领。它虽然未被列到学校的课程表上，但它却是联大现在课程中很重要的一门。这是理论与实践的统一，这是民主政治的具体实践与运用。这是学与用一致。学生会既锻炼了每个领导者，也锻炼了每个被领导者，使得他们都日益坚强，能够出去完成历史给予的任务。因为每个华北联大的学生都要参加为人民服务的实际工作，为建设和平民主的新中国而奋斗"。[①]

---

① 明光：《华北联合大学的学生会》，《北方文艺》1946 年第 6 期。

深入生活的第一课

随着国民党军事进攻的不断扩大，国内阶级矛盾的上升和解放区群众运动的发展，作为抗日民族统一战线土地政策的"减租减息"已不能适应农民的要求。在"反奸清算、减租减息"斗争中，农民进一步要求消除封建剥削，并且已经突破了"减租减息"的范畴。通过"反奸清算"，农民部分地解决了土地问题，如有的农民直接从地主手中取得了土地，实现了"耕者有其田"。在群众运动深入的地方，农民的行动更是远远地走在了"减租减息"政策的前边。

在这种情况下，1946年5月4日，刘少奇主持召开中共中央工作会议，讨论关于"土地问题的指示"。毛泽东在会上讲话指出："解决土地问题的方针，七大讲的是减租减息，寻找适当方法实现耕者有其田。当时七大代表多数在延（安）时间太久，各地新的经验没有能够充分反映。现在中央的这个指示，就是群众所创造的适当方法，为中央所批准的。"[1]刘少奇在会上说："土地问题今天实际上是群众在解决，中央只有一个1942年土地政策的决定，已经落在群众的后面了。"这次会议讨论通过了《关于土地问题的指示》（史称《五四指示》），指出要"坚决拥护广大群众这种直接实行土地改革的行动"，"坚决拥护农民一切正当的主张和正义的行动，批准农民获得和正在获得土地"，强调"各地党委必须明确认识，解决解放区的土地问题是我党目前最基本的历史任务，是目前一切工作的最基本环节。必须以最大的决心和努力，放手发动和领导目前的群众运动来完成这一历史任务"。同时，《关于土地问题的指示》还强调指出："如果我们能够在一万万数千万人口的解放区解决了土地问题，就会大大巩固解放区，并大大推动全国人民走向国家民主化。"[2]

---

[1] 闫伟东编著：《中共中央在延安十三年纪实》，陕西人民出版社，2017年，第311页。
[2] 刘少奇：《关于土地问题的指示》，载河北省档案馆《河北土地改革档案史料选编》，河北人民出版社，1990年，第1—2、5页。

第五章 进 城

7月上旬，华北联大为贯彻教学与实践相结合、理论与实际相结合的方针，遵照中央《五四指示》精神，组织全校学工人员去洋河两岸和平绥路沿线农村，参加"耕者有其田"的土改和"反霸"（清算恶霸地主的罪行）斗争。下村之前，学校召开动员大会，积极学习有关文件，请有经验的同志介绍农村工作经验。为此，有的学员甚至兴奋得睡不着觉，认为这是知识分子和工农群众相结合的大好良机。所以，联大师生们都怀着极大的热情和新鲜感投入这一富有历史意义的土改运动中。

文艺学院的美术系、音乐系和新闻系编成一个大队，分配地点是山西北端的天镇县。师生们和地委、县委的干部们混编成工作队，分小组派到各试点村。学员们大都被指定进行阶级关系的情况调查，着重"访贫问苦"，而这既是搞土改必须做好的基本工作，又是使年轻学员了解农村阶级关系的生动一课。

下村伊始，学员们拿起本子挨家串户到农民家去问、去记，但根本行不通。碰了钉子之后，学员们改变了调查方式，农民逐渐同他们亲近起来。据美术系学员高焰回忆说："我住在村头一位做豆腐的老大娘家。她整日推磨、挑水、拣（捡）柴、烧火。她的小孙子见生人来，就把着门框哭。老大娘和我说不上几句话。我感到她生活太艰难了，便在她推磨时，我去挑水（我当时只挑得动两个半桶水，多挑两趟也能灌满缸）。她外出拣（捡）柴时，我在家里推磨。闲了还唱个解放区的儿歌哄她小孙孙玩。这样，老大娘同我有话说了，关心地问我家有什么亲人，为什么出来搞工作。夜晚黑着灯，干不了什么活儿，正好谈心。我如实回答她的问话，并提到哥哥在铁路上打旗挂钩，摔伤了腿，路局不给治，落了残疾，丢了饭碗。我说共产党是领导天下穷人闹翻身的，除了跟着共产党，推翻压在穷人身上的大山，我是别无出路的。老大娘搂着小孙子叹息着，诉说起她丈夫早年在修缮村东大庙时摔伤，官家不给医药钱，欠了债，伤治愈了，五年以后反而被地主逼债，没有活路，在庙门外那棵大槐树权上吊死。儿子被抓去下煤窑当劳工，一走五年没音信，媳妇也被逼着改嫁了。后来，老大娘打消了各种顾虑，携着小孙子，在东大庙老槐树底下的诉苦会上诉说了自己一家人的遭遇。"①

试点工作扫尾时,工作队领导为把土改工作大面积铺开,决定由文艺学院的美术系和音乐系组成一个文艺宣传队,在工作组进村之前先去演戏,以启发群众的阶级觉悟,宣传党的土改政策。美术系和音乐系的学员集中起来讨论演什么戏,但现成节目只有《白毛女》合乎这个要求,却没条件演大戏,于是决定编新的。然后,每个学员都述说自己在试点工作中"访贫问苦"时最受教育、最动心的事,讨论编戏的会成了第三人称的"诉苦会"。这样,编新戏的灵感来了,人物、情节也都有了。经过两天时间,美术系和音乐系的学员集体创作了秧歌活报剧《斗争张老财》,稍加排练就登台演出了。

在秧歌活报剧《斗争张老财》中,顾群塑造了一个被地主侵吞了房屋、土地的贫农大嫂形象。其中,贫农大嫂有一段响亮的台词:"你这黑心狼!放的是子母债,本生利,利又归本,我家种了几辈子的十亩好地,卷进了你张家户头!我家三间平房,也霸到了你手里!弄得我一家流落外乡,没有了活路!你还我家地,还我家房,你还我房前栽的五棵小柳树!"李为塑造的是一个被地主毒打致残的小后生,邓野演的是一个长工,音乐系的一个男学员演的是老车把式,高焰扮演的是做豆腐的老大娘,棣兰、革华、龚琏、张启等人都有自己塑造的角色,都是以"访贫问苦"时熟悉的农民为形象依据。洪波演张老财,模拟古元名作《减租会》中的老地主形象,惟妙惟肖。与此同时,音乐系学员还负责排练了全体宣传队员的合唱节目。当时,学员们每演完戏便在房东家和吃派饭的农民家听取反馈,多种反馈中总有一句不约而同的话:"你们演的戏,和我村的事一样样哩!"

对于华北联大的师生而言,两个月的土改工作虽然中断了专业课,但是生活的视野空前开阔了,农民的困苦和要求在学员们心里占了重要位置。美术系学员高焰感慨道:"美术和戏剧、音乐、文学等不同的文艺门类是相通的。

---

① 高焰:《从东山坡到冀中田舍》,载刘葆观主编《血与火的洗礼——从陕北公学到华北大学回忆录(1937—1949)》(下卷),中国人民大学出版社,2007年,第368页。

第五章　进　城

和我们宣传队始终在一起搞创作的老师莫朴同志鼓励我们要忠实于生活，在舞台上说人民要说的话，下了舞台观众和我们以心交心，可以由此更好地认识生活。他以土改生活感受为基础创作的《入党宣誓》，对同学们的绘画创作很有启发。到了1947年六七月间，在我们的毕业美术创作展览会上也出现了几幅土改题材的年画。"[1]

文学系全体学员在教员李又华的带领下，来到察哈尔省涿鹿县（今属河北省）一带。师生们先是在县里学习了新颁布的《中国土地法大纲》，听取情况介绍，看了县、区干部表演的反映土改的即兴话剧。一周后，大家到六区参加县、区干部在辛兴堡村搞的土改试点。在学习了发动群众、组织斗争的经验以后，师生们就分组下村去，分散到了桑干河两岸。郭锋所在组到了单家堡，然后再分散下去，他一个人又分到了沙琅村。他说："就这样，我一步比一步深入地接触了中国的农村和各阶层的农民，了解了党在农村的各项政策。我处处看到贫雇农们竭诚拥护和衷心爱戴中国共产党，看到共产党的政策完全符合劳苦大众的利益，共产党是真正领导农民挣脱封建枷锁、翻身求解放的。我参加了农民小组的诉苦会，贫农大伯秦江、秦海两兄弟，都已经五十多岁了，还打着光棍，家徒四壁。他们诉说起受地主剥削压迫之苦，老泪纵横、泣不成声。后来他们都成了土改斗争中的积极分子，在评成分、分田地时，表现了大公无私、实事求是的精神。"[2]文学系学员黎白是第一次到农村，他过去在北平生活时家境也挺清贫，有时靠当卖为生，自以为算是吃过旧社会苦的人了，但到了农村才真正体会到了什么是贫苦。当时，黎白住在一个孤身老贫农家里，只见"一间破土坯屋子，四壁空空只一条炕，炕上半领破席和一条补了不知道多少补丁的已经看不出原来颜色的破棉被。老人身

---

[1] 高焰：《从东山坡到冀中田舍》，载刘葆观主编《血与火的洗礼——从陕北公学到华北大学回忆录（1937—1949）》（下卷），中国人民大学出版社，2007年，第369页。

[2] 郭锋：《在华北联大参加土改和乡艺活动的回忆》，载刘葆观主编《血与火的洗礼——从陕北公学到华北大学回忆录（1937—1949）》（下卷），中国人民大学出版社，2007年，第432页。

上只有一件没有多少毛的光板皮袄,一条破烂不堪的青布裤子。在炕上睡了一夜,身上的虱子就可以用把抓了。而村里的那三进深的大瓦房里却住的大地主,家里骡马成群、粮食满仓、长工丫头好几十"。他说:"这一场土改斗争,使我懂得了什么是剥削,为什么必须革命,为什么一定要打出一个新社会一个没有人剥削人的制度。"① 还有的学员分配到山里工作,因为那里常有土匪骚扰,总是腰里掖个手榴弹,搂着步枪睡觉。有一次,他们还跟着民兵去把清凉寺给剿了,那儿是一个特务老窝。

郭锋参加了区长蒋存裕组织发动的张家堡村的斗争大会,那是在一个露天大戏台底下举行的,到会者数千人,黑压压的一片。一位五六十岁的贫民老大娘上台,面对面地控诉地主的罪行,一边讲一边哭,讲到痛心之处竟气得昏死过去。台下群众义愤填膺,振臂高呼口号:"坚决为×大娘报仇,向地主张××讨还血债!"台下许多人抹眼泪,控诉者一个接一个。郭锋感叹道:"我有生以来第一次这么具体生动地了解到地主如此残酷剥削压迫农民,这正是几千年中国农村经济凋敝、农民贫穷落后的根源。他们多少辈盼着能有一块属于自己的土地啊,正是在共产党领导下才能如愿以偿。"②

两个多月里,文学系的师生们发动群众斗倒了地主,贫雇农分了土地、得到了"胜利果实",整个农村天翻地覆,一片欢腾的景象。在一次分配"胜利果实"的大会上,一位老农民老早就在台下等候,两眼急切地望着台上,嘴角凝结着微笑。当听到大会主席刚一叫到他的名字,他立即三步并作两步地登上台去,双手接过发给他的"土地证",连忙跪下给墙上的主席像磕头。文学系的学员和贫雇农们去田野丈量土地,有个贫农大伯蹲在他刚分得的土地上捧起一大把土看了又看,然后自言自语地说:"我在这块地里苦熬苦挣地

---

① 黎白:《我与文学系》,载刘葆观主编《血与火的洗礼——从陕北公学到华北大学回忆录(1937—1949)》(下卷),中国人民大学出版社,2007年,第381—382页。

② 郭锋:《在华北联大参加土改和乡艺活动的回忆》,载刘葆观主编《血与火的洗礼——从陕北公学到华北大学回忆录(1937—1949)》(下卷),中国人民大学出版社,2007年,第432—433页。

第五章 进 城

干了三四十年，差不多这地里的每一颗土圪（坷）垃上都有我的血汗，可它过去一直是属于地主的，我风里来雨里去好容易打下点粮食，还要把大部分拿去给地主交租子。地主膀不动、身不摇，吃香的、喝辣的，咱农民却落个辈辈穷。从今往后我就要在自己的土地里干活了，这土地就是我的命根子啊！"这些话深刻地反映了贫苦农民翻身解放的真实心情，也生动地反映了共产党的政策深得人心。

参加"诉苦会""斗争会"多了，文学系的每个学员都了解了不少类似"杨白劳""喜儿"和"黄世仁""黄母"那样的人物，了解了不少地主压迫农民、农民同地主斗争的故事。为了配合土改宣传，文学系学员集体创作了一个歌剧，经晋察冀军区抗敌剧社的同志帮助修改后上演了。在剧中，郭锋扮演主角——一位老贫农，刘敏扮演老贫农的女儿，马琦扮演地主。整个剧本以老贫农父女俩同地主斗争为主线，穿插一些别的斗争故事，最后是群众大会面对面地斗争地主。全剧的台词都没有写入脚本，而是大家了解剧情之后上台表演时随机应变临时现编词。郭锋说："演出时，在明亮的汽灯光下，只见台下万头攒动，成百上千双眼睛都在盯着自己，心里确实有些发慌。但乐队奏起了过门，该我唱了，我立即进入角色，心情反而平静下来，偶尔还能想起几句颇为精彩的台词。在白天排练时，马琦扮演的地主竟真的打了我一个耳光，打得我脸上火辣辣的。晚上演斗争大会，我也真的打了他一个耳光，并且说：'你忘了，你打过我的那个耳光！'他用手抚着脸，痴呆呆地望着我。下台后我们都把这一段当成笑话。还有一个同学扮演贫农家的一个孩子，他说他叫王小二，我灵机一动，立即脱口而出，说：'噢，你就是那个放牛的娃儿王二小呀，你快讲讲你给他家放牛时受的那些苦！'这次演出的效果不错。"[①] 后来，这个歌剧又在涿鹿大礼堂为县里的干部和学校的师生作了汇报演出。

---

① 郭锋：《在华北联大参加土改和乡艺活动的回忆》，载刘葆观主编《血与火的洗礼——从陕北公学到华北大学回忆录（1937—1949）》（下卷），中国人民大学出版社，2007年，第434页。

流动的大学：华北联大 1939—1948

土改结束后，华北联大师生回到涿鹿县城作总结。正逢过中秋节，翻身的农民从四乡赶着装满猪羊、水果的大车进城来慰问联大师生，不收他们的礼物就不走，甚至有的人急得直哭。晚上，师生们和农民代表、县领导同志以及路过此地的校领导林子明等一起开了盛大的庆祝土改胜利的中秋晚会，人人欢欣鼓舞、笑逐颜开。林子明在会上说，他们一进涿鹿县界，小孩子们就都爬到车尾巴上叫："联大同志，唱歌吧！"他当时很奇怪，怎么知道是华北联大的呢？后来，他想起来了，原来联大有好几十个学员在这儿工作呢。对此，他很高兴，说这是和群众密切联系的最好的说明。县委宣传部长张雷说："你们真给涿鹿县人民立了大功，你们到这儿之后，这儿的群众运动就像万马奔腾，有声有色。"教育学院院长于力（董鲁安）兴奋地即席成联语："涿鹿县英雄小聚会，察哈尔农民大翻身。"

数十年后，戏剧系教员胡沙说："历时三年，参加了土地改革的全过程，同农民建立了比较深厚的感情。所以，我认为我那三年上的是农村大学。"[①]成仿吾校长多年后回忆这次土改运动，自豪地说："我们华北联大的同学们，走遍了桑干河两岸，那里到处有同学们的足迹，那里的老百姓至今还记得我们华北联大的同学们。"

[①] 胡沙：《回忆在华北联大戏剧系的二三事》，载刘葆观主编《血与火的洗礼——从陕北公学到华北大学回忆录（1937—1949）》（下卷），中国人民大学出版社，2007年，第393页。

第六章 重回农村

（1946.9—1948.1）

第一节　驻足广灵

撤离张家口

1946年6月中旬，国民党制定了"全面进攻、速战速决"的战略方针，投入全部正规军的八成进攻各解放区。他们意图在四十八小时内消灭中原解放军，两个星期占领苏北，三个星期打通津浦路和胶济路，三个月或六个月内解决关内问题，然后再攻占东北全境。

蒋介石在内战部署基本就绪后，撕毁停战协定，于6月26日密令郑州绥靖公署主任刘峙进攻中原解放区，全面内战就此爆发。

7月，晋绥、晋察冀军区组成前线指挥部统一指挥晋察冀军区第二、第三、第四纵队各一部和晋绥军区四个旅，向大同地区国民党军暂编第三十八师及东北挺进军一部发起进攻。7月31日，进攻大同；9月4日，攻占城西、北关。9月3日，国民党军第三十五军、暂编第三军等部三万余人经集宁增援大同。前线指挥部以三个旅围困大同，集中二十五个团兵力北上集宁打击前来增援的国民党军。后因傅作义部准备进攻张家口，晋绥、晋察冀军区参战部队为避免被动，于9月13日主动撤出集宁、16日撤围大同。

自从国民党发动内战之后，华北重镇张家口形势日趋紧张。8月28日，华北联大奉命撤离张家口，向察南广灵县山区转移。联大校部转移到广灵县西加斗村；学校各路土改工作队完成任务后也向西加斗一带集中，进行土改总结后立即复课。

9月10日，蒋介石下令北平行辕[①]主任李宗仁从东西两面向张家口发动

[①] 北平行辕，全称国民政府主席北平行辕，由军事委员会委员长北平行营改称，下辖保定和张垣两个绥靖公署，指挥华北五省和三个特别市的军政事宜。1946年解放战争爆发后，蒋介石为加强某一大区的军政统一领导，将若干单纯主管军事的行营更改为"国民政府主席行辕"，不再仅代表军事委员会委员长，而是代表中央政府的派驻机构。

进攻:"以第十一战区和第十二战区之主力,沿平绥路东西并进,向张家口攻击,以东北兵团之一部围击张家口附近匪军而歼灭之。"自抗战胜利后,张家口就作为晋察冀解放区首府,而蒋介石对此一直是如鲠在喉。

蒋介石在进攻张家口一役上是下了大赌注的,几乎动员了绥、冀、热、察地区所有能调动的兵力投入作战,目的是为将要召开的"国大"捞取政治资本。为此,蒋介石作了强力部署:以第十一战区、第十二战区部队,分别由平绥路东西两线向张家口进犯。东线,第十一战区以第十六、第五十三军由南口、怀柔等地向张家口以东的怀来进逼,第九十四军为战役预备队,第十三军出沽源作牵制性的佯动;西线,第十二战区以三个步兵师、四个骑兵师、一个骑兵纵队及第二战区第三十八师,集结于大同、集宁一线,向张家口方向进攻前进。①

对于张家口当时的处境,聂荣臻作了全面分析后认为,"国民党军早晚要进攻,而且是以重兵来攻,撤离张家口是早晚的事。这一点早在绥远战役失利之后,就有了思想上的准备"。为了统一大家的思想,聂荣臻主持召开了晋察冀中央局会议。萧克、刘澜涛、罗瑞卿等中央局多数领导人都同意聂荣臻的意见,认为必要时应该放弃张家口。萧克后来回忆说:"放弃张家口,中央局开会表决,我首先表示同意。党内的思想工作难做,有人战略眼光差,就事论事。因为放弃了平绥线,才能在平汉路打击敌人的弱点。我和聂荣臻同志是看到了这一点。这是个正确的措施。"②

9月15日,聂荣臻又在晋察冀中央局干部大会上作了《不计一城一地得失,力争战胜敌人》的报告。在报告中,聂荣臻提出:"东线我军放弃承德,西线撤围大同,张家口两面受敌态势形成,'在万一不利的情况下,不作孤注一掷,这不是说轻易放弃一切城镇。比如张家口这个大城市是压在我们肩膀上的大包袱,并非绝对不能放弃,但绝不能轻易放弃'。"针对敌人兵力不足的特点,

---

① 张宇主编《华北解放战争实录·河北卷》,中共党史出版社,2009年,第43—44页。
② 袁德金、刘振华:《华北解放战争纪实》,人民出版社,2001年,第101—102页。

聂荣臻提出，"我们的战略方针是以大兵团的运动战为主，战役指导上是以速决战、歼灭战为原则"。中央局领导的想法和考虑成熟以后，9月17日，聂荣臻、萧克、刘澜涛、罗瑞卿联名向中央军委报告了欲弃守张家口的问题。电报中写道："在敌东西夹击张家口之情况下，坚守张家口或主动撤离张家口之两种方针，……目前各纵队正在进行补充新兵，如继续进行大的战斗，不易恢复战力，影响今后斗争，故拟在敌人进攻时，只进行掩护战斗，不作坚守，……今后则形成冀热辽、平汉路与平绥路三个战线。是否有当？"[①]

9月18日，中央军委立即复电给聂荣臻等人，表示同意他们的意见，并作出相关指示："同时张家口应秘密进行疏散，准备于必要时放弃之，这种准备和积极布置歼敌计划并不矛盾。"为了配合张家口保卫战，中央军委还指示晋绥部队担任钳制傅作义部的任务，冀中、冀晋部队担任破坏平汉路任务，热河、冀东部队担任钳制敌后尾任务。

根据中共中央军委和毛泽东的指示，聂荣臻立即制订了保卫张家口的作战计划，并于9月20日发布了《关于保卫张家口战役部署的命令》。命令规定，"以八个旅置于怀来、延庆地区，为主要防御方向，争取在运动中歼敌一两个团，再扩大战果。另一个纵队（欠一个旅）部署于西线柴沟堡地区，配合天镇、阳高地区的晋绥部队，防范傅作义、阎锡山部的进犯。另外，以六个旅在平汉线北段实施进攻，作为钳制方向。命令冀热辽军区主力向热西出击，牵制国民党第十三军，一部出击北宁路、平承路破坏交通，配合主力作战"。

9月29日清晨，国民党军第十一战区第十六军第九十四、第二十二、第一〇九师和第五十三军第一三〇师共四个师的兵力，在空军、坦克的配合下沿平绥铁路分两个梯队向怀来发起大规模进攻。

聂荣臻下令晋察冀军区部队投入作战，张家口保卫战打响。双方战至10月2日，国民党军以巨大的伤亡占领东西花园等地。3日，国民党军调整部署，又投入第二梯队两个师，向怀来以东火烧营、达子营十余公里正面展开猛攻，

[①] 袁德金、刘振华：《华北解放战争纪实》，人民出版社，2001年，第102页。

但遭到萧克的东线部队强力反击。

蒋介石发现聂荣臻部主力在张家口以东地区，而以西地区兵力薄弱，决定抓住这个利用傅作义部从西面突袭聂荣臻的大好时机。于是，蒋介石立即下令将张家口划归第十二战区负责，并令傅作义部向张家口进攻，而这对于一心想扩大地盘的傅作义来说无疑是一个天赐的良机。所以，傅作义部立即兵分两路，以小股部队在大同大肆喧哗出动，做出由大同东进的态势；以主力第三十五军、暂编第三军和骑四师等部四万余人由集宁出动，秘密经察北尚义偷袭张北。

10月8日，傅作义部占领张北，10日进占狼窝沟，造成对张家口的严重不利态势。聂荣臻为了灵活执行中央军委主席毛泽东"以消灭敌人有生力量为主，不以保守或攻取城市为主，保存自己，消灭敌人"的思想，报请中共中央军委批准后，下达了主动撤离张家口的命令。10日当晚，晋察冀解放区党政军机关开始转移。11日，守城部队撤离张家口。

这一天，张家口的人民眼看着一批批子弟兵离去，都沉浸在依依惜别的深情之中。当时，有一位中年教员触景生情，低吟出这样一首诗：

> 夜空如洗万仞山，塞上名城已入眠。
> 遥看天边凄凉月，何时照得征人还。①

成仿吾回忆说："随着国民党发动内战，向解放区全面进攻，飞机的轰炸不断威胁张家口。我人民解放军遵循党中央、毛主席的'大踏步前进，大踏步后退'，战争的胜负不在一城一地之得失，而在有生力量之消长的战略方针，已经准备撤出张家口。所以这时学校也离开了曾经定居大约一年的张家口市，转移到了晋北广灵县的农村，这时还在桑干河两岸从事农村工作的师生们，

---

① 袁德金、刘振华：《华北解放战争纪实》，人民出版社，2001年，第119页。

第六章　重回农村

也逐步转移到了广灵。"[①] 当时，冯真从上海千里迢迢来到张家口，去华北联大校舍一看，人都空了，"因为傅作义的部队要打过来，全面内战开始，联大师生已经转移了。我就跟着成仿吾一家和周扬一家转移。成仿吾骑马，我同成仿吾夫人张琳、女儿小红和周扬一家几个人坐着牛车，往大同那边走"[②]。

不过，华北联大虽然要从张家口撤退了，但当刘剑青得知自己被联大录取后仍然高兴得差点飞起来。当时，联大的新生在一个大操场上集合，刘剑青挺胸昂首站在班里最前面，等待撤退、出发的命令，心情无比激动。这时，刘剑青的耳边又响起了头天晚上一位教员曾到招待所来看望同屋几个学员时

▲张家口时期的华北联大学员

---

①成仿吾：《战火中的大学》，人民教育出版社，1982年，第133页。
②《李琦和夫人冯真自述》，载中国人民大学校史研究丛书编委会编《求是园名家自述》（第一辑），中国人民大学出版社，2010年，第521页。

讲的话:"你们是华北联大的学生了。可是敌人不让我们在张家口上大学。怎么办?我们走,到农村去,到敌人后方去,到比张家口更大更宽阔的天地里,理论联系实际,在那里学习,在那里战斗,在那里成长。早晚有一天,我们还要回来。不,我们要到比张家口更大的南京、上海、北平去办大学。到那个时候,也许你们毕业了、分配工作了;也许你们还没有毕业,还在学习。不管怎么样,你们的母校华北联大,是敌人压不垮、打不散,而且会越办越大起来的……"刘剑青站在队列里重温这些话,一种光荣而自豪之情油然而生。此时,在他们对面的一排队伍里响起了雄壮嘹亮的歌声,这是大家爱唱的革命歌曲《团结就是力量》,于是整个操场上爆发出了排山倒海般的歌声:

　　团结就是力量,
　　这力量是铁,这力量是钢,
　　比铁还硬,比钢还强。
　　朝着法西斯蒂开火,
　　让一切不民主的制度死亡……

　　不知为什么,这雄壮有力的歌声好像有股神秘的魔力把刘剑青和大家紧紧拴在了一起,大家突然都有了"风雨同舟,和衷共济"之感。若干年后,刘剑青说:"我们学生队伍撤离张家口的准确时间记不清楚了,但那次撤退前的歌声至今记忆犹新,余音绕耳。特别是在撤退途中一条荒郊野岭的小路上,两架敌机带着刺耳的叫声低空扫射我们这些手无寸铁的学生,虽然没有造成大的伤亡,却使我萌生了一个信念,它像浮雕一样刻在心上:必须像歌唱的那样,团结得比铁还硬、比钢还强,和工农在一起,冲向仇敌,勇敢地战斗下去,才能获得真正的幸福和自由。"[①]文艺学院戏剧系教员胡沙撤离东山坡时想有所

　　[①] 刘剑青:《考试》,载刘葆观主编《血与火的洗礼——从陕北公学到华北大学回忆录(1937—1949)》(下卷),中国人民大学出版社,2007年,第392页。

表示，于是拿了一张纸条，用一块石头压在宿舍顶棚上面，上面写道："我们还会回来的！"[1]

此时，张家口解放一年，华北联大的学习条件已经相当好，大家亲手种植的一排排小白杨是那样有生气，真不忍心让它落入敌手。学员们一想到反动派卷土重来就心情十分沉重，虽然也懂得怎样看待一城一镇的得失，但是他们迈出张家口的脚步还是很沉重的。

行 军 途 中

1946年秋天，田野里一派丰收的景象。在张家口东山坡，华北联大文工团刚刚结束紧张的排练就接到了紧急通知，立即召开全体会议。会上，团长周巍峙同志严肃地讲话说："国民党反动派撕毁了停战协定，正向我解放区大举进攻，内战烽烟四起。国民党聚集了大量兵力在东线（河北省新保安、怀来、沙城一带）和我们作战，已经打了几仗了。校党委决定我们文工团到前线随部队做宣传、战勤工作，带上《白毛女》《血泪仇》和一些小型的音乐节目，明晨就轻装出发。"

第二天，文工团赶到了怀来县，立即投入战斗——为那里的解放军和被俘的国民党士兵演出。他们在村外选了一个高地，埋上柱子，挂上幕布，点上汽灯，再到老乡家借来桌椅板凳，天黑后就进行了《白毛女》首场演出。

台下，一边坐的是解放军，一边坐的是乡亲们。开演前，他们互相拉歌，一派军民一家亲的热烈气氛。台上演出开始了，台下立刻安静下来，观众很快被《白毛女》的剧情吸引。当演到"杨白劳"被地主"黄世仁"逼死的时候，台下很多人泣不成声。最后，演到斗争地主"黄世仁"时，台上喊"打倒地主黄世仁"等口号，台下的观众也跟着一起喊，台上台下的感情交织在一起。

---

[1] 胡沙：《回忆在华北联大的战斗生涯》，载汉川市政协文史委编《汉川文史资料》总第十一辑（胡沙专辑），汉川，2000年，第60—61页。

当"喜儿"控诉"黄世仁"的罪行时,观众就往"黄世仁"的身上扔土块、砖头、萝卜皮。有一个战士激动得忘记了自己是在看戏,口里喊着:"黄世仁太可恶了,我崩了他。"说完,拿起枪就要向舞台上的"黄世仁"冲去。旁边的战友赶紧拉住他,告诉他这是在演戏,但是他仍然气愤得久久不能平息。可见,这出《白毛女》的戏着实反映了千千万万贫苦农民的悲惨遭遇。实际上,台下的乡亲们和战士们大多有一部如同"杨白劳"的血泪史,《白毛女》则反映了他们的仇和恨,因而引起他们的强烈共鸣。

据《白毛女》中"喜儿"的扮演者孟于回忆:"文工团后来给被俘的国民党士兵演出歌剧《血泪仇》,情况也是如此。台上演到龙王庙一场戏,当剧中人王东才被国民党抓了壮丁,他的妻子受辱后一头撞死在龙王庙的神龛前时,台下好多俘虏兵抱头痛哭。因为他们当中不少人的遭遇也和剧中人一样,是被国民党反动派抓去当兵的,多少人弄得家破人亡哦。"[1]

看完这两出戏后,解放军连长带着那些被俘的国民党士兵开展"诉苦"运动,其中不少人有了新的认识,后来成了解放军战士。这就是艺术的力量。

东线战役刚刚结束,当时的晋察冀第三纵队司令员杨成武就给华北联大文工团写来一封信。信上说:"这次怀来战役打得很好,我们的战士打得很英勇,抵抗住了几倍于我的敌人,取得了战斗的胜利。战士们在肉搏时是那样的英勇顽强,他们刺刀尖上带着文化——看了你们演出后提高了他们的阶级觉悟,激发起了他们对敌人的仇恨。因此,这次战役的胜利也有你们的一份功劳。"[2] 司令员的话激励着联大文工团每一个文艺工作者的心,他们虽然没有去和敌人直接拼刺刀,但他们的演出启发了战士的觉悟,变成了抗击敌人的力量。可以说,文工团的演出也是在和敌人战斗!

---

[1] 孟于:《回忆华北联大文工团生活片段》,载刘葆观主编《血与火的洗礼——从陕北公学到华北大学回忆录(1937—1949)》(下卷),中国人民大学出版社,2007年,第403页。

[2] 同上。

第六章　重回农村

再说华北联大的张家口大撤离。华北联大及其他各单位撤离时的"狼狈"情景，可以从联大文学系毕业生、边区妇救会编辑杨沫[①]的日记中窥见一斑：

> 我和报社的女同志及体弱的男同志分乘大车向西行进。开始走在秋天的原野上，以后进入山区，路渐渐难走，情况也渐渐危急。我们仅仅平静地走了两天，国民党飞机忽然向我撤退人员轮番轰炸起来。在蜿蜒的山间公路上，沿途不断见到被炸死的骡马和破碎的大车。白天走，飞机不时在我们头顶上盘旋。有一次见到飞机似要俯冲下来，我和同坐一辆大车的几个女同志急忙跳下大车，跑进公路旁的一个村子里。我们分头进入几户农家院子里找隐蔽处。我刚跑进一家农民的屋子，连房东一家人还没有见到，飞机就向这个不大的村子疯狂地轰炸起来。我只好立即蹲在屋门后听天由命。心想，只要炸弹不扔在头顶上，机关枪穿不透屋墙，就不会扫射到我身上——因为敌机不是只扔炸弹，更厉害的是机枪扫射，死伤人畜更多。我一个人心惊肉跳地在陌生人家的屋门后蹲了紧张的十多分钟，轰炸声消失了，敌机飞走了。我又急忙跳起来向村外跑。当我穿过隔壁院子的一座牲口棚时，惊悸地看见两匹拴在一起的马被机枪射死了，它们浑身流着血，有一匹倒下了，另一匹却闭上眼睛，挺着一条腿站立着。好危险，炸弹和机枪就在我们身边肆虐，可是我们侥幸谁也没有受伤。
>
> 群众死伤多少，房屋炸塌多少，由于我们匆匆上车逃走，不得而知。
>
> 傅作义军队知道我后方人员纷纷由这条公路向西撤退，他们就派飞机不停地跟踪追击。我们不断有伤亡。为了减少损失，白天不上路，改为夜行军。有时情况严重，夜行军都不行，就在一个山村隐蔽一两天再走。这样走走停停……

[①] 当时，杨沫由《晋察冀日报》编辑调到晋察冀边区妇救会编辑《时代妇女》刊物。

沿途不断听说这个人那个人牺牲了。使我最为惊骇的是周扬同志的独生子(按,这里杨沫"听说"的消息中所说的"周扬同志的独生子"一说不准确,实际是周扬的小儿子,即周扬与第二任夫人苏灵扬所生的第二个孩子周苏——小名苏苏,其时不满6岁)和一些人,坐着汽车撤退时,在飞机扫射下,汽车滚到山谷里,小小的孩子也死在这残酷的内战中。①

说来令人唏嘘。周扬夫人苏灵扬带着女儿周密(密密)和儿子周苏(苏苏)跟随学校人员紧急撤离途中,苏苏不幸遇难。据周密回忆:"在途中,我们乘坐的马车翻下几十米的山崖,弟弟被沉重的文件箱砸死了,妈妈和我受了伤。不知过了多久,爸爸和几位叔叔才赶到沟底。面对早已断气的弟弟,爸爸和妈妈悲痛欲绝。那也是我第一次看到他们号啕大哭。"②

再说华北联大师生大队撤出张家口后,每天行军五六十里至七八十里。男学员轮流打前站,还要照顾各自系里的大车,勤务比较多。学员们各人背各人的行李,每人还要背五斤小米,但是几个女学员的米袋常常在第一次休息时就被教员们拿去帮忙背着了。当联大师生们到达广灵县的西加斗村,已是中秋节前夕。美术系学员高焰说:

我们在土改中养成了习惯,住下来就打水扫院,主动和房东拉呱儿。到西加斗村第二天,就由吴劳同志带队去割谷子。吴劳同志和老农走在前面,到地头上,他对我们说:"这位老大爷两个儿子都支前当民工走了半个多月,咱们要好好帮他把粮食收到家里。"又启发我们说:"山西农民是很美的,老人穿的红布背心,也很有特点。……"老师随时注意培养同学们对人民的热爱,随时随地启发同学观察、体验和思考,提高美育

---

① 杨沫:《自白——我的日记(上)》,载《杨沫文集》卷六,中国言实出版社,2015年,第26—27页。

② 徐庆全:《知情者眼中的周扬》,经济日报出版社,2003年,第222页。

修养。

广灵县也在进行土改。江丰、胡一川等老师参加了西加斗村的土改工作，而同学们把画架从大车上卸下来，素描课程便开始了。

由于在行军中消耗体力很多，每日两餐不足以补偿消耗，上午素描课还没结束，便有男同学互开玩笑："是你的肚子又咕咕叫！"而晚饭要到下午四点半才能吃到。有一天，中午休息时，李为呼喊同学们跟他去。到了男同学住的大院，就有一股土豆香味扑鼻而来。大东张着一双沾了草灰的手，从灶旁站起来，说："快吃土豆！煮的、烧的各取所需。老师们出钱买来给同学加'午点'！"我们吃着滚烫的土豆，想到撤出张家口后，老师们也不领工资了，却把最后的节余用来增加同学们的热量。而乐天派李为，还有面容略带忧郁却一向热心为大伙做好事的大东，接连几天都是这样主动尽义务。全系像家庭一样温暖。

1946年10月11日，国民党反动派侵占了张家口。而我们正把西加斗村最大的一家地主的账房当素描教室，用心地画月神狄安娜的石膏头像。①

时局虽然动荡不安，华北联大还是分秒必争地抓教学。作为美术教员的彦涵，在广灵县的新解放区看到农民们从村公所里分得了没收的地主的粮食时喜悦的样子，于是他深受感动地创作了木刻《分粮图》《诉苦》等作品。

从张家口至广灵途中，如在蔚县，华北联大政治班新一班学员毕业分配从事地方工作，因为根据当时战争形势的需要，必须进行发动群众从事支前工作；法政学院两个系的学员以及教育学院部分学员提前毕业，除部分留校外，大部分由晋察冀中央局分配到部队工作。

---

① 高焰：《从东山坡到冀中田舍》，载刘葆观主编《血与火的洗礼——从陕北公学到华北大学回忆录（1937—1949）》（下卷），中国人民大学出版社，2007年，第369—370页。

流动的大学：华北联大 1939—1948

这时，华北联大法政学院改为政治学院，撤销政法系和财经系，并将政治班划归政治学院，以办短期政治班为主。冯真跟随联大校领导家属坐牛车到广灵县西加斗村后，就归入政治学院三班（简称"政治三班"）报到。政治学院三班的班主任是何戊双，助理员先是沈梦维（茅盾之子），后来又换成吴炯。当时，政治学院三班的一百来号人在西加斗村休整，经常搞文艺活动，天天拉歌。冯真有点性急，见了班主任何戊双就说："怎么一天到晚就搞这个，不是要学习吗？怎么学啊？"何戊双说："别着急，我们还要行军；行军是一门很严肃的课程，你将会在这里面学到很多东西。"于是，冯真只好等着，"天天看朝霞、晚霞映照下的大山美景，天天演戏、开会拉歌等"①。

华北联大在西加斗村停留了大约一个月，师生们主要是进一步总结土改经验和时事学习。9月27日，美国进步人士李敦白（Sidney Rittenberg，1921—2019）作了报告"美国对华政策的几个问题"。10月12日，成仿吾校长作时事报告，"清楚有力地分析了我军必胜的几个条件，大家作了讨论，同学们的情绪稳定，一致拥护成校长

▲华北联大美术系教员彦涵在广灵创作的木刻《分粮图》

---

①《李琦和夫人冯真自述》，载中国人民大学校史研究丛书编委会编《求是园名家自述》（第一辑），中国人民大学出版社，2010年，第521页。

的报告"①。此外,在广灵停留期间,教育学院的国文系并入文艺学院的文学系;文艺学院的新闻系移交晋察冀军区,撤销舞蹈系。

广灵过去就是灵丘,属于山西。这个县的山区人口少、住得分散,有一个村庄只有十多户人家,却分住在方圆几里的山沟里。那里山高路陡、悬崖峭壁,土地稀少且贫瘠,农民吃的是麻山药,缺油少盐,喝的是水坑里浑浊的污水。就是这样的穷山村,却也没能躲过日本鬼子"三光"政策的蹂躏,被烧得残垣断壁,不少房子只剩下半个屋顶。华北联大学员们目睹这悲惨的景象,无不义愤填膺。

背起背包行军,放下背包学习。在转移休整过程中,华北联大各学院依然注意组织教学。例如,教育学院学员"现趸现卖",在休整间隙搞小学教师培训班。据阎捷欣、王冶等人回忆:"1946年秋末冬初,教育学院队伍行军路上在灵丘小休整。丁浩川同志决定抓紧时间举办山区小学教师培训班,帮助当地提高师资水平。参加培训班学习的教师年龄参差不齐,文化程度差别之大、水平之低完全出乎意料。有的人只是粗通文字,有的人'斗'大的字识不了几个,这种情况根本无法集中讲课。怎么办?丁浩川同志从实际出发,因人施教,亲自做这些教师的工作,进行思想教育,讲授文教政策。随后,他带领教育学院的学员深入到培训班去进行'单兵教练',掰着手个别教学,一个字一个字地讲,一句话一句话地教,讲的内容就是每个教师在学校应教的课。丁浩川同志对教育学院的学员说,咱们这叫'现趸现卖'。在当时的条件下,这还真是个好办法,参加学习的教师们高兴地说,这下回校上课不犯愁了。"②

10月中旬,因国民党军蓄谋奔袭驻地,华北联大经过一番准备又开始向冀中转移。

---

① 马琦:《华北联大文学系史话》,载马琦编著《拾零集》,北京,2002年,第11页。
② 阎捷欣、王冶等:《在斗争中学习 在实践中成长——回忆华北联大教育学院的学习生活》,载刘葆观主编《血与火的洗礼——从陕北公学到华北大学回忆录(1937—1949)》(下卷),中国人民大学出版社,2007年,第440页。

"喜儿"郭兰英

华北联大在从张家口转移到冀中的途中还有一件事值得一记,那就是十六岁的郭兰英加入了文工团。

郭兰英是山西平遥人,出生在一个贫农家庭。由于家乡闹灾荒,家中人口较多,十多岁就被卖到旧戏班里学唱山西梆子。郭兰英在太原唱了三年,在张家口唱了两年,五年里受尽了折磨。后来,郭兰英对报社记者述说:

> 我记得我第一次演大轴戏时,是《卖人鱼》,因为原来唱青衣的人病了,我替他演的,可是这个戏我一次也没学过,抓来就叫我演,不演不行,我只有背(着)人偷偷去哭!戏词是在化妆时她们说给我的,只说了三遍,就上台去了。心里没有底儿慌乱的(得)要命,师妈在台下用两个眼睛盯着看我,唱得一大板戏,词忘了,唱不下去了。下了戏一到后台门,师妈一脚就踢得我好远,到家后逼着我把衣服脱了,跪下,她拿着一个三寸宽五分厚的板子来打我,师妈打累了,十一生(按,一个坤伶艺名)接着打,从半夜十二点打到两点钟,打得我昏过去了,她们还说:"你装傻!你吓唬谁呀?"直到我认了错,说"下次再不敢唱错了!"她们才饶了我,第二天上台浑身痛的要命,动作不灵便,她们说我偷懒,到家想打,可是浑身都没有好地方,就掏嘴巴,堵鼻子,堵嘴,到我昏过去后,就又用凉水喷过来。
>
> 还有一次上午挨了打,晚上演《六月雪》里的窦娥,在台上哭的太厉害了,想收都收不住,给师妈的一个姘头看见,告诉了师妈,回去她和我说:"我打你,你到后台去哭还不算,还跑到前台去哭!好!这回我叫你哭个够!"脱掉衣服,拧我的腿,还用已经使坏了的苍蝇拍子上的铁丝扎我的腿,还叫我头上顶着装满了的油灯碗,跪在洗衣服板上,她说"什么时候油熬干了,灯灭了你再给我滚起来"。跪的(得)膝盖上的肉都一

楞楞的破了，实在也撑不住了，一动弹，灯碗掉了，十一生就按着我的头，师妈的妍头压着我的腿，师妈就是一顿毒打，叫包戏的看见了，才给拉开。他说："你别打她啦！明天她还有一大本戏呢！打的不能动了，她怎么上台去演戏呀！"于是他们才住了毒手。

这还不算，敌伪的特务警察，哪里把唱戏的当人看，一没事喝醉了酒，就到戏园里去，或者是到我们家里去撒酒疯，捣乱。每天唱了一天戏，受一天苦，晚上两三点钟才回家还得伺候他们这帮"大爷"。给他们倒水、点烟，说话还要笑着点，要不他们就说："喝！郭老板，怎么这么牛皮架子大呀，好，明天晚上台上见！"这样，第二天的戏就不用打算唱好了。

日子就这样过着，我常盼望着，"有一天我娘会来赎我，家里日子再苦，也比在这儿好受"。可是师妈告诉我，我娘已经死了，我的希望全完了，我心里想："就是唱出点小名气来，能多赚点钱，还不是便宜我师妈她一家子，我还不是一样过着痛苦的日子？这样的生活什么时候是个头呢？什么时候能跳出火坑呢？"我想死，买了大烟，被他们看见了，也没有死成。①

就在郭兰英自杀未遂不久，抗战胜利了，全国城乡一片沸腾，张家口也沸腾了。终于，郭兰英可以离开师妈和母亲住在一起。于是，郭兰英第一次看见人民自己的军队——八路军对人和气，公买公卖，不拿百姓一针一线，还处处为群众办事；又从舞台上看到抗敌剧社演出的《子弟兵和老百姓》，那真是军民一家鱼水情深。尤其是，当郭兰英看了华北联大文工团演出的、由王昆扮演"喜儿"的大型歌剧《白毛女》，她的感情激动得像大清河水一样奔流翻滚，再也控制不住，哭得几乎昏倒在剧场里，因为她自身的遭遇和"喜儿"的命运太相似了。

---

①《革命救了我，教育了我，培养了我——联大文工团团员郭兰英口述》，载《人民的大学——华北联大介绍》，东北书店，1948年，第96—98页。原载《石家庄日报》1948年1月15日。

回到家里，郭兰英耳边一直回荡着"喜儿"在歌剧里"我要活……"的歌声，她吃不好、睡不安，一会儿兴奋一会儿感伤，幻想着有一天自己也能演上《白毛女》，又好像做梦似的不敢相信这一切都是真的：共产党、八路军来了，人民获得民主自由这是事实，戏园子里每个人都高兴极了，只有师妈和那些平常欺侮人的坏蛋们都"老实"得很，再也不敢张牙舞爪了。

不久，党组织派工作组（包括贾克、何迟、王久晨等人）去郭兰英所在的庆丰戏院帮助工作，主要是组织旧艺人联合会，团结、帮助、启发、教育旧艺人自己解放自己、改善生活，还帮演员们学唱歌、排新戏，给她们讲革命道理。郭兰英当然是主要团结对象，而她自己在学唱新歌、排新戏、上政治课等各方面一直要求进步、积极参加。后来，郭兰英听人说，"不管怎么着中央军是正牌子，别看八路军枪毙了大汉奸于品卿，清算了多少坏的保、甲、牌长，建立了民主政府，又选举了参议员……但他们是兔子尾巴长不了。你可得留个心眼儿，别跟他们近乎，将来他们走了谁管你啊！"这些话的确使郭兰英在思想上产生了巨大的矛盾和斗争，她就像站在了人生的十字路口，需要自己做出慎重选择。但是，郭兰英毕竟出身于贫农，被卖到戏班后一直受到非人的折磨，还是有一种朴素的阶级感情，知道爱憎分明，特别是《白毛女》中的"喜儿"给了她的教育鼓舞，同时还有工作组、妇联的人经常和她谈心，使她很快地接受了"新鲜事物"。这样，郭兰英便第一个勇敢地站立起来，与晋剧班班主、师妈划清了界限，斗争与清算了汉奸戏霸赵步桥。

正当张家口人民当家作主、郭兰英刚获得解放的欢快时刻，国民党却公然撕毁停战协定，悍然发动内战。于是，党中央军委决定"不计一城一地的得失"，暂时撤离张家口。

1946年9月，张家口市外郊区部队和民兵正修筑工事，市内各党政机关学校团体正有组织有计划进行转移撤退。在这战火即将燃起、形势突变的关键时刻，一个严肃而又重要的问题摆在郭兰英面前："是跟八路军走，还是再回师妈那里？不，绝不能再过那种非人的艺奴生活。但是，还有一个老母亲该怎么安排？"母亲已看出郭兰英要跟八路军走，心想才刚过几天好日子，怕她出去吃苦，不愿让她走。郭兰英的态度很坚决，她对母亲说："我非走不行，你要叫我活，就出去；你要叫我死，就待在家。"母亲明白这个道理，便同意和她一道出去找八路军。

在张家口失守前五天，华北联大已经从张家口撤退到蔚县西合营。文艺学院院长沙可夫、副院长艾青知道郭兰英这一情况，立即向校长成仿吾请示。成仿吾问："她能吃得了苦吗？"他们回答："能吃苦！"这样成仿吾同意联大文工团接收郭兰英，当即决定派贾克、沙新、郝学三位同志连夜赶回张家口去找郭兰英。这时，敌机已轰炸了张家口，郭兰英演戏的怡安街庆丰戏院那里一个人也没有。后来，他们找到了邓拓，邓拓说："我已是最后一批撤退，敌人已到上堡，这时到哪儿去找郭兰英，还是和我赶快一起撤走吧！"[①]

与此同时，郭兰英母女俩在轰炸的硝烟中也正急着寻找华北联大文工团，恰巧碰到因处理善后工作撤得晚的华北军区抗敌剧社的王久晨和何迟。于是，何迟委托他弟弟护送郭兰英母女，途经宣化、跨越长城、过桑干河到广灵，找到了抗敌剧社。由于部队情况动荡较大，加之郭兰英向往联大文工团，最后他们又把她们母女送到了联大。就这样，郭兰英带着母亲一起参加了革命，大家都把老太太亲切地称为"郭母"。

为照顾郭兰英和她的母亲，行军时，学校特派了一辆大车给她们。可没过两天，郭兰英说什么也不坐了，她说："坐大车怎么能行，还革什么命？八路军都是走的，我也走。"第二天，郭兰英一下就走了七十里山路，晚上到了宿营地就累垮了。母亲心疼，让郭兰英坐大车，但她就是不肯，并且十分刚强地说："不，我要锻炼！"[②]

当时学校领导有过指示，对郭兰英不能和一般学员同样对待，她在晋剧艺术上有成就，但其他方面则不足，得给她吃"加餐"——加强个别辅导。关

[①] 丁帆：《郭兰英参加革命前后》，载中国人民大学校史研究丛书编委会编《求是园名家自述》（第一辑），中国人民大学出版社，2010年，第70—71页。
[②] 成仿吾：《战火中的大学》，人民教育出版社，1982年，第136页。

于对郭兰英的个别辅导,学院分配给她上课的有五位教员:剧作家贾克教她文化课,表演艺术家舒强教表演课,音乐家张鲁、胡斌教音乐课,戏剧系协理员教政治课。郭兰英后来说:"刚出来时连个字都不认识,自己的名字都不会写,同志们就教我,帮我订学习计划,有专门同志分别教我算术、表演、写日记、学政治课等,一年多的学习后,我已经能读报纸上的小故事、小说、剧本,如《福贵》《小夏伯阳》《血泪仇》《白毛女》等,里面有些地方还不能完全懂得,也能给母亲写信了(按,原文如此,指会写信了)。以前记日记就会记吃饭、上课、睡觉,顶多写不上五十个字,现在心里有什么就写什么,写起来常没个完,可多了。在这里谁都受到别人的尊重,有话就说,说错了同志们也都好好的(地)给解释,自己有什么缺点毛病,领导上和同志们都很关心的(地)帮助我纠正。"①

革命的大熔炉在温暖着郭兰英的心,她一个心眼儿要跟着共产党走。此时,郭兰英才真正冲出樊笼而得到了自由,她像鸟儿一样在解放区的天空中沐浴着金色阳光展翅翱翔。

郭兰英边学习边工作,处处要求进步,主动要求通过劳动来改造思想。她说:"从张家口出来,我有了母亲,找到了共产党八路军,我是解放了。可是还有许多和我过去一样受苦的老百姓,我应该多替他们作(做)一些事情。在乡村里,我和文工团其他的同志们一样,给老百姓担水扫院子,群众都乐的(得)不行,我也就更愿意和他们在一起,和一家人一样。可是我一看到地主老财的那个样子,一天光吃不劳动,和我师妈一样,我就讨厌,也不愿意和他们接近。老百姓很喜欢看我的戏,因为现在演的全是真事,叫群众看了对他们都有好处,我也拼命往好处演给他们看。我懂得演戏是给谁演的了,在别人演戏的时候,有时我管管服装道具,心里还是很痛快,因为这也是为人民服

---

① 《革命救了我,教育了我,培养了我——联大文工团团员郭兰英口述》,载《人民的大学——华北联大介绍》,东北书店,1948年,第100—101页。原载《石家庄日报》1948年1月15日。

务。""在工作团决定全团下乡去作(做)土地改革工作的时候,因为我当时身体有些病,决定把我留下治病,我便坚决的向组织请求,和同志们一块下乡锻炼自己,改造自己。当我的请求被允许时,我便抱着十分愉快兴奋的心情,和大家一块到乡下去深入到群众中,帮助他们推碾、推磨、锄草、担水,和他们打成一片,亲热的如一家人一样。妇女们,儿童们常常叫我唱歌给他们听,于是我就进一步去作(做)土改工作,访问最贫苦的农民,拿自己过去所受的苦来'引苦''比苦',有时谈到伤心处他们哭了,我跟着也哭了。在这当中就了解到他们在旧社会遭受的苦难,和今天的要求,帮助他们解决这些问题。在工作中同志们也不断的(地)提出一些批评我的意见,帮助我改造思想,克服一切旧的思想作风。"[1]乡村劳动加深了郭兰英和劳动人民的感情,为后来的艺术创作奠定了生活基础。

1947年冬,华北联大文工团要赶排一些小节目,准备春节之前的慰问演出。于是,组织上决定让郭兰英扮演《王大娘赶集》中的女儿"玉池"。为了演好这个角色,郭兰英在思想上作了充分准备,先剪掉烫发,又到辛集镶牙店里摘掉了牙上的包金,心想:"过去演旧戏,现在演新戏,还镶着金牙怎么能像农村小姑娘呢?"当镶牙师傅说:"金牙是金的,你带回去。"郭兰英说:"不要了!"说完就走,郭兰英一路上很高兴,觉得去掉金牙就是从身上去掉了旧意识,要和旧社会彻底决裂。果然,郭兰英不负众望,她在表演上将中华民族戏曲艺术的精华与秧歌剧淳朴健康的表现风格有机地结合在一起,把一个农村天真活泼的小姑娘塑造得十分动人,受到广泛好评。

1948年4月11日,歌剧《白毛女》首演于石家庄市人民剧院。起初,"喜儿"一角是由徐捷和孟于扮演,郭兰英的工作是在乐队里打小锣。在打小锣的过程中,郭兰英早已把"喜儿"的唱词、道白和身段记得烂熟了。一天,

---

[1]《革命救了我,教育了我,培养了我——联大文工团团员郭兰英口述》,载《人民的大学——华北联大介绍》,东北书店,1948年,第100页。原载《石家庄日报》1948年1月15日。

徐捷临场生病，不能演出了，是退票停演，还是由别人来代替？领导试探着问郭兰英："今晚上的戏你能顶一下吗？"郭兰英说："大伙兜着点，叫我试试吧。""三个小时的戏，万一什么地方出了错怎么办？"这要有多大的勇气啊，大家都为郭兰英捏把汗。当晚演出，除观众外，全团的人都来了。当戏演到"喜儿"在"黑虎堂"受辱后的一段戏时，郭兰英如火山爆发般地随着音乐节奏，双脚交错踏地，放声高呼："天哪！……刀杀我，斧砍我……"郭兰英的表演强烈地迸发出了"喜儿"对旧社会的控诉。接着，郭兰英唱道："娘生我，爹养我，生我养我为什么……"忽然，"扑通"一声跪在了舞台上。郭兰英这一跪，立即把在场的观众和全团的人的眼泪都跪了出来。实际上，这个下跪的动作，《白毛女》自延安演出以来是没有的。郭兰英紧接着又唱出了"这叫我怎么活"，这是一个由轻声渐转为强音的唱腔，把"喜儿"此时此刻痛不欲生的悲愤心情和绝望的复杂心理在音乐形象上由一个高潮推向了又一个高潮。其实，郭兰英事先未和任何人商量，也未经导演批准，但出其不意的这一跪却跪到了点子上，跪到了观众的心里，跪出了导演想排还没排出来的一个动作。闭幕后，大家无不交口称赞。[①]

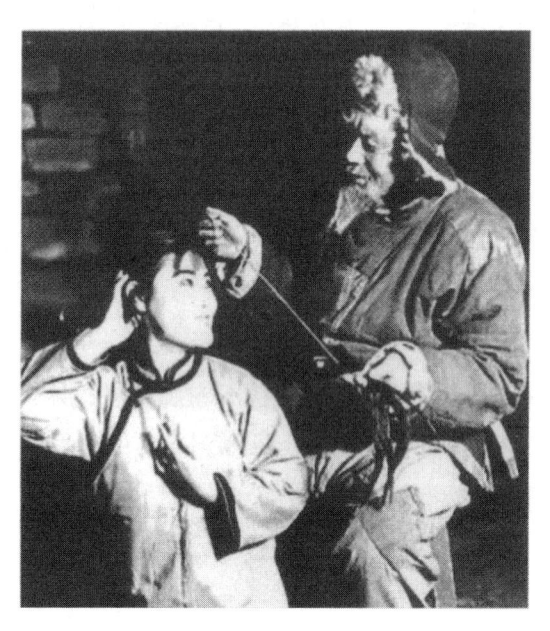

▲郭兰英在歌剧《白毛女》中扮演"喜儿"

---

① 前民：《郭兰英首演〈白毛女〉》，载刘葆观主编《血与火的洗礼——从陕北公学到华北大学回忆录（1937—1949）》（下卷），中国人民大学出版社，2007年，第415—416页。

第二节　平原宣教团

南下冀中，束鹿复课

1946年10月20日，华北联大奉命向冀中转移。在转移过程中，为了保密，学校开始将校名收起，改称"平原宣教团"，校部称团部，各学院称中队。

转移过程中，学校要经过灵丘、阜平、唐县、安国、深泽等县，目的地是束鹿县（今辛集市）。这是一个不短的行程，特别对平津一带跑出来的知识分子来说，更是一个艰苦的历程。因此，华北联大在出发以前，进行了充分的动员和准备工作。出发时，每个院系的行军队伍都有先遣队（号房、筹粮、做饭）和收容队（收容病号、体弱者和跟不上队伍者）。据文学系学员黎白说："我没有经历过长途行军的生活，背包带只是几根绳子，徐孔同学替我从山西背到了河北。女同学雷英打摆子（按，指疟疾）病得挺重，躺在大车上。系主任照顾我年纪小，以看护雷英的病为名让我坐在车上。谁身上带着一点点钱，就买些烧饼油饼分给大家吃。同学李兴华用他的一双高腰皮鞋和老乡换了几个西瓜和烧饼，同学们便在一起大吃一顿。女同学史秀荣在过河时从桥上掉下去了，许多老师和同学都跳下了冰冷的河水里去抢救。女同学给我们补衣服袜子，甚至把她们最后的几尺粗土布拿出来给我们做背心裤衩。"[①]

行军开始后，政治学院很有规律，走几天休整一两天。每天走七八十里，天不亮就出发，天黑了就宿营。据政治学院三班的冯真回忆："有一个地方，可能在山西省，也可能还在察哈尔省，那里有个很大的教堂，旁边有座很大

[①] 黎白：《我与文学系》，载刘葆观主编《血与火的洗礼——从陕北公学到华北大学回忆录（1937—1949）》（下卷），中国人民大学出版社，2007年，第382页。

的庙，但没有人。我们就住在庙里面。年轻人很兴奋，于是就在院子里扭秧歌。后来我们又出去搞调查。有一户人家，全家五口人只有一条不成形的被子，实际上就是乱棉花套，只有一条可以出门的裤子。于是，我就把自己的一条红花被送给他们家了。第二天，那家的大嫂拿了葡萄硬要给我吃，我不要。同学们就说，还是收下吧，要不他们心里会很难过的。这是一课啊，就是要了解人民。有的地方根本没有粮食，老乡们就拿种子给我们吃，要不就宰一只羊。在人民的支持下，我们一路行军。""走了几天之后，大家就觉得很累，不像头几天那么有精神了。到一个地方，就赶快吃饭、洗脚、睡觉。这个时候有人开始动摇了，坚持不下去了。我喜欢这种生活，来参加革命的目的就是要领会这种艰苦生活，要体会人民的痛苦，所以我不觉得苦。有的人可能没有这种精神准备。我喜欢唱歌，就带头唱起了歌，一路走一路唱。记得在唐县，唐河的水响声很大，我们就在高高的岸边走，边行军边唱歌，唱《毛泽东之歌》《八路进行曲》之类的歌。我们唱着：'向前、向前、向前。'在这样的氛围下，有的人就觉得不好意思开小差了。"[1]

走了将近一个月，翻过无数大山，终于看到了平原。大家兴奋不已，有一些学员甚至就坐在沙坡上滑下去。文艺学院戏剧系主任舒强说："一望无边的平原上，一片黄土地，四周远远的天边，看不到一点山的影子，我们走了几百里地，看不到一块石头。进入平原以后，地面上全是庄稼，人和车不能在地面上走，而是在地下有一人多深的道沟里走。开始大家感到很奇怪，后来才知道，那是八路军、游击队为了对敌斗争挖的交通沟。在地面上看不到队伍在哪里，队伍是在地下行进的。道沟错综复杂，村村相连，布满了整个冀中平原。"[2]

---

[1]《李琦和夫人冯真自述》，载中国人民大学校史研究丛书编委会编《求是园名家自述》（第一辑），中国人民大学出版社，2010年，第521—522页。

[2] 舒强：《从华北联合大学文艺学院到中央戏剧学院》，载《跋涉》，中国文联出版公司，1993年，第86页。

第六章　重回农村

到冀中平原后，没有山路可走，更容易疲倦。后来，由于怕白天行军被敌人发现行踪，就改为夜间行军。"夜色朦胧，我们系紧鞋带，默记口令，在向导的带领下，轻装出发。黑暗中，我们摸索潜行。不知过了多久，有人通知说，前面就要过封锁线了，大家要小心，莫出声。其实，一路上我们都十分的小心，紧张得心都提到了嗓子眼儿。又过了许久，前方传来话：'大家就地休息，我们已经平安地穿越了封锁线。'天啊！封锁线究竟是个什么样子，我还一点儿也不清楚哪，似乎什么事情也没有发生呀，就不知不觉地过了封锁线。"①

一夜走近百里，特别困倦，走着路都能睡着。到了目的地后，华北联大评比"行军英雄"。政治学院三班百人只评了三个，冯真就算其中一个。冯真说："另外还有两人，一个叫李春、一个叫张毅，他们打前站，每天早起晚睡，号房子、做饭、烧洗脚水，为大家做了很多事，他们才是真正的英雄。后来党组织公开以后，才知道他们是共产党员。我呢，为什么当了'行军英雄'？他们说我年纪小（当时我刚十六岁），又是女同志，还不让别人帮忙，自己背着自己的行李，没有掉队。行军时有收容队，很多女同志都到了收容队里。我是下决心不去收容队，我知道我不能落队，万一落下一步再要赶上就很费劲了。走在我前面的是我们的班长张坡，他人高、步子大，而我个子矮，他走两步我得走三步才能跟得上，我就一步不落地紧跟着，没有掉队，我就这样当了'行军英雄'。"②

从张家口到束鹿县，共经过近十个县，全部行程约八百里，也可以说是"八百里路云和月"吧！这一段行军生活深深地印在华北联大师生的脑海中，特别是平津来的学员更是记忆深刻。在通过冀西山区时，联大师生看到被敌人扫荡过的农村，处处断垣颓壁，民众衣不蔽体，学员们心中很受教育。在

---

① 伍必端：《刻痕：画家伍必端自述》，生活・读书・新知三联书店，2006年，第122—123页。

② 《李琦和夫人冯真自述》，载中国人民大学校史研究丛书编委会编《求是园名家自述》（第一辑），中国人民大学出版社，2010年，第522—523页。

流动的大学：华北联大 1939—1948

一些老根据地，联大师生还得到了村干部和老乡们的热情支持和欢迎，使学员们深受鼓舞。因此，许多人在做行军总结时，都把这次行军称作"小长征"。

11月9日，"成仿吾、周扬带联大五百多学员来冀中，梁斌代表去欢迎"[①]。华北联大校部和各学院先后到达新城镇大李家庄一带，这里离束鹿县城有十几里，算是从城市又回到了农村。联大校部及平剧研究院驻大李家庄，政治学院驻前后杜科村，教育学院驻常家屯，文艺学院各系和文工团分驻贾家庄、小李家庄、郝家庄和沈家庄，外语学院驻路过村、圈头村。各学院经过短时间休整安顿后，很快复课。

▲华北联大束鹿时期办学驻地分布（华北联大文工团在束鹿展馆　赵振良供图）

---

① 王端阳编《王林日记 1946—1948》，北京大学中华人民共和国史研究中心，2023年，第122页。

第六章　重回农村

1947年1月25日至2月5日，学校召开教育工作会议。会议总结了一年来的办学经验，进一步明确了学校以培养区、县级各种干部为目标，以密切联系实际、按不同对象予以政治和业务教育为方针。会议决定，各院成立研究室，加强教材建设，培养师资，为过渡到新型正规教育做准备。

由于华北联大在张家口复校已有相当规模，回到农村后条件虽然差了，但是学校仍然能够坚持下去，规模不仅没有缩小，而且有逐步扩大的趋势。例如，为适应冀中农村工作的需要，教育学院增设了文化补习班，招收冀中当地农村的青年干部或教师。"他们非常珍惜入文化班的机会，学习自觉性较强，普遍要求学习进度快些、学得多些，有的还想多学些古文诗词等。丁浩川同志和班主任、讲课教师在一起认真研究了这一情况，大家一致认为应该保护学员的积极性，在可能的情况下满足学员的要求。但是要注意引导学员明确文化班的学习目的，正确认识学习必须服从当前的政治斗争，学习内容、学习方法都必须有利于提高学员的理论水平、文化水平和工作能力，一定要纠正脱离实际的好高骛远的思想倾向。由于及时帮助学员明确学习目的、端正学习态度，短短几个月的时间，学员们进步很快，取得了很好的效果，结业时学员们对教育学院恋恋不舍。"[①]5月，教育学院文化补习班一百五十余名学员结业分配工作，多数去地方做准备解放石家庄的支前工作。

此外，文艺学院经常轮流开办短期训练班和乡艺训练班，前者时间三个月左右，后者为半年，目的是提高各地剧团和宣传队的艺术水平，培养领导村剧团的干部，同时也借此吸取好的经验充实各系的教学内容。

华北联大刚到束鹿时就接受了冀中区党委的委托，在政治学院增设中年知识分子班（亦称"老头班"，即政治学院六班，简称"政治六班"），学习半年后毕业分配工作。

[①] 阎捷欣、王冶等：《在斗争中学习　在实践中成长——回忆华北联大教育学院的学习生活》，载刘葆观主编《血与火的洗礼——从陕北公学到华北大学回忆录（1937—1949）》（下卷），中国人民大学出版社，2007年，第441页。

流动的大学：华北联大 1939—1948

1947年4月，政治学院成立政治系、经济系，政治班继续开办。政治学院三、四班学员毕业，多数转到政治、经济二系或文艺学院学习。例如，冯真到美术系、周沉进音乐系、白航去文学系，只有刘炼留在政治系。说到政治教学，政治学院三班的冯真说："华北联大成功转移到了冀中束鹿县之后就开课了，李又华、何干之等给我们讲'新民主主义论''社会科学概论''边区建设'等课。给我印象最深的是何干之教的'社会科学概论'（按，应为"新民主主义论"），这门课彻底解决了我的世界观问题。以前稀里糊涂知道共产主义好，但不知道能不能实现；但一旦了解了社会发展规律，就树立了为共产主义事业奋斗的目标，铁了心，这非常重要。我们有时候上课就在枣树林里，拿个砖头或坐在背包上记笔记。"[①] 同在政治学院三班的刘炼说，"到杜科村后重新编班，当时只编了三、四两个班，我、周沉和白航都编入政治三班。……在联大的学习，给我印象最深的启蒙老师是何干之院长，他讲课最受同学们欢迎。我们上课是在一个大院子里，北房是教员宿舍，东、西厢房是教务处所属的油印室等工作间。每个学生配备的正现'装备'是一个马扎，笔记本是一面光一面粗的黄色草纸，我曾用这种纸订成一个黑布硬皮日记本记录我在联大的学习生活，可惜后来丢失了。再有就是一块硬纸板，放在腿上当课桌。第一次三、四班合上大课是听何干之院长讲授《〈新民主主义论〉解说》，教材是他自己编写的，每次讲课结束后就发给我们油印讲义，讲义刻得很漂亮，至今我还保存着这份讲义。何院长讲课口齿流利，出口成章，古今中外，史实理论，娓娓道来，不紧不慢，很好记录，事后只要稍加整理就是一篇绝好的文章"，"随后他（何干之）又给我们开了一门哲学课——'思想方法论'，讲授毛泽东的哲学思想，内容精练。这篇三万字的讲义阐述了马克思唯物主义的认识论，深入浅出地介绍了真理的客观性、观念的传统惯性和继承关系以及主观能动性和作用，他博引古今中外的事例

[①]《李琦和夫人冯真自述》，载中国人民大学校史研究丛书编委会编《求是园名家自述》（第一辑），中国人民大学出版社，2010年，第523页。

说明深奥的理论，令人折服"。①

内战时期，解放区的环境限制了华北联大的设备条件和教学手段，但也正基于此更显示出了学校教学水平和作风的非同凡响。

陈企霞是文艺学院文学系主任，相貌瘦削，为人严肃，平时很难接近，可文学系学员却普遍尊敬并喜欢他。实际上，陈企霞虽严肃板正，却学识渊博，性情耿直，具有诗人气质，同时又爱红脸、爱发脾气，也爱开怀大笑。陈企霞的课是"作品分析"，往往先选出一篇小说油印后发下来，大家阅读过后便在小组里展开讨论，然后课代表将讨论情况向他汇报，他再在课堂上作结论性分析讲解。这么做的好处是针对性强，教员与学员间可以短距离"交锋"，解决问题直接、便当。当然，陈企霞的结论性分析讲解，常是服人而精当的。有一次，陈企霞发下一篇孔厥的《苦人儿》，小说用第一人称叙述一个女人的经历，结构顺畅而自然。可是，有位学员在讨论时说："这算什么小说？一个人的诉苦记录罢了。"于是，陈企霞先把这篇小说的长处和特点分析了，然后面孔板得铁冷地质问那位学员，弄得那位学员很不好意思。

蔡其矫那时不正式任课，只对学员们的课外活动做辅导，可他慧心独具、别出心裁。有一次，蔡其矫把《水浒》的《火烧草料场》一节油印出来，在文中夹上近百个问题后发给学员们阅读，以启发大家深化文学认识。另一次活动尤为激动人心，蔡其矫把某刊上一篇题名《英雄牌》的报告文学经过润色升华，演绎成了一篇故事：讲一名新到解放区的知识分子，受到战场事迹的激发，拼出真心要求火线入党。然后，蔡其矫把这个故事当作晚会节目讲给学员们听。蔡其矫本是南洋（印尼）华侨，说汉语相当吃力，加上稍稍有点口吃，讲故事实在说不上内行。但蔡其矫那天激情燃烧，诗兴混合着奋励的风采，竟收到了摄人魂魄的效果，满场上泪光闪闪、唏嘘有声。当然，意外收效的证明是在以后，陈企霞曾私下说："论文章，《英雄牌》写得并不算十

---

① 刘炼：《风雨伴君行——我与何干之的二十年》，广西教育出版社，1998年，第9—10页。

分好,但经蔡其矫一演绎,居然在文学系掀起了一个要求入党的高潮。"

戏剧系主任舒强讲表演课,他是老演员,舞台实践很丰富,加上口才好,表情手势灵活逼真,课讲得一绝跟着一绝,叫人眼睛耳朵忙不迭。舒强为人又极谦逊和气,随便在哪里碰见这些青年学生没有一次不微笑点头的。在讲课中,舒强不时地问:"我说清楚了没有?这意思说明白了吗?"瞧那神色、语气,只恨没有把心掏出来给大家看了。一次,班里排秧歌剧《好军属》,剧本大意是一个姑娘主动帮助一位军属老大娘挑水犁地做好事。张奇虹和柯平扮演这两个女主角,剧中有歌有舞,像犁地、挑水等动作都是在音乐中通过舞蹈表现的。舒强看了排练后就问她们:"你们会犁地吗?"摇摇头。"会挑水吗?"又摇头。这时,舒强说:"不会犁地,不会挑水,不会做庄稼活,怎能把《好军属》演好呢?要向生活学习,向老乡学习,和老乡交朋友,拜他们为师……"后来,张奇虹和柯平与老乡交了朋友,学会了扶耙、扬鞭犁地,满手都磨出了血泡。张奇虹还学会了在井边打水、挑水,虽然那时她只有十六岁,个头又矮又瘦,但还是能够挑起五六十斤,走起来水桶还有节奏地颤悠着;她还交了位老大娘朋友,天天帮忙担水做活。总结的时候,张奇虹受到了舒强的表扬,而"生活是创作的源泉"这一课又牢牢地印在了她的心中。[①]

1947年4月,冯真从政治学院所在地杜科村转到了美术系所在地郝家庄学画画,"当时条件特别艰苦,什么都是自己做,用废报纸和糨糊自己做画板。一层废报纸涂上一层糨糊,一层一层,最后压平它,晒干就做成了画板。没有铅笔橡皮,就有同志冒着生命危险到蒋管区去买。因为怕把橡皮掉了,我还用线把橡皮拴着挂在脖子上。没有模特,我们同学互相做模特,也请老乡做模特。没有石膏像,王朝闻用泥巴给我们做了切面头像。没有图钉,就去树林里摘枣刺当图钉用,钉在墙上"。[②]

[①] 张奇虹:《舒强,我的启蒙老师》,载舒强《跋涉》,中国文联出版公司,1993年,第220—221页。

[②]《李琦和夫人冯真自述》,载中国人民大学校史研究丛书编委会编《求是园名家自述》(第一辑),中国人民大学出版社,2010年,第523—524页。

第六章　重回农村

▲华北联大美术系学员在田间写生

　　说到美术系的课程，美术系学员高焰回忆说："到达目的地束鹿县大、小李家庄一带，已是严冬了。我们的学习日趋正规，课目增加了。王朝闻同志久病初愈，开了文艺理论课'创作方法论'。他运用辩证唯物主义和历史唯物主义观点，批判地分析古今中外美术名作。他的独特的艺术见解，吸引同学们动脑筋思考艺术问题。从北平来的老师金冶讲色彩学，单讲理论，听来感到很枯燥，但一旦结合各个历史时期的代表作，如伦勃朗的《戴盔的老人》，以及印象派的作品讲色彩科学道理，同学们就爱听起来。从此，每周都有名作欣赏和美术家评介。老师们各显神通，轮流主讲。给我们印象最深的是江丰同志讲的珂勒惠支版画，还有他和金冶同志共同备课，对布鲁葛尔（今译勃鲁盖尔）的农村风俗的研究评论。我们采来枣刺，把精致的画片钉在宿舍兼教室的泥皮墙上，简陋的农舍顿时变成名作观摩展厅。""每每使我感叹的是：从张家口撤退很仓促，美术教材教具带来的却相当充足。原来，系有系的图

319

书资料,院有院的图书馆。迁往冀中后,我在七八个月的时间里,利用晚自习和星期日、假期借阅了很多书,从日本出版的《世界美术全集》整套大画册,到卢那察尔斯基的《艺术概论》、藏原惟人的《世界艺术史潮论》,从鲁迅小说到但丁的《神曲》,拜伦、雪莱的诗集,《聊斋志异》《儒林外史》,苏联文学作品和艺术理论文集,甚至还从院图书馆借来唯意志论者尼采的译本,想弄懂为什么说他是法西斯主义者的思想先驱",但是"我们在学习中最感美中不足的是民族传统绘画资料极少。除了日本编的《世界美术全集》东方部分以外,就是图书馆里我国古典小说插图,真是珍贵而稀有的民族绘画资料啊"。[①]

束鹿时期,华北联大的业务课也更加改进了。例如,教育学院教育系的学员在丁浩川副院长率领下,于1947年3月13日出发到冀中的深县去进行为期半年的乡村小学教育、社会教育和教育行政的实习和研究。他们分散到二十几个村庄去工作,每月集中汇报讨论一次。他们在教学方法的改进上,在生产与教育结合的推行上,在整个村庄文化活动的组织推动上,在小学教师的学习与提高上,都进行了不少的试验和研究。

深县是个革命老区,工作基础较好,县教育科长是八年全面抗日战争坚持下来的"老教育"。丁浩川和这位老科长一起制订实习计划,共同指导实习工作。实习时,他们把教育系的学员分成若干个小组,分别派到各村小学去当实习老师。当时,农村小学校普遍是"复式教学"(几个年级的学生在一个教室里由一个教师教课),教育学院的学员对此是陌生的,有的只听说但没见过,更没教过。所以,实习老师一进教室就蒙了,刚入学的一年级小学生们叽叽喳喳,课堂里乱哄哄的。这边一年级小学生还没安静下来,别的年级的学生自然无法上课,急得个别的实习老师都哭鼻子了。经过实习老师们共同研究探讨,他们决定边实践边总结经验,很快就解决了这个难题,而且教学

[①] 高焰:《从东山坡到冀中田舍》,载刘葆观主编《血与火的洗礼——从陕北公学到华北大学回忆录(1937—1949)》(下卷),中国人民大学出版社,2007年,第371页。

第六章　重回农村

效果越来越好。

实习老师还广泛开展了扫盲活动。其中，有的在村里组织了夜校；有的为农民创造识字环境，如在门上写"门"，在窗上写"窗"，把用具的名称写成字块贴在用具上；有的组织妇女识字，每天早晨上工前集合她们识两三个字再出工，休息时复习，晚上进行检查。这些从实际出发因人施教的方法取得了较好的效果，有的农民学习自觉性高，经过几个月的学习已经达到了脱盲的程度。实习老师分散到了各村的小学里，无法过集体生活，而多数人没有自己做过饭，更没有在农村做过饭。于是，大家只好从头学起，拾柴、烧火、到井台摇辘轳打水、挑水，然后是贴饼子、熬粥。开始时，大家闹些笑话是难免的，但是他们没有被困难吓倒，在小学生们的帮助下很快就适应了环境，熟练地掌握了一套农村生活的基本功。①

9月，教育系学员回到学校里，进行了一个半月的总结讨论。经过这次实习，学员们不仅认识到教育工作在整个人民解放事业中是一项十分重要的工作，而且对于从事教育工作也增加了浓厚的兴趣。总结以后，学员们怀着极大的信心走上了工作岗位。

总之，在束鹿农村将近一年的时间里，各院系的学员们收获都很大，主要是和群众的思想、感情打成了一片，自己的"小资产阶级知识分子意识"得到了很大改造。当学员们离开束鹿县农

▲华北联大美术系学员邓澍创作的年画《学文化》

---

① 阎捷欣、王冶等：《在斗争中学习　在实践中成长——回忆华北联大教育学院的学习生活》，载刘葆观主编《血与火的洗礼——从陕北公学到华北大学回忆录（1937—1949）》（下卷），中国人民大学出版社，2007年，第442页。

村时，许多群众都流着泪拉着他们的手不放。①

乡艺活动与文艺晚会

华北联大刚刚到达冀中平原，联大文工团就开始到各地巡回演出。冀中火线剧社女兵刘燕瑾在1946年11月18日的日记中写道：

> 联大过来了，文工团也到河间来演出，今天演出《白毛女》，还有几个小形式，我们全抱着非常大的信心去看了，觉着一定非常惊人。可是看完了以后，并不像每个人所想象的那样好。根据他们的水准与排练时间（排半年，演出一年），在我们的想象中应该非常超出于我们的，可是我个人的意见是这样：
>
> 1. 音乐条件与技巧是我们永远赶不上的，演员的演唱与伴奏是非常好的。
> 2. 只有个别演员可以比过我们（像王大婶、喜儿、张二婶某几场），其余的则技巧不一定高超。
> 3. 大部演员缺乏生活。
> 4. 许多场面的演员与导演手法不如我们。
>
> 总之，看了以后在演技上没能更深的（地）刺激我，只有女演员的声音锻炼上是大大的（地）把我刺激了一下。他们可以说每一个女同志唱歌全非常好听，真是一个赛一个。哎呀，吓的（得）我明天演出《逃难》全不敢演了，我可有什么条件与人家比呢！哎（唉），惭愧啊，谁叫我没能先天生一副好嗓子呢！这一个刺激使我对演员工作全抱悲观了。②

---

① 《我们在战场上》，载《人民的大学——华北联大介绍》，东北书店，1948年，第82页。

② 刘燕瑾：《火线剧社女兵日记》，人民文学出版社，2016年，第299—230页。

第六章　重回农村

刘燕瑾作为业内人士臧否联大文工团，见仁见智。

大概是 12 月，联大文工团还去辛集胡合营村的冀中第十一分区大院搞过两个晚上的演出。第一晚主要是歌舞小戏，如《夫妻识字》《小姑贤》。当时的第十一分区前线剧社创作组副组长徐光耀说："实在说，我们在下边看着，并不觉得怎么过瘾。记得突出的观感是两点：一是台上的人年纪都挺大，

▲华北联大文工团表演秧歌剧《夫妻识字》

女同志穿一身毛蓝布棉袄裤，棉布帽子掩着两只耳朵，捂得一张脸只剩碗口大，留着鼻子眼睛嘴巴勉强能活动就算了，有些人还腆着肚子，闹不清生过几个孩子了。我们'前线'要演起戏来，小青年们往台上一站，那股齐刷刷的精神劲儿要比他们强得多。其次，他们的歌声整齐洪亮，仿佛人人都有一副好嗓子，指挥的手势一点，声音呼嗵一下就像从炮筒子里打出来似的，然而听起来却又土又愣，怪味十足，简直叫冀中人一阵一阵地直傻眼。后来，人们就把这股怪味叫做（作）'山杠子味儿'。然而，说来也怪，第二日白天，整个分区大院便到处充满了这种'山杠子味儿'的歌声，年轻的、年老的，男的、女的，一张嘴就是'手榴弹呀么吼——嗨'或者'山药蛋呀么哪呀哈……'专意模仿那土愣腔调，一时竟成了时髦。"[①]

第二晚演的是全本《白毛女》。大幕尚未拉开，贺敬之从幕布缝里钻出来，以报幕员身份说了几句客气话，然后锣鼓一响，开始"打通"。这通鼓，从开槌起便节奏欢快、蓬勃响亮，实在顶得一场优秀的"帽儿戏"。有人被那撒珠

---

① 徐光耀：《神游故校》，载《忘不死的河》，河南文艺出版社，2003 年，第 126 页。

般的鼓点激动，禁不住撩起侧幕下角偷看，于是惊讶而悄声地喊起来："你猜打鼓的是谁？——周巍峙！"周巍峙当时是联大文工团团长，一向严肃端庄、不苟言笑，谁也想不到他能打这样一手好鼓，实在令人佩服。徐光耀说："这一晚的《白毛女》确实把人'镇'了。歌唱家孟于扮演喜儿，她的唱腔优美高昂，激情迸发，一句'我不死，我要活——'真如长虹喷空，全场震悚，至今还觉回肠荡气。饰杨白劳的是牧虹，这角色大约一开始就归他演的，全是驾轻就熟。喝了卤水以后的大段'舞蹈'，把悲痛凄绝的情感发挥到了极致。陈强演的黄世仁不必说了，他把两个冷眼珠子一拧，立刻使你脊梁沟子发凉，如果不在最后'枪毙'他，人们怎能饶得过呢？饰穆仁智的那位，我把他名字忘记了，真可惜。他在《小姑贤》中也演个角色，秧歌扭得极有风致。此人演戏讲究含蓄，动作表情幅度不大，却把穆仁智的奸险卑劣，尽含在轻言巧笑之中，韵味深沉耐久。最风光的成功要属演王大婶的邸力（人都叫她阿邸），她出场一笑，便赢来满堂热烈的掌声。后来座谈时她说，她自己也不清楚这一笑为什么受欢迎。……不知什么缘故，这一次，郭兰英和王昆都没有亮相。但，我们小小的'前线'还是疯魔了。"[1]

▲华北联大文学系学员徐光耀

---

[1] 徐光耀：《神游故校》，载《忘不死的河》，河南文艺出版社，2003年，第127—128页。

此后不久，第十一分区政治部做出决定：前线剧社全体拉到华北联大去受训几个月，以便在素质上有个显著提高。这个决定立即受到一致的欢迎，同时也在很大程度上改变了徐光耀的命运——进入文学系学习，后来成为著名作家，写出了《平原烈火》《小兵张嘎》等经典作品。

华北联大到冀中不久就是春节，文艺学院组织了两支歌队，在除夕前后开展"乡艺活动"，帮助解放区农民活跃文化生活，同时宣传土改政策、大生产运动。第一秧歌队由联大文工团组成，周巍峙、边军等带队在武强县一带演出。歌舞剧《王大娘赶集》很受欢迎，梁化群饰"王大娘"，郭兰英饰王大娘的女儿"玉池"。第二秧歌队以戏剧系、音乐系部分师生为主，胡沙、岳慎等教员带队，学员有荆兰、陈琳、丁柳、利丰等，全队近百人。

第二秧歌队在无极、藁城一带演出时，看到村村有戏台，几乎每个台上都放着四人合敲的大鼓和许多副大钹。正值春节农闲，大鼓一敲，演员们纷纷跑来集合。随着大鼓敲击指挥，演员们就进行铙钹舞蹈，几人、几十人队形变化自然，成双又成队，舞姿矫健。那锃亮的铙钹上下翻飞，节奏铿锵，气势磅礴，健康、剽悍、粗犷、勇猛，有战斗气氛，震撼人心。这就是流行冀中的民间"战鼓"艺术。戏剧系教员胡沙等人看过"战鼓"演出后很激动，立即找到传授"战鼓"的民间艺人王毅，邀请他去联大戏剧系教"战鼓"。回校后，戏剧系的学员向王毅学习了一段时间，基本上掌握了缠头、绕腿、凤凰展翅、金鸡独立等动作及舞钹的要领和套数。后来，他们把铙钹舞蹈和陕北的腰鼓、东北大秧歌合编，成了气势雄壮、情绪热烈、表现中国人民欢庆胜利的舞蹈节目，不仅在冀中平原、新解放的石家庄市和开国大典上演出受到热烈欢迎，还在匈牙利布达佩斯举行的"第二届世界青年联欢节"的舞蹈比赛中荣获一等奖。

1947年春节，音乐系有部分师生到定县一带搜集民间音乐。教员张鲁和学员刘行等人到定县子位村，听了民间吹歌会艺人的精彩表演十分兴奋，感到这以管子、唢呐（海笛）主吹的合奏嘹亮开朗、扎实流畅、穿透有力，就把子位村吹歌会邀请到华北联大束鹿驻地进行表演。全校师生和附近的农民

流动的大学：华北联大 1939—1948

上千名观众聚在广场上，吹歌会十七个民间艺人吹了一曲又一曲，使这生活气息浓郁、高亢嘹亮的民间吹奏乐演奏一下子受到了热烈欢迎。演奏结束后，成仿吾校长带领校领导到后台看望民间艺人们，并对他们的演奏给予了高度评价。子位村吹歌会的艺人们在联大文艺学院生活了一个月，他们演奏了丰富的曲目，有《放驴》《小二番》《大二番》《八仙过海》《脱布衫》，以及《嘎戏》（演奏河北梆子对唱曲）等。同时，联大师生们对他们进行了详尽的采访和了解，音乐家李元庆还写出了《论管子音律》的文章。

文艺学院还有一部分学员到武强县一带农村帮助组建村剧团，创作一些新的剧目，并搜集民间艺术素材。据文学系学员郭锋回忆：

> 我被编入文学系助理员熊焰同志领导的小组到小范镇一带活动。记得一天中午刚到一个村，村干部就来找我们，说是当天晚上小学校正组织一场文艺晚会，欢迎"联大同志"出节目参加演出。熊焰同志马上着手组织。我们组有戏剧系一男一女两位同学王命夫和颖敏，他们轻车熟路，自动组合要演《夫妻识字》，就列一边去排练了。熊焰指定我和文学系女同学周普文演《兄妹开荒》，这两出秧歌剧在解放区都是十分流行的，华北联大的同学差不多都会哼唱几句。但是《兄妹开荒》的剧本，我从来没有读过，现找又找不到，我只会几段流行的唱词。刚刚赶排了一两遍，很快夜幕降临，该我上台了。我头上扎一块羊肚手巾，腰缠一条皮腰带，扛着把镢头，扭着秧歌踩着锣鼓点儿就上去了："雄鸡，雄鸡，高呀吗（嘛）高声叫，……"开头这一段经常唱，我还从文工团那里学得一点陕北腔儿，唱得还是有滋有味的。但紧接下来有一大段快板把我难住了，我背不下来啊。这时，只见坐在台边一条板凳上的熊焰同志正用手轻轻打着拍子，在那里给我提词儿："我小子，本姓王。我小子，本姓王。……"我晓得她是要等我说出这叫句，再接着继续给我提下边的词儿。可我想，这怎么能成呢？我要听一句说一句，这样耳朵、嘴巴紧忙活，一心要二用，顾了这顾不了那头，这不是活受罪吗！当时灵机一动，我就把快板

第六章 重回农村

改成了道白:"我呀,姓王,家住在河东第二乡。我有个妹妹爱唠叨,嫌我干活干的(得)少。看,她来了,让我装作睡觉倒要来气气她!"等周普文上台了,有些唱词她就当面小声提醒我,总算凑合着把全剧演下来了。事后收集反映,一位小学教师说:"你们演得多活啊!"我听了真有些哭笑不得。这次下乡后回校,大家谈起来,各组都遇到了类似情况,而且几乎演的都是这两出秧歌剧,并且根据演员性别,有的改成了《兄弟识字》《姐妹开荒》等。

....

组织村剧团的工作进行得相当艰苦,刚把某甲说服了,某乙却又不干了;再把某乙说服了,某甲又提出新的困难。同学们见我苦口婆心地做工作,把我比做(作)诸葛亮,说我是在"舌战群儒"。最后组成了一个京剧团,并且编写出一个农民斗争地主的小戏。演出那天,压轴戏是《打渔杀家》,锣鼓一打,台下立即肃静下来。听说这一带农民非常喜欢京剧。有一个时期人民政府禁演旧戏,村里送审节目单时,上边一看,有《民族团结》《拥军》《俘虏政策》等,"哈,都是新戏!"区县就批准了。但一深入了解,才知道实际上还都是一些旧剧,只是换了个新名儿,例如《民族团结》就是《四郎探母》,《拥军》是《柜中缘》,《俘虏政策》是《华容道》。①

这一年春节,熊焰领导的小组是在区政府过的。区长亲自参加大家的聚餐,席间他们欢迎联大学员出节目,学员们只好把所会的一点玩艺儿通通抖搂出来。在大家的欢迎下,区长也唱了一段当地的鼓词,描述一个出嫁了的女儿回娘家,父母亲和哥嫂对她的不同态度,语言形象生动,生活气息极浓:"挎起个竹篮子儿呀,把那高粱饽饽,搁上两仨。哥哥见了瞪着眼,嫂子看了

---

① 郭锋:《在华北联大参加土改和乡艺活动的回忆》,载刘葆观主编《血与火的洗礼——从陕北公学到华北大学回忆录(1937—1949)》(下卷),中国人民大学出版社,2007年,第435—437页。

龇着牙。……"吃过饭，郭锋找到区长把那段鼓词记了下来，并且按照地方方言注上了读音。这次下乡，郭锋住在一位姓宋的大娘家。宋大娘会唱佛曲，曲调十分优美，于是郭锋就跟她学，把音调用简谱记了下来。

华北联大师生们通过参加乡艺活动为农民演出，丰富了农村的文化生活，同时向村干部和农民们学习，搜集到了不少珍贵的民间文艺素材。

1947年4月，中共晋察冀中央局形成了关于文艺工作的三个决定：一、开展边区文艺创作的决定；二、开展乡村文艺运动的决定；三、贯彻为兵服务、开展部队文艺工作的决定。成仿吾参与制定并积极贯彻这些决定，指示华北联大文工团主办乡村艺术干部训练班（简称"乡艺班"），派文工团到部队演出，到民间去创作。与此同时，联大文工团大部分人员调入戏剧系、音乐系工作或学习，但仍保留一定力量办乡艺班。

同年5月，延安平剧（京剧）研究院演、职、学员近百人在院长罗合如、副院长阿甲率领下来到冀中，改为华北联大平剧研究院，公开称"平原宣教团六一中队"。延安平剧研究院成立于1942年10月，专门从事平剧改革与创新，而毛泽东曾为延安平剧研究院作了"推陈出新"的题词。平剧研究院对旧平剧进行了许多改革，如旧剧舞台上总是丑化老百姓，把他们画上小丑的脸谱，而平剧研究院则不画了；过去舞台上的主角，总是帝王将相、才子佳人，而研究院则编出了许多歌颂人民群众和寓意深刻的剧本，如《逼上梁山》《三打祝家庄》《河伯娶妇》《鱼腹山》《中山狼》《红娘子》等。除新编的剧本外，平剧研究院还改编了一些旧剧本，如《十一郎》《坐楼杀惜》等。此外，也挑选好一点的旧戏有选择地演出，如《打渔杀家》《空城计》《群英会》等。1948年7月，联大平剧研究院离校独立为华北平剧研究院。

联大平剧研究院很受群众的欢迎。每逢节日或周末，就在农村的打麦场上搭起土台子、点起煤气灯，不等开场锣鼓响，周围一二十里村庄的群众都跑来观看。当时，在冀中，束鹿县在经济、文化水平上都是比较高的县，有"金束鹿"之称。台上演戏，有的观众也在下面有板有眼地跟着哼哼，精彩处无不齐声喝彩和鼓掌，戏散后则在归途中纷纷发表议论。那时，提起"平原宣教团的平剧院"，远近没有不知道的。

说到文艺学院的晚会，那实在令人向往。会场，就在院部的院子；舞台，就在两三米宽的台阶上。文艺学院全院师生或坐在院子当中，或散在门墩上、缸沿上、蒲团上、门槛上，节目有预先约定的，也有临时推举的，全属小型、随意、纯然的"自我表现"。正是由于这一点，才更见出文艺学院师生那非凡的才气和学问。例如，院部秘书朱子奇，人们只知道他新诗写得好，是个优秀的俄文翻译，谁知他抱着手风琴拉起《快乐的风》来，那股神采飞扬、潇洒飘逸的风采也是很醉人的，尤其兴致高昂的时候竟然情不自禁地随着节奏旋转舞蹈起来，似乎飘飘然进入仙境去了。后来，文学系有位"黑宝石眼睛"的姑娘爱上了朱子奇，或许与这曲《快乐的风》颇有关系吧。还有一次，贺敬之突然被欢迎唱一支歌，便抄着手在台阶上慢慢站了起来。他知道逃不脱，便十分温和地笑笑，唱了四句陕北信天游，却把先细后粗、凤头豹尾式的拖腔，唱得雄浑醇厚、土味十足。从这点上看，可见当时文艺学院的学员们在向民间艺术的学习上下过多大功夫了。音乐家边军是联大文工团音乐队长，他出的节目是自编自演的"大鼓"。他把堂鼓架在倒置的杌凳上，一手持槌，一手拿个碟子，就自敲自打地演唱起来。他唱完了，人们疯狂地鼓掌并喊"再来一个！"，可他抱起鼓说："没有了。"徐光耀感叹地说："人之一生，焕发异彩的时刻不会太多的，我们看人写字画画常有体会，最用劲、最刻意求成的时候，未必出得上乘之作，倒是心神轻松宽畅时的偶然率意所为，反出现神来之笔，这就是'极致'了。我看过联大文工团不少正规演出，那大多是很成功的，然而，能在晚会上看到这许多'极致'，才是我真正的'眼福'啊。"[1]

8月23日，文艺学院第一期学员毕业分配工作，戏剧系和音乐系学员大多留在联大文工团，给文工团增添了新生力量。

为迎接石家庄解放，10月16日，联大文工团开始以河北梆子曲调突击排

---

[1] 徐光耀：《神游故校》，载《忘不死的河》，河南文艺出版社，2003年，第135页。

练歌剧《血泪仇》，并于一个月后在校内试演成功。11月12日，石家庄解放的消息传来，联大全校一片欢腾，秧歌队、腰鼓队涌上街头。年底，联大文工团和平剧研究院进入石家庄，进行劳军演出。

1948年元旦开始，联大文工团一连三天在石家庄市展开"拥军爱民"宣传，在广场闹市巡回演出《大秧歌》《腰鼓舞》《花鼓》《王大娘赶集》以及演唱革命歌曲。1月中旬，联大文工团在石家庄人民剧场连续演出歌剧《血泪仇》招待学生、工人及各界人士，并派郭兰英去升平戏院晋剧班演出数场山西梆子，为晋剧班筹措费用以救济同仁生活。

《联大生活》与《文学新兵》

历史铸就这样一个事实，即谈中国近现代高等教育史，不可不谈中国高校校报（刊）史。中国高校校报（刊）的历史，是伴随着中国现代高等教育的发展前行的。中国高校校报（刊）史是中国高等教育事业的一个组成部分，是中国高校发展史的见证者、记录者。所以，当梳理华北联大办学历史时，自然而然会想它这样一所流动的大学会有校报（刊）吗？

华北联大的校刊叫《联大生活》，创刊于学校驻晋察冀边区的1940年。《联大生活》对于报道师生员工的教学、学习和生活动态，交流思想，推动教学和各种工作等方面，起了积

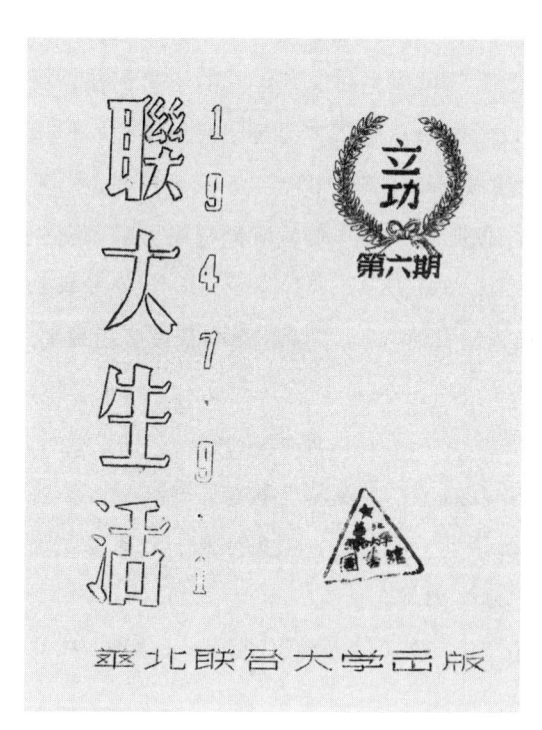

▲华北联大校刊《联大生活》封面

极作用。1940年冬天，联大因环境恶劣缩编后，《联大生活》一度停刊，至教育学院时期复刊。抗战胜利后，联大迁到张家口，《联大生活》又停刊。1945年12月5日，联大复建后召开第一次教务会议，决定恢复校刊《联大生活》，但因当时复校工作千头万绪一时未能做到。联大迁到冀中束鹿后，于1947年初举行了第一次教育工作会议，会议决定恢复《联大生活》。

《联大生活》成立了编辑委员会，由教务长林子明任编委会主委，委员有李又华、胡华、林浩庄、郭晓棠等人，并聘请艾青、何干之任顾问。经过编辑委员会讨论，《联大生活》确定为综合性的刊物，以面对联大校内师生员工为主，但也作为向外界交流情况、报道信息之用。《联大生活》的编辑部设在教务处办公室，并配备了专职编辑人员。

为确保《联大生活》的稿源，在华北联大校部和各学院分别组织了通讯组负责写稿、征稿工作，并聘请了一些特邀撰稿人和专栏作者。例如，徐光耀1947年初进入华北联大文学系一个半月之后，就被选为通讯干事，负责组织稿件。且看徐光耀日记中的一些相关记载：

2月28日

黄昏……马琦与陈淼都告诉我，让我担任本系的通讯干事，还要出席院通讯小组会，支持将来的《联大生活》报。心中虽不痛快，可也觉得与兴趣很相近，勉强答应下来。

3月8日

中午，又抄起笔来写《我病了以后》，预备给《联大生活》。

3月12日

晚上，催了催《联大生活》稿，得六七篇，只是戏、音、美等系很困难，一篇都在坐蜡（注：指陷入为难的境地）。

3月22日

每天忙得要死，今天全文学院还无一篇《联大生活》（稿），明日如何能送走呢？唉！

4月7日

早饭后，开全系生产会议。会末，我讲了几句关于征求《联大生活》稿的问题。

5月5日

中午包饺子，动员大家写《联大生活》（稿）。[①]

不难看出，徐光耀当上《联大生活》的通讯干事虽然"不痛快"，但日后的工作还是很尽责的。

《联大生活》自1947年3月复刊到同年10月，一共出版七期，基本上每月出一期，油光纸油印。采用的稿件体裁多样，包括专论、学术研究、史料、教学小结、教学方法交流、历史知识、校内人物介绍、文学习作、诗歌、歌曲、杂文、美术习作、学习和生活指导、实习通讯等，更多的则是学习动态、思想交流、生产动态、课余生活、社会活动等内容，兼有校外通讯。由于内容丰富多彩，文字、插图和封面设计比较清新活泼，有较强的吸引力，《联大生活》颇受广大校内外读者的欢迎，成了师生员工交流思想、沟通信息和推动各项工作的有力工具，也成为对外交流情况、交换资料必不可少的刊物。

《联大生活》第一期复刊号，发表了成仿吾的《认识时代准备为人民立功》、于力（董鲁安）的《关于青年修养的几个问题》、舒强的《文艺工作要走群众路线》等文章。成仿吾在文章中说："我们生活在什么时代呢？这是一个很重要的问

[①] 徐光耀：《徐光耀日记》第一卷，河北教育出版社，2015年，第290、293、295、299、307、326页。

题。很多人因为不认识今天是什么时代,像瞎子一样在乱走,有些人跟着反动派走上了错误的道路。……今后数年内在全世界与中国都将发生重大的变化,独立和平民主的新中国定要实现。任何反动势力也不能阻止这种历史发展的潮流,他们要被惊涛骇浪所吞没。中国人民将最后废除专制魔王,开始人民自己作主人的时代。努力准备,准备为人民立功。"舒强在文章中以戏剧系学员帮助驻地老乡建立四个剧团为例来说明,"怎样走'群众路线',是每一个同志都必须深刻学习与研究的问题","这是决定一切工作的成功与失败的严重问题","只有在工作中、在实践中才能证明你究竟懂得了多少"。

《联大生活》第三期,发表了丁浩川的《为工农兵服务——知识分子的路》。文章说:"知识分子为什么一定要与工农群众相结合,为什么一定要为工农兵服务呢?不与工农群众结合不行吗?为其他阶级服务不行吗?或者说不为工农兵服务,也不为其他阶级服务,而只是为我个人服务不行吗?……但是,历史的事实告诉我们:为帝国主义和反动派统治阶级服务的知识分子是把自己的脑袋拴到反动统治者的大腿上往坟坑里跑,当时自以为出人头地飞黄腾达的道路乃是卑鄙可耻的死路一条。同时,眼前的现实,和我们许多人的亲身体验,都清清楚楚告诉我们:不为任何阶级服务只谋个人生活(所谓'靠本事吃饭')的想法是如何虚伪妄诞,强着面皮自命清高的下面是包藏着多少屈辱与苦闷。""'知识分子要与工农相结合,知识分子要为工农兵服务'。这是毛泽东指示给我们的路,这也是'五四'以来中国历史活现现地指给我们的路。我们要认清这条路,我们要坚定地在这条路上勇敢前进!"[①]

1947年冬,华北联大大部分人员都离开学校,到各地农村去参加土改工作,而《联大生活》遂告停刊。到1948年4月底,联大师生结束土改工作回校后,学校已经从束鹿迁到正定,因学校忙于组建新校和"四查"(查出身、查阶级、查思想、查立场)运动,所以没再继续出刊。

---

① 中国人民大学前身时期校史读物编委会编《人民的大学:华北联合大学(1939—1948)》,中国人民大学出版社,2017年,第100—101页。

相对《联大生活》来说,《文学新兵》寿命要长一些,跨越三个年头,出刊十四期。

《文学新兵》(创刊名《草叶》,第五期起更名)是文艺学院文学系为配合业务学习而办的一份纯文艺性质的墙报,创刊于华北联大转移到冀中后。《文学新兵》十六开,每期平均三十页,一万到两万字。稿件范围,一是学员的创作;二是特约教员写稿;三是介绍名著和学员的佳作;四是理论探讨和文学批评。归纳起来,《文学新兵》有三个特点:

第一,紧密联系群众,普遍向学员征稿,动员很广泛。全系师生都关心它,学员们把它看作自己的园地和练兵场;全体学员都同意编者有权删改和决定取舍。至于少数不登的稿件,先请教员看过提出具体的意见,再退还本人。学员们认为,这样可以帮助大家提高写作水平。

第二,密切联系着学员的生活实际,反映"在土改、复查、下部队、'交朋友'的生活中自己体验到的、听到的、看到的,一切引起他们共鸣、深思和感动的","凡一切生活中之所得都反映在作品里"。由此可见,学员们是如何一步步走向生活、认识生活、反映生活的。

第三,反映了学员们学习民间文艺的收获和热情。他们不但介绍了许多民歌、民谣、谚语,也写了许多民歌、诗歌;和农民的作品放在一起,是那样的相近和相似。在小说、特写这些作品中,从作者的插叙到人物的语言,都散发着"泥土的芳香"。他们写的东西读给农民听,不会有任何障碍,"小资产阶级感情和学生腔的语言,涤荡殆尽",因为他们知道自己以后的读者是农民和士兵。[①]

正因为这几个特点,《文学新兵》影响很大,也吸引着其他院系师生的关注。美术系的咸单、邓野、顾群、马秉铎、伍必端等人,把它当作自己的园地,提供了许多封面画、插图、木刻、速写,使版面活泼起来。因此,图文并茂

[①] 参见马琦:《华北联大文学系史话》,载《拾零集》,2002年,第16页。

的《文学新兵》,成为全校最好的墙报。每期《文学新兵》张挂出来,"读者就挤不动,仔细地看",但好文章不能一时都读到,就推选出一个人朗诵给大家听。

《文学新兵》第一卷由文学系一班(简称"文学一班")主办,出了十四期,编委先后有鲁煤、陈淼、王白石、徐光耀等。当然,文学系主任陈企霞和教员蔡其矫也给了许多指导意见和具体帮助。

1946年11月下旬,《草叶》(《文学新兵》)第一期出刊。为啥取名"草叶"?或许是为延续鲁迅艺术学院在延安时期的文艺杂志《草叶》吧。鲁迅艺术学院的《草叶》刊名是取自美国浪漫主义诗人惠特曼的诗集《草叶集》,诗人以"草是自然界最普通、最平凡的东西"来比拟自己的创作。再者,蔡其矫1942年写出的成名作《肉搏》一诗,即是受《草叶集》影响,"特别是惠特曼在南北战争中写短诗,与从延安到晋察冀的长途行军经验相仿佛"[①]。

《草叶》第一期首篇是系主任陈企霞的《学习写人生》,该文要求学员们"学习着把人物群众的要求和生活力量吸收,而变成形象和思想"。在文章中,陈企霞提出展开向老百姓交朋友这一文学活动,"我们要把交朋友这一工作当做(作)最经常的练习,要很快学会能接近和了解他们,要开始学习怎样向这唯一的泉源吸取一切的珍宝"。蔡其矫介绍了在同期发表的两篇小说,即徐孔的《冯艾翻心》和少义的《发动群众》,指出最大特点是语言朴素,"看到作者是虚心向人民学习,吸收了农民生活中的日常语言,用来描写农民的心理、生活和斗争"。

12月中旬,《草叶》第二期出刊。严辰(厂民)在《关于〈大脚莲〉和〈一场风波〉》中介绍本期的两篇短篇小说,其中李诺的《一场风波》写的是听信谣言导致田园荒芜的中农,李笑静的《大脚莲》写的是游手好闲、不务生产的懒婆。《一场风波》抓住了一个场面,从夫妻吵嘴揭示中农内心的矛盾,"是一篇风趣的速写","一场纠纷终止在一阵哄笑中间,也够机巧"。《大脚莲》

[①] 曾阅:《诗人蔡其矫》,作家出版社,2002年,第21页。

特点是第一人称"那种有条有理，侃侃而谈的神气，自然地运用了一些方言，增强了文章的乡土气息"。严辰在介绍中"对题材的善于把握，对生活的细致观察，对语言学习"都予以肯定。

1947年元旦，《草叶》第三期出刊。1月15日，第四期出刊，推出"民间文学研究专辑"。艾青题词："学习民间形式，爱好民间形式，从民间形式里发现可以培养的苗芽，这样才能使我们的文学艺术在广大群众中间深植根株。"由于文艺学院利用春节前后进行实习，《草叶》在2月暂时休刊。

3月8日，《草叶》第五期出刊，改名《文学新兵》，期数仍照原顺序排。本期的首篇为《新兵的宣誓》："我们是一群新兵，让我们宣誓，下定决心，坚持岗位，练好武器，勇敢向前，参加战斗。"这一期篇幅长，稿件多，多数是学员在土改中和下部队中采访到的、亲身经历和观察到的生活和资料，其中写农民、写战士各有五篇。由此可以看出，第二次实习对学员影响之大。

《文学新兵》第六期于3月23日出刊；第七期于4月14日出刊，从第七期起《文学新兵》由文学系一、二班合办，二班王白石参与编委工作。当月，萧殷调联大文学系任教，"他指导同学编一个自己创作的月刊《文学新兵》，要抄得工整，画好刊头，用大头针钉在布上，挂在村头，大家读，大家评论，选其中好的文章在报刊上发表"。[①]

《文学新兵》第八期信息不详；第九期（5月26日出刊）是"筑堤专号"，文章都是从不同的角度叙述作者在安平县劳动中的思想过程和收获。5月29日，徐光耀被聘为编委，"可以说很高兴"，"这毕业（竟）与业务很有关联，兴趣又最相近，何苦不努力一番呢？"[②]

《文学新兵》第十期于6月3日出刊。徐光耀在当天的日记中写道："午睡起来后，去二组正式编排《文学新兵》第十期，吃饭时终于贴出去了。很可惜，心情不知为何不愉快，并不感到为谁服了务，而只是心情沉重了。莫非有几

---

① 黎白：《一个高尚的人——悼萧殷同志》，《文艺报》1983年第10期。
② 徐光耀：《徐光耀日记》第一卷，河北教育出版社，2015年，第337页。

篇东西未登,觉得对不住他们?开了饭之后,墙报跟前看的人很快地便减少了,而且少得可怜。于是,更使我心情沉重起来。"①

6月13日,徐光耀日记载:"午睡起来后,编委会集体编报,《文学新兵》第十一期晚饭前诞生了。……第十一期《文学新兵》内容相当充实,比往日多一版,理论文章颇多,还有些窗花、木刻,真够人满意的了。中午吃饭时,王祯笑对我说:'《代耕》是你写的?怎么写的(得)么好啊?我一连看了五遍,哎呀,真好,大发真是活了……'说的(得)我怪不好意思的。"②所谓"理论文章",指蔡其矫的《水浒情节的研究》、萧殷的《人物先呢?故事先?》。

6月23日,徐光耀日记又载:"整个上午时间是自修,看稿,心情像往常一样稳稳的(地)。午睡起来之后,与陈淼等搞墙报、编排,写目录,贴。晚饭前贴出去了,大家围着看,有音乐系两位女同志也围着看,她们还似有意见地指指点点。我所经手的《文学新兵》第十二期,又按期实现了,很显然是值得骄傲和愉快。"③

7月3日,《文学新兵》第十三期出刊,为"七月节"纪念专刊,大多是纪念性质的诗文。首页有沙可夫院长题词:"我们已处在中国革命新的暴风雨的前夜,全国民主高潮一天天汹涌澎湃起来了,解放区爱国自卫战争已经达到积极准备全面大反攻的阶段,我们要以战斗精神来纪念七一、七七,与建校八周年这些伟大的日子。每个文学工作者首先应以短小通俗、新鲜活泼的形式来及时反映这个大时代。让我们拿笔的人和带枪的人一样,在斗争的最前线,为中国革命的彻底胜利而奋斗到底。"

8月3日,《文学新兵》第十四期出刊。这是文学系一班毕业前最后一期,也是一班"新兵"最后一次"站岗",篇幅很大,稿件有二十二篇。文学系主任陈企霞在《献辞》里说:"做(作)为一个战士,你们现在要走上战斗的岗

---

① 徐光耀:《徐光耀日记》第一卷,河北教育出版社,2015年,第340页。
② 同上书,第344页。
③ 同上书,第350—351页。

位了。多多少少学到了一些本事的人,我应当向你们做诚挚的热情的祝贺。"陈企霞说,文学的学习是无所谓毕业的,只是学到一个阶段的意思;指出"继续我们的学习,学习革命的理论,学习社会的实际,学习群众的智慧。工作会锻炼我们更坚强,斗争的实际是无穷的宝藏"。严辰在《从别离说起》中也说:"我们的文艺学习生活虽然暂时告一段落,但作为一个'文学新兵'还不是一个结束,正是我们战斗的起点。一些辉煌的现实斗争的史诗,正待我们去创进。"对此,严辰还建议让文学系一班要有一个同学会一类的组织互通声气,在文学上互相帮助。萧殷在《片断》中针对学员们思想上、艺术观上的一些问题再三叮嘱,虽然很多是他在课堂上谈话中多次讲过的,但这次又热情恳诚地"提耳口嘱"了。这一期文学系一班的作品很多,都表现出了学员在学习一年半后有很大提高,有读书笔记、作品批评、民歌、大众故事诗、人物特写、短篇小说……形式丰富多彩,可以说是毕业之前的一次作品展览。

据统计,《文学新兵》第一卷十四期共发表学员各类习作六十篇,诗歌三十二篇,关于写作的讨论三十篇,短评二十一篇,评论与介绍二十篇,其他的还有学习号召、工作总结、交朋友纪实、语汇记录、新闻习作各五篇。在1947年"立功"运动中,经文艺学院评功分会评定,《文学新兵》荣立"一等集体功"。

10月12日,《文学新兵》第二卷一期出刊。文学系主任陈企霞在《向二卷〈文学新兵〉祝贺》中说:"从第二卷开始,这刊物将由我们二班的同学继续来办。这自然是一个新旧的交替;也因为如此,我充满热情地向这二卷的《文学新兵》作诚挚的祝贺。"接着,陈企霞简练地介绍了《文学新兵》第一卷的一些经验和特点,并说"第一卷已经立了一个'功'了。第二卷比起第一卷创刊以来,既已经有了更好的基础,则不会落后乃是一定的道理"。本期是"复查"专辑,作品都是写土地复查中观察到的人物和生活,有雪原(君宇、魏庆祥)的《娘儿俩》、刘剑青的《不用比》、鲁芝的《刘进良》三篇短篇。

同一天,徐光耀在日记中写道:"黄昏去郝庄,看《文学新兵》第二卷第一期。看了陈企霞和何洛的文章,又看了雪原的《娘儿俩》。陈企霞同志对第一卷《文学新兵》编委会颇多好评。……陈企霞同志对我们文学系出来的同学，有一种特别热烈的期望。他不愿我们到剧团去，他希望我们无论如何要坚守文学岗位，要写出东西来，要多写，要写得好！有心的人，不要辜负他的期望啊！他嘱我们多帮助二班搞好《文学新兵》，对推动他们进步，搞通思想，多和他们交朋友，谈得深些，把自己的经历告诉他们。"[1]

由于文学系二班学员从1947年12月到1948年4月底参加土改工作，又于5月返校后参加"四查"运动，《文学新兵》停刊半年，直到6月25日第二卷第四期出刊。不过，这时华北联大已经搬到正定。1948年9月1日，《文学新兵》第二卷第六期出刊，是为终刊号。

---

[1] 徐光耀：《徐光耀日记》第一卷，河北教育出版社，2015年，第383页。

第三节 大课堂

实习：到战场上去

"身处形势急骤变化、天翻地覆的时代，青年学生应该深入生活，投入到火热的斗争中去。这方面，校领导要求严，也抓得紧。"华北联大到农村刚刚稳定下来不久，1947年1月15日，文艺学院召开动员大会，沙可夫院长、艾青副院长先后讲了话，动员全院师生春节前后进行实习。①根据实习目的，学员们分为两批：一批到冀中各县开展乡艺活动，并组织两个秧歌队到前方和后方演出；还有一批下部队到晋察冀野战军参加战斗，到前方和后方进行采访搜集材料。下部队实习有三个目的，即"一是从战争中锻炼朴实、刻苦的精神，增加对战争的认识与体验，培养为工农兵服务的品质；二是参加战斗，深入连队以丰富我们的生活，把业务学习和工作结合起来；三是辅助战士们在春节的文化娱乐活动"②。

下部队实习采访的分为两组：一组去正定外围第十一军分区第七十二团的藁城前线体验部队生活；另一组去后方整训新兵的赵县农民解放团协助工作，搜集材料。去前线的那一组由文学系教员厂民（严辰）带队，组员有文学系学员任大心、黄山和马琦，美术系教员戚单、学员伍必端，戏剧系学员于夫等人。另外一组由文学系教员蔡其矫带队，组员有学员徐孔、闻功、陈淼、熊诤等。徐光耀回忆说："我进文学系刚及一个月，便赶上全系分散，深入生活：

---

① 马琦：《春节实习——到前方去》，载刘葆观主编《血与火的洗礼——从陕北公学到华北大学回忆录（1937—1949）》（下卷），中国人民大学出版社，2007年，第444页。

② 《我们在战场上》，载《人民的大学——华北联大介绍》，东北书店，1948年，第80页。

大部分同学到各村采风去了,另有十多人,因石家庄的国民党军不断向我区骚扰,藁、正、获一带战斗频繁,便由教员蔡其矫带领,深入西部前线,分在各部队采访、体验、学习、锻炼。因我来自部队,理所当然地分在了这个组。"①
又据徐光耀日记载:

1月20日　一直回溯下去

　　大概是14号,早饭后听丁老先生讲文法修辞,这天晚上的消息更加明朗化了,16号(阴历二十六)起程下连队实习。……[引者略]
　　17号,起得晚,餐得早。集合后,大家喜喜欢欢,独有两女同志相抱痛哭,恋恋不忍舍,很为稀罕。直到熊焰等走后,才硬为分开。不觉又有点残忍的感觉,何苦把她们活活分开呢?
　　和蔡其矫、陈淼一队一同出发,彦涵同志尾随而来。一路上嘻嘻哈哈西下,中午到达辛集。之后,到冯家方碑,于政治部办公室住下,大家笑笑唱唱,颇活跃。尹肇之来了,还跟我勉强地一握手哩。唉!
　　晚上灯下吃饭,桌前听尹(肇之)报告部队情况,味同嚼蜡。夜深,睡于村沿

▲1947年,美术系学员伍必端在大同前线一村庄画壁画

---

① 徐光耀:《神游故校》,载《忘不死的河》,河南文艺出版社,2003年,第132页。

荒冷的屋子里。

18号,由冯家方碑出发,下午达韩庄住下。路远无轻载,我的背包最后很感到重了,全由我引路。所以,一路上总是提心吊胆。

19号,稀稀拉拉地落着雪花,一路上走着,仍如昨天一样,先前还轻快,越后就越沉重。在一个林子休息的时候,突然过来一匹马,昂昂然便过去了,似乎没有看见墙下我们这一群人。"多么神气",原来是副参谋长。下午,到达政治部,先见了薛哲,后与郑剑、郝昌照等同志会面。晚饭后,薛、郑两人给介绍了一些情况,又睡在凉席冷炕上。

20号就是今天了。早饭后,雪下紧了的时候,部队集合出发了,去打击郄马到徐村的敌人。厂民(严辰)、彦涵等五六同志也跟去了,看着他们从雪花纷飞中随大队北去。之后,回到集上,买了一个勺子。

整个下午,都在政治部和薛哲同志闲谈,于夫同志不断逗笑,总是很愉快的。可是时间确有点消磨过去了。

晚上,从灯下闪进几个人影来。厂民等回来了,都跑了两脚湿,但都很愉快的。第一次参战的人尤其觉得幸运,真真稀罕极了。[①]

1月27日 大进军——挺进平汉线

繁星满天,月已沉西。部队又向西北方向挺进,黎明进至南奉,铁路上两处岗楼,敌皆退走。战士们忙着搬运敌人遗物,破割电线,嘴里唱着,情绪极高,遍地都跑着自己的人。往北望去,几堆红火在跳动,浓烟飘在空中像一条灰带,何等动人的场面,还有什么更壮观、更美丽、更跳动?

匆匆吃毕早饭,顺平汉铁路南下,一路上岗楼皆冒着黑烟,电杆俱残缺不全。我感到特别兴奋,有生以来,第一次这样挺起胸膛,行进在自己的平汉线上。

---

① 徐光耀:《徐光耀日记》第一卷,河北教育出版社,2015年,第258—259页。

至××村，休息片刻，南面白烟陡起，敌火车已不远。不一刻，敌突射炮数发，皆落村附近，部队遂又撤回新正铺。晚上，说执行辛安车站任务，部队移往岳村，开始"五一"以来最艰苦的一夜夜露生活。①

几天后，战士们知道来了几个华北联大的学员，知道于夫有喜剧表演才能，又有一副好嗓子，每次集合都要他出个节目。从此，于夫有了一个外号——"活宝"。于是，出发前又有了一个新内容："活宝"出个节目，不唱个歌也得出个"洋相"。于夫每次都呼之即出，大受欢迎。连指导员（按，具体姓名不详）很爱画画，和伍必端一拍即合办了传阅的宣传画，介绍各班的先进人物及其事迹。徐光耀原来是部队剧社的创作员，熟悉部队生活，有接触战士的经验。马琦没有这些良好条件，就利用一切机会到处走走：旁观过指挥部研究部署战斗，参加了几次攻打炮楼的战斗，参加过班组的战后总结会，还同俘虏谈过话，生活充实、新鲜。徐光耀说："半月过去，同学们都尝了尝战争滋味，有参与支援前线的，有和民兵一起埋地雷、割电线的，有访问战斗英雄的，也有直接参加了战斗的。大家重聚在一起的时候，个个激情满怀，兴奋异常。蔡其矫那时也是个青年，听了各路人马的汇报，不禁眉飞色舞，激发了诗人气质，大放豪言说：'好！我们回去把事迹集中起来，写它一部《新水浒》吧。'可是，写《新水浒》，真是谈何容易啊！"②不过，马琦倒是根据采访素材写了两篇人物速写发表在《冀中导报》上。

哈尔滨东北书店出版的《人民的大学》一书收有《我们在战场上》（作者不详）一文，写的就是1947年2月华北联大文艺学院学员下连队的故事：

我们到达部队后指战员们很欢迎，但他们想：学生都是文质彬彬，舞弄笔墨的人，不要说到枪弹横飞的炮火里去跑，恐怕和战士们相处起来，

---

① 徐光耀：《徐光耀日记》第一卷，河北教育出版社，2015年，第263页。
② 徐光耀：《神游故校》，载《忘不死的河》，河南文艺出版社，2003年，第132页。

也难于习惯吧！当知道我们中间大多数是从蒋管区出来不久时，就更加犹豫。团政治主任袁怀静说："带你们三个人上战场会比带一排人还担心。"起初不愿叫我们下连队的，可是经过一番热诚的恳求和辩论，我们终于被分到各连去，每连三个到四个人。

战斗是很频繁的，我们在连队只住了一天，部队便出发了。虽仅仅一天，我们便和战士熟起来。开始，找他们拉话显得有些拘束，一要求他们唱歌，马上就活跃起来了。里面一个人带头一喊："欢迎联大同志唱歌。"哗啦哗啦一屋子都拍起手来。我们开头也有些忸怩，他们就拉拉说："不要羞羞答答，要打倒封建！"这样，我们唱几个，后来就要求学歌，我们就教起来，一下子，双方距离便缩短了。

行军路上，我们都插在战士中间走，那时地上满是没脚脖子深的雪，通常每夜走七八十里，我们不仅自己不掉队，还常常替战士病号扛枪、背背包，我们的战士都是很有志气的，宁愿咬牙，也不把枪交给我们，倒常常因此双方争执起来，或是你抢我夺的满地跑。

三四天后，一个攻击战斗开始了。在夜间，我们同战士一起进入阵地，帮助挖枪眼，筑机枪阵地。虽然连长尽量劝我们靠后点，不要乱跑，我们仍紧紧和战士在一起，饿了一起啃冷馒头，困了一起钻在干草里睡。战士们冲锋了，我们在距敌不及百米处，给他们拍掌助精神，休息时因天太冷，村里人又跑光了，借不到被子，大家便围在一团烤火。这时候，为避免寂寞，我们便组织战士们讲战斗英雄的故事，或是猜谜语。如果太疲劳了，战士枕着我们的腿，我们又枕着战士的背，围着火灰，睡成一圈——我们之间简直是没有什么距离了。

一个战斗下来，连里便涌现许多战斗英雄，他们创造出许多可歌可泣的事迹，我们就和战士一块编写"顺口流（溜）"来歌颂。美术系同学就去给英雄们画像，描绘他们各种在战场上的英雄场面。这样，一个早晨，至多一个上午，一张连字带画的《小报战斗》，就出现在战士手里，这班传到那班，一连传到二连，他们看着自己的故事，一个个

第六章　重回农村

心喜眼笑,有的说:"下次战斗得好好打一下,也上上报,光荣光荣!"[1]

华北联大学员们所在的部队是地方部队,任务多是配合主力部队在后方牵制敌人。因此,联大学员们一般都能完成任务,但也有一次受挫。"那次我军攻打一个炮楼,从拂晓到中午没有拿下来,国(民党)军从石家庄派来了大批援军,上面有飞机疯狂扫射,下面有密集火力反扑。马琦和黄山在一家门洞里躲飞机,听着敌机震耳的机关炮声,不知道前面的情况。这时部队吹起号声,他们俩听不懂,不知是什么意思,只见徐光耀飞快跑过来,向他们大喊:'快走,部队撤退了!'他们跑出村外,跑了三四百米就上气不接下气了。如果不是徐光耀找到他们,说不定让敌人'包饺子'了。回到驻地,听说有些战士们没有防空经验,顺着道沟跑,被敌机一梭子打倒二三十人。晚上指导员带着战士去收拾遗体,发现牺牲的战士们遗体被剥得精光,还都被刺刀开了膛。战士们气得咬牙切齿,表示一定要给烈士报仇。"[2]

藁城县有一个镇,那里的"还乡团"烧杀抢掠、无恶不作,老百姓忍无可忍,请求解放军前去消灭他们。部队冲进镇子后,敌人已经龟缩在碉堡里了。第七十二团决定先发动"政治攻势",劝敌军投降;同时"暗度陈仓"挖一条地道,必要时炸毁碉堡。不久,第七十二团的一位宣传干事开始拿话筒向敌人喊话。当时,伍必端停在碉堡外的隐蔽处画速写,心想:"我也应该上前去与敌人对话,讲讲自己所看到的国统区情况,以现身说法的方式'打动'他们。"据伍必端自述载:

在同志们的鼓励下,我蹬着梯子爬上了一座三米多高的砖墙,墙的上面用土坯垒起厚厚的一层垛子。我站在梯子上,正好垛子挡住了我的

---

[1]《我们在战场上》,载《人民的大学——华北联大介绍》,东北书店,1948年,第80—81页。

[2] 马琦:《春节实习——到前方去》,载刘葆观主编《血与火的洗礼——从陕北公学到华北大学回忆录(1937—1949)》(下卷),中国人民大学出版社,2007年,第445页。

头,手拿一个洋铁皮做成的喊话筒,对着碉堡大声地喊道:"蒋军兄弟们,我是刚从重庆来的大学生,我跟你们讲一讲重庆那边的情况,物价飞涨,纸票不值钱,用自行车驮上大捆纸票也买不上几斤米。上午领到薪水,下午就不值钱了。蒋介石的接收大员到一个城市,就开始掠夺、抢房、抢钱、抢姨太太,……"

开始,敌人还是不停地向这边放枪,子弹打到墙皮上,发出"簌簌"的泥块碎落的声响,还不时地传来敌人骂娘的脏话。我不间断地喊着话。渐渐地骂声消失了,枪声也停止了。但是,很快跑出来几个当官模样的人,破口大骂道:"他妈的!别听他操蛋。给我打!"于是,枪声再次响了起来。

我不管那些,还是照样喊话。后来,我还给他们唱了一支《古怪歌》:"往年的古怪少呀,今年的古怪多。板凳爬上墙啊,灯草打破了锅……"

那边又传来了长官的骂声:"他妈的,给我打,给我打……"彦涵老师在下面看到这情景非常担心,直叫我赶快下来。①

经过一天一夜的包围和"政治攻势",敌人没有投降的意思。第二天夜里,地道也挖通了,于是解放军开始端碉堡,只听一声轰响,碉堡坍塌下来。这时,解放军吹响了冲锋号,战士们踏着砖瓦块儿向敌人冲了过去。可是,狡猾的敌人在爆破前也从他们事先挖好的地道逃跑了。

这次一两个月的部队生活,对于华北联大大多数的学员来说,新鲜事情多、体验感受多,不少事情若干年后仍很清楚地浮现在脑海里,尤其是伍必端同国民党军"对话"的这个插曲。

美术系教员彦涵常用古语"不入虎穴,焉得虎子"鼓励学员到斗争激烈的第一线去,他本人也一再以实际行动做出表率。美术系学员高焰说:"当时,徐光耀同志以冀中十一分区部队中成长的文学人才被送到文学系学习。他同部队保持着密切联系,知道过春节要打大仗,要求回部队参加战斗。彦涵同

---

① 伍必端:《刻痕:画家伍必端自述》,生活•读书•新知三联书店,2006年,第130页。

志知道了,在院、系领导的支持下,带伍必端、戚单,同徐光耀等文学系同学组成一个采访小组,参加了在新乐一带进行的那次战役。彦涵同志有丰富的战场生活经验,他和徐光耀、伍必端等活跃在火线上,与指战员一起摸爬滚打。回学校后,伍必端经常在同学中表示:不仅要向彦涵同志学木刻,首先要学他深入虎穴的气概,学习他勇于表现中国人民的战斗精神的艺术风格。"① 数十年之后,彦涵自豪地回忆:"打起仗来,上有敌机扫射轰炸,下有敌我火力交叉,炮声隆隆,火光冲天,我随解放大军驰骋在冰天雪地之中,那是一种多么壮观的景象啊!只有在枪林弹雨之中出生入死的人们,才能够领略到战争的风采,并体味出它的深刻含意。"②

华北联大学员上前方去的有个临时组成的秧歌队,他们除了在敌机骚扰下搞过多次演出,还参加了照顾伤员和给烈士"洗尸"的工作。"许多女同学过去连杀鸡都不忍看的,而今却给打出肠子来的战士包扎伤口,鲜血从肚子里涌出来,浸湿她们的双手也不觉得。给烈士洗尸的同学,虽曾一度觉得这是个肮脏而可怕的工作,但一想到这些人为谁而死时,就立刻拿起擦布,给烈士揩干净污垢和血迹。正因为如此,学员们从思想上得到切实锻炼,许多人说:'看见这些人的流血牺牲,我再也不想闹情绪了!''想起过去对革命的错误行为和看法,真是惭愧得无地自容。'有的学员在墙报上写道:'我沾上战士受伤的血,我沾上光荣!'"③

华北联大师生下部队参战还有多次。例如,1947年6月上中旬,晋察冀军区部队在河北青县、沧县地区对国民党军发起进攻作战。贺敬之参加了青沧战役,并与突击部队一起登上了城头。作战部队觉得,一位写过《白毛女》的作家,能与战士一起冒死爬城,精神可嘉,便写信来学校替他请功。年底,

---

① 高焰:《从东山坡到冀中田舍》,载刘葆观主编《血与火的洗礼——从陕北公学到华北大学回忆录(1937—1949)》(下卷),中国人民大学出版社,2007年,第372—373页。
② 孙志远:《感谢苦难:彦涵传》,人民文学出版社,1997年,第265页。
③《我们在战场上》,载《人民的大学——华北联大介绍》,东北书店,1948年,第82页。

全校搞"立功"运动总结,贺敬之因此立了一功。[①]另据高焰回忆:"华北联大文工团贺敬之等同志参加青沧战役回校,向文艺学院全体师生作了前线生活的报告。这次战役虽然打得很艰苦,伤亡也不少,但指战员英勇顽强的精神却深深教育我们。贺敬之同志讲战场生活感受,打动人心。每人听了都要扪心自问:在这场光明必将战胜黑暗的正义战争中,自己应当做些什么?""7月,美术系一班全体学员毕业了,他们纷纷要求到野战军去工作。领导上却以'美术事业的长远建设需要人才'为理由,说服某些学员留校,某些学员到根据地文化建设岗位。结果,还是有半数以上的毕业生到野战军工作。"[②]1947年7月中旬,国民党北平行辕调集重兵对冀中解放区大清河以北地区进行"清剿",后留部分军队及保安队建点"驻剿"。9月初,为挫败国民党控制大清河北的企图,晋察冀野战军指挥冀中、冀晋、察哈尔军区部队,对"驻剿"之国民党军实施反击。"联大文艺学院徐光耀、鲁煤、闻功等学员,在厂民(严辰)、蔡其矫的带领下,也参加了这次大清河北的战役。在一礼拜的长途行军中,他们连遭三次浇头大雨,每次淋得从头湿到脚,身上所有的东西都湿透了。身体弱的同学在雨后秋风中冻得像'打摆子'一样颤抖,有的冻的(得)头疼肚泻,可是仍在没膝的泥水里奋勇前进,滑倒了爬起来,掉队了再赶上。战斗开始后,学员们都不顾疲劳参加了'飞行动员'和照顾担架的工作。有一位同学为了抢救伤员向火线最前沿爬去,一颗炮弹打伤了他的腿部,他不喊不叫也不坐担架,一个人爬上火线又跑了十多里路。终因流血过多,延长了一个多月的休养时间。他甚至在伤兵院里也没有忘记工作,不断的(地)给伤员上政治课,讲解时事,拄着拐杖在墙上画地图,赢得伤员们的爱戴。"[③]

[①] 徐光耀:《神游故校》,载《忘不死的河》,河南文艺出版社,2003年,第132页。
[②] 高焰:《从东山坡到冀中田舍》,载刘葆观主编《血与火的洗礼——从陕北公学到华北大学回忆录(1937—1949)》(下卷),中国人民大学出版社,2007年,第373页。
[③] 参见鲁煤:《大清河北参战记》,载朱京主编《文艺战士话当年》(十三),2006年,第358页。

第六章　重回农村

大生产运动

　　1947年2月1日，中共中央政治局在延安召开扩大会议，毛泽东在会上指出："中国时局将要发展到一个新的阶段。这个新的阶段，即是全国范围的反帝反封建斗争发展到新的人民大革命的阶段。现在是它的前夜。""解放区人民解放军的胜利和蒋管区人民运动的发展，预示着中国新的反帝反封建斗争的人民大革命毫无疑义地将要到来，并可能取得胜利。"但是，"中国空前严重的经济危机，已经威胁着各阶层人民"。为了彻底粉碎国民党军队的进攻，在生产问题方面，"各地必须作长期打算，努力生产，厉行节约，并在生产和节约的基础上，正确地解决财政问题"。①

　　为响应中共中央的号召，3月中旬，华北联大开始本年度群众性的业余生产活动。各院系结合实际制订计划，展开了各式各样的生产活动，如开荒种菜、运粮、粮食加工、做糕点、纺纱、做鞋、拆洗棉衣、开办美术作坊等。据文艺学院美术系冯真说："我们还开展了生产运动，男同学开荒，女同学磨豆腐、纳鞋底，我们还做泥人卖，给解放区筹款。"②

　　在生产运动中，学校规定学员人均创收五十斤米价，教工一百斤，但男学员都自报百斤以上，女学员一般在八十斤左右。于是，各种生产门路开辟出来了，卷纸烟、运粮、磨面、做军装、种地，等等。对联大学员而言，头一关就是种地，其实束鹿的土地不多，可以借给联大种的不过十几亩地。二十个人种十几亩地，似乎不成问题，但是没有牛，人拉犁的任务就艰巨了。文学系学员马琦说："农村来的李克扶犁，我们在前面拉套，肩膀和手掌磨得生疼，一趟拉下来，

---

①　毛泽东：《迎接中国革命的新高潮》，载《毛泽东选集》第4卷，人民出版社，1966年，第1155—1160页。
②《李琦和夫人冯真自述》，载中国人民大学校史研究丛书编委会编《求是园名家自述》（第一辑），中国人民大学出版社，2010年，第525页。

流动的大学：华北联大 1939—1948

▲ 1947 年，人人在大生产运动中争当开荒生产英雄

累得我们上气不接下气。劳动虽然是繁重的、劳累的，却磨练（炼）了我们的意志，也使我们开始了解人民。"[1]文学系学员黎白也回忆："我们文学系在驻地贾家庄村外边远的地方开了大片生荒地。向老乡借了犁，我们没有牛，就在犁上拴了粗绳，三四个同学在前边拉犁，一个同学扶犁。一天劳动之后，肩头上全磨出了血，倒在地头上就不想起来。"[2]政治班学员刘炼说："我自幼生长在大城市，虽家境贫寒，但从未参加过农活，一天劳动下来，累得弯不下腰拿笸箩里的馒头。播种结束后，男生负责田间管理，女生分工搓线纳鞋底。这也是生平第一遭，不会用顶针，不会用锥把拉线。纳完一只，手掌边被麻绳磨出大泡，手指上的针眼几乎和鞋底针脚一样多。由于任务重，我们女生

---

[1] 马琦：《在劳动的熔炉里》，载刘葆观主编《血与火的洗礼——从陕北公学到华北大学回忆录（1937—1949）》（下卷），中国人民大学出版社，2007 年，第 447 页。

[2] 黎白：《我与文学系》，载刘葆观主编《血与火的洗礼——从陕北公学到华北大学回忆录（1937—1949）》（下卷），中国人民大学出版社，2007 年，第 382 页。

上课时也纳鞋底。何院长怕影响学习，规定上课时不许纳鞋底，从而相应减轻了一些指标压力。"①

犁地播种难，其他活儿如运粮，也不容易。从几十里地以外运回粮食挣点运费，没有车马，用肩扛几十斤粮食，走不多远就气喘吁吁；有人借到独轮车却又不会推，出门就翻车。3月23日这天，文学系学员徐光耀和邓祥等一大早去外地运粮，就显得十分狼狈：

> 一天都为推小米受罪，忙。
> 早晨把小车整理好，绑绳子，缝布袋。
> 吃过早饭，一抹嘴和邓祥推起小车来跟在李达之后，直往文朗口而去，咕噜咕噜，四十里地，日头歪了才赶到。脚已疼起，混着困乏，在小车上躺了一会儿，喝过三碗稀饭，精神又来了。推了一百零六斤，出村不远，邓祥就垮下来，我也累了几身汗。到常屯，日头没了，很快地天黑了，八里路程，两个钟头还没赶到。到大李庄，克非、杨正、黄山来接我们。路上，又把小车翻了，摔破了布袋，米撒了一地。收了半天，黄山脱了褂子来才装上车。到收米处，灯下过了数，小米差一斤。不管怎么吧，交上算了。回到家来，狼狈至极。怎么好呢，先吃饭，后睡觉。多少年来，还不曾累得这么惨过。
> 一个值得纪念的日子。②

文学系学员黎白也有类似的经历。他说："有时候，帮着运公粮也可以挣几斤粮食，一个独轮车两边放了几口袋粮食，要运到临县去，从早晨天不亮出发，深夜十一二点才回到贾家庄。这种劳动，我记得只干了一次，那是因为回来得太晚，全系的老师都急得不得了，担心我们在路上出了事。当我们拖着沉重的脚步走近村头时，遥遥望见村外几点微弱的灯光，原来系主任和

---

① 刘炼：《风雨伴君行——我与何干之的二十年》，广西教育出版社，1998年，第12页。
② 徐光耀：《徐光耀日记》第一卷，河北教育出版社，2015年，第300页。

几位教师在村头上等了好半天了。事后才知道是企霞同志发了火,不允许再搞这种运粮食的活儿。"①

大生产运动的高潮是在安平修筑防洪堤。4月29日,文学系出发到安平县刘吉口村;5月1日,开始修筑滹沱河刘吉口段河堤。其中,李又华任"三中队"(文艺学院)队长,蔡其矫任分队长。分队下又分四个组,组长都是分队委员,监管生活、宣传、工具、伙食等工作;每组九人,在劳动时再按体质分为三人一小组的劳动互助小组。防洪堤要修起高七尺、宽二丈、坡基四丈的堤坝,每挖一方土(一丈见方,一尺厚)、修成一段堤,达到高度、宽度、拍光、夯实的要求,验收合格可挣八斤(后改成六斤)小米。

起初几天,这些双手没拿过铁锹、肩膀没压过担子的知识分子,手打泡了、肩膀肿了、腰酸腿疼,一天干下来累得走不回村子。可是,在他们旁边,一个人分一段地的民工,是那样不紧不慢、有节奏地工作着,一天不显累,还比学员们干得多。于是,学员们决定向民工们学习,拜他们为师,他们怎么干,跟着怎么干。几天过去,学员们手上生了茧子,肩膀上隆起了肌肉,互相比赛的吆喝声此起彼伏,下工的队伍也不再沉默,又出现了歌声和笑声。"五四"休息了半天,刊出了《滹沱河》墙报,"晚上文学系在驻村开了个月光晚会。没有灯光布景,朗诵激动人心的诗篇,唱着没有伴奏的歌曲。大家有决心,用实际劳动和学习纪念'五四'青年节"。

不久,新的情况出现了,"坑越挖越深,堤越垒越高,五尺深的坑,一丈多高的堤,上上下下越来越费力。经过几天劳动的同学们增长了智慧,已经不像第一天那样手足无措了,同志们用杉槁扎起了土吊车,从挖第一锹土时就留下上下的台阶。大家的情绪越来越高,脱光膀子,担起土筐来去健步如飞。土筐装得冒尖,平均一分多钟挑一担土,普遍超过每天一方土的进度。一段段的堤坝完成了。同学们站在一条长龙般的大堤上,踩在坚实的土地上,看

---

① 黎白:《我与文学系》,载刘葆观主编《血与火的洗礼——从陕北公学到华北大学回忆录(1937—1949)》(下卷),中国人民大学出版社,2007年,第382—383页。

看光滑的堤坡，大家感到自己变了，变得更壮实了"①。

据参与过修筑河堤的文学系学员黎白回忆："挖土、挑土、打夯、筑堤，同学们挑着两筐土在堤上堤下来回穿梭，已经是健步如飞了。我们从'肩不能挑担，手不能提篮'的小知识分子已经锻炼得能够参加许多重劳动了。修河堤是很累的，我们办了黑板报、墙报、街头诗，每天收听陕北新闻并且在大堤上用喇叭筒广播。记得那时我负责办报和鼓动，每天劳动之后收听新闻、翻阅地图，再加以汇编成稿，第二天站在河堤上，举着喇叭筒喊得嗓子嘶哑，却又兴高采烈。特别是刘邓大军过黄河，解放鄄城、巨野、羊山集大捷，都是欢欣若狂地广播着，挑土打夯的同学和老乡也都汗流浃背、笑容满面地听着。那种欢腾的气氛到现在想起来还是令人神往不已的。"②徐光耀写了一首题为《我仿佛看见了》的诗，发表在工地墙报上：

> 我一锹一锹地挖下去，
> 汗从眉毛流进眼里。
> 于是我仿佛看见了……
> 不知有多少个农民在锄地，
> 里面就有我苍老的父亲；
> 他们的背弯着，
> 汗珠一颗颗滚进泥土，
> 很多也滚进眼里。
> …………③

---

① 马琦：《在劳动的熔炉里》，载刘葆观主编《血与火的洗礼——从陕北公学到华北大学回忆录（1937—1949）》（下卷），中国人民大学出版社，2007年，第448页。
② 黎白：《我与文学系》，载刘葆观主编《血与火的洗礼——从陕北公学到华北大学回忆录（1937—1949）》（下卷），中国人民大学出版社，2007年，第383页。
③ 马琦：《在劳动的熔炉里》，载刘葆观主编《血与火的洗礼——从陕北公学到华北大学回忆录（1937—1949）》（下卷），中国人民大学出版社，2007年，第448页。

半个多月的劳动过去了，文学系的学员们晒黑了、头发蓬乱了、手指硬了、手掌上有了老茧。但是，正如在工地晚会上蔡其矫朗诵的诗句"劳动像一团火，烧得我好痛苦也好快乐！"，学员们都在这劳动的熔炉中经受了锻炼。5月20日返校，大家不仅带着完成生产任务的数字，也带着对劳动的体验和深刻的对劳动人民的认识和感情，欢快、轻松而振奋。

回到学校，文学系教员厂民（严辰）写了一首诗迎接大家，其中一段是这样的：

> 你们走的时候，
> 带走的是一颗热情的心，
> 一个孱弱的身体，
> 一卷干干净净的行李，
> 一份对于劳动的理性的认识，
> ——没有经过实际考验的不坚固的认识。
> 现在，你们回来了。
> 愉快而且轻健地回来了。
> 你们带回来的，
> 是一副晒黑了的脸，
> 一双生起老茧的粗糙的手，
> 一个充满汗的气味的身体。
> 看来你们是脏了些，
> 可是你们的身体和灵魂，
> 都更健康、更干净、更结实。
> 你们的行李上沾满了泥土，
> 这有什么！
> 泥土沾得越多，

走向工农化的道路就越短呵,……①

厂民（严辰）的诗不仅是对大家劳动的称赞，也是这些知识分子在华北联大一个生活侧面的写照，它描绘了学员们茁壮成长的艰难历程。

生产劳动，对大多数城市学员来说有自己的乐趣，但也出过一些洋相。文学系学员黎白就经历过这么一件事情：文学系几位女学员除了纺线之外，有些重体力劳动是不让她们干的，怎么发展生产呢？一位来自南京的学员莫堤提出可以做点心，而且保证炸出来的点心比集市上卖的高级美味得多。于是，在几位女学员赞同之下，她们向学校贷了款，按照莫堤开列的单子买了香油、鸡蛋、白糖、白面，莫堤亲自动手炸出了三四十斤点心，真可以说质高量多味美色香，人人看了都会流口水。炸出来之后，一核算怎么卖呢？全傻了眼，这种点心的成本高出集市上卖的点心三倍，不用说利润了，按成本也没人买得起呀。莫堤扶扶眼镜，喃喃地说："这是南京也难买到的最好的点心啊……"是啊，点心虽好，看着它却发了愁，因为学员连买一块点心的钱也没有。拿到集市上，的确吸引了不少四乡群众，但直到收市，连一两、一块也没有卖出去。几个女学员急得眼泪都流出来了。于是，大家根据"心理学"和女学员的"特殊性"制定了一个"作战方案"，先计算了这几十斤点心的成本，确实已极贵了，但还是要有"较高利润"，然后一斤一包地包了几十包，订了一个"原则"——向校院系领导及教员们送货上门去兜售，卖给陈企霞、萧殷老师只收成本费，卖给何洛、厂民老师加三成利润，卖给成仿吾校长、周扬副校长、沙可夫院长、艾青副院长则加五成到一倍的利润，卖给文艺学院的一位秘书则要两倍的价钱。当然，学员们这种"议价"，是按教员手头钱的多少计算的，个别的是按照学员个人的喜恶计算的。既然"原则"已定，就由女学员带着点心送货上门"请师长们试尝"，而他们中的任

---

① 马琦：《在劳动的熔炉里》，载刘葆观主编《血与火的洗礼——从陕北公学到华北大学回忆录（1937—1949）》（下卷），中国人民大学出版社，2007年，第449页。

何人在边区这些年都没吃过这么好的点心，当然赞不绝口。于是，女学员掏出一包或两包请他们买，他们尽管听着价钱直吸气却也只好掏钱买了。有一位素来以节俭闻名的秘书"试尝"时耸着肩膀、搓着手、眉开眼笑地赞美着，当要他掏出一个月的保健费才能买一斤点心而桌上却摆了三斤的时候，他那目瞪口呆、两眼呆滞的神色让人永生难忘；但有人预料，由于某种原因，他就是卖裤子也得买下这三斤点心。学员们"大获全胜"了，几十斤点心卖光了，剩下几斤给全系学员分着"会餐"了，居然还有相当"利润"。在今天看来，这当然近乎恶作剧了。

还有的学员做纸烟，买了些下脚料烟丝、废旧烟包装纸，用手工卷倒不费力，拿到辛集去卖却一支都没卖掉，原因是不会张嘴吆喝。马琦感叹："这比种地还困难，这也使我们懂得了劳动人民的谋生路是多么不容易。"

总的来说，大生产运动不但减轻了当地百姓的负担，补充了学校的经费，改善了生活，同时培养了师生员工的劳动观念和群众观念。

解放区的新工作

从张家口重回农村，华北联大在教学工作中更加理论密切联系实际了。1947年春季开始，冀中区党委组织华北联大少数师生在驻地农村进行土改复查试点。7月，学校大部分师生参加了驻地农村的土改复查工作，至秋季结束。

是年7月17日，中共中央工作委员会在河北西柏坡召开全国土地会议，9月13日通过了《中国土地法大纲》（简称《土地法大纲》），10月10日由中共中央正式公布施行。通过土地改革，废除了封建土地制度，农民分到了土地，巩固了根据地。为了保护自己的革命果实，广大农村组织起了人民武装，建立了人民政权，并积极参加人民解放军。这样，农民的革命热情被激发出来，促进了社会生产力的发展，为解放战争的胜利奠定了物质基础。

不久，成仿吾到阜平县史家寨晋察冀军区所在地参加边区土地会议，同去的还有何干之、林子明、沙可夫、于力（董鲁安）、浦化人等。会议由彭真、聂荣臻等主持,开了一个月左右,中心议题就是讨论贯彻实施《土地法大纲》按人口平均分配土地的方针,这个方针当时称为"平分土地"。文艺学院美术系教员胡一川在11月12日的日记中写道:"土地会已经胜利结束了,这是一个有历史意义的会议,我能以一个晋察冀边区的代表名义参加,我真是感觉到无限地光荣。"①

经过10月清风店战役和11月石家庄战役,正定和石家庄等广大地区解放。于是,边区政府决定:华北联大师生全部参加新区的土地改革,分赴正定、藁城、获鹿、井陉等地农村。

11月23日,成仿吾一行回到学校,向全体人员传达土地工作会议精神和《土地法大纲》。随后,全校对《土地法大纲》展开了深入的学习和讨论。成仿吾后来回忆说:"1947年10月土地会议和《土地法大纲》公布后,我校大部分师生又都参加了当时大规模的分配土地的工作。从《五四指示》(《关于土地问题的指示》)到《土地法大纲》,由于参加了土地改革的全过程,所以同学们收获很大、思想迅速得到了提高。例如,我们教育学院史地系的同学,三次参加土改,第一次是在察南,第二次是在冀中,第三次是在冀西的井陉县(矿山附近)。这三次土改时的国内形势有很大变化,三次工作中的政策也一次比一次深入和更加完善,而同学们在这三次工作中的收获也不相同:第一次的主要收获是对中国农村的阶级关系和广大农民在封建半封建的土地制度下的悲惨生活开始有所认识;第二次工作后的主要收获是根据自己在工作过程中的表现,认真地检查了自己的思想和立场;而第三次的主要收获,则是实际地学习了发动和组织群众的艺术和土改政策的掌握。同学们经过了这三次工作,可以说对于当前中国革命的最基本的任务有了比较全面的了解,而且他们为人民服务的人生观就更明确地树立起来了。"②

---

① 胡一川:《红色艺术现场:胡一川日记(1937—1949)》,湖南美术出版社,2010年,第459页。

② 成仿吾:《战火中的大学》,人民教育出版社,1982年,第138—139页。

流动的大学：华北联大 1939—1948

政治学院学员刘炼说："何（干之）院长回校后立刻组织全院师生逐条学习《土地法大纲》和中共关于农民土地问题的理论，领会在中国解决农民土地问题的历史意义，全面了解平分土地的方针政策。经过学习，我们的使命感极大地增强了，大家像即将出征的战士一样斗志昂扬，充满信心。由六十人组成的政治学院土改工作团参加正定七区土改，何院长任工作团团长兼正定县委委员。工作团中还有十多名地方干部共同工作，团部所在地留村，解放前是七区区公所所在地。12 月 18 日我们进驻留村。"①

正定七区位于滹沱河南岸，水源充沛，土地肥沃，旱涝保收，一人有两亩地即可维持生活，并且有余粮。但是，由于封建土地制度的原因，土地分配极不合理，"以留村为例，全村七户地主，人均占有土地 17.8 亩，经营地主和富农人均 5 亩，而占全村人口近九成的贫雇农和下中农人均不足 1 亩，贫农只有 0.7 亩"。也就是说，绝大多数农民因为土地不足而生活贫困，土地制度必须改革。

进村伊始，学员们还沿用过去在冀中搞土地复查、宣传生产和扫盲的老办法，一进村就敲锣打鼓扭秧歌召集群众。不料，在这里老办法行不通，大家热闹了半天，只有几个小孩在远处张望，不敢前来，而且不一会儿就被大人拉走了。学员们进村找群众竟十室九空，最后在场院柴垛里找到一个衣衫褴褛的青年农民，一问才知道群众都躲到村外树林里去了。经过调查得知，解放石家庄时敌我双方曾在这里多次拉锯，国民党组织了还乡团、"军民合作站"（一种特务情报组织），还大肆造谣说什么"妇女参加就会被八路军拉走""有一亩地就要划为地主，要挨斗、打溜（游街）"云云。这样，那些不明"真相"的村民们又见华北联大学员男女一起开会、一起扭秧歌，所以他们就不敢露面了。后来，联大学员们经过到各家各户访贫问苦、耐心解释，这才慢慢改变了局面，而躲到外面的贫苦农民和妇女才逐渐回到了村里。正定七区管辖

---

① 刘炼：《风雨伴君行——我与何干之的二十年》，广西教育出版社，1998 年，第 16—17 页。

第六章 重回农村

二十多个村庄,情况复杂,为此工作团集中力量先选几个村作为试点,待取得经验再推广到全区。其中,试点村有留村、谈固村、郝家营以及北豆村等。

根据土改试点村工作中总结出来的经验和教训,何干之召集各村工作组的全体华北联大师生到留村开会。何干之听完各工作组代表汇报各自的情况后,针对工作中出现的问题,着重批评了"左"的倾向,并严肃指出:"阶级划分要严格按照中央有关文件精神划分地主、富农,不可扩大化。清查国民党分子要区别首要分子和一般成员,对地主也要区别恶霸地主和一般地主。"同时,他还特别强调说:"平分土地是为了彻底消灭封建土地剥削制度,而不是在肉体上消灭地主,不准打吊逼供,不准任意封地主门;平分土地要格外慎重,不搞绝对平均,不要伤害中农,要团结他们,允许某些中农拥有一些超过平均数的土地。"实践证明,何干之在土改工作中始终保持清醒的头脑,认真执行党的方针政策,旗帜鲜明地纠正某些"左"的做法,并在实际工作中及时发现并制止了。

文艺学院组织了以江丰为领队的土改工作队,到石家庄北面的获鹿县搞土改。其中,美术系教员彦涵被任命为大河村(包括大河、小河、孟同、前壁四个村庄)土改工作组组长;美术系学员伍必端则被分配到获鹿县降壁村,担当了这个村的土改工作队队长。当时,伍必端腰间还别上了一把手枪,因为地主扬言要杀土改干部,不得不防;同时,县里委派一位当地干部做他的助手,这样就好开展工作了,如首先请一位当地会写正楷字的人工工整整地将《土地法大纲》抄写出来,张贴到村头的墙壁上,然后开始调查地主到底占有多少土地,进而没收他们的土地,再根据具体情况将土地平均分配给贫苦的农民。事实上,问题绝没有这么简单:地主到底有多少土地,是不容易查清楚的;农民中也分富裕农民、中等农民、贫苦农民和赤贫农民,而他们到底有多少地?同时,地又分好坏、远近,还分山坡地、平原地,又有肥沃与贫瘠之分,等等。

土改中还要组织起农会,让农民们懂得几千年来压在他们头上的是封建土地制度,明白揭发地主阶级的剥削、压迫的必要性;鼓励他们吐出苦水,提高觉悟，敢于同地主阶级进行斗争。据伍必端后来回忆说：

> 于是，我们抓紧访贫问苦，分析讨论，研究对策。在我思想的深处，恨不能这个村子里也出现一个"黄世仁"，那么，就会有"大春""喜儿""杨白劳"等人物出现，土改工作就会顺利地进行了。但是，我们负责的这个村庄是一个小村，没有几个地主，更没有恶霸大地主；个别地主还自己劳作耕种；还有的地主是在外面做生意因为村子地处铁路沿线的交汇点，便于跑买卖。
>
> 总之，我们的小村子不是一个典型的土改村子，要搞斗争很不容易。但是，我们也同样搞了斗争会，同样组织起了农会，同样进行了"分浮财，分土地"。隐约记得当时在一家大院子里摆满了从地主家没收的衣物、农具、牲畜，然后分给了贫苦农民，他们把分到手的物品高兴地抱回了家。
>
> 我们还让"贫协"的代表协同有经验的老农一起到村外去丈量土地。工具是一把两米来高的三角尺，一边丈量，一边计算。在丈量好的土地上钉上桩子，标明这块土地的数量、等级。虽然过程复杂，最后还是完成了土地的分配工作。当农民的双手捧到了地契时，脸上流露出发自内心的笑容。①

关于土改工作的长远意义，何干之深刻指出，"作为参加平分土地工作的联大师生，一个非常重要的学习任务是了解社会实际，研究中国解放农民的道路，把所学的理论同农村革命实际结合起来，每个干部、学生需要结合工作实践写出调查报告"。为此，何干之指定各工作组根据本村特点，写了十五份专题调查报告，其中有《正定新区土地改革》《新区剥削种种》《七区反国民党的一点经验》等；团部所在地提交的报告有《正定七区留村土地改革》《留村妇女的思想障碍是怎样打破的》《留村阶级关系调查》等。此外，联大的学

---

① 伍必端：《刻痕：画家伍必端自述》，生活·读书·新知三联书店，2006年，第134—135页。

第六章　重回农村

生写了不少有价值的专题调查上报给县委,如《郝家营骚动事件前前后后》《大马村酝酿驱赶土改干部》《北豆村土改工作中的错误》等。在土改后期,工作团又组织了几份有关农副业生产的调查报告,如《西两岭村纸坊调查》《北豆村粉房调查》等,提出了土改后这些手工业作坊建立合作社发展生产的前景。上述这些调查报告是这次土改工作的重要成果。

　　有了第一阶段工作的经验和教训,学员们两三个人为一组到各村开展工作就顺利多了。政治学院学员刘炼一行去的村叫大小西丈村,是一个两个小村合并的村庄,那里由于有党的工作基础,群众容易接近,积极配合他们完成了丈量土地和平分土地的任务。在这个村工作期间,有几位共产党员给刘炼留下了不可磨灭的印象,其中一位是贫农团主席,在抗战中受伤回乡的残疾军人:他的父母在抗日战争中亡故后,他报名参加了八路军,因战争中致残一直没有成家,但他为村里的工作殚精竭虑。刘炼说:"一次会后,我要到他家吃派饭,他面带歉意地说他家里实在没有什么给我吃的,但在我的坚持下他只好带我去了。进门一看,家徒四壁,除了炕上半领破席,什么家具也没有。他在锅里放了些萝卜根、白薯秧和一把玉米面,加把柴热了热,给我盛了一碗。他解释说没有劳力,生活困难,劝我到别家吃派饭。他还说这样的饭每天只能吃到一顿,农会工作太忙,没有时间做饭。我几乎是含

▲华北联大美术系教员洪波创作的《参军图》

361

着泪吃完了碗里的'饭',并如数把米票和菜金交给他。经过访贫问苦我们才知道他是村里最苦的一家,可是他把精力全部放在村里的土改工作上,天天跛着脚架着拐杖,带我们挨家挨户访问贫苦农民,从不讲自己的困难,农会给贫困户发放救济粮,他没有要过一斤。他心里装着全村父老,唯独忘了自己。"① 刘炼深受感动,她后来感慨地说:"我必须承认的是,这场轰轰烈烈的土地改革运动,对我世界观的转变产生了极其重要的作用。"② 回忆这一时期的工作,文艺学院学员冯真也说:"土改对我们有很大教育。我们住在贫下中农家,老乡家很穷,真是'糠菜半年粮'。……开始的时候,老乡也是看你是不是同他们一条心。我们用自己半懂不懂的'剥削''剩余价值'等理论跟老乡讲'究竟谁养活谁''地主老财剥削农民'等道理,说了半天,人家都不爱听,也听不懂。最后还是老乡们自己解释得更清楚,我特别佩服。"③

1948年4月中旬,华北联大各工作组平分土地的工作进入尾声,开始了收尾交接,剩下的工作交由当地干部继续完成。在过去的几个月里,各村都组织起贫农团、农会、妇女会和民兵组织,建立起基层政权,平分了土地,解放了生产力,广大农民火热地投入了春耕生产。临走前,联大各工作组的最后一项任务是扩军工作,动员翻身青年农民报名参军,保卫胜利果实。在他们离村的前两天,举行了欢送子弟兵上前线活动,这些自愿报名参军的青年农民,在锣鼓喧天的欢送人群簇拥下乘坐大车离开了村庄。

4月25日前后,华北联大各学院土改工作团陆续返回学校。当时,学校已由束鹿迁往正定,留守人员已为他们准备好了一切。

---

① 刘炼:《风雨伴君行——我与何干之的二十年》,广西教育出版社,1998年,第20—21页。
② 同上书,第26页。
③《李琦和夫人冯真自述》,载中国人民大学校史研究丛书编委会编《求是园名家自述》(第一辑),中国人民大学出版社,2010年,第524页。

尾声　新　生

（1948.2—1948.8）

解放石家庄

石家庄，旧称石门，位于石德（石门－德州）、平汉（今北京－汉口）、正太（正定－太原）三条铁路交会处，扼平原与山地之障，是华北战略要地。但是，经过晋察冀部队多次在保北地区作战，石门与保定、太原之间的联系被割断，敌人驻守的石门已成为深陷解放区的一个陆上"孤岛"。当时，新华社记者逸群写的一篇报道，题目就叫《石门——摇摇欲坠的孤岛》。文中记述了被俘的第三军一个上尉副官的苦诉："从四月以后，我们苦守石门，东走不出五里，西走不出五里。要作（做）个比喻，我们好似死了的人没有埋，简直就像活死人。"[1]特别是清风店战役歼灭了敌军第三军的主力,石门守敌只有正规军一个三十二师，连同地方保安团和石门周围十九个县的保警队等也不过有两万五千人，且军心不稳。因此，乘胜夺取石门，对晋察冀野战军来说已是势在必行了。

石门虽无城墙，但设有三道防线：第一道防线为日军挖的深二点三米、宽两米，周长三十余公里的外市封锁沟。沟外铺设地雷群、铁丝网、鹿砦等防御设施，并在外围村庄构筑坚固的工事；沟内设围墙、电网，每隔数十米筑一地堡，以交通壕与地堡、暗堡、散兵坑相连接。这一道防线及其前沿阵地由石家庄外围十九个县的地方武装防守。第二道防线以环市区的大建筑物

---

[1] 据《晋察冀日报》1947年11月12日第2版。

和北兵营为依托成周长十八公里的内市沟，深、宽各五米，市沟间大量修筑碉堡和交通壕、暗沟，使点与点、碉与堡、村与村相贯通。第三道防线以市区正太饭店、铁路工厂、电灯厂和火车站等构成核心阵地，这道防线由第三军直属坦克两个连、山炮连、野炮营和第三十二师防守。当时，国民党军曾扬言："共军一无飞机，二无坦克，国军凭着工事可以坐打三年。"

夺取像石门这样坚固设防的城市，在解放战争中还是第一次。朱德总司令对此格外重视，他不仅出席了晋察冀野战军前委扩大会议，还亲自听取了攻打石门的战斗方案，并对方案中存在的一些问题提出了具体修改意见。

1947年11月1日，晋察冀军区司令员兼政委聂荣臻发布了"配合石门战役给各军区的指示"。在完成了一系列准备之后，11月6日晨，晋察冀野战军和各地方部队在广大民兵和群众的支援下，对石门发起攻击，并很快占领了大郭村机场。与此同时，第四纵队第十旅第三十团第三营，于6日下午五时对敌固守的另一外围重要据点云盘山发起进攻。云盘山是距外市沟六百米的一个制高点。敌人以山上的一座庙宇为核心修筑了永久性或半永久性的防御工事，自诩"铁打的云盘山"。在第三十团的猛烈炮火掩护下，突击队以坑道爆破与地面爆破相结合的战法，将敌内壕和外壕炸毁，并乘机冲上山头，仅十分钟就占领了云盘山。

内市沟为敌人重点防守的第二道防线。各攻击部队于9日晚展开土工作业，拂晓前完成突破敌第二道防线的准备。10日下午四时，总攻开始。在强大的炮火掩护下，第三纵队第八旅第二十三团的爆破队利用坑道爆破首先从西面突入内市沟。下午六时，第二十三团掩护第八旅主力部队占领了东里村、西南兵营，敌第九十六团大部被歼。在第三纵队从西面突入市区的同时，第四纵队第十旅第二十九团在东南面突破内市沟，并顽强地击退敌第九十四团的七次反扑，坚守突破口，掩护旅主力部队顺利攻入内市沟，推进到中正路（今中山东路）。

国民党军在中正路、中山路及市中心铁路两侧的高大建筑物上都筑有工事，并以火车站、大石桥和正太饭店为核心。为加速向纵深发展，野战军指挥部将第三梯队投入战斗。10日晚十一时，第四纵队第十一旅进入市区实施多路突击：一路向中正路两侧高大建筑物进攻；一路经民生路向火车站进攻；一路经体门直插敌核心工事。第三纵队第七、第八旅沿中山路两侧攻击前进，守敌凭高大建筑物进行抵抗。冀晋军区部队于11日上午攻克北焦村，接着又向北兵营守敌猛攻，并很快占领了。至11日十二时，攻城部队全部进入市街战斗。

11月12日晨，晋察冀野战军把残敌紧紧包围在大石桥地区的火车站、正太饭店等核心阵地。国民党军第三十二师师长刘英指挥残部，据守核心工事负隅顽抗。野战军司令员杨得志命令第四纵队第十一旅攻击火车站和正太饭店，第九、第十旅从北兵营向大石桥进攻；第四纵队越过预定的战斗分界线，全力配合第三纵队歼灭据守核心工事的敌人。经过激烈战斗，第四纵队第十一旅攻占了火车站和正太饭店。这时，战斗的重心已集中在敌指挥中心大石桥地区。12日早上八时，对该地区总攻开始，第三纵队、第四纵队和冀晋军区部队从四面向守敌指挥中心发起猛烈进攻。激战至十一时，残敌被迫停止抵抗，守敌师长刘英被俘。至此，历时六昼夜的石门攻坚战胜利结束。①

华北联大师生对解放石家庄（按，石门解放后旋即改名石家庄）的战争进程时刻关注着，这在文学系学员徐光耀的日记中可窥一斑：

11月10日

下午，创作组开会，讨论作总结及准备去石门（按，石家庄）的问题。

决定：只要消息可靠，马上或说尽快动身。

黄昏，轰隆轰隆，西方炮声隐约不断，真是密集的排炮啊！

---

① 参见张宇主编《华北解放战争实录·河北卷》，中共党史出版社，2009年，第95—98页。

11月11日

下午,讨论了鲁煤的诗和崔嵬的大鼓词。讨论时,有两阵从远方传来的轰然巨响的震动,不知是炮弹还是飞机投炸弹,震得窗子哗啦啦响。

中午,街上贴出捷报,我军已突破石门第二道防线,已占领市区四分之一,并控制环城铁路,又歼敌两营。莫非,我们真的要进大城市吗?

11月12日 狂欢的日子

早晨会操的时候,朱子奇报告了三条好消息:(1)昨晚消息,石门敌人在昨晚派出代表来主张投降,但是要在今日早晨才投降哩。我方没有允许,叫他马上投降,正在交涉中,有可能今天全部拿下石门。……(引者略)

上午,照常开小组会,讨论剧本。可是人们心里都异常不安,总是时而谈起石门的事。中午忽然听见一阵阵紧急集合的钟声,徐孔出去看了一下,就一直大喊着跑来说:"石门全部解放,快去吧!"人们"啊!"了一声,一拥都跑出来。直叫着徐孔,可是已经跑远了,我就一阵风跑到了院部门口。哈!人们已经在那里乱哄哄,有的嚷,有的笑,有的打鼓,有的跳球,几个人摇着旗子迎风摆着。贺敬之说:"石门解放了!"大家有的握手,有的拥抱,不知怎样表示自己的愉快!

人越来越多,朱子奇报告道,上午打电话,说今天12点以前一定要拿下石门,到10点半打电话一问说"快啦!",又等着,到整12点,恰巧电话铃响了,说石门敌人全部解决无一漏网,初步统计俘虏1.2万人(掌声、锣声、鼓声、镲声、笑声、吼声,吵得连远处树上的鸟都一齐飞跑了),缴获汽车280辆,战马四五百匹,及很多仓库或房子里的枪支弹药(人们连续地呼叫着)。报告完后,立时自己形成队打起锣鼓,游行起来。由东口直到西口,又唱又喊口号又向老乡宣传。出了西口跑到郝家庄,我首先跑进去报告给美术系研究组,直跑得满头大汗,一脸红光。又跑去找蔡其矫、陈企霞、萧殿。出来到街上,迎着游行队伍,讲了一阵儿,就又上了大李庄。从西口扭着秧歌,喊着直到南会场,在场里大扭了半天,尽兴方散。这是我正式入联大以来,第一次这样大扭秧歌舞,这样兴奋。真真是达到了狂欢的程度。①

美术系教员胡一川也在 11 月 12 日的日记中写道:"清风店胜利后,石家庄今天十二时又解放了,听说光俘虏就有两万多,汽车两百多辆,这不但对于晋察冀边区是空前的胜利,就对于全国全民反攻的作用也是巨大的。"② 的确,石家庄的解放,不仅是晋察冀军民而且也是全体人民解放军自战略进攻以来攻克敌人的第一个较大城市,使国民党军的华北集团与华中集团的联系被切断。这样,华北(晋察冀鲁豫热蒙)解放区完全连成一片,形势大为好转。

这次奔赴石家庄前线的华北联大宣传队,在莫朴的带领下行动非常快。在他们刚到石家庄郊区的第二天(11 月 12 日),这座城市就解放了。联大宣传队随军进城,所用的宣传方式学的是苏联"塔斯窗"——在最热闹的市中心建立一个壁报栏,像报纸那样每天用画面来报道石家庄的新闻。壁报栏很大,有五六米长、一米高。作为宣传队队员的伍必端说:

每天吃过早饭,我们就外出采访,收集资料,待到下午或晚上将它们画出来,当天夜晚或第二天一早,我们便提着糨糊桶把画儿贴上壁报。

画的内容是揭发国民党特务机构设在石家庄的据点"阎王殿"。这个"阎王殿",百姓谈之色变,十分畏惧。许多抗日积极分子、进步人士、青年学生被抓,在那里遭受到各种酷刑,他们多半被残害致死。我还见到敌人来不及销毁的一些刑具。

我们采访幸存者,深入到刚刚恢复生产的工厂,了解情况后,再用

---

① 徐光耀:《徐光耀日记》第一卷,河北教育出版社,2015 年,第 407—409 页。
② 胡一川:《红色艺术现场:胡一川日记(1937—1949)》,湖南美术出版社,2010 年,第 459—460 页。

画面表现出来,贴到壁报栏上供人们观看。人们从来没有见到过这种新鲜的宣传形式,因此壁报栏前观看者络绎不绝。

我们的宣传工作还得到了当地一些美术爱好者的支持,他们经常携同我们一起工作,帮着添色、贴壁报。在我们离开这座城市的时候,我们向当地的文教部门推荐了这些美术爱好者。[①]

石家庄解放的翌日(11月13日)下午,华北联大第一批慰问团就出发了。不久,联大文工团和平剧研究院也进入石家庄,深入市区、工厂开展宣传活动。

11月14日晚上,文艺学院文学系召开前方工作队会议。"会上,艾青、周巍峙、陈企霞都讲了话。主要是讲'我们敢不敢胜利'的问题,我们应该接近贫苦的市民及工人等,只有他们才是应该真正解放的。陈企霞同志则勉励我们文学组,不要胆怯,要鼓足勇气。要坚持原来所走的创作方向,不要为城市所影响,应把我们新的创作方法和作风带进城市去。"[②]

华北联大校方趁着下乡土改的师生还未回校,派了一部分留校的学员到石家庄一个纱厂去工作,向那里的工人阶级学习。到工厂里去工作和到农村、到部队去的学员一样,是为了理论和实践的结合,为了通过实际工作提高觉悟、改造思想;也正是为了遵从毛泽东"知识分子与工农兵结合"的指示,以甘心当小学生的态度走进工厂之门。[③]

为了避免国民党军的飞机轰炸而遭受更大的损失,当时的工厂决定暂时分散。华北联大学员刚放下背包,当天夜里便投入了这个紧急的工作。他们都是从没离开过学校且是学文学的学生,对工厂既不了解,也不懂得任何技术,只能做一些零碎的小事情。在工人拆运机器的工作中,他们便充当了"电灯"——

[①] 伍必端:《刻痕:画家伍必端自述》,生活·读书·新知三联书店,2006年,第133页。
[②] 徐光耀:《徐光耀日记》第一卷,河北教育出版社,2015年,第410页。
[③] 《和工人在一起》,载《人民的大学——华北联大介绍》,东北书店,1948年,第76页。

尾声　新　生

▲ 1947年11月，华北联大文工团全体合影于石家庄

用棉纱蘸上油，点起火把给工人照亮。他们一身粗布棉袄，和蔼的态度使工人异常惊奇。他们完全放下了过去知识分子高傲的架子，很快像老朋友一样跟工人们打成一片。要知道，工人们开始见了厂长、干部和学员还像见过去国民党的科长主任一样点头哈腰、一口一个"是"的胆怯劲，叫学员们"××先生"，后来就叫他们"××同志"了，不久便毫无拘束、亲热地叫起"老×"了，或不加称呼的直接叫名字了。

工人们常常豪爽而直率地告诉学员们许多事情，在讲述时常常眼里冒着仇恨的怒火，诉说着他们曾经身受的压榨，以及他们把工厂比作"监牢狱"，把资本家比作"吸血魔王"。

在国民党统治时期，工厂每十天休息一天，每天劳动十二个小时，昼夜倒班，十天才能见到一次阳光。许多工人从十一二岁便上工，长时间立在机器旁边吸着花毛，有的人甚至得了肺病。即使这样，他们的生活是一天赚了一天用干，经常有揭不开锅的危险。有个女工对华北联大学员说："一听见笛声响，脑袋就涨（胀），进了纱厂门溜着墙根走，见了拧眉瞪眼的科长，心里吓得直哆嗦，就怕人家找出错来开除了，一家大小的饭碗可就砸了。"

工人们常常提到，"在前年过年放了四天假，科长们分菜钱，劈花红，花天酒地真是'泡在酒里,烂在肉里'。而工人呢？在牛马般的劳碌中煎熬了一年，结果是四天的米煤全被厂方扣下了。这事儿惹起了工人们激愤的反抗，工人们说：'他们知道鸡鸭鱼肉的吃，叫我们喝西北风呵！他们是人咱们就不是人啦！'工人要求改善生活，但是出头要求的人被厂方开除了。但工人是决不屈服的，他们用怠工、破坏、偷料的办法来抵抗。有一个时期工人们曾暗下约好，每人一天踩坏三个纱管。那时候，每天见到一车车的坏纱管推出去。每天上下班在门口有人搜腰，却挡不住工人偷纱，有时背着科长、主任竟在厂里公开交易起来了。偷懒、耍滑成为工人怠工的普遍的办法，那时的厕所是工人的休息所、俱乐部"。

诸如此类的一些事情，对华北联大的青年学生来说，是比"社会科学概论"更生动、更具体且令人感动的课程。

华北联大的学员们在纱厂帮助建立了工会组织，由工人自己选举出一位最忠诚、最公道的老工人当工会主任。这位老工人便是"前年为要求发过年四天米煤的事而被厂方开除了的职工"，每个工人都知道他是代表全体工人利益的。这样，工人们就以崭新的姿态，组织起自己的队伍来，迎接着伟大的任务——加紧生产、支援革命战争。这就给予了联大学员很大的教育。

当时，一位曾经在这里工作的工程师，为工人们惊人的劳动效率而兴奋地对华北联大的学员说："你们假如有地下工作者在这里的话，一定看得很清楚，现在工人劳动的态度和以前根本不同了。"确实是不同了，计划两个月的工作，四十天便完成了；被国民党军炸坏的机器，工人们能将破片凑成一部车床，很快转动起来。开工不久，为了支援革命战争，工人愿意十天休息一次，没听到任何人有一句怨言。当联大学员问工人时，他们都这样说："蒋介石把咱的饭碗炸毁了，共产党领着咱锔好饭碗！""咱们这会儿也不是为那些官老

尾声　新　生

爷们干了，是为自己干了！""战士在前方打胜仗，咱们生产也要打胜仗呵！"工人们这种明确的态度和认识，给了联大学员深刻的教育。

华北联大学员们给工人上课，给他们讲一些解放区的职工运动、土地改革等政策；给他们读报纸，讲一些胜利消息。学员们还教工人唱歌，帮他们组织高跷队、秧歌队。在"二七"纪念日，或其他节日里，工人们都要化装后到街头表演一天，表示他们欢欣鼓舞的情绪。学员们教过的歌曲，成为工人生活中重要的内容，上工、下工甚至在机器旁边都传播着"解放"的歌声。

迁往正定县城

1948年1月中旬，晋察冀中央局决定将华北联大迁往石家庄以北的正定县城，并恢复校院名称。

正定县地处冀中平原，古称常山、真定，历史上曾与北京、保定并称"北方三雄镇"。正定距石家庄只有二十华里，是石家庄的北大门、军事重镇。1947年春，晋察冀野战军为了孤立石家庄、太原之敌并切断其联系，决定破袭正太铁路，发动正太战役。4月11日下午六时三十分，人民解放军向驻守正定县城的国民党军队发起进攻。历时十四个小时，于12日早上六时结束战斗，正定解放。

远远望去，正定城中有一个五六层楼高的大佛寺。寺院占地面积八万多平方米，大小殿宇十余座，殿堂金碧辉煌，香烟缭绕。有一天，华北联大学员徐光耀"一个人去大佛寺看了看，那佛是一层比一层大。数第三个大了，脑袋有一人半高"，他"上到层楼上，两腿筛糠，看得眼晕"，总以为自己的身体很重，"会把庙殿压塌似的"。对此，徐光耀感叹："这一生不算白过"，"终于在高楼上"。[①]

大佛寺旁边的天主教堂是正定城内最高的建筑，哥特式的尖屋顶直指天

[①] 徐光耀：《徐光耀日记》第二卷，河北教育出版社，2015年，第64页。

流动的大学：华北联大 1939—1948

▲ 1948年，华北联大音乐系二班师生合影

空，巍峨壮观；阳光照射入彩色玻璃，把室内映得五光十色，格外悦目。天主教堂规模很大，据说是华北地区最大的教堂，高大、庄严而华丽。"里面另有小教堂和许多十分讲究的供主教和牧师们居住的宿舍，有十多亩菜地和葡萄园，还有一个很大的葡萄酒窖。"[1]此外，北洋时期中华民国总理王士珍的房子也在这座城内，那是一个几进几出的大宅院，同时城内还有一所中学。所有这些，都为华北联大提供了比较充裕的校舍。

2月25日，华北联大校部及各学院未去土改的人员开始从束鹿向正定迁移。校部驻正定城内民主街，各学院分散在城内天主教堂、胜利街、正定中学、西门内以及西关等地。

---

[1] 舒强：《从华北联合大学文艺学院到中央戏剧学院》，载《跋涉》，中国文联出版公司，1993年，第87页。

尾声 新 生

华北联大在正定的学习条件及生活情况究竟如何呢？笔者未能看到华北联大学员的文字记录，但是从后来华北大学学员的回忆可窥一斑。1948年8月，华北大学创办，下设四部两院，其中一部为政治训练班，二部为教育学院，三部为文艺学院，四部为研究部，两院为工学院和农学院。据华北大学一部五十四班的学员孙显芳说："走进正定城，一片古老破败景象，令人有点兵燹刚过的感觉，心中不免有些悚然和不安。我们班住在正定县七中校舍。操场倒也宽敞，两厢各有一排平顶土房，北头坐北朝南有一庞大建筑物，青瓦高脊、似庙非庙、似亭非亭，建在丹墀之上，四腿拉叉、八面临风。每个小组住一间土屋，屋内有一铺土炕，地下放一张油漆斑驳的八仙桌和四条长板凳，人多不够坐，就坐在炕沿上。这就是我们学习和住宿的地方。写字用的墨水是用紫靛粉冲成的，纸张是土黄草纸，墨水若冲得太稀，一写上去就染得一片模糊，且透过纸的背面。"[①] 一部二十一班的孙沄则说："我记得入校当天，给我们每人发了一套灰土布的棉军装，外带棉帽和棉鞋。衣服非常大，没什么可挑拣的。棉裤裤腰直到腋下，棉衣长到膝盖，穿上十分臃肿可笑。可是年轻的我们有办法，用一根皮带系在腰间，既系了裤子又当了腰带，看上去还满精神的。学校又给我们每人发了一摞黄纸，让大家订成本子记笔记，还发了一个马扎，说是上大课时坐的。"[②] 一部十一班的李斌还记得，上大课的时候，"大家整齐地坐在马扎上，在一片树林中上课。由于当时国民党的飞机不断在石家庄一带轰炸，每次上课之前，校方都宣布防空注意事项，如队伍如何疏散等。当时没有电，上千人上大课，扩音器是手摇发电的。大家都是专心地听讲，像婴儿汲取母亲的奶汁似的。同学记笔记的本本，是用发的一张张黄色的粗纸做的。还有一瓶紫色的墨水和一支蘸水钢笔。同学就是用这些简陋

[①] 孙显芳：《难忘的往事》，载刘葆观主编《血与火的洗礼——从陕北公学到华北大学回忆录（1937—1949）》（下卷），中国人民大学出版社，2007年，第588页。

[②] 孙沄：《回忆华大生活有感》，载王晋、汪洋主编《华实录：华北大学回忆文集》，中国人民大学出版社，2003年，第284页。

的文具,记录着革命的真理,受到了启蒙教育"。①

开饭的时候到了,有的班级学员被带到寺庙大殿里,几个人一组,每组发一个小铁桶,里面盛的是酱油煮胡萝卜汤,上面漂着一些香菜。每人拿着发给的土瓷碗到大笸箩里去盛小米饭,然后围着盛着酱油煮胡萝卜汤的铁桶吃饭。当时,一部二十一班的孙沄也盛了一碗小米饭,却看着铁桶发愁,因为她过去在家里是既不吃胡萝卜又不吃香菜的。但是,她一想到现在是参加革命了,怎么能连这点毛病都克服不了呢!于是,她硬着头皮舀了酱油汤泡着饭大口地吃了。就这样,第一关过了,她感到无比轻松。其实,除了胡萝卜汤,还有豆芽汤或韭菜汤、豆腐汤,有时菜里加一点儿肉。这让一部五十四班的孙显芳很满意,比她在家时"三月不知肉味香"的苦日子强多了。她觉得小米饭很好吃,那香喷喷的味儿长时间都留在嗅觉里。当然,主食不仅仅有小米饭,也有高粱米饭、窝窝头。如果有学员生病了,就煮一碗面条,或给一个馒头。

4月下旬,华北联大参加土改的各路队伍陆续向正定新学校集中休整。从艰苦的乡村农舍搬进县城的教堂,联大的办学环境真如一步跨进了天堂,生活条件大为改善,各种活动也丰富起来。休整几天后,刘炼、普虹等九个女学员组成排球队,代表政治系参加了政治学院里举办的排球比赛;她们配合默契,发挥出色,一路过关斩将取得政治学院的冠军,在全校师生中引起了轰动。

轻松了几天后,土改工作团就开始举办土改成果展览会的紧张准备工作。首先是整理、抄写大量的调查报告。政治学院院长何干之挑选了三名写字工整的学员负责抄写工作,有政治系的刘炼和苏星,经济系的马廉。刘炼说:"每天晚饭后我们到院部抄写,几乎每天都工作到深夜十一二点钟。天气很热,我们在煤油灯下干得汗流浃背,院长不时从里院出来,或给我们送水和西瓜,

---

① 李斌:《短暂岁月 毕生难忘》,载王晋、汪洋主编《华实录:华北大学回忆文集》,中国人民大学出版社,2003年,第183页。

▲ 1948年，华北联大政治学院院长何干之率政治学院师生下乡归来

或了解我们抄写的进度和表格样式。我制作的表格非常整齐，像铅印的，材料封面都用艺术字美化，受到院长的好评。"[1] 调查报告很快就赶抄出来了，经过何干之院长逐册审阅后，拟出了纲要式的说明，编了十七八册，送交校部展览。在华北联大举办的联大师生参加土地改革运动展览会上，政治学院的调查报告是最多、最完整的。

华北联大校长成仿吾总结这次土改工作，说："几个月来同学们在火热的阶级斗争中，得到了很大的锻炼和提高，都具备了相当的阶级觉悟。他们回来后，集中了一段时间，进行了认真的总结。学校党委也认真进行了整党建党工作，把同学中已经具备共产党员条件的人吸收到党内来。同时，中国新民主主义青年团（共青团前身）也在我校进行建团的试点工作，因此也在同

---

[1] 刘炼：《风雨伴君行——我与何干之的二十年》，广西教育出版社，1998年，第25页。

学中吸收了一批青年团员,建立了解放区(也是全国)第一个基层团委会。"①

5月8日,华北联大开始了为期三周的"四查"运动。所谓"四查",即查出身、查阶级、查思想、查立场。这是一场结合土地改革而进行的"整党运动",在全边区党政军民学中全面展开。所以,这一时期,在联大的校园里(天主教堂院内)到处可以看到三五成群的学员互相谈心、交换意见,展开批评和自我批评。

是年春,教育学院副院长丁浩川派了几个留校生,在正定县帮助开展教育工作。他们主要做了两件事,即动员正定小学学生入校和帮助开办正定师范。

当时,正定解放时间不长,大多数群众思想有顾虑,担心"变天",加上生活十分困难,因而不愿让孩子上学。教育学院的留校生们立即深入群众中去做说服工作,几乎是挨门挨户去动员,吃闭门羹、遭冷遇是不可避免的。随着形势变化,群众怕"变天"的思想逐步消除,而首先要解决的问题是群众生活困难怎么办。县教育部门和丁浩川几经商讨,决定帮助群众解决孩子们上学买书、买文具的问题,办法就是组织学生熬硝——半工半读。由县政府贷一部分款购买生产工具,至于熬硝的原料就是盐碱土。熬硝是当时正定城里较普遍的生产门路,街头巷尾、公厕周围都可挖出盐碱土;熬硝工具简单,技术也不复杂;熬出的硝由公家收购,这样每家每户都可以搞。半工半读的办法一经公布,多数家长就同意让孩子上学了,很快地生产也搞起来了,学生半天劳动半天上课,这样就使冷冷清清的校园火热起来了。

正定师范开学之后,面临的问题和正定小学一样,主要也是群众生活困难,家庭负担不起孩子上学的费用。为了减轻学生家长的负担,保证学生安心学习,正定师范也采取了正定小学的办法,组织学生熬硝。但是,熬硝收入很少,解决不了大问题,有三四个学生因生活无着面临退学。学校为使这几个学生不致失学想尽了一切办法,先是让他们做学校的工友工作,如打钟、打扫卫生等,但这些劳动的报酬有限,最后决定让他们担负起全校的教务工作,给

---

① 成仿吾:《战火中的大学》,人民教育出版社,1982年,第146页。

尾声　新　生

他们以吃大灶的待遇。就这样，几个基础好、学习努力的苦孩子被正定师范留了下来。①

4月底，作家丁玲结束在获鹿县宋村的土改工作，返回正定县的华北联大。

原来，在半年前的1947年11月，丁玲应文艺学院院长沙可夫之邀，到华北联大所在地束鹿县贾家庄暂住。12月6日，丁玲决定同师生们一起去参加土改，以充实自己的长篇小说创作。一周之后，丁玲在致丈夫陈明（作家）的信中说："昨天（12日）我们到了正定，住在大教堂里面，我和岳慎住在主教的卧室里，外边书房是文学系几个教员，而且生了火炉。晚上我们到澡堂洗了澡，是学校包的，很舒服。文艺学院土改的地方是石门外围获鹿的五、六区。……"②16日，丁玲随文艺学院土改工作队到获鹿县宋村主持土改工作，任工作组组长。丁玲在宋村一共住了四个半月，"《太阳照在桑干河上》中有的人物、细节，都是在这里补充进去的，同时，这段经历也为她创作《在严寒的日子里》，积累了资料"③。据陈明回忆说：

宋村的形势比较复杂，有假贫农团，甚至要把丁玲他们轰走。在区委的配合下，把这个假贫农团的枪缴了。区委书记姓冯，后来去了北大荒，在友谊农场的一个分场当场长，我们在北大荒时又见面了。宋村的地主不是土地主，文化程度都比较高，抄家时还从他们家里抄出鲁迅的书。丁玲在这个土改点工作做得很深入，走张家，进李家，与老百姓同吃同住。

---

① 阎捷欣、王冶等：《在斗争中学习　在实践中成长——回忆华北联大教育学院的学习生活》，载刘葆观主编《血与火的洗礼——从陕北公学到华北大学回忆录（1937—1949）》（下卷），中国人民大学出版社，2007年，第443页。

② 转引自李向东、王增如：《丁玲年谱长编1904—1962》上卷，载《丁玲全集》第11卷，天津人民出版社，2006年，第210页。

③ 陈明：《我与丁玲五十年——陈明回忆录》，中国大百科全书出版社，2015年，第104页。

对那些被认为落后的群众，总是她去做工作。她对大家说，在不了解人家的时候，不要轻言人家落后，即便有某方面落后，也是社会给造成的，不能歧视人家，要做耐心细致的思想工作。分浮财时，她比那些当地的干部还要熟悉当地的情况，谁家有几口人，有多少地，谁家有多少房子，质量怎么样，她都一清二楚，能做到公平合理，所以她在宋村的人缘非常好。

石家庄到宋村大约有二十里地，我一两周去看她一次，有时骑马去，有时骑自行车去，也顺便给她带点吃的。去宋村的路很难走，坑坑洼洼，有很深的车辙印，很多地方自行车没法骑，只能是推着走。我去看她时，她让我去饭馆吃两毛钱一碗的烩面，她自己仍旧跟老百姓、跟工作组的同志一起吃，从没有跟我一起在饭馆吃过。在进行土改的地方，还有扩军的工作，鼓励翻身农民报名参军，保卫胜利果实。春节时，我应丁玲的要求，去宋村帮助排戏，演延安时的秧歌剧《牛永贵负伤》《兄妹开荒》《夫妻识字》等，（蒋）祖慧、张来福、于中义和我自己，还有沙可夫的夫人也都参加演出。我们驾着大马车，在五个村子轮流演。[①]

5月，丁玲在华北联大写完《太阳照在桑干河上》最后四章，并修改定稿。6月，丁玲在为该书作序《写在前边》，完整回顾了构思创作这部作品的经过："1946年7月，我参加了怀来土改工作团，后来转到涿鹿县，9月底就仓促地回到阜平。这一段工作没有机会很好总结。但住在阜平，我没有别的工作，同时又有些人物萦回脑际，于是就计划动笔写这本小说。我当时的希望很小，只想把这一阶段土改工作的过程写出来，同时还像一个村子，有那么一群活动的人，而人物不太概念化就行了。原计划分三个阶段写，第一段是斗争，第二段是分地，第三段是参军。写作过程中得到了一些沦陷后桑干河

[①] 陈明：《我与丁玲五十年——陈明回忆录》，中国大百科全书出版社，2015年，第104—105页。

尾声　新　生

一带护地队斗争的材料，是很生动的材料。……我幻想再回到那里去，接着写小说的第二部，因此在写的当中，常常便想留些伏笔。文章写了一半，已经到了1947年土地复查的时候，我自己动摇了，想再下去多经历些群众斗争，来弥补我生活和写作中的不足。于是我搁下了笔，跟着去冀中行唐兜了一个圈子，最后回到阜平。我明白这段生活对我全是有用的，但写这本小书能用的实际材料却不多，我便照原定的计划继续写下去。我写了三个半月，送走了整个夏天。我用较大的力量写完了第一阶段，闹斗争这一部分。刚想写分土地的第二部分，《中国土地法大纲》颁布了，我参加了党中央召开的土地会议，对继续写下去又有点动摇。我再三考虑，决定先下去参加平分土地的工作，我便到获鹿的一个村子工作了四个多月，今年四月底回到了联大，原来的写作计划因为参加了这次工作又有些变更，我觉得原定的第二部分和第三部分没有什么写的必要，因为前年的那次分地和参军，工作做得很不彻底，粗枝大叶，马虎潦草，固然由于当时的战争环境变化，但那些作风实不足为法。考虑再三，决定压缩，一些比较新的材料也不必堆砌上来，可以另订计划。因此小说后边便没有把问题发展开去。加上国际妇女会召开在即，行期匆促，因为相距遥远，旅途艰难，我不得不把这一工作匆匆告一结束。如果将来有空，当再加以修整。"文末的写作时间、地点落款"1948年6月15日于正定联大"。[①]

丁玲的这部书稿曾请华北联大文学系的学员帮忙誊抄。据白航（刘新民）晚年讲述："我们系当时承包了一块地，地附近有条河，名字叫桑干河，河水经常泛滥。丁玲那部著名的小说《太阳照在桑干河上》，写的就是那条河。我们系里有七八名学生，还帮她誊写《太阳照在桑干河上》一遍，其中就有我。"回忆往事，白航很感慨，"那个年代条件非常艰苦，华北联大还没有固定的教室和办公室，教员、学生都是住在当地老乡家里。誊稿子都是分散在老乡家

[①] 李向东、王增如：《丁玲年谱长编 1904—1962》上卷，天津人民出版社，2006年，第214—215页。按，丁玲在6月14日其实就已离开正定华北联大，前往西柏坡了。

379

里。后来河北省正定县的一个大教堂，成了我们的校址，才算稳定下来"。[①]

迎接北方大学

1948年2月20日，毛泽东致电刘少奇，提议由中央工委于3月初召开会议，讨论刘少奇关于晋察冀与晋冀鲁豫两区合并的提议，以及支援整个南线北线的财政、经济、军工干部，成立华北机构，成立大党校、大军校、大党报等问题。[②]

3月2日至27日，中央工委在平山县西柏坡召开会议，讨论晋察冀和晋冀鲁豫两根据地合并问题和成立华北局机构，以及成立大党校、大军校和大党报问题，晋察冀、晋冀鲁豫和华东局负责人聂荣臻、薄一波、彭真、陈毅和黄敬等参加会议。[③] 其间，毛泽东于3月6日为中共中央起草致中央工委电："合并晋察冀、晋察鲁豫两个中央局，成立北方局，有利无害。时机亦已成熟，拖下去无必要。我们意见即以中工委为中心合并两个中央局成为北方局，刘少奇兼任第一书记，薄一波任第二书记，聂荣臻为第三书记……"[④]

结合后来的城南庄会议内容来看，这次中央工委会议也初步讨论了有关华北联大的改组事宜。不久，相关的信息便传播出去了。且看徐光耀日记的记载：

4月16日

近二日，使人心不安处存二原因：一闻联大将与北大合并，统一领导。

[①] 张杰、张耀尹：《白航烽火崎岖路　从军旅诗人到〈星星〉掌舵人》，载《华西都市报》2018年8月20日第9版。

[②] 李翠艳、赵福山整理《中共中央在西柏坡大事记》，载范捷、孙泓洁编著《中共中央在西柏坡》，河北美术出版社，2012年，第190—191页。

[③] 靳迎春、靳英仓：《中共中央华北局、华北军区诞生地揭秘》，《文史精华》2007年第12期。

[④] 《中共中央、中央工委在西柏坡记事》，载张志平主编《新中国从这里走来》，河北教育出版社，1996年，第88页。

尾声 新生

二是上级又大批调干部南下。

4月22日

江丰给莫朴来信证实，联大确与北大合并。江丰说"实一大快事"。我想，这合并是否会给我带来什么不高兴呢，抑或有什么高兴呢？①

上文中的"北大"，即北方大学。华北联大与北方大学合并事宜，开始只在中央层面讨论，并且很快就公布决定了。再看徐光耀日记：

4月30日

上灯后，全院到小礼堂去开团圆会……会上，沙（指沙可夫）院长宣布了联大与北大合并的决定。②

但是，这一决定写进正式文件却是在5月初。

4月30日至5月7日，中共中央在阜平县城南庄召开了中央前委和中央工委会合以后的第一次书记处扩大会议（史称"城南庄会议"）。毛泽东主持会议，刘少奇、周恩来、朱德、任弼时、李先念、张际春、陈毅、粟裕、彭真、聂荣臻、黄敬、罗瑞卿、薄一波等出席。会议提出迅速召开政治协商会议，成立民主联合政府的提议。会议还决定将晋察冀与晋冀鲁豫两解放区合并为华北解放区，两中央局合并为华北中央局，两军区合并为华北军区，两边区政府合并为华北联合行政委员会。

城南庄会议之后，5月9日中共中央军委颁布《关于改变华北、中原解放区的组织、管辖境地及人选的决定》。《决定》说，"为了更加有利于革命战争向南发展和华北解放区集中力量进行生产节约支前起见"，特决定改变华北和

---

① 徐光耀：《徐光耀日记》第二卷，河北教育出版社，2015年，第59、60页。
② 同上书，第59页。

381

中原解放区的组织及其管辖境地并决定人选。通知如下：

（一）晋冀鲁豫及晋察冀两解放区合并为华北解放区。原隶属晋冀鲁豫解放区之豫皖苏解放区改隶于中原解放区。原属太岳区沿同蒲路自赵城、洪洞（均含）以南直至蒲州以及路西各县，均划归晋绥解放区管辖；原属晋绥之太原附近各县，则划归华北解放区管辖。华北与晋绥两解放区关于上述各县的划分及移交的日期，应自行商定，报告中央核准。

（二）晋冀鲁豫及晋察冀两中央局合并为华北中央局，以刘少奇兼华北中央局第一书记，薄一波为第二书记，聂荣臻为第三书记，以刘、薄、聂及董必武、彭真、叶剑英、徐向前、滕代远、罗瑞卿、刘澜涛、赵振声、王从吾、萧克、黄敬、杨立三、赵尔陆、杨秀林十七同志为委员，刘、薄、聂及董必武、彭真、滕代远、刘澜涛、黄敬八同志为常委。

（三）晋冀鲁豫及晋察冀两军区合并为华北军区，以聂荣臻为司令员，薄一波为政委，徐向前为第一副司令员，滕代远为第二副司令员，萧克为第三副司令员，赵尔陆为参谋长，罗瑞卿为政治部主任，蔡树藩为副主任；以徐向前兼华北野战军第一兵团司令员及政委，调王建安为副司令员兼副政委；以杨得志为华北野战军第二兵团司令员，罗瑞卿兼第一政委，杨成武为第二政委。

（四）晋冀鲁豫及晋察冀两边区政府在华北人民代表会议未召开前，暂成立华北联合行政委员会，以董必武为主席，黄敬、杨秀林为副主席，宋劭文为秘书长。

（五）华北局成立后，中央委托华北局办理大党校，大军校、大党报及华北大学（统一北方、联合两大学），并以刘澜涛为党校校长；叶剑英兼军校校长及政委，萧克兼副校长，朱良才为副政委兼政治部主任；（张）磐石为华北日报社长；范文澜为华北大学校长。

（六）……

（七）……

尾声 新 生

（八）……①

在这八条十分重要的决定中，第五条即是"中央委托华北局办理……及华北大学（统一北方、联合两大学）"。正是这一决定在中央军委的正式文件中，首次明确提出了要成立华北大学，统一北方大学和华北联合大学，同时它是作为完善党政机构的一个配套方案而被提出来的。

5月26日，华北局再次在城南庄召开常委会议。根据中央指示，最后决定："一、华北局机构组成、负责人选；决定华北党校、华北军政大学、华北大学、《人民日报》②负责同志人选；重新划分省区。二、华北军区机构组成、具体各部门负责同志人选。三、华北联合行政委员会组成机构、具体各部门负责同志人选、两个边区政府合并的步骤。"

在这次会议上，华北大学校长人选范文澜（北方大学校长）被否定了。5月28日，周恩来在与华北局初步商谈后，给老一辈革命家、教育家吴玉章写了一封亲笔信，征求他的意见。周恩来在信中写道："玉章同志，为了加强华北大学领导并方便号召，中央与华北局商定拟请你担任华北大学校长，范文澜、成仿吾两同志任副校长，不知你愿意接受这一职务否？"作为"党内五老"之一的吴玉章读了周恩来的信后，立即复信表示欣然接受中央这一安排："办学校，是为了振兴中华，提高民族文化素质，为国家培养人才，这是一个极其光荣而伟大的任务，是国家百年大计、千年大计的大事，它有着重大而深远的历史意义，我一生都乐于办学校，愿为国家培养人才做贡献。"③周恩来得到吴玉章肯定答复之后，马上通知成仿吾立即到西柏坡商议下一步的工作。

---

① 中央档案馆、河北省社会科学院编《晋察冀解放区历史文献选编（1945—1949）》，中央档案出版社，1988年，第417—418页。

② 据《晋察冀日报》1948年5月26日报道："中共华北中央局决定……晋察鲁豫边区《人民日报》与晋察冀边区《晋察冀日报》合并，出版《人民日报》，现正积极筹建中。"

③ 程文：《吴玉章教育思想与实践》，重庆大学出版社，1992年，第121页。

5月底的一天，正在石家庄公干的成仿吾接到周恩来通知，要其立即去中央汇报工作。去到西柏坡后，成仿吾先在招待所住下，然后就去见周恩来。周恩来的办公室很小，除了摆着他办公用的桌子外，还有另一个办公桌，虽然不是很大，却摆满了一二十面新中国的国旗图案。当成仿吾踏进周恩来的办公室时，这些五颜六色的国旗图案，首先映入了他的眼帘，这使他马上意识到——党中央已在准备迎接全国解放和建立新中国的工作了。①

成仿吾向周恩来汇报了华北联大的情况后，周恩来露出了满意的笑容："不错，仿吾同志，华北联大办得好，但还要再有所发展！现在为了迎接全国解放，需要培养大批干部，中央已经决定，将华北联合大学和晋冀鲁豫边区的北方大学合并，成立华北大学，由吴玉章同志出任校长，你和范文澜同志担任副校长。"同时，周恩来委托成仿吾及时将中央决定转达给北方大学，尽速成立华北大学，并一再叮嘱："要好好照顾吴老的身体。"②

从西柏坡回到正定后，成仿吾于6月2日晚上召开全校教职工会议，正式传达中央关于成立华北大学的指示，并号召大家积极做好准备工作，迎接北方大学全体师生的到来。徐光耀在当天的日记中写道：

> 吃过晚饭，校长给教职员们报告。第一，他说蒋介石与李宗仁矛盾很厉害，李宗仁自不量力想当什么伪副总统，给自己找麻烦。第二，6月份，各战场将热闹起来，东北已开始打长春。第三，今年底，华北成立人民联合政府，实行大普选。……
>
> 校长后一部分说到学校形势。（1）吴老玉章为本校校长，成仿吾、范文澜作为副校长。北方大学的艺术学院和文教院合并过来。（2）今后大学成立政治班，取消系。（3）文艺学院取消系，开训练班。整个大学是训练性质，四个月到六个月训练出人才来，去工作。方针是：供给需要，

---

① 成仿吾：《战火中的大学》，人民教育出版社，1982年，第148页。
② 同上。

尾声 新 生

准备将来。(4)成立研究室,加强研究室,培养教授。准备接收平津等地大学,要成立国际法,蒋区大学研究等研究组。文工团最好有两个,常常下去。文艺学院开训练班,专门训练剧社,别人(教员)先去研究。(5)钱俊瑞和高唐也派来联大工作,联大由中央直接领导,这是个全国性的大学。①

华北联大、北方大学两校合并的消息,终于尘埃落定。

该说说北方大学了。北方大学是1946年春在晋冀鲁豫解放区的邢台成立,是该解放区"第一所院系比较齐全、规模比较大且比较正规的综合性大学"②。抗战胜利后,国内形势发生了重大变化,各解放区的范围进一步扩大,解放区的各项建设事业亟待恢复和发展。1945年11月,晋冀鲁豫边区政府主席杨秀峰、副主席戎子和提议,"在本地区开办大学,培养解放区急需的建设人才"。中共晋冀鲁豫中央局和晋冀鲁豫边区政府根据中共中央的部署,决定创办新华大学。12月,经过几次专门讨论,晋冀鲁豫边区政府政务会议决定,将新华大学改名为北方大学,成立以杨秀峰为主任的北方大学筹备委员会。筹备委员会成员包括晋冀鲁豫边区政府教育厅厅长晁哲甫,冀南、太岳、冀鲁豫各行署主任,边区政府委员会的王振华、罗青以及地方文化教育界知名人士共十余人。边区政府委员会还决定,北方大学的办学宗旨是"培养全心全意为人民服务、从事建国工作的各项专门人才",办学方针是"以培养解放区发展经济生产所需人才的院、系为建设重点",拟设立工、农、理、文艺、教育、财经等学院,面向新解放区具有中等以上文化水平的青年招生。这一办学宗旨和办学方针显然不同于早年中国共产党在抗日战争时期举办的各种干部学校。晋冀鲁豫边区政府根据全国时局的发展趋势,从本地区的实际情况出发制定的办学方针得到了中共中央的首肯。北方大学正式开办过程中,院系逐

---

① 徐光耀:《徐光耀日记》第二卷,河北教育出版社,2015年,第85—86页。
② 齐素玲:《尹达传》,河南文艺出版社,2021年,第156页。

步增至七个，即行政学院、财经学院、文教学院、工学院、医学院、农学院、艺术学院。学校师资阵容强大，当时会集了一批专家学者、知名人士，如中国最早用马克思主义研究中国历史的著名学者范文澜任校长，还有历史学家尚钺、刘大年、荣孟源等，著名哲学家艾思奇，鲁迅的好友、文博学者王冶秋，经济学家黄松岭，农学家乐天宇，陶行知的副手、教育家张宗麟，《黄河大合唱》词作者光未然，作家陈荒煤、乔羽，画家罗工柳等人。

1946年10月，由于国民党军大举进犯中原解放区并有北上窜扰之势，北方大学奉命向太行山区转移，邢台设留守处。11月中旬，全校转移到山西潞城（今属长治）。1948年5月初，由于战争形势明显好转，学校奉命迁回河北邢台复课（仅农学院留在山西）。

邢台距离正定尚有一段距离，两地来往车辆极少，发电报、打电话也没有条件。为了让北方大学尽快得到中央的指示，成仿吾提笔写了一封信，派校部秘书陆逊骑自行车送到邢台交给校长范文澜。

就在华北联大、北方大学两校紧张地做合并准备之际，6月20日，党中央对华北大学的招生任务做出了部署，要求中原局、华北局、华东局、东北局和晋绥分局重视并协助华北大学做好招生工作。中央的这一指示，使得成仿吾心中的一块石头落了地。后来，成仿吾回忆说："华北联合大学的师生们从各个方面作（做）好准备工作，迎接北方大学师生的到来，当时先是准备好住房。华北联合大学的同学们不仅积极地争着腾房子，而且把腾出的房子打扫得干干净净，有的房子甚至打扫了三遍，北方大学同学到来的时候，看到这种情况，都很高兴。"[①]

6月底至7月初，北方大学师生陆续来到正定与华北联大师生会合。时任北方大学工学院负责人刘大年回忆："（1948年）五六月间，几次准备动身去正定与华北联合大学汇（会）合，又几次停留下来。6月底，两个研究室（按，指北方大学历史研究室和经济研究室）由我带队第一批出发。第二天中午到路旁一个车马店休息打尖，碰上一位从北面骑自行车快速过来的工作人员模

---

① 成仿吾：《战火中的大学》，人民教育出版社，1982年，第149页。

尾声　新　生

样的青年。他反复打量我们，神情是想要发现什么，我也打量他，随即问他从何处来，到何处去，有何贵干？他说从正定来，到邢台去，是华北大学工作人员，奉成仿吾校长之命给范文澜校长送一封亲启信。我问他是否知道信的内容，回答不知道。这直接关系我们的行动，会不会跟前几次一样，暂缓北去？于是我自我介绍以后看了那封信。内容很简略，说正定各项准备工作完成了，北方大学同志可以马上启程，他们等着欢迎。我在信上写了一行字，说明信是我拆开的，按照原订日程前往。我们虽然只是北方大学的头一批人员，实际上是教职员里面应该到达的大部分人员。抵达正定的当天，成仿吾同志设席招待，热情讲话，祝贺两校合并。这是 7 月 1 日，街道上贴着大字标语，机关团体在庆祝共产党的生日。"[①] 刘大年所率教学人员及家属约二十人，包括王冶秋、尚钺、李何林、叶丁易等人。[②]

▲1948 年 8 月，华北联大文艺学院欢迎北方大学艺术学院师生抵达正定

[①] 刘大年：《北方大学记》，载刘葆观主编《血与火的洗礼——从陕北公学到华北大学回忆录（1937—1949）》（下卷），中国人民大学出版社，2007 年，第 458—459 页。
[②] 黄仁国编著《刘大年年谱》，人民出版社，2017 年，第 33 页。

流动的大学：华北联大 1939—1948

▲ 1948 年 8 月 24 日，华北大学举行成立典礼

7月15日，吴玉章从石家庄乘胶轮马车到正定就任华北大学校长。当天，吴玉章校长主持召开大会，欢迎艾思奇等到校任职，欢迎北方大学师生员工到达正定；同日到达的还有华北大学教务长钱俊瑞。

7月17日，北方大学艺术学院师生在光未然率领下来到正定，华北联大师生打着腰鼓列队欢迎。

7月25日，北方大学校部及文教学院到达正定，至此该校全部迁移完毕。同日，华北局通知：由吴玉章、范文澜、成仿吾、钱俊瑞、孟夫唐、沙可夫六人组成中共华北大学委员会，钱俊瑞任党委书记。次日，吴玉章校长召开两校领导干部联席会议，商定华北大学的机构设置和人事配备事宜，并于当日晚举行全体人员联欢晚会。吴玉章校长在会上讲话，鼓励大家团结一致办好华北大学，在新形势下以新的姿态为解放全中国努力工作和学习。

8月4日，华北联大与北方大学合并成立华北大学。华北大学甫一成立，就肩负着培训大量干部的重任。当月初，中央组织部副部长安子文在各部门负责人会上汇报："老解放区因为大量抽调干部，青黄不接，太岳地区十六个县，缺干部八百二十多人；冀南地区三十多个县，每县平均只有县委委员两人。华北局成立后，由原来的华北联大和北方大学合并成立的华北大学，训练地方干部的计划是：为每个地委培训一名骨干，县和区各培训两人，全区应培训四千人，但现在到校的地方干部只有二千人，新解放区就更困难了。"[1]

8月7日至20日，华北人民代表大会在石家庄召开，经过选举，组成了以董必武为主席的华北人民政府（原晋冀鲁豫边区政府和晋察冀边区行政委员会同时撤销），统一了华北解放区的政权，并为全国中央政权的成立奠定了基础。这种迅速发展的形势，要求华北大学培养大量的各个方面的干部，以迎接全国的解放。

8月24日，华北大学举行隆重的成立典礼，华北联大随之结束历史使命。

2021年11月至2022年4月，初稿；
2022年7—10月，二稿；
2023年10—11月，定稿

---

[1] 王晋、汪洋主编《华实录：华北大学回忆文集》，中国人民大学出版社，2003年，第7页。

附录　华北大学

（1948—1949）

南　下　邢　台

1948年8月24日，吴玉章校长在华北大学开学典礼上阐述了该校的办学方针和目的。他说：

华北大学是一个革命的大学，是中国新民主主义革命过程中所产生的大学，它要培养新民主主义的革命与建设的干部，为完成中国新民主主义革命而奋斗。

首先，华北大学要学些什么呢？最主要的是要学马恩列斯的理论和中国革命的经验。这里所说的中国革命经验，具体的（地）说来，就是以毛泽东同志为首的中国共产党根据马恩列斯理论所写的某些著作及我党中央规定的路线和政策的文件，我们把这些叫做（作）毛泽东思想。……我们最大的荣幸，就在于我们有毛泽东同志这样的伟大领导者，所以我们首先要向他学习，研究他的著作，掌握他的思想。

我们的大学就是要培养革命建设的人才，更要吸收国民党统治区的大学生和中学生，来学习毛泽东思想，培养他们成为新中国各方面的革命和建设干部。我们的第一部就是要培养政治训练的速成班，凡是进我们的大学的青年，都要经过第一部的学习，毕业以后最大部份（分）分配到各种岗位上去工作，留下少数转入其他各部。第二部是教育学院，全面培养和提高中等学校的师资及其他教育干部。第三部是文艺学院，专门培养和提高人民文艺的干部,特别是部队和地方的文工团剧团干部。第四部是研究部,专门研究各种学术,并且培养将来正规大学的师资。另外我们还有农学院和工学院,培养农业和工业建设的人材(才)。我们学校的任务和学校内容就是这样。

其次,要认清现在的时代:我们现实所处的是什么时代呢?现在我们所处的是全世界资本主义与帝国主义走向灭亡,全世界社会主义与新民主主义走向胜利的历史时代。而我们中国则正处在战争与革命的洪流中,成了全世界帝国主义阵营和全世界反帝国主义阵营的一个极其重要的战场。……我们敢于胜利,我们一定要胜利。

再次,要担负我们的任务。我们现在的任务是什么呢?既然我们是处在战争与革命的时期,第一个任务就是支援前线,使战争很快得到完全胜利。第二个任务是把旧的思想、理论、观点、政治制度改革为新的思想、理论、观点、政治制度。这两个任务是互相依存的,同等重要,也要同时进行。……

最后,我们提出忠诚、团结、朴实、虚心,作为我们的校训。[①]

华北大学以培养为新民主主义社会服务的政治、经济、文化、教育等方面的工作干部为目的,以马列主义理论和毛泽东思想为总的教学方针,以课题讲授、自学辅导、集体互助、理论与实际联系为教学方法,以忠诚、团结、朴实、虚心为校训,生活实行集体化、纪律化。

华北大学成立时,全校共分四个部、两个院。其中,一部、二部、三部为教学组织,四部为科研组织。此外,还设有工学院和农学院。除专业课外,各部、院的共同必修课为"社会发展史""辩证唯物论"与"历史唯物论""新民主主义论""中国革命史"等。

一部为政治学院性质,办短期政治班(一般是三到六个月),大量招收青

[①] 吴玉章:《在华北大学成立大会上的讲话》,载中国人民大学校史研究室编《吴玉章论教育》,中国人民大学出版社,2021年,第44—49页。

年学生。学校新生一般先入一部学习，毕业后或分配工作，或转入其他部（院）继续学习。一部设政治研究室。部主任钱俊瑞（兼），副主任林子明、陈唯实，教员有何戊双、宋涛、胡华、李又华、王波鸣、王大刚、郭晓棠、陈辛人等。

二部为教育学院性质，以培养中学师资和文教干部为主。下设国文、史地、教育、社会科学、外语五个系和教育研究室。部主任孟夫唐，副主任于力（董鲁安）、何干之，由李何林、尚钺、丁浩川、何干之、杨化飞、施谷等为系主任，教员有蔡仪、孙敬之、仇为之、林浩庄、谢韬、韩丁（美籍）等。学习时间，外语系定为二年，其他各系均为半年。

三部为文艺学院性质，以培养文艺干部为主。下设工学团、文艺研究室和文工团，附设美术工厂、乐器工厂。工学团为教学组织，一般三部学员先入工学团，边学习边实践，半年后入系学习。文艺研究室下设文学、音乐、戏剧、美术、编译等组，准备在半年后建立文学、音乐、戏剧、美术四个系。部主任沙可夫，副主任艾青、光未然，教员有何洛、贺敬之、李焕之、李元庆、胡沙、崔嵬、赵起扬、邵惟、刘恒之、舒强、贾克、牧虹、江丰、胡一川、王朝闻、王式廓、罗工柳、彦涵等。文工团，全称为华北大学文艺工作团（团长舒强），归三部领导，也是三部师生的艺术实践园地。

四部为研究院性质，以研究一定的专门问题及培养、提高大学师资为目的。四部主任范文澜（兼），副主任艾思奇。该部分研究员及研究生两种：凡教授、讲师、教员皆参加一种研究工作的为研究员；研究生则帮助研究员进行研究工作。下设中国历史、哲学、中国语文、国际法、外语、政治、教育、文艺等八个研究室，分属于一、二、三部的政治研究室、教育研究室、文艺研究室，也同四部保持横向联系，"反映出学校的未来办学层次，即逐步上升到研究生教育的层次，体现出稳定正规化办学的进一步向前发展，'新型正规化'高等教育体系基本建立"[1]。

---

[1] 张金辉：《晋察冀解放区高等教育研究 1937—1949》，中国言实出版社，2018 年，第 224 页。

工学院以培养工业建设专门人才为宗旨。院以下又分两部：大学部，设电机、化工二系；高职部，设有化工、机械及电机等班。院址在河北井陉，院长为原晋察冀军工部长刘再生，副院长曾毅。该院由华北人民政府公营企业部领导，同华北大学保持横向联系。

农学院原为北方大学农学院，以培养农、林、畜牧专门人才为宗旨，采用教育、研究、生产相结合的教育方针。下设经济植物系、畜牧兽医系、糖业系，并附设有糖厂。院址在山西长治，院长乐天宇，院主任徐纬英。该院由华北人民政府农业部领导，与华北大学保持横向联系。

除以上四部两院外，学校还设有图书馆，由教务处长尹达兼主任，程德清、张照为副主任。除总馆外，各部、院并设有分馆及资料室，全部图书共六万余册。此外，教务处另备有教材及教学参考书，共六十余种，四万余册，分别成批发至各部、班供学员日常学习之用。

总之，正定时期的华北大学规模是较大的，集中的名学者、名演员也是较多的。华北大学的学员们说"人才济济"，诚哉此言。

就在华北大学刚刚成立不久，国民党侦察到中共中央在石家庄一带，但起初并不知道就在西柏坡。于是，9月中旬，国民党空军几乎天天派飞机前来，三架一组地轮番到石家庄一带进行低空侦察。据华北大学一部六班的李夫回忆："在我所在的学习小组里，有一同学是刚起义过来的国民党空军驾驶员。在他的指导下，我们挖了九十度拐角的防空壕。敌机轮流从万米高空俯冲下来，在头顶上掠飞而过，可以清楚地看到飞机上驾驶员的脑袋。我们躲在防空洞里，三四人守着一个拐角，两眼死盯着它飞来的方向，来回躲闪，防它投弹或俯冲扫射。这时我们这些书生才真正懂得'革命不是请客吃饭，不是绘画绣花，不是做文章，不能那样温良恭俭让，革命是暴力，是一个阶级推翻另一个阶级的暴力行动'。那是残酷的斗争。"[①]

---

① 李夫：《一九四八年钩沉》，载王晋、汪洋主编《华实录：华北大学回忆文集》，中国人民大学出版社，2003年，第239页。

附录　华北大学

▲1948年秋，华北大学文工团在正定街头演出

　　为了防备敌机的空袭，华北大学各部学员于9月17日开始疏散到正定四郊上课。例如，一部就于9月20日转移到三邱村。令大家都没想到的是，这个非常普通的平原村庄，竟是抗战时期在敌人炮楼鼻子底下建立的一个地道战堡垒村。学校因地施教，请村干部魏文佐给大家作报告，讲当年如何利用地道打击日本鬼子。一部六班的李夫说："那些可歌可泣的悲壮故事，太感动人了。我听着听着，不由热泪盈眶。随后让当年参战民兵带领我们全体师生钻进地道参观。唉（哎）呀，好大的地下工程啊！我们在那令人窒息的黑洞里，一会儿，佝偻着身子来到地下水井口；一会儿，弯着腰进入射击口旁的掩体；一会儿，四肢爬着钻过只有肩宽的过道门。一问，才知是准备日本鬼子放毒气时，用土堵地道的封闭口。到了村口地段，民兵说：'再往前走，就出村了。'原来这个地道，不但在本村构成地上地下连体的战斗掩护体系，而且还与数里之外的周围村庄地道相连，当时我看了，不光佩服劳动人民的伟大智慧和创造力，还认识到决定战争胜负的不是武器，而是人心向背。决定一个政党

一个政权存亡兴衰的根本因素,也是人心向背。这是真理。……在那里我们看到的不仅仅是一个三邱村,而实实在在地看到了我们党和党所领导的人民战争的雄厚群众基础与不可战胜的力量源泉。"[①]

9月底,华北大学学员又回到正定。

10月14日,中国人民解放军东北野战军(1949年3月11日改名中国人民解放军第四野战军,简称"第四野战军"或"四野")向锦州发起总攻击。经过三十多个小时激战,攻克锦州,全歼守敌十万余人。蒋介石为扭转战场上的被动局面,急忙飞到北平和傅作义密商对策。商量的结果就是,由傅作义组建一个突击兵团,快速偷袭西柏坡,妄想一举摧毁我党指挥机关,挽回败局。他们知道,华北解放军主力都在察绥地区作战,守卫石家庄的是地方部队和一些二线部队。傅作义命令第九十四军军长郑挺锋为总指挥,调动第九十四军、骑兵第四师、整编骑兵第十二旅、暂编第三十二师组成偷袭部队,还计划出动空军掩护,实际兵力六万人。傅作义对这次行动非常自信,摩拳擦掌地准备毕其功于一役。殊不知,解放军早已掌握了傅作义此次的军事部署。

10月25日,毛泽东主席亲自为新华社撰写了一条消息——《蒋傅匪军妄图突击石家庄》,并称第九十四军已在涿县、定兴间一带开始出动。

10月26日,中共中央军委紧急通知:国民党部队将偷袭石家庄,华北大学应尽速向南转移。当天下午,华北大学全校师生员工即轻装向邢台方向迁徙。据一部九班的张少立回忆:

> 1948年10月下旬,蒋介石命令傅作义的部队偷袭石家庄。一天中午12点左右,我们接到转移命令,一个多小时以后我们就从正定出发了。从正定到石家庄,不过三十多华里。傍晚,队伍走到石家庄附近的宋村。

[①] 李夫:《一九四八年钩沉》,载王晋、汪洋主编《华实录:华北大学回忆文集》,中国人民大学出版社,2003年,第239页。

从宋村出发时,我们是以一字长蛇阵的行列蜿蜒行进,一个紧跟一个往前走,开始还有悄悄的交谈声,慢慢地只有脚步声了。夜更深了,人们都颇有倦意,有的脚在走,而眼睛却闭上了。前边不时传来"小心""跟上"的口令,接着是几步小跑,队伍苏醒了。一会儿,又只有"沙、沙、沙"的脚步声。好在我们走的都是平地,轻易不会摔倒。走了一整夜,次日黎明时,大家忽然发现队伍又转回到了宋村,这大概是向导出现差错造成的吧。

队伍原地休息待命。我们同学三五成群背着背包、背靠背坐着进入梦乡。一觉醒来,已近黄昏。大家擦擦眼睛,都觉得挺好笑,原来我们在村边、路旁竟然睡了整整一个白天,在露天睡这么久、这么酣,是我们有生以来第一次。

为了避免蒋军飞机侦察和轰炸,天黑后我们从宋村动身继续夜行军。这时,人民解放军已经出动,严密监视敌人,以保证华北大学师生的安全。午夜,经过一个村子,灯火通明,原来是打前站的同志们已为我们准备好了热气腾腾的小米粥,队伍通过时,每人伸手拿出瓷缸,接着一勺粥,边走边喝,既充饥,又解渴,心里感到热呼透了,这是解放区人民和打前站的同志给我们送来了温暖。为了尽快脱离危险区,我们继续进行紧张的夜行军。

可是,我们终究是一群没有受过严格军事训练的年轻人,经过一天两夜的行军,许多同学脚打泡了,加上很久没有剪脚趾甲,鞋面又太硬,十个脚趾甲开始淤血肿痛。起初还咬紧牙关用脚跟近,时间长了坚持不住就用脚的侧面走,一扭一拐的,如果是白天的话,人们一定会以为我们是在练习扭秧歌呢!后来,学校临时找来几辆马车,让体弱有病的和实在走不动的同志坐上,绝大多数同志仍然坚持走,其中有一位年纪很小的女同志叫闻名,据说她是闻一多先生的女儿,论身体数她瘦弱,可是她却以非凡的毅力始终如一地坚持步行。这时,敌机已顾不上对我们队伍进行侦察了,我们日夜兼程,马不停蹄地行军。晌午,打前站的一个河南籍小伙子在队伍行进中,塞给我一个比银元大一点的高粱粑子,嘱咐我说"实在饿得不行了就啃上一口"。这个好心肠的小伙子临走时,在我肩膀上拍了两下,鼓励我继续前进。

又经过两三天日夜行军,我们到达了高邑县,队伍暂时停下来了。老大爷、老大娘们看到我们走路时一扭一拐的样子,都心疼得不行,他们争先恐后地为我们烧洗脚水,用针沾点油套根线,替我们挑开脚上的泡,挤掉水,涂上锅灰,让我们躺下睡觉,一觉醒来后,原来脚上的泡一点疼痛感都没有了。

长途行军的胜利,使我们受到很大的鼓舞,感到无比的兴奋和自豪。于是,高邑县的上空飘荡着华北大学师生欢乐的歌声,"解放区的天是明朗的天,解放区的人民好喜欢。民主政府爱人民呐,共产党的恩情说不完……"高昂、欢腾的旋律,道出了解放区军民翻身解放的喜悦心情、对光明和自由的追求和热爱、对共产党和人民政府的一片深情。这使我深深体会到:人民群众才是真正的铜墙铁壁,有了这个铜墙铁壁,人民解放战争必胜,蒋军必败。[①]

却说10月31日,从平绥南下的华北军区第二兵团第三纵队已经抵达战场。傅作义见此情况,担心自己的部队被解放军消灭,只得下令郑挺锋半路鸣金收兵,于11月2日撤回保定。

华北大学在高邑县期间,尽管听说傅作义南犯部队撤回去了,但为安全起见,还是按既定目标继续前进。11月4日,华北大学队伍到达邢台市西十余里的先贤村住下,进行总结休整。这个村吃水困难,全村几百口人只靠几眼深达几十米的水井取水。华北大学那么多人住进去,只够吃饭喝水,大家虽然都想洗洗衣服,但是没有条件。

---

① 张少立:《从正定到邢台》,载刘葆观主编《血与火的洗礼——从陕北公学到华北大学回忆录(1937—1949)》(下卷),中国人民大学出版社,2007年,第567—568页。

11月7日，华北大学校部通知大家到邢台市内开会。到达天主堂会场（原北方大学校址）之后，学员们才知道是庆祝纪念苏联"十月革命节"，并庆祝辽沈战役大捷和东北全境解放，同时宣布东北野战军入关参加解放平津的战役。华北大学党委书记兼教务长钱俊瑞在大会上作了报告，会后决定全校返回正定。这些振奋人心的消息，使得学员们欣喜得彻夜未眠。

▲华北大学校长吴玉章与学员们在一起

由于大好形势的鼓舞，华北大学队伍士气高昂，从邢台回正定只走了七天。

11月15日，华北大学教职人员全部回到正定复课。孙定国将军来学校作报告，详细讲述了"毛泽东主席巧施'空城计'，不是城楼抚琴，开门扫街，而是通过广播三篇新闻①，喝退蒋傅大军"。

12月30日，华北大学开大会祝贺革命老人吴玉章校长七十寿辰，由临时演出队演出话剧《吴老的故事》等节目。会上，成仿吾、周扬、艾思奇等同志讲了话，颂扬了革命老人吴玉章数十年如一日坚持革命、不懈地为人民做好事的高风亮节；诗人艾青朗诵了他为吴玉章校长祝寿的诗作；著名作曲家李焕之则用他自制的、伴随他走遍祖国万水千山的竹笛，吹奏了作品《放牛的王二小》，使与会全体人员受到了一次生动的、深刻的教育。

---

① 毛泽东撰写的三篇新闻，即《蒋傅匪军妄图突击石家庄》（10月25日）、《华北各首长号召保石沿线人民准备迎击匪军进扰》（10月27日）、《评蒋傅匪军梦想偷袭石家庄》（10月31日）。

自当年秋冬以来，华北城工部①为保存有生力量并储备干部，动员平津等地大批大、中学生来解放区，全国其他地区也有不少青年通过各种关系辗转到来，华北大学学员人数骤增。

北上进京

1948年11月23日，东北野战军主力由锦州、营口、沈阳等地出发，隐蔽向北平、天津、唐山、塘沽地区开进。25日，华北军区第三兵团司令员杨成武、政治委员李井泉率第一、第二、第六纵队由集宁地区东进。29日，平津战役打响。

平津战役开始后，华北大学根据当时形势要求调整了三部的机构：压缩文艺研究室，撤销工学团，充实文艺演出队伍；文工团改称文工一团，并以工学团为主成立文工二团。

12月中旬，遵照上级指示，华北大学党委书记兼教务长钱俊瑞带领六十余名干部去北平前线；一部副主任林子明带领一支干部队伍去天津前线，准备分头参加平津二市解放后的军管工作。一部九至十四班学员毕业，大部分配去平津前线，准备参加两市的军管工作。三部大部分师生（包括文工一团、二团），陆续奔赴北平前线，为军民进行慰问演出，准备进入北平。

12月17日，吴玉章校长参加中央有关会议后返校召集校务会议，传达并讨论学校进城后的方针任务。华北军区司令员聂荣臻与吴玉章校长商定，从华北大学抽调部分学员与华北军政干部学校组成平津卫戍区纠察总队，其中华北大学学子大多是在平津等蒋管区参加"反内战，反饥饿，反迫害"斗争的地下党员和进步学生。一部十一班的李林说："当我们在老解放区正定听了紧急动员，脱掉深灰色的学生服，换上草绿色的粗布军装时，群情沸腾，心绪激奋，同学们欢呼、拥抱、跳跃。有的扭起了秧歌，有的把军帽抛向空中，

---

① 华北城工部，全称中共中央华北局城工部，负责平津一带城市地下工作的机关。

表达了我们这一代青年期盼新中国的喜悦心情。在开往北平行军的路上，我们与步校汇（会）合，组建成北平纠察总队，我被分配到一大队七中队。"①经过几天的行军，部队到达了北平西南郊的良乡（今房山区）县城。当时，平津卫戍区指挥部、华北局和新北平市委驻在县城内，七中队担任了城防的警卫任务。在进驻良乡期间，部队进行了警卫任务和城市政策教育，同时上级领导宣布："进城卫戍任务有三条：一是保卫治安，安定社会秩序；二是肃清反革命残余，保护北平父老乡亲的安宁；三是维护好纪律，保证人民军队对老百姓秋毫无犯。"

1949年1月15日，天津的国民党守军被中国人民解放军歼灭，北平的国民党守军陷于绝境。翌日，国民党华北剿匪总司令部副总司令邓宝珊代表总司令傅作义与解放军代表林彪、罗荣桓、聂荣臻会面商谈，双方于21日达成《关于和平解决北平问题的协议》。

1月29日是春节正月初一，上级传达了一个振奋人心的好消息："北平国民党守将傅作义顺乎民意，率部接受了中国人民解放军的和平改编，要经过良乡城外，我部要加强戒备。"30日晚上，纠察一、二大队各中队进入了良乡城北解放军修筑的工事中。

1月31日，天刚蒙蒙亮，远处还有些薄雾，公路上黑压压地走来傅作义的起义部队，开往老解放区接受改编。天大亮后，只见城下公路上，无精打采的队伍拖拖拉拉，人声嘈杂，有的愁眉苦脸，有的耷拉着脑袋，那真是兵败如山倒的一番景象。

在解放军和傅作义军队换防的午夜，华北大学文工团由钱俊瑞、沙可夫率领，乘卡车经卢沟桥从广安门进入北平。文工团成员舒强说："住下以后，我们准备了一个庆祝北平和平解放的秧歌队大游行，在解放军入城式的前几天，我们以两辆大卡车为先导：一辆卡车前挂了一幅巨大的毛主席画像，另

---

① 李林：《警卫新北平纪事》，载王晋、汪洋主编《华实录：华北大学回忆文集》，中国人民大学出版社，2003年，第347页。

流动的大学：华北联大 1939—1948

一辆车子前面是朱总司令的画像，画像四周用红绿彩绸做成花结装饰起来，卡车四周用红底白字的大标语围起来。卡车后面高悬着'华北大学文艺工作团'的团旗，卡车上边是一面由四人敲击的大鼓和打击乐乐队，跟在卡车后面的是十二人分两排各高举一丈多长、七八尺宽的大红绸旗子的队伍，红旗后面是两行并进的腰鼓队，腰鼓队的领头是吴坚和叶央，再后面是由王昆和郭兰英领头的大秧歌队。""队伍从北池子出发，经北海大桥—西四—西单—长安街—天安门，再由南池子返回。震天动地的锣鼓、腰鼓声和热情奔放的秧歌队伍，使沉闷的北平焕然一新，真是热火朝天。道路两旁的群众，人山人海，鼓掌欢呼欢迎我们。使得解放后的北平那欢乐的气氛顿时形成了一个高潮。"①

2月1日清晨，纠察部队奉命乘坐刚刚修复的平汉铁路北段的第一列火车，开往和平解放的北平城。队伍从前门火车站下车出站，只见马路两边熙熙攘攘的人群，以及渴求解放与和平的北平市民，他们热情地欢迎纠察队伍进城。纠察一大队高唱《三大纪律，八项注意》的歌曲，以雄壮整齐的步伐进了前门，开往东城的防地。华北大学纠察队员李林说："当我们经过洋楼林立的使馆区东交民巷时，使我想起旧社会的黑暗年代，使馆区的'华人与狗不得入内'的侮辱，想起两年前在北平街头发生的美军暴行'沈崇事件'，一股怒火烧在心胸。我们个个挺起胸膛，迈着整齐有力的步伐，威风凛凛地走过东交民巷时，我有一种从未有过的激动，骄傲和自豪的感情涌上心头，我们的队伍显示了中华民族不可侮，表现了中国人民站起来了。当我们七中队走到东四灯市口，接收国民党宪兵十九团的防地时，我指挥全中队的战友高唱《打到底》，威武雄壮的歌声，表达了解放了的北平市民的心愿，博得了周围市民的一片掌声。"②

2月3日清晨，纠察一大队七中队一排的战士怀着极其兴奋的心情，走上

---

① 舒强：《从华北联合大学文艺学院到中央戏剧学院》，载《跋涉》，中国文联出版公司，1993年，第90—91页。
② 李林：《警卫新北平纪事》，载王晋、汪洋主编《华实录：华北大学回忆文集》，中国人民大学出版社，2003年，第348页。

东四大街巡逻。不久,东四牌楼附近的马路两旁,观看入城式的市民人海如潮、摩肩接踵。市民冒着严寒,穿着长袍,围着头巾,打着横幅和五颜六色的彩旗,翘首等待。上午十点半左右,参加入城式的东北野战军主力部队,以指挥车和军乐队为先导,而后是装甲、炮兵车队,坦克和摩托化部队,骑兵和步兵方队组成的雄壮队伍。当浩浩荡荡的人民军队的炮车滚滚,坦克隆隆行进在东四大街时,入城式达到了高潮,沿途锣鼓喧天、鞭炮齐鸣。许多青年学生纷纷爬上炮车和坦克,在长长炮筒上写上"中国共产党万岁!""毛主席万岁!",有的大炮筒上还写上了"打倒蒋介石,解放全中国"的标语。有的青年学生自豪地坐在坦克塔上,在上衣后背上用粉笔写着"解放了"的口号,引起市民一阵热烈鼓掌。华北大学纠察队员李林感慨道:"我们这些瞪着高度警惕眼睛的纠察队员,饱经风霜的脸上也流露出激动的笑容。我和战友们,在血与火的战场上,在艰苦的军旅生活中,多少个日日夜夜,企盼着打进国民党盘踞的大城市,显示人民军队的军威啊!这一天终于来到了,新北平的入城式宣告了新中国即将诞生。"[①]

入城式的同一天,华北大学副校长成仿吾坐着一辆小吉普车来到了北平,住进南池子的一所原国民党特务机关的旧址。之后,成仿吾开始到处奔走,为华北大学寻找校舍。最后,成仿吾看妥了铁狮子胡同、东四六条、蓑衣胡同、海运仓等几处房子。

3月27日,华北大学开始向北平搬迁,至4月上旬全部迁到北平。校部驻东四六条胡同;一部驻沙井胡同、蓑衣胡同、铁狮子胡同、棉花胡同以及西黄城根原华北文法学院等处;二部驻先农坛,并在先农坛、拈花寺以及方家胡同各设一个分部;三部驻国会街原北京大学法学院;四部驻东厂胡同。华北大学因办学规模急遽扩大,北平校舍不足,学校决定在正定原华北大学校址和天津原意大利兵营(后迁到东局子原法国兵营)各办一所分校,全部

---

① 李林:《警卫新北平纪事》,载王晋、汪洋主编《华实录:华北大学回忆文集》,中国人民大学出版社,2003年,第349页。

流动的大学：华北联大 1939—1948

▲ 1949年6月的华北大学学习证书

安排一部新生。

成仿吾说："进入北京（北平），开始办理招生工作时，曾有过一种设想，以为进入大城市了，这里的文化水平很高，学校应该办得正规一些，学生条件应该严格一些，主要招高中毕业生，学习期限也应该长一些。但是，中央指示我们应该放手招生，把招生条件放宽。因为，这时我们中国人民解放军正准备打过长江去，解放全中国，需要迅速培养出大批干部，随军南下。而我们考虑的招生计划是不能符合这种需要的。因此，中央要我们敞开门来办学，来者不拒，大量吸收知识分子。遵循中央的方针，我们把重点放在一部上，即短期政治训练班上，大量招收知识分子。为此，我们还在天津、正定各办了一个分部，以解决北京（北平）房屋不够用的矛盾，正定分部由李新同志负责，天津分部由宋涛同志负责。北京（北平）、天津、正定三地共办了十几个区队，招了好几千学生。课程仍是社会发展史、辩证唯物论、中国革命史、新民主主义论，再加一些时事、政策等。这时，我们除派本校教员授课，还请了校外的有关领导人和专业工作者来校作报告。这一批学生举行毕业典礼时，朱德总司令和郭沫若同志等都来了，朱德同志讲了话，鼓励同学们随军南下，去解放全中国。给了大家很大鼓舞。这批学生在八月间毕业，随军南下，他们在长江以南各个地区各个角落，撒遍了革命的种子。"[1]

6月20日，第一届中国人民政治协商会议（简称"政协"）筹备委员会成立，之后各个方面的筹备工作陆续展开。7月11日，政协筹备会派人携带专

---

[1] 成仿吾：《战火中的大学》，人民教育出版社，1982年，第157—158页。

函找到华北大学三部副主任光未然,要求华北大学三部为政协排演一场文艺节目,要求比较具体明确:"节目内容以新政协开幕为主,表现无产阶级领导的、以工农联盟为主体的各民主阶层的大团结,气氛兴奋愉快,时间不要太长,少而精最合宜。"光未然欣然接受了这一光荣任务,并立即开会研究。大家一致认为,以大歌舞的形式来表现新政协的召开、新中国的成立、全中国欢欣鼓舞团结战斗的气氛最合适。于是,紧张的编制、词曲的制作、舞蹈编导等开始了,华北大学三部整体开动,数十人夜以继日地工作。经过选材、分排、连排、彩排等几经修改、演练,到9月最后合成敲定,共用了两个月,大型歌舞剧《人民胜利万岁》诞生了。9月26日和10月2日,华北大学三部师生两度在中南海演出该剧,受到毛泽东及其他老一辈无产阶级革命家亲临现场观赏,各民主党派负责人、各社会团体领导人、政协代表都观看了演出。此后,大型歌舞剧《人民胜利万岁》公开在京、津地区演出数十场。

大概是9月27日,华北大学得到典礼大会指挥部的通知,要求华北大学派出五百人担任大会纠察队。学校深知这次任务的重要,便把任务交给了最令人放心的俄文大队。俄文大队有担任过班干部的一百多人,研究生五十人,大多经过地下斗争的锻炼,党员、团员各占一半,另外有三百名学员是一、二部才毕业的,准备进一步培养,其中团员比例也较高。9月30日,正式发给了大会纠察队的胸章,红底布质,上有"纠察"两个黑色大字。当时,干部和研究生是灰色平纹布中山装,摘下华北大学的证章,换上纠察胸章;学员是灰色土布制服,摘下华北大学胸章,换上纠察胸章,这样就完成大会纠察队队员的装备了。据当时的纠察队员王晋、郑中等人回忆:

> 10月1日晨4时起床,我们迅速地洗漱,用过早餐,并携带干粮和饮用水,就整队从驻地铁狮子胡同4号(原和硕公主府)步行出发了,以行军的速度通过宽街、北池子、南池子到达天安门。当到达天安门时,天刚蒙蒙亮,看不太远,天安门广场上已经清过场,只在外围有极少的武装值勤人员。当纠察队来到大会指挥部台前时(设在金水桥东南的河

沿），指挥台提出要留下 20 人，作为大会通讯联络员，当即从干部队中抽出第一组和第二组担当了这项任务，其余 480 人就开始布置纠察线了。东至东三道门，西至西三道门，北至金水桥，南至棋盘街，人与人之间距离 4~5 米。王（王晋）与郑（郑中）在第三组，他们的岗位恰好在升旗旗杆的西南方约 5 米的地方。当纠察队布置好后，约 6 时许，参与庆典的群众队伍开始陆续进入广场，在旗杆以南的地区排好，东西分开，中间有一条通道。[1]

下午二时后，国家领导人和来宾陆续登上天安门城楼。下午三时，由中央人民政府秘书长林伯渠宣布大会开始，五十四门礼炮齐鸣二十八响。鸣礼炮后，国歌声响起，义勇军进行曲奏出了当代的最强音，此时五星红旗冉冉升起。顿时，全场欢声雷动，群众情绪极其高昂。毛泽东主席在天安门上庄严地宣布，中华人民共和国中央人民政府正式成立了。

接着，进行了阅兵式：由朱德总司令阅兵，检阅车由天安门中间门洞徐徐驶出，开过金水桥。由阅兵总指挥聂荣臻司令员乘指挥车由东向西开至天安门前，向朱德总司令敬礼，并请检阅。朱德在前，聂荣臻在右后方，两车由西向东驶回天安门。

值得特别一提的是，当十四万学生队伍通过天安门的时候，排在最后的是华北大学和华北人民革命大学的队伍。华北大学的队伍以三部和华大三个文工团走在最前面，并由三部学员以由毛泽东题写校名的校旗和近百面红旗为先导，由近千人用火把组成了"毛主席万岁"的字样。华北大学把舞台上的火把运用到游行中，在游行队伍中独树一帜，颇具特色。当华北大学的队伍将行进到天安门时，就有人向毛泽东主席作了报告，并通知了纠察队——华大游行的队伍可以通过金水桥，于是纠察队立即开出了一条通道。所以，华

---

[1] 王晋、郑中等：《忆开国大典及担任纠察队的见闻》，载王晋、汪洋主编《华实录：华北大学回忆文集》，中国人民大学出版社，2003 年，第 118 页。

北大学的游行队伍是从金水桥主桥（中间的一孔）在高呼"毛主席万岁"声中通过的，而天安门上的毛泽东主席也以"华北大学的同志们万岁！"作答。华北大学的队伍通过主桥后，转了一个弯，从西边第二个桥上折回并继续向西行进，形成了整个游行中的又一个高潮。

游行直到深夜十一时左右才结束。当纠察队迅速集合整队通过金水桥时，天安门上的中央领导和贵宾早已离开了；当华北大学纠察队员们徒步走回铁狮子胡同4号驻地时，已是次日凌晨了。为了庆祝开国大典，华北大学纠察队员们不知疲倦地整整战斗了二十多个小时，这也是他们一生中最有价值和最值得纪念的一天。

与此同时，华北大学的一万多名毕业生也正奋战在各条战线上。其中，南下的四千多名学员正奋战在湖南、江西、广东、广西等广大地区。参加湖南工作队的学员已进入该省许多城镇，正在向湘西进军。参军的学员参加了衡宝战役，10月初进入广州。参加广西工作队的学员也已到桂林，正在向广西其他地区前进。参加西北干部大队的一千二百多名学员经过长途跋涉于9月23日到达西安，经过短暂几天的休息和重新分配，又于10月7日重新向宁夏、甘肃等西北各省前进。这些信息，可以说是华北大学对开国大典的最好献礼。

为了适应文化教育事业大发展的需要，华北大学一些下属单位陆续脱离学校独立办学。

工学院独立出来发展为北京工业学院（今北京理工大学）；农学院与北京大学农学院、清华大学农学院合并成立北京农业大学（今中国农业大学）；二部外语系离开学校，同北平外事学校合并为北平外国语学校，后逐步发展成为北京外国语大学；三部离开学校后分别筹建、创立了中央戏剧学院、中央美术学院、中央美术学院华东分院（今中国美术学院）、中央音乐学院，以及北京人民艺术剧院、青年艺术剧院、中央歌剧院、中国京剧研究院等；四部中国历史研究室改隶中国科学院，改称中国科学院近代史研究所，成为中华人民共和国成立后纳入中国科学院体制的第一个研究所。华北大学还抽调部分干部、教员分赴河南和广东，筹建中原大学（后迁武汉，主要院系成为中南财经政法大学、华中师范大学、武汉音乐学院、湖北美术学院及广州美术学院前身的一部分）和南方大学（后并入华南师范学院）。

中华人民共和国成立前夕，正当华北大学进入鼎盛期之时，党中央从战略全局的高度出发，再一次改变了华北大学的任务，要求学校与时俱进地走在时代的前列。1949年7月17日，周恩来为中共中央起草了致华北局并告平津市委电，电文说："华北大学改由中宣部指导，并经过华北高教会钱俊瑞实施领导。"[1] 这是党中央高瞻远瞩采取的一项及时的决策。华北高等教育委员会，是负责管理平津和华北各大学院校及研究机关，并为将来全国高等教育建立基础的机构。这一改变就将华北大学纳入了正规高等院校的系列，从此走上了为新中国建设新型教育的征途。当时，解放战争还在如火如荼地进行，但党中央相信等不了多久全中国就会解放，认为培养战时干部的任务可由那些新成立的干部学校去承担，于是决定把华北大学从原承担的任务中解脱出来去承担更加重大的任务，即培养建设新中国的干部的条件已经成熟。因此，党中央毅然做出了这一改变。

7月6日，刘少奇致信斯大林，提出中共中央代表团拟在莫斯科学习的问题。信中还提请苏联政府为培养新中国建设管理人才作出帮助，在苏联办一所专门学校，派出各方面的教授到中国工作等。[2] 7月25日，毛泽东复电刘少奇、高岗、王稼祥："同意在莫斯科建立一个中国大学。我们正需要学习苏联在各项工作中的和资产阶级不同的一套学说和制度，设立这样一个大学是很有必要的。但经费应讲明由中国担负为适宜。"[3] 8月7日，毛泽东又复电刘少奇、王稼祥，同意"中国大学不设在阿尔马达而设在北平，由苏联派教授"。"中国大学"，即后来在华北大学基础上创办的中国人民大学。[4] 9月15日，华北

---

[1] 中共中央文献研究室编《周恩来年谱（1898—1949）》（修订本），中央文献出版社，2020年，第834页。

[2] 中共中央文献研究室编《刘少奇年谱》下卷，中央文献出版社，1996年，第218页。

[3] 同上书，第219页。

[4] 同上书，第220页。

大学召开校务会议，成仿吾副校长传达中央指示，确定华北大学要为组建新型正规大学做准备。

11月12日，刘少奇致信毛泽东和中央政治局各同志，报告筹备创办中国人民大学的情况和建校计划："以原华北大学、革命大学及王明、谢老（谢觉哉）之政法大学三校合并为基础来成立人民大学。"①建议政治局通过中国人民大学的建校计划。

仅仅过了四天时间，11月16日，华北大学召开校务会议，决定全校各单位于本月底开始总结工作，为结束做准备。

一个月后。12月16日，中央人民政府政务院第十一次政务会议上通过了《关于成立中国人民大学的决定》（以下简称《决定》）：

"中华人民共和国业已诞生，人民解放战争即将在全国范围内获得全面的彻底的胜利，新中国的伟大建设工作已经开端。为适应国家建设需要，中央人民政府政务院决定设立中国人民大学，接受苏联先进的建设经验，并聘请苏联教授，有计划、有步骤地培养新国家的各种建设干部。人民大学受中央人民政府教育部领导，在大学内设本科及专修班。大学本科暂设：（一）经济系，（二）经济计划系，（三）财政信用借贷系，（四）贸易系，（五）合作社系，（六）工厂管理系，（七）法律系，（八）外交系，学习期限为二年至四年。专修班暂设：（一）经济计划，（二）财政信用借贷，（三）贸易，（四）合作社，（五）工厂管理，（六）统计，（七）外交，（八）教育，（九）法律等系，学习期限暂定六个月，以便在短时期内培养当前迫切沿要的各种建设干部。"

《决定》还说："教育方针应是教学与实际联系，苏联经验与中国情况相结合。该校应于1950年2月开学。"

中共中央还决定，任命吴玉章为中国人民大学校长，由胡锡奎和成仿吾任副校长。

---

① 中国人民大学前身时期校史读物编委会编《迎接新时代的曙光：华北大学1948—1950》，中国人民大学出版社，2017年，第145页。

至 1949 年底，华北大学基本结束，全校八百五十名干部、教员和近千名勤工人员转入中国人民大学的创建工作。

1950 年 10 月 3 日，以华北大学为基础合并原中国政法大学，调来华北人民革命大学部分干部组建的中国人民大学举行开学典礼，成为新中国创办的第一所新型正规大学。

主要参考文献

一、图书（以出版时间先后为序）

[1] 人民的大学：华北联大介绍[M]．哈尔滨：东北书店，1948．

[2] 李公朴．华北敌后：晋察冀[M]．北京：生活•读书•新知三联书店，1979．

[3] 周恩来选集：上卷[M]．北京：人民出版社，1980．

[4] 刘少奇选集：上卷[M]．北京：人民出版社，1981．

[5] 秦孝仪．中华民国重要史料初编：对日抗战时期•作战经过（一）[M]．中国国民党中央委员会党史委员会，1981．

[6] 成仿吾．战火中的大学[M]．北京：人民教育出版社，1982．

[7] 日本防卫厅战史室．华北治安战：上、下[M]．天津市政协编译组，译．天津：天津人民出版社，1982．

[8] 何理，王瑞清，等．百团大战史料[M]．北京：人民出版社，1984．

[9] 聂荣臻回忆录：中[M]．北京：解放军出版社，1984．

[10] 魏巍．晋察冀诗抄[M]．北京：中国青年出版社，1984．

[11] 王季平．八•一五这一天[M]．北京：光明日报出版社，1985．

[12] 中共中央党校中共党史教研室．中国国民党史文献选编（1894—1949年）[M]．北京：1985．

[13] 共青团中央青运史研究室，共青团陕西省委青运史研究室．安吴古堡的钟声——安吴青训班史料集[M]．北京：中共党史资料出版社，1987．

[14] 中国人民解放军北京军区晋察冀战史编写组．晋察冀军区抗日战争

史［M］．北京：军事科学出版社，1986．

［15］中国第二历史档案馆．抗日战争正面战场：上册［M］．南京：江苏古籍出版社，1987．

［16］刘众语．纪念江隆基文集［M］．兰州：兰州大学出版社，1987．

［17］全国政协文史委华侨组．峥嵘岁月：华侨青年回国参加抗战［M］．北京：中国文史出版社，1988．

［18］彭明．中国现代史资料选辑：第5册下［M］．北京：中国人民大学出版社，1989．

［19］政协平山县文史资料研究委员会．太行风雷：文史资料之四［M］．平山：1989．

［20］王谦．晋察冀边区教育资料选编：干部教育分册：上［M］．石家庄：河北教育出版社，1990．

［21］毛泽东选集：第2卷，第3卷［M］．北京：人民出版社，1991．

［22］中央档案馆．中共中央文件选集：第14册［M］．北京：中共中央党校出版社，1992．

［23］谢忠厚，肖银成．晋察冀抗日根据地史［M］．北京：改革出版社，1992．

［24］重庆文史资料委员会，中共重庆市委党校，等．抗战时期国共合作纪实：上卷［M］．重庆：重庆出版社，1992．

［25］政协银川市文史委．银川文史资料：第6辑［M］．银川：1992．

［26］李凡夫文集编辑委员会．李凡夫文集［M］．广州：广东人民出版社，1993．

［27］中共北京市委党史研究室．中共中央华北局城工部［M］．北京：中共党史出版社，1995．

［28］曹剑英，刘茗，等．晋察冀边区教育史［M］．石家庄：河北教育出版社，1995．

［29］中共中央文献研究室．刘少奇年谱：下卷［M］．北京：中央文献出

版社，1996.

［30］纪希晨. 战火青春［M］. 北京：中国青年出版社，1997.

［31］金梅. 孙犁自叙［M］. 北京：团结出版社，1998.

［32］刘炼. 风雨伴君行：我与何干之的二十年［M］. 南宁：广西教育出版社，1998.

［33］王培元. 抗战时期的延安鲁艺［M］. 桂林：广西师范大学出版社，1999.

［34］中国人民解放军国防大学. 中国人民抗日军事政治大学史［M］. 北京：国防大学出版社，2000.

［35］汉川市政协文史委. 汉川文史资料：总第十一辑（胡沙专辑）［M］. 汉川：2000.

［36］袁德金，刘振华. 华北解放战争纪实［M］. 北京：人民出版社，2001.

［37］王秀鑫，李荣. 全民抗战（中国 20 世纪全史 第 5 卷）［M］. 北京：中国青年出版社，2001.

［38］曾阅. 诗人蔡其矫［M］. 北京：作家出版社，2002.

［39］马琦. 拾零集［M］. 北京：2002.

［40］王晋，汪洋. 华实录：华北大学回忆文集［M］. 北京：中国人民大学出版社，2003.

［41］徐光耀. 忘不死的河［M］. 郑州：河南文艺出版社，2003.

［42］陕西省地方志编纂委员会. 陕西省志工会志：第 62 卷［M］. 西安：陕西人民出版社，2003.

［43］中共河北省委党史研究室，中共北京市委党史研究室，等. 华北抗战实录［M］. 北京：中共党史出版社，2005.

［44］本书编辑组. 独臂上将彭绍辉日记：上［M］. 北京：军事科学出版社，2005.

［45］曲士培. 抗日战争时期解放区高等教育［M］. 北京：北京大学出版社，2005.

[46] 王瑞璞. 抗日战争歌曲集成：晋察冀·晋冀鲁豫：第一卷［M］. 北京：中国文联出版社，2005.

[47] 伍必端. 刻痕：画家伍必端自述［M］. 北京：生活·读书·新知三联书店，2006.

[48] 李向东，王增如. 丁玲年谱长编1904—1962：上卷［M］. 天津：天津人民出版社，2006.

[49] 刘葆观. 血与火的洗礼：从陕北公学到华北大学回忆录（1937—1949）：上下卷［M］. 北京：中国人民大学出版社，2007.

[50] 中国人民大学校史研究丛书编委会. 造就革命的先锋队：中国人民大学史：第一卷［M］. 北京：中国人民大学出版社，2007.

[51] 中国人民大学校史研究丛书编委会. 中国人民大学纪事（1937—2007）：上［M］. 北京：中国人民大学出版社，2007.

[52] 曾鹿平. 延安大学史（1937—2007）［M］. 北京：人民出版社，2008.

[53] 武箐，郭红娟. 抗日战争纪事本末［M］. 合肥：安徽大学出版社，2008.

[54] 李夫泽. 成仿吾评传［M］. 成都：西南交通大学出版社，2008.

[55] 张宇. 华北解放战争实录·河北卷［M］. 北京：中共党史出版社，2009.

[56] 中国人民解放军国防大学. 中国人民抗日军事政治大学史［M］. 北京：国防大学出版社，2009.

[57] 中共上海市委党史研究室，中共上海市委老干部局，等. 浦江之畔忆延安［M］. 上海：上海教育出版社，2009.

[58] 中国人民大学校史研究丛书编委会. 求是园名家自述：第一辑［M］. 北京：中国人民大学出版社，2010.

[59] 胡一川. 红色艺术现场：胡一川日记（1937—1949）［M］. 长沙：湖南美术出版社，2010.

[60] 周而复. 解放区晋察冀行［M］. 北京：中国青年出版社，2012.

[61] 张玉红. 神仙山作证：上［M］. 北京：中央文献出版社，2012.

[62] 张玉红. 抹不掉的记忆（一）［M］. 北京：中央文献出版社，2012.

[63] 中共中央文献研究室. 毛泽东年谱 1893—1949：中卷［M］. 北京：中央文献出版社，2013.

[64] 李茂盛，杨建中. 华北抗战史（上下）［M］. 太原：山西人民出版社，2013.

[65] 中共旬邑县委党史研究室. 中国共产党旬邑历史［M］. 西安：陕西人民出版社，2013.

[66] 任文. 永远的鲁艺（上下）［M］. 西安：陕西师范大学出版社，2014.

[67] 冀中人民抗日斗争史资料研究会. 冀中人民抗日斗争文集：第 9 卷［M］. 北京：航空工业出版社，2015.

[68] 王巨才. 延安文艺档案·延安文学：第 31 册［M］. 西安：太白文艺出版社，2015.

[69] 刘干才，李奎. 晋察冀抗战纪实［M］. 北京：团结出版社，2015.

[70] 李黎. 延安情［M］. 肃宜，译. 上海：上海远东出版社，2015.

[71] 徐光耀. 徐光耀日记：第一卷［M］. 石家庄：河北教育出版社，2015.

[72] 郭宝仓. 晋察冀军区在唐县［M］. 唐县：2015.

[73] 陈明. 我与丁玲五十年：陈明回忆录［M］. 北京：中国大百科全书出版社，2015.

[74] 刘燕瑾. 火线剧社女兵日记［M］. 北京：人民文学出版社，2016.

[75] 汪新. 烽火忆抗战［M］. 北京：华文出版社，2016.

[76] 中国人民大学前身时期校史读物编委会. 中国不会亡 因为有陕公：陕北公学 1937—1939［M］. 北京：中国人民大学出版社，2017.

[77] 中国人民大学前身时期校史读物编委会. 人民的大学：华北联合大学 1939—1948［M］. 北京：中国人民大学出版社，2017.

[78] 中国人民大学前身时期校史读物编委会. 迎接新时代的曙光：华北

大学 1948—1950［M］. 北京：中国人民大学出版社，2017.

［79］刘强伦，唐得阳. 中共敌后战场抗战最纪录［M］. 北京：团结出版社，2017.

［80］费正清. 费正清中国回忆录［M］. 北京：中信出版社，2017.

［81］《民间影像》. 我的 1945：抗战胜利回忆录［M］. 上海：同济大学出版社，2017.

［82］张金辉. 晋察冀解放区高等教育研究 1937—1949［M］，北京：中国言实出版社，2018.

［83］姚远方. 永不淡忘：姚远方作品集［M］. 北京：长征出版社，2018.

［84］王律. 正定华北大学史话［M］. 石家庄：河北人民出版社，2018.

［85］郑立柱. 晋察冀边区党的文艺政策与实践研究［M］. 北京：人民出版社，2019.

［86］灵寿县老区建设促进会，灵寿县革命老区发展史编委会，等. 灵寿县革命老区发展史［M］. 石家庄：河北人民出版社，2019.

［87］姚宏杰，宋荐戈. 中国革命根据地教育史事日志［M］. 济南：山东教育出版社，2020.

［88］中共中央文献研究室. 周恩来年谱（1898—1949）》：修订本［M］. 北京：中央文献出版社，2020.

二、报纸杂志

［1］解放日报（《新中华报》）［N］.1939—1944.

［2］晋察冀日报（《抗敌报》）［N］.1941—1948.

［3］大公报（香港）［N］.1940.

［4］北方文化（张家口）［J］.1946.

［5］新文学史料［J］.1989（03）.

后　　记

别给我说你只知道西南联大，从没听说华北联大，但是我告诉你，我们几代人都是读华北联大师生的作品长大的，比如小学课文《桂林山水》（陈淼）、《小英雄雨来》（管桦），初中课文《回延安》（贺敬之）、《青春之歌（节选）》（杨沫），高中课文《荷花淀》（孙犁）等。至于华北联大师生知名的音乐、美术、电影、戏剧作品，更是不可胜数。

或许有人很纳闷：你过去一直写后方国统区的大学，这次为什么转向写敌后解放区的大学呢？其实，我的选题无论地域跨度多大，都定位在文化教育界，时空上专注于抗战时期。正如陈平原老师所言："抗日战争中，于颠簸流离中弦歌不辍的，不仅是西南联大，还有很多同样可歌可泣的'大学故事'并不为人们所熟知。"我这人不喜欢凑热闹，更愿意挖掘那些"冷门"的大学故事。

五年前，当我写作西北联大时，就有意识地关注、梳理过现代教育史上的联合大学。在中国现代史上，其实就是全面抗战爆发之后，我国先后诞生过六七所联合大学，如西南联大、西北联大、华东联大、东南联大等。除了西南联大之名如雷贯耳，其他的联合大学就连做教育史的人也未必了解多少，更别说普通大众了。按马太效应原则，研究西南联大的人多如牛毛，其他联合大学却鲜有人问津。我像古董商一样，一心想捡漏，于是眼睛盯上了华北联大。

华北联大吸引我关注的理由是什么呢？

一是华北联大是民国时期办学时间最长的联合大学。绝大多数联合大学的办学时间都很短暂，西南联大长达八年是奇迹，而华北联大却有九年的办学历史。

二是华北联大是抗日战争时期唯一的红色联合大学。其他联合大学要么是国民政府创办，要么是教会创办，只有华北联大是中国共产党创办。

三是华北联大也是中国共产党在敌后创办的第一所高等学府，还是新中国第一所新型正规大学中国人民大学的前身。

四是华北联大迁徙的地方之多，无可比拟；华北联大培养的学生之多，无有匹敌。

这样一所了不起的大学，在各种教育史专著、大学故事书中，却很少看到它的影子，有也是轻描淡写。所以，我愿意将这段历史打捞出来，呈现给大家。

屈指数来，从国立武汉大学写到华北联合大学，我在中国现代教育史，或者说抗战史领域，不知不觉地已经跋涉了十年。

十年间，我先后写了武汉大学、东北大学、西北联大，还有福建音专等十多所高校，从西南写到东北、华北、西北，以及东南。我沉浸在故纸堆里，神游中华大地，跟随着先辈学人辗转大江南北。

十年间，我的工作地址也在变化，从四川乐山到辽宁海城，最后回到广州天河。我们这代人的命运就是这样，不断在他乡漂泊，也在不断努力拼搏。

在为稻粱谋之余，我还有闲工夫侍弄文字，是有一种精神在激励着、支撑着，那就是抗战时期的中国学人精神：

武汉大学教授朱东润在大后方乐山，住的是半间幽暗的斗室，下午四时以后便要焚膏继晷。空袭警报来了，身上穿的白衣服不宜于跑警报，只好伏在窗下。待敌机轰炸以后扬长而去，再从窗下爬起来，依旧抄抄写写。晚间写作只能借助油灯，在油灯上架个竹架，安个小茶壶。尽管油灯火力小，有时居然把茶壶里的水烧开了，夜深人静的时候，喝上一口热茶，读书和工作浑身是劲。蜀中生活的艰难，并没有动摇朱东润坚持学术研究的信念。

华北联大学员们在晋察冀边区，学校无论搬迁到哪里，随便一间房子，一片树林，一块河滩，一处山坡，哪里都是学员们的课堂。没有桌椅，每个人的背包就是自己的坐凳，大腿就是学习的桌子。每次上课之前，教员要宣

后　记

布防空注意事项，讲解队伍如何疏散。"敌人'扫荡'我转移，放下背包就学习"，"在雄伟的太行山，在愤怒的晋察冀，我们不停地在游击，我们不停地在学习"。同时，联大学员还要进行生产劳动，垦荒种地，拾粪浇水。冬天，学员们要上山割柴草烤火取暖，由于柴草潮湿难以点燃，大家被烟熏得泪流满面，然后就互相开开玩笑、唱唱歌。华北联大就是这样，越是在困难面前，越是发扬革命的乐观主义精神，坚持学习文化知识。

也许，我的行为打动了一些人。在撰写华北联大书稿过程中，我多次受到贵人相助：石家庄的殷杰先生，尽管素不相识，但因共同的话题在微信上一聊如故，给我提供了大量资料信息；长沙书友范植兄，得知我在寻访《胡一川日记》，直接把他珍藏的这本书寄给我使用；河北张维祥兄，不仅给我提供各种文献资料，还四处为我张罗出版事宜，真让人感激涕零。其他给予我各种帮助的师友还有张丁、楚艳红、王雪霞、任理、袁道一、易文胜等，在此一并谢过。

最后，特别感谢九十八岁高龄的徐光耀老前辈，他此生最难忘在华北联大上学读书的美好时光，所以很高兴地为本书写下了序文并题字，对我鼓励有加，更是感动不已。同时，还要感谢编辑谢惠女史，她对本书的结构、行文等提出了一些中肯建议，让我受益良多。

张在军

2023 年 11 月，珠江畔寻渔楼